August Meyer
Hitlers Holding

August Meyer

Hitlers Holding

Die Reichswerke
»Hermann Göring«

Europa Verlag
München·Wien

Die Deutsche Bibliothek – CIP-Einheitsaufnahme

Meyer, August:
Hitlers Holding : Die Reichswerke »Hermann Göring« / August Meyer. –
München ; Wien : Europa-Verl., 1999
ISBN 3-203-80035-7

Überarbeitete und aktualisierte Neuauflage

Umschlaggestaltung: Wustmann und Ziegenfeuter, Dortmund

© Alle deutschsprachigen Rechte beim
Europa Verlag GmbH, München, Wien 1999
Herstellung: Wiener Verlag, Himberg bei Wien
Printed in Austria
ISBN 3-203-80035-7

INHALTSVERZEICHNIS

EINFÜHRUNG

Das nationalsozialistische Führungssystem bestand nicht aus dem Monster Hitler, dem alle treu, glaubend und unwissend bei den Verbrechen und Greueln folgten. Die augenfälligsten Leistungen des Regimes – die Ausrottung der europäischen Juden, die Schreckensherrschaft in den besetzten und annektierten Ländern, die Ausbeutung der Konzentrationslagerhäftlinge und Zwangsarbeiter, die Ausplünderung der Bodenschätze und Industrien der fremden Völker – waren nicht möglich ohne das objektive Mitwissen der Bevölkerung, die subjektiv vor manchem Unangenehmen die Augen verschloß. Man verhielt sich so wie die drei weisen chinesischen Affen – nichts sehen, nichts hören nichts sagen. Die Planung der Greuel war der Elite überlassen.

Es war kein System der einsamen Entschlüsse eines »Gottvater Hitler«, es war das Herrschaftssystem der faschistischen Elite mit der ihr verlorengegangenen Moral. Diese faschistische Elite handelte aus eigener Machtvollkommenheit und führte eigene Entscheidungsprozesse durch. Es war nicht die Großindustrie, die die politischen Entscheidungen beeinflußte oder beherrschte,[1] wie dies in der Weimarer Republik oftmals der Fall war. Die Großindustrie war glücklich über eine starke Führung. Man ersehnte eine starke Führungspersönlichkeit, insbesondere aber ersehnte man das starke, straffe, deutsch-faschistische Führungssystem.[2]

In diesem System konnten Eliten herrschen, konnte ein Führer bestehen, konnten Machtbereiche der Wirtschaft und Politik auf die Reichswerke »Hermann Göring« übergehen, die nicht nur ein Wirtschaftsgigant waren, sondern als Parteiinstrument ein Herrschaftssystem neben dem Staats- und Regierungsapparat darstellten.

Der englische Historiker Milward unterstützt diese Auffassung in der *Times* vom 25. Januar 1985. Er vertritt die Meinung, daß die Reichswerke ein selbständiges Machtinstrument waren, nicht etwa Görings persönliche Basis zur Wirtschaftslenkung oder auch nur ein zufälliges Abfallprodukt der Aufrüstung. Er stellt zu dieser Auffassung fest: »This ... has been denied only by inadequate conservatives, dogmatic Marxists and bad historians.«

Für die Herrschaft der Elite galt der Primat der Politik. Die Führungsspitze der Reichswerke, insbesondere Paul Pleiger, Wilhelm Keppler und Hans Kehrl, bestand nicht aus Technokraten, sondern war eine ideologisch gebundene Elite, die ohne moralische Bedenken handelte, ohne Rücksicht auf die Mittel, wenn sie dem Zweck dienten.

Goebbels sagte zu der Durchsetzung dieses Eliteprinzips: »Nur dann wird ein Regime von Bestand sein, wenn es seine Rückendeckung im Volke selbst findet. Und nur dann wird es dies können, wenn es eben die Politik des Volkes betreibt. Das bedeutet: Der Faschismus ist, wie der Nationalsozialismus, das stolze Vorrecht einer Minderheit. Diese Minderheit aber stellt nicht eine dünne Oberschicht dar, die, in der Hauptstadt sitzend, das Geschick des Staates bestimmt, sondern diese Minderheit ist hierarchisch in das ganze Volk eingebaut. Der Erste bildet die Spitze.«[3]

Zur Integration der Bevölkerung trug manches bei: der Rückgang der Arbeitslosigkeit, die von der Volksmehrheit gewünschten Erfolge Hitlers – wie die Heimholung des Saargebietes, die Einverleibung Österreichs, die Einführung der Wehrpflicht, die Brechung des Versailler Diktats. Dann kamen die »Blitzsiege«. Und wenn auch eine echte Kriegsbegeisterung fehlte: Man war stolz auf sich!

So beruhte die Herrschaft des Nationalsozialismus nicht allein auf Terror, sondern auch auf der Sicherung befriedigender Lebensbedingungen der Bevölkerung. Der überkommene Besitzstand der deutschen Bevölkerung war nicht durch Appelle an die Opferbereitschaft für den Sieg über die Feinde beliebig strapazierbar. Es gab schon Grenzen, die nicht überschritten werden durften, damit die durch Blitzsiege mühsam geschaffene Kriegsbegeisterung nicht wieder verlorenging.

Hitler wußte darüber hinaus sehr wohl, daß erst mit der Wiederherstellung genügender sozialer Sicherheit für die arbeitende Bevölkerung, so durch die Überwindung der Arbeitslosigkeit und der Überwindung der Wirtschaftskrise eine dauerhaftere Integration der Bevölkerung erreichbar war. Die stetige Berücksichtigung der elementaren Konsumbedürfnisse der Bevölkerung blieb eine Maxime des Regimes selbst nach der Umschaltung auf die Rüstungswirtschaft. Wenn es beispielsweise 1936 zu einer ernsten Krise der Fettversorgung kam, wurde die Rüstungsproduktion gebremst und Devisen für solche Importe freigegeben.

Die großen Ziele des Regimes mußten ohne zu große Belastungen der deutschen Bevölkerung zu haben sein. So weit ging die Liebe zum Führer doch nicht, um hierfür zuviel vom persönlichen Wohl zu opfern.

Der militärischen Blitzkrieg-Strategie, die auch diesen Weg frei machen sollte, entsprach die entsprechende Blitzkrieg-Wirtschaftsplanung, die mit Kriegsmobilmachung der Wirtschaft und Gesellschaft auch bei der Rekrutierung von Bauern und Arbeitern sehr viel behutsamer und zögernder verfuhr, als dies im Ersten Weltkrieg der Fall gewesen war. Der Versorgung der Bevölkerung wurde selbst in den letzten Kriegsjahren ein relativ hoher Stand eingeräumt. Niemandem wurde, wie einst 1917, ein »Steckrübenwinter« zugemutet.

Eine wirksame Opposition, ein wirksamer Widerstand hatte es da schwer, ihm fehlte der Widerhall und war damit zum Scheitern verurteilt. Man stand nicht gerne abseits, solange Erfolge erzielt und erkämpft wurden.

Über die Reichswerke »Hermann Göring« ist im Laufe der Jahre manches geschrieben worden. Es gibt Berichte über den Anfang und die ursprünglichen Pläne der Gründer des Konzerns. Vor allem gibt es eine Legendenbildung über die Aufbauzeit, über beeindruckende Produktionsleistungen trotz der Kriegserschwernisse, über die Demontagezeit mit ihren Arbeiteraufständen, über den Widerstand, über den Wiederaufbau und auch über »geniale Wirtschaftsführer«, die schier Unmögliches realisiert hatten gegen Widerstände, die aus allem Möglichen geboren worden waren – aus Einsicht, Unvermögen, Mißgunst oder Konkurrenzneid.

Fast alle Betrachtungen beziehen sich jedoch auf Fragen des Salzgittergebietes, so daß viele den Begriff »Reichswerke« mit Salzgitter identifizieren. Die eigentlichen Reichswerke werden kaum erwähnt. Ein Überblick über diesen einst weltgrößten Konzern fehlt bisher. Und selbst die bescheidenen »Rechtfertigungsschriften« beschränken sich einzig auf die »wirtschaftliche Leistung«. Etwas vollständigere Darstellungen gibt es lediglich für den Anfang, enthusiastisch als Selbstverherrlichung niedergeschrieben im Stil der Nazijahre oder verfilmt im Auftrage des Reichspropagandaministeriums. Über die eigentliche Bedeutung des Konzerns wurde damals und wird auch heute geschwiegen.

Man propagierte den wirtschaftlichen Aspekt in einer um Autarkie bemühten Wirtschaft. Doch dieser Aspekt bedeutete für die Reichswerke nur einen winzigen Teilausschnitt in ihrer Entwicklung und Geschichte.

Wo die Geschichte der Reichswerke beginnt und wo sie aufhört, ist eine Frage, die nur aus der Zielsetzung in politischer und wirtschaftlicher Sicht beantwortet werden kann.

Es ist eine einfache Sache, sich an die zwölf Jahre des Nationalsozialismus zu klammern und innerhalb dieses Zeitraums den Tag der Eintragung der neuen Gesellschaft in das Handelsregister des Amtsgerichts Berlin-Charlottenburg und den Tag der Besetzung der Hauptverwaltung durch amerikanische Truppen als Anfang und Ende zu nehmen. So kommen wir zu einer relativ kurzen Periode, die allerdings im Einklang steht mit den Anklagen in den verschiedenen Nürnberger Prozessen, die aus diesen Gründen schon vom Ansatz her falsch und unvollkommen sein mußten.[4]

Und so wenig, wie mit dem Tode Hitlers ein »neues, anderes deutsches Menschengeschlecht« geschaffen wurde, so wenig eine Bewältigung der für das Denken und Handeln ausgeklammerten Vergangenheit erfolgte, so wenig gab es für die Reichswerke mit dem Kriegsende eine echte »Stunde Null«. Sie blieben das langlebigste Überbleibsel des Dritten Reiches, wenn sich auch für die »alte« bzw. »neue« Führungselite der Nachkriegsjahre erst einmal andere Aufgaben stellten: Rechtfertigung gegenüber Kritiken, Weiterleben trotz Demontage, Neuanfang.

Die Gründung der Reichswerke und deren Hineinwachsen in eine einmalige Machtposition waren nur möglich, indem bestimmte wirschaftliche Bedingungen, bestimmte Ideologien und bestimmte »Führerpersönlichkeiten« zusammentrafen, die ein völlig neues Unternehmerbild schufen.

Paul Pleiger als einer der Gründer sah anfänglich nur die Aufgabe, ungenutzte deutsche Bodenschätze zur Behebung der Wirtschaftskrise einzusetzen. Für Schwerin von Krosigk blieb er für alle Zeiten der »Schatzgräber der deutschen Bodenschätze« – ein unpolitischer Mann! Sein »Ziehvater« Wilhelm Keppler sah die Aufgaben und Grenzen anders, sah, daß die »Reichswerke« Grundstein für neue wirtschaftspolitische Entwicklungen sein mußten. Er, Wirtschaftsberater Hitlers und der Partei, sah, daß innerhalb der alten Reichsgrenzen erwartete Wunder nur begrenzt möglich waren und daß die politische Herrschaft über die deutsche Wirtschaft durch die nationalsozialistische Institution »Reichswerke« nicht über ein bescheidenes Hüttenwerk mit bescheidenen Erzlagern zu schaffen sei. Autarkiepolitik konnte nicht über die neue Industrie in Salzgitter verwirklicht werden.

Hitlers Pläne stimmten mit diesen Überlegungen voll überein. Autarkiepolitik hatte für ihn die Bedeutung einer Autarkie in einem notwendigerweise erweiterten Lebensraum. Wenn er am 20. Juni 1941 – nach den vielen Enttäuschungen mit dem Vierjahresplan – gegenüber Keitel und Todt erklärte:

> »Es ist unmöglich, alles, was uns fehlt, durch synthetische Verfahren oder sonstige Maßnahmen selbst herstellen zu wollen … Man muß einen anderen Weg gehen und muß das, was man nicht hat, erobern«,

so war dies für ihn absolut keine neue Erkenntnis.[5] Das nationalsozialistische Wirtschaftssystem setzte ein privatwirtschaftliches Gefüge voraus, in dem die »Führer« geführt wurden, um zur »faschistischen Elite« zu werden. Es war nicht so, daß die Wirtschaft oder das »Großkapital« als solches die nationalsozialistische Wirtschaftspolitik bestimmte, sie profitierte lediglich davon. Diese Wirtschaftspolitik wurde aus Unternehmerkreisen dieser Schichten durchaus nicht als Alternative zum Faschismus gesehen; man war sehr wohl bereit, je nach Einstellung mit den unterschiedlichen Flügeln der NSDAP zusammenzuarbeiten.[6]

I.

DIE »VORZEIT«

1. Politische und wirtschaftliche Grundlagen

Eine der entscheidendsten Ursachen für die Entwicklung
zum politischen und wirtschaftlichen Totalitarismus liegt
viele Jahrzehnte zurück: der deutsch-französische Krieg und
die Reichsgründung durch Bismarck.

Die Folgen konnte niemand voraussehen: Man überschätzte den Sieg. Man überschätzte den Gewinn an Kapital. Man machte sich Frankreich zum Erzfeind, der die
Demütigungen nicht vergessen konnte.

Es war Bismarcks großer außenpolitischer Fehler, durch
die Annexion von Elsaß-Lothringen und durch die Kontri-
bution nicht nur bleibenden Haß geschaffen zu haben. Bismarck hatte Frankreich durch Beraubung seiner Rohstofflager, der Erz- und Kohlegruben, zum Agrarland gemacht,
zu einem Agrarland, wie es bis zu diesem Zeitpunkt praktisch das soeben gegründete Deutsche Reich gewesen war.

Und alles entsprang aus der Überschätzung des Sieges.
Man glaubte, die den Deutschen eigene Kapitalnot durch
Frankreichs Zahlungen überwunden zu haben. Man
glaubte, die Annexion der gewaltigen Minette-Erzlager und
der Kohlegruben habe nun endlich die gewünschte Rohstoffbasis geschaffen, um zum Wohlstand zu kommen. Das
neue Deutsche Reich sollte ein Industriestaat werden.
Allein nach der Reichsgründung gab es mehr als 500 Indu-
strie-Neugründungen mit einem Kapital von über einein-
halb Milliarden Goldmark. Dieser Gründertaumel platzte
bereits wenige Jahre später als Seifenblase und führte in
eine ernsthafte Wirtschaftskrise. Übrig blieben Rohstofflager und neu gegründete bankrotte Unternehmen.

Für das Überleben all dieser Werke konnte man die gegenseitige Konkurrenz nicht gebrauchen. Man schuf sich Monopole und Syndikate, die dann in ihrer Größe eine echte wirtschaftliche Macht darstellten und dem Staat unter Bedingungen zur Verfügung gestellt wurden.

Zum Überleben brauchte man die wirtschaftliche Zusammenarbeit und die Bindung an den Staat. Die Unternehmen brauchten »ihre« Politiker und »ihre« Parteien. Man brauchte die Politisierung der Wirtschaft, und so wurde sie profitabler. Im erbarmungslosen Konkurrenzkampf der Industriestaaten lief die deutsche Industrie allen anderen Konkurrenten davon. Durch die bessere Eisenerzbasis der Minette stand Deutschland mit dem Wirtschaftssektor Roheisen- und Stahlproduktion an der Spitze des Kontinents. Aber Frankreich wurde Agrarland, zum Feind, der diese Schmach nicht vergaß.

Profitiert hatte eine Gruppe deutscher Industrieller, nicht unbedingt das deutsche Volk.

Der Erste Weltkrieg endete mit einer Niederlage. Der Versailler Vertrag nahm der Ruhrindustrie die Lothringer Erzbasis und beschnitt die Kohlebasis der Ruhr durch Kontributionslieferungen an Frankreich. Dadurch hatten sich die Verhältnisse wieder umgekehrt. Jetzt besaß Frankreich 48 Prozent der europäischen Erzlager, das Deutsche Reich lediglich noch 7 Prozent. Bei dieser Größenordnung blieben allerdings die zu diesem Zeitpunkt kaum verwertbaren und auch in ihrer Größenordnung unbekannten sauren Salzgitter-Erze unberücksichtigt.[1]

2. Ideologische Grundlagen für die Abkehr
von der Demokratie

Im deutschen Nationalsozialismus waren Preußentum und Romantik für den Bedarf des Massenzeitalters wirksam vermengt und ins Volk getragen worden. Alle inneren und tiefen Widersprüche der beiden Richtungen wurden überbrückt, indem man die Sendung der deutschen Rasse und ihre Überlegenheit in den Vordergrund stellte.[2]

Im Grunde waren es drei Ursachen, die für die Hinwendung der Massen zum Nationalsozialismus wesentliche Bedeutung hatten:

1. Der Protest gegen die Mißerfolge des demokratischen Weimar und das verzweifelte Aufbegehren der Bürger gegen das Absinken in die Mittelmäßigkeit.
2. Die romantische Protestbewegung der Jugend.
3. Die Ideologie von Bürgern, Agrariern, nationalen Abenteurern (mit ihrer Freikorps- und Schwarze-Reichswehr-Vergangenheit) und unzufriedenen Intellektuellen, die alle zusammen eine neue, mystische, völkische Gemeinschaft suchten.[3]

Nun sollte man die dritte Gruppe nicht überschätzen, was die Zahl ihrer Anhänger betraf. Doch sie brachte die Radikalisierung. Sie hatte als Ziel den faschistischen SS-Staat.

Zahlenmäßig war es eine kleine Gruppe, die einen neuen Weg suchte. Für den Erfolg brauchte sie kleinbürgerliche Massenorganisationen. Selbst hatte man nicht die Macht, es fehlte die Basis. Aber dafür betrachtete man sich als Elite. Und beides zusammen führte zum erstrebten »Dritten Reich«.[4] Die Gruppe der Führernaturen konnte klein bleiben. Aber sie war das Rudel der Raubtiere, der Begabten, die über die wachsende Herde der anderen verfügte.[5]

Moralbegriffe wurden national geprägt, radikalisiert. Man hatte der Volksgemeinschaft zu dienen und das unbeschränkte Recht der Führerschaft anzuerkennen. Man wollte abschütteln, was die Erneuerung der Nation störte und doch erforderlich war, um die Macht zu bekommen: die bürgerlichen Parteien, die »nichts mehr waren als ein Versuch des Schleims zu regieren – des Kirchenschleims, des Bürgerschleims, des Soldatenschleims!«

Diese Kreise fühlten sich nicht als Mörderbande. Bei ihrer Übermoral kannten sie kein Unrechtsbewußtsein. Sie wollten den Weg zur Erneuerung nicht durch Debatten, sondern durch Handeln bestimmen. Sie wollten den »Opfergang« gehen, der jedes Mittel erlaubte, um den Erfolg zu erringen. Es waren Kämpfer und Denker, die zusammenfanden in ihren extremen Forderungen, und es waren Leute wie Roßbach, Ehrhardt, von Killinger, Himmler, Höß, Niemöller, Steinbrinck, die über ihre Freikorps und die Schwarze Reichswehr mordeten und sengten. Hemmungslos verwendeten sie das Gedankengut von Gelehrten und Schriftstellern – wie Arthur Moeller van den Bruck, Spengler, Jünger, Spann, Edgar Jung – für ihre demagogischen weltanschaulichen Grundlagen.

Sie schlossen sich im Landbund der Artamanen zusammen und wurden später Reichsführer SS oder zorniger, junger Pfarrer, der den Verfall der Moral als »Nazipastor von Dahlem« anprangerte und doch trotz seiner Ergebenheitsadresse an Hitler laut von der Kanzel verkündete, was er unter nationaler Erneuerung im christlichen Geist verstand – er, der ›Petrus mit dem Schwert‹, der später in die KZ-Obhut seines Kameraden Höß geriet, der einmal katholischer Priester werden wollte, statt dessen jedoch Fememörder wurde.

Zu diesen Gruppen kam der Kreis um Hitler, die Deutsche Arbeiterpartei. Abweichungen beim endgültigen Ziel konnte man übersehen, denn Hitler erklärte sein Parteiprogramm intern als »Werbeprogramm«, das psychologisch richtig auf die Seele derjenigen eingestellt sein müsse, ohne deren Hilfe die schönste Idee ewig Idee bleiben würde.

Andere, weniger radikale Rechtsgruppen stießen hinzu. Doch auch sie verlangten die Unterordnung des einzelnen bis zum letzten Opfer:

> »Auf neue Tafeln schreibt der neue Stand:
> Laßt greise des erworbnen guts sich freuen
> Das ferne wettern reicht nicht an ihr ohr.
> Doch alle jugend sollt ihr sklaven nennen
> Die heut mit weichen klängen sich betaubt
> Mit rosenketten überm abgrund tändelt.
> Ihr sollt das morsche aus dem munde spein
> Ihr sollt den dolch im lorbeerstrauße tragen
> Gemäß in schritt und klang der nahen Wal.«
> (STEFAN GEORGE)

Zu den Ideologien kam das Ritual:

> »Dr. Ley meldet den Fahneneinmarsch. Man sieht noch nichts. Aber dann tauchen sie auf aus der schwarzen Nacht. In sieben Säulen ergießen sie sich in die Räume zwischen den Formationen. Man sieht nicht den Menschen, erkennt nicht die Träger, erblickt nur einen wallenden roten breiten Strom, der sich wie feurige Lava nähert. Man spürt die Dynamik: Das ist Erkennen des Sinns des heiligen Symbols.«
>
> »Und jetzt bricht das Heilrufen los – wird übermächtig – wird wie eine Welle, die alles erfüllt. ... Fünfzigtausend Stimmen schmelzen zusammen zu einem einzigen Ruf ›Heil Hitler‹! Fünfzigtausend Herzen schlagen diesem Mann entgegen!«[6]

3. Politische Gründe für das Scheitern der Weimarer Republik

Versailles hatte bewirkt, den Weg in die Radikalität und in die romantische Verklärtheit zu suchen. Nationalliberal hieß die Devise für die Inhaber der Macht, unabhängig von der besonderen parteipolitischen Prägung. Die *Internationale* wurde gesungen, doch gelesen wurden Hugenbergs Zeitungen und gesehen seine national-erbauenden Ufa-Filme von Zeiten vergangener Größe.

Die Inflation hatte viele Millionen Menschen zu Bettlern gemacht. Dabei war die Inflation weniger ein Vermögensverlust als eine Vermögensumschichtung. Sachwertbesitzer, insbesondere die Industrie, hatten sich nicht nur weitgehend entschulden können, sondern erwarben darüber hinaus neuen Industriebesitz, der mit entwertetem Geld bezahlt wurde, und machten dabei Riesengewinne. Denn laut Reichsgericht war hierfür »Mark« gleich »Mark«.

Ausgebeutet wurden in jenen Jahren lediglich die Arbeitskräfte. Ehrliche Arbeit machte sich bei fortschreitender Inflation immer weniger bezahlt. Es war die Stunde der Spekulanten. Arbeiter und Bürger mit ihrem Lohn und Privatvermögen blieben auf der Strecke. Aus diesen Schichten bildeten sich die braunen und roten Bataillone. Die Hilflosigkeit führte zum Radikalismus. Der Rückschlag im Jahre 1929 war schlimmer, als je einer geglaubt hatte. Schuld gab man dem bestehenden Staat, den Parteien, den Finanzschiebern und den Kapitalisten. Die Erbitterung im Volke suchte eine Entladung.

Die Nazis waren die einzige unverbrauchte Kraft. Dabei war es für die Masse bedeutungsvoll, daß die NSDAP neben den landläufigen völkischen Forderungen auch sozialistische Tendenzen vertrat. Ursprünglich wollte man die Verstaatlichung der Konzerne, die Brechung der Zinsknechtschaft – das kam bei den Arbeitslosen gut an. Als die

Partei ihre Größe und Bedeutung erreicht hatte, erneuerte sie gleichzeitig ihre alten Beziehungen zur Schwerindustrie und den Nationalisten. So hofften zum einen viele ehemalige Sozialisten, Hitler würde das verwirklichen, woran die marxistischen Parteien gescheitert waren. Zum anderen setzte die Schwerindustrie auf Hitler. So war die Nazi-Partei in der Lage, zugleich im Lager der Revolution und der Gegenrevolution zu stehen.

Willy Brandt schrieb 1932 zu solchen Erklärungen: »Das sozialistische Element im Nationalsozialismus, im Denken seiner Gefolgsleute, das subjektiv Revolutionäre an der Basis, muß von uns erkannt werden.«[7]

Der Fraktionsvorsitzende der KPD, Torgler, erklärte SA-Gruppenführer Ernst, man werde wohl bald gemeinsam gegen die Bourgeoisie vorgehen.[8]

Goebbels wünschte »lieber den Untergang mit dem Bolschewismus als mit dem Kapitalismus ewige Sklaverei«.[9]

In einem Lande der Arbeiter, wie es Deutschland war und ist, müssen sich auch bürgerliche Parteien volkstümlich geben, um Macht zu gewinnen. Volkstümlich war die NSDAP. Das verstanden auch die Kreise um Hugenberg, Jung, der Ruhrlade, der Großbanken und hatten daher den Weg zu Hitler gefunden, ohne ihre eigenen Anliegen dabei aufzugeben. So war die Weimarer Republik praktisch bereits Ende der zwanziger Jahre gescheitert, und es folgte das Warten auf eine regierungsfähige Diktatur.[10]

4. Wirtschaftliche Ursachen für ein »Autarkiedenken«

Die Krisenregierungen seit 1929 versuchten, die auftretenden Handelsdefizite mit Hilfe von Kapitalimporten aufzufangen. Doch die Devisen reichten nicht aus, um gleichzeitig über Rohstoffimporte und staatliche Investitionen den Arbeitsmarkt mit seinen inzwischen 6 Millionen Arbeitslosen zu entlasten. Der Handlungsspielraum war eng geworden. Es mangelte nicht unbedingt an Ideen. In der Regierung Brüning/Schleicher war es Gereke, der gemeinsam mit den Gewerkschaften bei Unterstützung durch die Reichswehrführung und Gregor Strasser seitens der NSDAP einen Arbeitsbeschaffungsplan vorlegte, den der Reichspräsident als Notverordnung verabschiedete.[11]

Dieser Arbeitsbeschaffungsplan gewann in bescheidenem Maße praktische Bedeutung. Bereits 1932 zeigten sich die ersten Erfolge und verstärkten sich nach der Machtergreifung erheblich. Auch nach dem 30. Januar arbeitete Gereke weiterhin als Reichskommissar für die Arbeitsbeschaffung. Eine eigene NS-Arbeitsbeschaffungspolitik gab es für das Jahr 1933 nicht.

Dieser Gereke-Plan wurde zwar von Schacht, Ludwig Erhard, Thyssen, Kirdorf abgelehnt, da er die Arbeitsbeschaffung konsumorientiert bei Erhaltung der Kaufkraft und Reduzierung der Unternehmergewinne schaffen wollte.[12] Da er jedoch vorwiegend auf rüstungswirtschaftliche Projekte ausgerichtet war, hatte er die ausreichende Unterstützung durch die Schwerindustrie und durch Hitlers Wirtschaftsberater Wilhelm Keppler.

Alle diese Maßnahmen betrafen ausschließlich die Ankurbelung der Binnenkonjunktur. Die Fragen der Außenwirtschaft wurden erst einmal vernachlässigt, so daß die durch den Rückgang der Arbeitslosigkeit gestiegene Nachfrage wegen fehlender Importe an Rohstoffen und Nahrungsmitteln noch schlechter gedeckt werden konnte. Es kam zu den ersten Eingriffen in den Produktionsprozeß, es kamen die ersten Auflagen für die Verwendung heimischer Roh- und Ersatzstoffe, es kam der Traum von einer Autarkie.

Die ersten Bewirtschaftungsmaßnahmen stammen noch aus dem Jahre 1931. Ein stärkerer Ausbau erfolgte 1934 durch den »Neuen Plan« von Schacht. Hier wurden Möglichkeiten aufgezeigt, durch staatliche Eingriffe gegen den weltwirtschaftlichen Trend zu steuern, besonders durch Importbeschränkungen und staatliche Exportförderung.

Grundsätzlich ist es für jene Jahre schwierig, das, was die einzelnen Personen unter Autarkie verstanden, zu definieren. In den Nachkriegsmemoiren der betroffenen Politiker und Wirtschaftler handelt es sich immer um das Bestreben, diese weitgehend innerhalb des »Deutschen Reiches« zu schaffen.

Paul Pleigers Überlegungen waren in diesem Zusammenhang anfänglich bescheiden und bieder. Er konnte es nicht verleugnen, daß er ein national denkender kleinbürgerlicher Unternehmer war, der im deutschen Boden die Autarkie für den Erzbereich suchte. Nach der Machtergreifung wurde er Gauwirtschaftsberater für den Gau Westfalen-Süd und machte auf seine wirtschaftspolitischen Vorstellungen durch verschiedene Denkschriften aufmerksam: »Zurück zur freien Unternehmerverantwortung«, »Wozu noch Quotenverbände«, »Höchste Alarmstufe – Bekämpfung der Arbeitslosigkeit«, »Der wahre Feind des deutschen Exports« (Stellungnahme zur Export- und Devisenpolitik Schachts). Hochbrisant waren diese Schriften nicht, doch sie kamen von einem Gauwirtschaftsberater und störten.

Für die Ruhrindustrie waren es realitätsfremde Träumereien, die aber durch seinen Parteieinfluß den eigenen Planungen schaden konnten. Man sorgte dafür, daß statt ihm Generaldirektor Borbet vom Bochumer Verein – ebenfalls ein strammer Nazi – Leiter der Gauwirtschaftskammer Westfalen-Süd wurde.

Durch sein störrisches Beharren auf einmal gefaßte Meinungen überwarf sich Pleiger zusätzlich vorübergehend mit anderen NS-Größen, so mit Himmler, Heß, Dr. Ley, Blomberg, zeitweise auch mit Göring, die seine Überlegungen für unrealistisch hielten und mehr den erfahrenen Ruhrbossen vertrauten.

Andererseits führten diese Denkschriften dazu, daß Wilhelm Keppler, Leiter der Zentralstelle der wirtschaftspolitischen Organisationen der NSDAP, Generalsachverständiger für Deutsche Roh- und Werkstoffe, engster Wirtschaftsberater Hitlers, auf diesen Außenseiter aufmerksam wurde. Er vermittelte ihn in das Amt für Roh- und Werkstoffe gemeinsam mit seinem Mitarbeiter Dr. Paul Rheinländer.

Keppler und auch Oberst Loeb als Leiter des Amtes standen in ihrer Zielrichtung in deutlichem Gegensatz zur Politik des Wirtschaftsministeriums. Schacht vergaß bei allen Autarkieüberlegungen niemals die Frage der Wirtschaftlichkeit, Keppler ordnete dagegen sein Konzept wehrwirtschaftlichen Überlegungen unter und versuchte durch direkte Interventionen bei Hitler, diese Pläne in Wirtschaftspolitik umzusetzen.[13]

Hitler ging mit ihm konform, wies ihn jedoch an, einen Konflikt mit Schacht zu diesem frühen Zeitpunkt zu vermeiden. Trotzdem war Kepplers Organisation gewichtig. Hier wurde das konkurrierende parteipolitische Instrument zum Reichswirtschaftsministerium geschaffen.[14]

Das im Nationalsozialismus in den ersten Jahren praktizierte System des Dualismus zwischen Staat und Partei, Partei und Wirtschaft – nach Max Weber ein soziologisches Übergangsstadium zum Totalitarismus – hatte hier seinen Anfang.[15]

Nach 1933, als die SA darauf drang, die »Revolution« zu Ende zu führen, drängte die Partei mit ihren Gauleitern auf Ordnung und Konsolidierung zum Faschismus. Das schlichte Braunhemd war nicht mehr gefragt. Die Elite verlangte andere Dekorationen.

24

Während des Krieges wuchs dann bestimmten Funktionsträgern der NSDAP zusätzliche Macht gegenüber staatlichen Hoheitsträgern zu. Davon profitierten Bormann, die Gauleiter und – in der Wirtschaft, nachdem an Speer Zweifel aufkamen – der bis zu diesem Zeitpunkt zweite Mann der Rüstungswirtschaft, Paul Pleiger, der sich schrittweise an die Spitze vorgearbeitet hatte. Paul Pleiger selbst war allerdings nicht der eigentliche Funktionsträger, dies waren die Reichswerke, der weltgrößte Konzern mit einer einmaligen Machtfülle.

5. Rüstungspolitische Gründe für den Traum vom Reichtum des deutschen Bodens und der »Schatzkammer Salzgitter«

Rohstoffgrundlagen für die Rüstung waren Eisen und Kohle. Kohlevorkommen gab es für die Verarbeitungsmöglichkeiten der zwanziger Jahre ausreichend im Deutschen Reich. Beim Eisenerz war eine fast vollständige Auslandsabhängigkeit eingetreten.

Weimar versuchte, mit Staatshilfe hierfür eine beschränkte Autarkie zu erreichen. Man zahlte daher »Kriegsentschädigungen« für die verlorenen Lothringer Gruben in Höhe von 100 Millionen Goldmark an die betroffenen Hüttenwerke mit der Auflage aus, hierfür innerhalb der deutschen Grenzen neue Eisenerzlager zu erschließen und auszubeuten.

Seit 1919 entwickelte sich eine eifrige Untersuchung der wenigen vorhandenen und auch bekannten Lager. Die Ruhrhütten gründeten in Dortmund die Erzstudiengesellschaft. Diese beauftragte den Geologen Dr. Johannes Weigelt mit Untersuchungen durch Probebohrungen. Die Arbeiten fanden im Salzgittergebiet statt. Es war seit langem bekannt, daß hier das einzige größere Eisenerzlager vorhanden war. Es ging um Überprüfung der Größe des Lagers und Analyse der dortigen Erze. Die Bohrergebnisse bestätigten die Erwartungen. Dem überwiegenden Teil des Erzes haftete jedoch der Makel an, daß es sehr kieselsäurehaltig war. Darüber hinaus hatten alle Erze einen relativ bescheidenen Eisengehalt. Es handelte sich um ein armes, saures Erz, das sich schlecht zu vertretbaren Kosten verhütten ließ.[16]

Nachdem man bereits 1920 in München zusätzlich die Studiengesellschaft zur Aufbereitung der wenigen süddeutschen Doggererze gegründet hatte und positive Ergebnisse bei deren Verhüttung erzielte, erstellte Dr. Wenzel, der Rohstoffexperte der Vereinigten Stahlwerke, im Auftrage der Reichsregierung 1927 ein Gutachten über die Eisenerzlager im Salzgittergebiet und bezog sich hierbei auf Weigelts Untersuchungen. Er empfahl bereits damals den Aufschluß und den Abbau des Erzes:

»Das einzige große ... Eisenerzgebiet ... ist das Salzgitter-Lager. Es wird, großzügig ausgebaut, die niedrigsten Gewinnungskosten aufweisen.«[17]

Zusätzlich erstellte er gleichzeitig ein Gutachten für das Reichswehrministerium über die Versorgung mit ausreichenden Stahlmengen für den Kriegsfall durch Salzgitter-Erz, falls die Versorgung mit Importerzen kritisch würde.

In diesem Zusammenhang verhandelten die Vereinigten Stahlwerke mit dem Reichswehrministerium, und zwar mit General von Bockelberg und General Ludwig sowie dem Reichswirtschaftsministerium. Diese Verhandlungen erstreckten sich bis ins Jahr 1929/30. Nun befürchtete das Reichswirtschaftsministerium, daß durch die grundsätzlich unrentablen neuen Anlagen ein zusätzliches Notstandsgebiet dafür entstehen könnte. Die erforderlichen hohen

26

Investitionskosten würden im Augenblick für dringendere Anlagen mehr Nutzen schaffen.

Die seinerzeitige Verpflichtung, mit der gezahlten Kriegsentschädigung Grubenfelder aufzukaufen und aufzuschließen, wurde von den Ruhrhütten eingehalten. Im Salzgittergebiet wurden Gruben erschlossen. Für die Verhüttung der geförderten Erze führte man Großversuche durch. Es kam auch zur Verhüttung der Erze in westdeutschen Hütten.

Generaldirektor Pönsgen von den Vereinigten Stahlwerken erhärtete die Feststellungen, die bereits im Wenzel-Gutachten zur Wirtschafts-Enquete der deutschen Reichsregierung enthalten waren:

>»Die drei Fragen Aufbereitung der Erze, Umfang der vorhandenen Lagerstätten und Erzgewinnung bei möglichst geringen Kosten wurden zufriedenstellend gelöst. So wurde insbesondere eine neue, besonders kostengünstige Abbaumethode entwickelt.«[18]

Weitere Voraussetzungen für eine großzügige Erschließung seien lediglich billige Staatskredite und begünstigte Frachtraten wegen der großen Entfernung zum Ruhrgebiet. Zusätzliche Hüttenwerke im Osten des Reiches wären überflüssig, da es bereits hohe unausgenutzte Hochofenkapazitäten gäbe. Eine solche Entwicklung sei kostenmäßig nicht vertretbar.

Für Rüstungsausgaben allerdings, wo die Rentabilität mit einer anderen Elle gemessen wird, hatte das Reichswehrministerium trotz mancher Bedenken eine Erzförderung in Salzgitter ins Auge gefaßt. Besonders Seeckt engagierte sich hierfür. Salzgitter besaß genügend Erz und hatte durch seine Lage eindeutige Standortvorteile.

Ablehnen wollte auch Schacht nicht eindeutig, es gab lediglich einen bedingten Einspruch. Er empfahl, Salzgitter für einen möglichen Kriegsfall soweit aufzuschließen, daß kurzfristig ein erweiterter Abbau der Erzlager möglich wäre. Hier lag allerdings für ihn auch die Grenze. Er erwartete lediglich, daß die bereits vorhandenen Erzgruben erhalten blieben und weitere Lagerstätten erforscht werden sollten. Dafür stellte man Gelder bereit. Er stimmte zu, daß in bescheidenem Maße auf rein privatwirtschaftlicher Basis neue Erzgruben angelegt würden.

Doch die Entwicklung verlief dann doch unter Druck der Weltwirtschaftskrise anders. Diese führte zu einem Rückgang der Roheisenproduktion und zu einem erheblichen Preisverfall bei den Importerzen. Die Zahlen der vorliegenden Gutachten stimmten nicht mehr. Solange die Währungen der wichtigsten Exportländer nicht abgewertet waren, verteuerte sich der Erzexport nach Deutschland. Die Eiseneinheit kostete Deutschland 1929 im Import 35,7 Pfennig. Bei einem solchen Preis war die Verhüttung von Inlandserz rentabel. 1931 wurden die Erzpreise als Folge der Abtrennung wichtiger Ausfuhrländer von der Goldwährung erheblich gesenkt. Die Eiseneinheit kostete nur noch 19,7 Pfennig. Damit erlosch das Interesse am völlig unrentabel gewordenen deutschen Erz. Man ließ die auch im Raum Salzgitter aufgeschlossenen neuen Gruben zum Teil absaufen und verkommen, um sich unnütze Kosten zu ersparen.[19]

6. Arbeitsmarktpolitische Einflüsse auf lokale Entscheidungen

Für die Gründung der Reichswerke wurde in der Vergangenheit seitens der Gründer als auch mancher Historiker behauptet, daß die arbeitsmarktpolitische Situation zu diesem Schritte zwang. Das Regime hatte Arbeit und Brot versprochen und mußte, um überlebensfähig zu bleiben, hier Wort halten. Falsch war es, zur Bekämpfung der Arbeitslosigkeit nun ausgerechnet Projekte zu wählen, die einen hohen Bedarf an den bei der Geldmarktpolitik Schachts viel zu knappen Investitionsmitteln hatten. Andererseits fehlte es an einer gründlichen Analyse des Arbeitsmarktes. Für solche Projekte brauchte man Fachkräfte, bei denen jedoch die Arbeitslosigkeit sowieso nicht so stark durchgeschlagen war.

Die Eingriffe in den Arbeitsmarkt begannen frühzeitig. Am 15. Mai 1934 mußte das Gesetz zur Regelung des Arbeitseinsatzes erlassen werden, um die Abwanderung landwirtschaftlicher Arbeiter zu unterbinden und um den Zuzug in bestimmte Gebiete vorübergehend zu sperren. Es war schon ein Unglück, sich gerade für solche Gedanken über Arbeitslosigkeitsbekämpfung sowohl den falschen Zeitpunkt, das falsche Gebiet – Salzgitter war vorwiegend landwirtschaftlich genutzt und kannte nicht die Arbeitslosigkeit der Industriestädte – und zusätzlich die falsche Branche ausgesucht zu haben. Am 7. November 1936 mußten Anordnungen zur Sicherstellung von Facharbeitern erlassen werden. Die Freizügigkeit der Wahl des Arbeitsplatzes, d.h. die Mobilität des Arbeiters, wurde zusätzlich beschränkt.

Pleiger hatte also, was die Realität betrifft, an der Situation des Arbeitsmarktes völlig vorbeigeplant. Sein einziger Trost war, daß die geplanten Reichswerke sofort »staatspolitisch bedeutsam« gemacht wurden und aufgrund des »Volksdienstgesetzes« vom 21. Mai 1935 und der Verordnung zur Sicherstellung des Arbeitskräftebedarfs vom 22. Juni 1938 zumindest Arbeitskräfte anfordern konnten.

Arbeitskräfte zu bekommen war allerdings schwerer. Hierfür bedurfte es trotz Lohnstopps besonderer Lohnanreize, die zwar verboten, aber üblich waren.

Viele Arbeiter kamen mit der Hoffnung auf sozialen Aufstieg. Eine andere Gruppe echter Arbeitsloser, die trotz Arbeitskräftemangels noch vorhanden war, stellten die »politisch Unzuverlässigen«, die nicht ins KZ eingewiesen worden waren oder einen KZ-Aufenthalt schon hinter sich hatten und nun in ihrer Heimat nicht beschäftigt werden durften. Bei den Reichswerken wurden sie eingestellt. Man hatte keine andere Wahl.[20]

7. Wende der Weltwirtschaftskrise und Machtergreifung durch den Nationalsozialismus

Obwohl sich in Weimar fast alles mit Geld erledigen ließ – Brüning sprach in seinen Memoiren von einem Korruptionsstaat –, so ist die Behauptung unsinnig, die Industrie habe Hitler mit ihrem Geld an die Macht gebracht. Andererseits stimmt es auch nicht, die NSDAP sei nicht ebenso wie die sonstigen Parteien von der Industrie finanziert worden.

Im Laufe der Jahre hat sich manches geändert – nur eines nicht, daß Industrielle sehr häufig unpolitisch sind, aber trotzdem ein Herz haben für die Parteien.

Politisch hatte sich allerdings einiges innerhalb der Stahlindustrie getan, und das insbesondere bei der auch damals mehr auf Familiensinn als auf Politik bedachten Familie Flick.[21]

Man steckte noch tief in der Wirtschaftskrise, als die Flicksche Gelsenkirchener Bergwerks-AG, die gleichzeitig Muttergesellschaft der Vereinigten Stahlwerke war, vor dem Konkurs stand. Die Regierung Brüning sprang ein und kaufte VStW-Aktien zum fast fünffachen Börsenkurs. Damit war Flick gerettet, alle Parteien empört und die Vereinigten Stahlwerke verstaatlicht.[22] Ein schwerer Schlag für die Familie Flick, der über andere politische Kreise wieder ausgebügelt werden mußte.

Brüning wurde erst einmal abberufen. Wahrscheinlich war der Gelsenbergskandal zu groß gewesen. Dafür begab sich Hermann Göring zu den Herren des Stahlvereins, nämlich Flick, Vögler, Thyssen und Kirdorf, und bot ihnen die Unterstützung der NSDAP bei entsprechendem Wohlverhalten an.[23]

Görings Rücksprache war allerdings einiges vorausgegangen. Da es bis zum Herbst 1931 nicht gelungen war, die führenden Industriellen von einer Kanzlerschaft Hitlers zu überzeugen und ihnen einen reformierten Kapitalismus einzureden, entschied sich Hitler, seine Vorstellungen selbst am 26. Januar 1932 vorzutragen. Bei dieser Gelegenheit ernannte er seinen neuen Wirtschaftsberater, Wilhelm Keppler. Hitler brachte den Industriellen nahe, daß es eine gemeinsame Interessenvertretung wahrzunehmen gelte, sowohl durch die Partei wie auch durch die Wirtschaft. Dieses waren schon Kepplers Gedankengänge.

Wer war nun dieser Wilhelm Keppler? 1882 in Heidelberg geboren, leitete er später eine Tochtergesellschaft der Eastman-Kodak, an der er ebenfalls beteiligt war. Hierüber hatte er Kontakte zur Steinschen Bank mit deren Baron von Schröder.

Als Hitler von Kepplers Parteieintritt hörte, reiste er noch 1927 nach Eberbach. Mit Entzücken sah er, daß Keppler in seinem Betrieb keine Gewerkschaften zuließ, mit Werkskrankenkasse und Familien-Weihnachtsfeiern eine Volksgemeinschaftsidylle spielte. Das entsprach Hitlers Vorstellungen. Kurze Zeit darauf erfolgte eine Erklärung Hitlers zum Parteiprogramm, in der er ausdrücklich das Privateigentum an Produktionsmitteln anerkannte.[24] Vier Jahre später holte Hitler Wilhelm Keppler als seinen Wirtschaftsberater in das Braune Haus. Gleichzeitig beauftragte er ihn, einen Freundeskreis von Industriellen für die Partei zu schaffen: Schacht, Thyssen, Vögler usw.

Der Tag der Machtergreifung kam näher. Keppler nutzte mit diplomatischem Geschick die wirtschaftliche Notlage Flicks und wurde gleichzeitig Verhandlungspartner sowohl der NSDAP wie auch Flicks. Die Verhandlungen fanden im Hause des Barons von Schröder statt. Dort geschah die eigentliche Machtergreifung bereits am 4. Januar 1933.

Wilhelm Keppler gründete nach Hitlers Rede vor dem Industrieklub gemeinsam mit Fritz Kranefuß, einem Angestellten einer hannoverschen jüdischen Bank und späterem SS-Brigadeführer, seinen Freundeskreis, dem ca. 20 einflußreiche Wirtschaftler – Baron von Schröder, Hjalmar Schacht, Fritz Thyssen, Albert Vögler, Otto Steinbrinck u.a. – angehörten. Bezeichnenderweise gehörten bereits mit der Gründung drei Herren aus dem Hause Flick, zusätzlich zwei Freunde und Gönner Flicks, diesem Zirkel an. Keppler bemühte sich, hier der Wirtschaftsspitze das veränderte wirtschaftspolitische Konzept der NSDAP nahezubringen. Andererseits hatte Keppler bereits im Jahre 1931 direkten Kontakt zu Friedrich Flick aufgenommen.

Hitler selbst hatte vermutlich im Februar 1932, kurz nach Kepplers Kontaktaufnahme, die erste Unterredung mit Flick. Nach Steinbrinck ging es dabei vor allem um dessen Unterstützung bei der Reichspräsidentenwahl.[25]

Flick besaß zu diesem Zeitpunkt wegen der wirtschaftlich stark angeschlagenen Gelsenberg AG nicht mehr den notwendigen Einfluß auf die mächtige Ruhrlade. Vielmehr sorgte Otto Wolff, sein Konkurrent der in Mitleidenschaft gezogenen Vereinigten Stahlwerke, über seinen Freund Schleicher dafür, daß die VStW über den damaligen Reichsfinanzminister Dietrich verstaatlicht wurde.[26] Im übrigen vergaß Hitler nie, welche Probleme ihm Otto Wolff, der Strasser-Sympathisant, hiermit bereitet hatte. Aus Rachegefühlen hatte er die Absicht, diesen Stahlkonzern später zu liquidieren.[27]

Am 18. Mai 1932 trafen sich der Freundeskreis Keppler und Hitler noch einmal im Kaiserhof zur Klarstellung der Wirtschaftspolitik: Auflösung der Gewerkschaften, Liquidierung des Weimarer demokratischen Systems und Ankurbelung der Wirtschaft vor allem durch Rüstung. Schacht dankte Hitler in bewegten Worten und versicherte ihm das volle Vertrauen der Industrie.[28]

Am 4. Januar 1933 kam es zu dem bekannten Treffen Hitler, Papen, Keppler, Schröder. Man wurde sich einig, daß Schleicher gestürzt werden müsse.[29] Die notwendige und entscheidende Zustimmung Hindenburgs für eine legale Machtübernahme gelang jedoch Keppler. Die Gelsenbergpleite und vor allem die nachfolgende Verstaatlichung der Vereinigten Stahlwerke waren der Aufhänger, Flick für die Eingabe der Wirtschaft vom November 1932 und das ergänzende Schreiben vom 21. November 1932 zu gewinnen. Keppler konnte ihm dafür bieten, daß das neue Hitler-Kabinett verstärkt Aufrüstung betreiben und er hierbei eine besondere Berücksichtigung finden würde. Aus den Gewinnen wäre der Rückkauf und die Reprivatisierung der Vereinigten Stahlwerke möglich.[30]

Man hielt Wort: Die Vereinigten Stahlwerke und auch die Junkerswerke gelangten wieder in das Eigentum von Flick. Die für diesen Coup notwendigen Verbesserungen der Gewinne waren eindeutig genug, sie erhöhten sich von 1934 bis 1937 von 120 Millionen RM auf 257 Millionen RM.[31]

Kepplers Position war durch dieses Geschäft unumstritten. Seine wirtschaftspolitischen Vorstellungen, die zur Beherrschung der Wirtschaft durch Funktionsträger der Partei führen sollten, konnte er gegen seinen einstigen Verbündeten Schacht durchsetzen. Dieser Funktionsträger erhielt den Namen Reichswerke »Hermann Göring«. Die Hinzufügung von Hermann Görings Namen war nötig, um ihn sozusagen als »Schutzpatron« für widrige Zeiten zur Verfügung zu haben. Diese Lösung bewährte sich. Der Keppler noch versagt gebliebene wirtschaftliche Erfolg seiner Politik führte zur Verlagerung der Gewichte. Auch Schacht war nicht mehr gefragt. Vorübergehend war es tatsächlich Göring, der mit dem Hitlerschen »Vierjahresplan« die Wunder schaffen sollte.

8. Wirtschaft und Politik in der Weimarer Zeit
Aufgabe des Staates ist:

> Besteuern, Verwalten, Schutz der Privatwirtschaft. Alles andere ist von Übel!
>
> Albert Vögler, Generaldirektor der Vereinigten Stahlwerke

Der Primat der Politik ist in einer industrialisierten Wirtschaft, für die der Konkurrenzkampf den Zwang zu Zusammenschlüssen in Form von Interessenverbänden, Monopolen, Kartellen, Syndikaten, Gewerkschaften verlangt, immer in Frage gestellt. Das Verhältnis von Wirtschaft und Politik führt automatisch zu Machtansprüchen des Stärkeren, wobei das einzelne Individuum auf der Strecke bleibt.

So war es der im Februar 1919 gegründete Reichsverband der deutschen Industrie, der ausdrücklich zur Förderung und Stärkung der Macht der deutschen Industrie geschaffen wurde. Macht der Industrie hieß aber in der Weimarer Republik auf gut Deutsch Einflußnahme auf politische Entscheidungen im Eigeninteresse. Diese »pressure groups« hatten Querverbindungen durch alle bürgerlichen Parteien.

34

Auf der anderen Seite standen die Gewerkschaften, die in den neuen Machtverhältnissen gezwungenermaßen von ihrer früheren sozialpolitischen Vertretung zu einer politisierten Einflußnahme auf Parlament und Regierung gefunden hatten bzw. diese finden wollten.

Die sozial- und wirtschaftspolitischen Entscheidungen der Regierungen wurden weitgehend von diesen wirtschaftlichen Machtzentren beeinflußt, wobei die wirtschaftliche Entwicklung der zwanziger Jahre mit Inflation, Arbeitslosigkeit, Rationalisierung der Wirtschaft zwangsläufig zu einer Umverteilung der Macht zugunsten des Stärkeren, der Wirtschaft, in der Praxis insbesondere der Schwerindustrie führen mußte.

So wie in der NSDAP gab es in der Industrie unterschiedliche Flügel, die der einen oder anderen Seite ihre finanzielle, politische und moralische Unterstützung gaben. Zwar sicherte sich der eine oder andere über den Keppler-Kreis, d.h. den Hitler-Kreis, ab. Andere, wie Abs von der Deutschen Bank mit seinen IG-Farben-Aufsichtsräten Schmitz, Ilgner und Philipp Reemtsma, aber auch Ludwig Erhard, Ernest Wagemann, Wilhelm Röpke, Müller-Armack, Werner Sombarth – den Vätern unseres heutigen Wirtschaftssystems – vertraten die keynesianische Form des Staatskapitalismus. So bekam Schacht z.B. seinen Kontakt zu Hitler über Georg von Strauß von der Deutschen Bank.

Der Reemtsma-Konzern unterstützte selbständig oder gemeinsam mit der Deutschen Bank erheblich die NSDAP. Aus Dank unterstützte man für ihn die sonst verhaßte Monopolisierung. Nach der Machtergreifung produzierte er 95% aller Zigaretten. Er wiederum revanchierte sich – wiederum gemeinsam mit Abs von der Deutschen Bank – bei der Finanzierung der Reichswerke.

Verwunderlich: denn Philipp Reemtsma hatte wie auch Flick gute Verbindungen zu allen Weimarer Regierungen.

Brüning, an dessen Sturz er beteiligt war, erließ ihm erhebliche Zahlungen der Zigarettensteuer.

In solchen Fällen gab es Görings Unterstützung für eine Monopolisierung – in diesem Falle durch seine Verordnung vom 11. März 1938, die im Zusammenhang mit der Reichswerkegründung die Neugründung von Unternehmen untersagte.

Den geringsten Einfluß auf die Politik besaß der Mittelstand, der daher Radikalisierungen, insbesondere Erneuerungstendenzen in Richtung Abkehr von der Demokratie, gegenüber besonders aufgeschlossen war.

Der für die Wirtschaftspolitik innerhalb der NSDAP maßgebliche Mann, Wilhelm Keppler, hatte dann auch schnell begriffen, nachdem er aus seinem in Eintracht und Frieden dastehenden Kleinbetrieb herausgerissen war, daß die Realitäten anders aussahen. So erging es auch seinen späteren maßgeblichen Mitarbeitern Paul Pleiger und Hans Kehrl, die ursprünglich die bürgerliche Idylle suchten und dann in der Radikalität endeten.

II.

SCHACHT, DIE »RUHRLADE«
UND DIE »AUTARKIE«

1. Die Wirtschaftspolitik wird angepaßt

Ein klares wirtschaftspolitisches Konzept fehlte der
NSDAP. Das war auch der Grund dafür, daß unmittelbar
nach der Machtübernahme wirtschaftspolitisch nichts
Neues passierte. Man führte die Dinge so weiter, wie man
sie übernommen hatte, obwohl Hitler schon am 1. Februar
1933 ein Vierjahresprogramm ankündigte:

> »Die nationale Regierung wird das große Werk der Reorganisa-
> tion unserer Wirtschaft unseres Volkes mit zwei großen Vier-
> jahresplänen lösen: Rettung des deutschen Bauern zur Erhaltung
> der Ernährungs- und damit der Lebensgrundlage der Nation. Ret-
> tung des deutschen Arbeiters durch einen gewaltigen und umfas-
> senden Angriff gegen die Arbeitslosigkeit.«[1]

In Wirklichkeit waren es schöne Worte ohne greifbaren
Inhalt. Für die Durchsetzung der Programme fehlte die
Finanzierung.

Die Anpassung der Wirtschaftspolitik an die Zielvor-
stellungen des Nationalsozialismus wurde durch Wilhelm
Keppler eingeleitet. Er hatte durch seinen Freundeskreis
die Kontakte zur Schwerindustrie geschaffen, die nun zu
größeren Investitionen für die erwarteten Rüstungsaufträge
bereit war.

Keppler und Schacht hatten bei der Machtergreifung des
Nationalsozialismus an einem Strang gezogen und gemeinsam die Schwerindustrie vor den Karren gespannt. Man war

sich einig, daß die Wirtschaftspolitik vorwiegend rüstungspolitisch ausgerichtet sein mußte. Mit der geheimen Denkschrift des Truppenamtes des Reichswehrministeriums von
1926 stimmte man überein in den Punkten:[2]

1. Befreiung des Rheinlandes und des Saargebietes,
2. Beseitigung des Korridors und Wiedergewinnung von
   Polnisch-Oberschlesien,
3. Anschluß Deutsch-Österreichs,
4. Beseitigung der entmilitarisierten Zone.

Uneinig war man sich über zwei wesentliche Punkte, die im
Grunde bei den gegensätzlichen Auffassungen Kepplers
und Schachts unüberbrückbar waren:
a) Finanzierung: Schacht lehnte aus einer falsch verstande-
   nen Quantitätstheorie jedes Defizitspending nach Keynes
   restlos ab. Jede Investition, auch jede Rüstungsinvesti-
   tion, mußte darüber hinaus für das Unternehmen rentabel sein. Nach vielem Sträuben kam es seinerseits zum
   Einlenken. Er schaffte seine Mefo-Wechsel – allerdings
   vorwiegend für eine vorhandene Rüstungsnachfrage.[3]
b) Macht der Unternehmer und die Monopolwirtschaft:
   Hitler war absolut für die Brechung der Monopole,
   gleich, ob auf Unternehmer- oder auf Arbeiterseite.

Die Reichswerke »Hermann Göring« und die IG Farben
stellten aus einem vorübergehenden Zwang Übergangs-
stufen dar.
   Die IG Farben wurden für die Kriegswirtschaft, insbesondere für die Treibstoffwirtschaft, dringend benötigt und
blieben trotz der gebliebenen Verstimmung durch den 1933
mit Stützung der SA geschlossenen Benzinvertrag erst einmal unbehelligt. Hitler schätzte die IG Farben, solange sie
nicht zu entbehren waren. Für die spätere Zeit sah er auch

für sie die Umwandlung im Sinne seiner Eigentumsvorstellungen vor.[4]

Die Reichswerke »Hermann Göring« hingegen sollten niemals als staatskapitalistisches Unternehmen tätig sein. Ursprünglich als ein Betrieb gedacht, der das Reich von der Einfuhr von Eisenerzen unabhängiger machen sollte und ohne Rücksicht auf Kosten die Devisenbilanz zu entlasten hatte, war er als Eigentum des Deutschen Volkes vorgesehen. Ein zwar etwas verschwommener Begriff, wenn man den Unterschied zu einer normalen Aktiengesellschaft herausstellen will, und nur zu verstehen, wenn man sich die seinerzeitigen Vorstellungen vom Eigentumsbegriff, der Verfügungsgewalt, dem Unternehmer oder dem Betriebsführer deutlich macht. Schacht war im Gegensatz zu Keppler der Auffassung, daß Verfügungsrechte und Machtausübung der Unternehmer unangetastet bleiben müßten.

Nun ist eines von wesentlicher Bedeutung: Das spätere Trio Keppler, Pleiger und Kehrl hatte zwar ursprünglich wirtschaftlich nicht das Format wie Schacht und dessen Freund Vögler, dem eigentlichen Herrn der Schwerindustrie, aber sie lernten und gewannen Macht.

Ursprünglich hatten diese drei den ständischen Aufbau der Wirtschaft gewollt. Sie setzten in ihrem Kreise durch, daß zum Ärger Schachts der Reichsverband der deutschen Industrie aufgelöst wurde. An seine Stelle trat unter Einbeziehung der Arbeitgeberverbände der Reichsstand der Deutschen Industrie.

Doch beim Ständewesen schaffte es Schacht noch einmal, durch seine Verordnung vom 27. November 1934 die Einrichtung von ständischen Einrichtungen innerhalb der Wirtschaft zu verbieten. Man gab sich damit zufrieden. Man brauchte die Wirtschaft. Reglementierungen der Wirtschaft blieben in bescheidenen Grenzen. Die Reichswirtschaftskammer, die als sogenanntes Selbstverwaltungsorgan geschaffen worden war, wurde von ihm selbst noch als »Instrument zur Durchgabe von Anordnungen an die Wirtschaft und zur Sammlung von Wünschen der Wirtschaft an die Regierung« angesehen.[5] Hier lag für ihn die Grenze des Zumutbaren, die nicht überschritten werden durfte. Doch die Reglementierung der Wirtschaft, wie sie Keppler vorschwebte, konnte er nicht mehr akzeptieren. »Wenn die Privatwirtschaft unfähig ist, dieses Problem zu lösen, müsse der nationalsozialistische Staat die Lösung übernehmen.«[6]

Im Gesetz über Aktiengesellschaften vom 30. Januar 1937 wurden dann dem Staat endgültig die Eingriffsrechte zugebilligt, falls die Wirtschaft gegen Grundsätze verantwortungsbewußten Handelns bei der Wirtschaftsführung verstoße. Hinzu kam, daß Keppler für die Frage der nun verstärkten Rüstungsanstrengungen die Fragen der Rentabilität ignorierte.

Damit waren die wirtschaftsliberalen Anschauungen Schachts für den Staat gestorben, er selbst für Staat und Partei nicht mehr tragbar.

In den Auseinandersetzungen über die Notwendigkeit der Reichswerke wurde dann Hermann Göring Widerpart Schachts statt Keppler. An die Stelle Kepplers rückte allmählich Paul Pleiger vor, als Generaldirektor des neuen Konzerns und als Wirtschaftspolitiker in dieser nunmehr gelenkten Wirtschaft. Hans Kehrl, der Dritte im Bunde, wirkte in dieser Richtung als Generalreferent im Reichswirtschaftsministerium.[7]

In dieser gelenkten Wirtschaft bildeten sich nach manchen Wirren aufgrund von Görings schwierigem Wirtschaftsverständnis dann doch noch klare Formen für die Funktionsträger der Wirtschaftspolitik im nationalsozialistischen Staat heraus. Einfluß und Macht waren von der Wirtschaft auf Funktionsträger der Partei übergegangen.[8]

2. Die Großindustrie wünscht den »starken Führer«

»Die Kunst wirklich großer Volksverführer hat zu allen Zeiten darin bestanden, die Aufmerksamkeit des Volkes nicht abzulenken, sondern sie immer auf einen einzigen Gegner zu konzentrieren. Je einheitlicher das Ziel und der Kampfwille des Volkes ist, umso größer wird die magnetische Anziehungskraft der Bewegung und umso gewaltiger ihr Aufprall sein. Es gehört zum Genie eines Führers, selbst sehr verschiedene Gegner als Angehörige einer großen Kategorie hinzustellen, weil bei schwächlichen und unentschlossenen Charakteren die Erkenntnis verschiedener Feinde nur zu leicht den beginnenden Zweifel am eigenen Recht bedeutet. (...) Der Wahrheitsgehalt zählt nicht gegenüber dem Erfolg. (...) Je leichter ihr wissenschaftlicher Ballast ist und je ausschließlicher sie die Gefühle der Massen berücksichtigt, desto größer ist ihr Erfolg.«

Adolf Hitler, *Mein Kampf*

Ursprünglich verlangte das Programm der NSDAP von 1920 die Verstaatlichung der Industrie und die Brechung der Zinsknechtschaft. Mit dieser These gelang der Einbruch in die Arbeiterschaft als Wählerreservoir. Doch diesen sozialen Mantel mußte sich in einem Lande, dessen Wähler überwiegend Arbeitnehmer waren, auch jede bürgerliche Partei umhängen, um Wählerstimmen zu bekommen.

Das Scheitern der Republik begann spätestens 1929. Die Linksparteien waren zu schwach gewesen zum Herrschen. Sie wollten keine Revolution, dafür die Freikorps und später die Bindung an radikale und bürgerliche Gruppierungen.

Die bürgerlichen Parteien, d.h. die Machtinhaber dieser Gruppe – die im Reichsverband der deutschen Industrie zusammengeschlossene »Elite« –, waren im Kern anti-

demokratisch und wollten die »Führung auf antidemokrati-
schem Wege«. Man verlangte die Diktatur!

Mit Stresemann war der Mann verschwunden, der die
bürgerlichen Parteien vielleicht doch noch zu einem demokratischen Block zusammenfügen konnte. Mit seinem Tode
gab es hierfür keine Hoffnung mehr. Die Demokratie war
tot, doch fehlte den Rechtsparteien zwar nicht die Macht,
aber doch noch die Masse für den Durchbruch zur Diktatur.

Die NSDAP hatte alle möglichen Tendenzen vorzu-
weisen, von denen die meisten der Industrie zuwider waren.
Hier liegen die Gründe dafür – d.h. in der Unberechen-
barkeit der NSDAP –, daß die gemäßigten Volkskonserva-
tiven vorerst einen entscheidenden Bruch mit der demokratischen Vergangenheit ablehnten und sich statt dessen
als Führungskraft einen gestärkten Reichspräsidenten
wünschten.

Die Bedenken gegen eine Machtergreifung des rechten
Bürgerflügels gemeinsam mit dem rechten Flügel der
NSDAP versuchte man zu zerstreuen. Funk wurde vorge-
schickt. Auch sein zu diesem Zweck am 16. Oktober 1931
im Herrenclub gehaltener Vortrag wie diejenigen von Wagner und Feder im November 1931 überzeugten nicht und
konnten der Gruppe Hitler/Hugenberg keine große Unterstützung bringen.[9] Hitler ergriff im Dezember 1931 daher
selbst die Initiative: Auf Vorschlag Thyssens sprach er im
Herrenclub am 26. Januar 1932 an Stelle Funks, und er
ernannte einen neuen Wirtschaftsberater, Wilhelm Keppler.

Beides waren für ihn glückliche Entscheidungen. In
seiner Düsseldorfer Rede vom 26. Januar 1932 stellte er
die gemeinsamen Anliegen heraus und stellte geäußerte
Befürchtungen richtig. An diesem Abend war Hitler für den
Herrenclub ein Machtfaktor geworden, der nicht nur die
eigenen Interessen der Wirtschaft vertrat, sondern der auch
befähigt war, die NSDAP auf seinem Kurs zu halten.[10]

42

Wilhelm Keppler als Nachfolger Funks bekam den Auftrag, einen Kreis von Industriellen zu schaffen, der Hitlers Kanzlerschaft stützen würde. In seinem Freundeskreis waren bald illustre Namen vertreten wie Schacht, Thyssen, Flick, Vögler, Steinbrinck, Bingel von Siemens, Blessing von der Reichsbank, Helfferich von der HAPAG und ESSO, Bismarck von der Geschäftsführung des Reichsverbandes der deutschen Industrie, Hecker von der Ilseder Hütte, Otto Wolff, Meyer von der Dresdner Bank, Baron von Schröder von der Steinschen Bank, Bütefisch von den IG Farben, Rosterg von Wintershall, Schmitt von der Allianz-Versicherung, Krogmann als bedeutender Hamburger Reeder, Reinhardt von der Commerzbank, Ritter von Halt von der Deutschen Bank, Olscher von der Reichskreditbank, Walz von Bosch u.a.

Dieser Kreis wurde von anderen Großindustriellen, z.B. Krupp, und anderen Großbanken unterstützt, ohne selbst Mitglied zu sein.

Die in die Geschichte eingegangene Eingabe von Industriellen an Hindenburg kam aus diesem Kreis, wurde jedoch auch von Leuten wie Reusch, Springorum, Graf Keyserlingk, Merck, Graf Kalckreuth unterzeichnet. Diese Eingabe vom November 1932 klingt so wunderschön aus:

»Die Übertragung der verantwortlichen Leitung eines mit den besten sachlichen und persönlichen Kräften ausgestatteten Präsidialkabinetts an den Führer der größten nationalen Gruppe wird die Schwächen und Fehler, die jeder Massenbewegung notgedrungen anhaften, ausmerzen und Millionen Menschen, die heute abseits stehen, zu bejahender Kraft mitreißen. In vollem Vertrauen zu Eurer Excellenz Weisheit und Eurer Excellenz Gefühl der Volksverbundenheit begrüßen wir Eure Excellenz mit größter Hochachtung.

gez. Dr. Hjalmar Schacht usw.«[11]

Die Empfehlung, Hitler mit der Kanzlerschaft zu beauftragen, stellte sich zwar als Empfehlung zur Fortführung des Präsidialkabinetts dar, obwohl alle Unterzeichner sich darüber im klaren waren, daß die Abschaffung des Parlamentarismus notwendig sei.

Nach der Machtergreifung schrieb der Vorsitzende des Reichsverbandes der deutschen Industrie am 24. März 1933 an Hitler:

> Nun »ist die Grundlage geschaffen für ein stabiles Regierungsfundament. (…) Für den notwendigen tatkräftigen Wiederaufbau kommt es darauf an, die (…) Mitwirkung aller aufbauwilligen Kräfte herbeizuführen. Die deutsche Industrie, die sich als einen wichtigen und unentbehrlichen Faktor für den nationalen Aufbau betrachtet, ist bereit, an dieser Aufgabe tatkräftig mitzuwirken.«[12]

Dieser Vorsitzende, Gustav Krupp von Bohlen und Halbach, bat Hitler kurze Zeit darauf, zur Kanzlerschaft auch den Posten des Reichswirtschaftsministers zusätzlich zu übernehmen.[13]

3. Verworrene Autarkievorstellungen

Autarkie bedeutet Freiheit und Unabhängigkeit. Doch für wen, für was, politisch oder wirtschaftlich gesehen? Weshalb und warum Autarkie?

Für die Zeit des Nationalsozialismus wurden die aufgeworfenen Fragen von politischer Seite pauschal beantwortet, indem man auf den Vierjahresplan verwies, der Deutschland die fehlenden Rohstoffe durch Aufschließung vorhandener Bodenschätze und durch Produktion von Ersatzstoffen beschaffen sollte.

Doch selbst bei dieser Antwort muß man sich bewußt sein, daß hier bewußt oberflächlich reagiert wurde. Adolf Hitler zumindest glaubte niemals daran, daß die verlangte Autarkie innerhalb der deutschen Grenzen zu erreichen sei, gleichgültig, welchen Fortschritt die Technik bringen würde. Auch er wollte ein autarkes Reich. Nur dessen Grenzen waren nicht klar umrissen. Es sollte ein Großdeutschland sein, das nach seinen ersten Vorstellungen die Gebietsverluste durch den Versailler Vertrag wieder aufhob und darüber hinaus die ehemalige Donaumonarchie mit einbeziehen sollte. Darüber hinaus lag für ihn die Zukunft im Osten. Er hatte, ähnlich wie schon bürgerliche Politiker und Militärs der Weimarer Zeit, z.B. Stresemann, Brüning, General von Seeckt, langfristig politisch und wirtschaftlich die Bildung von zwei unabhängigen Blöcken im Auge: den bestehenden angloamerikanischen Block und den großeuropäischen Block. Doch das war sowohl für Weimar wie für Hitler Zukunft. Naheliegend war die Auseinandersetzung auf friedlichem oder militärischem Wege. Ein Landkrieg wurde, wie T 1 vom Truppenamt der Reichswehr 1926 festgestellt hatte, als naheliegend betrachtet.

Petzina erläutert eingehend, daß die Autarkiepolitik im Dritten Reich vor allem über den Vierjahresplan erreicht werden sollte. Allerdings habe der Vierjahresplan sowohl bei der Selbstversorgung wie bei der Aufrüstung weitgehendst versagt.[14]

Grundsätzlich muß man allerdings feststellen, daß der Vierjahresplan nicht identisch war mit der nationalsozialistischen Wirtschaftspolitik.

Das ist verständlich, da schon die Vorstellungen über »Autarkie« und »Vierjahresplan« weit auseinanderklafften. Der Begriff Autarkie war für viele »ideologiebelastet«, verlangte diese doch für ein »Herrenvolk« einen »großgermanischen Lebensraum« . Für andere hatte der Begriff engere Grenzen. Das waren vor allem die Vertreter einer »ständischen Wirtschaft«, die ihr Ziel darin sahen, den deutschen Boden so auszunutzen, daß eine Auslandsunabhängigkeit geschaffen werden konnte.[15]

Die Reichswerke »Hermann Göring« waren für Paul Pleiger zuerst nur ein Mittel, deutsches Erz zu fördern, um die für den Import notwendigen Devisen zu sparen. Als deutscher Schatzgräber wollte er dazu beitragen, hier autark zu werden.

Wirtschaftler stellten für solche Vorhaben die Bedingung, daß solche Vorhaben rentabel sein müßten, um die volkswirtschaftliche Bilanz nicht an anderen Stellen zu durchlöchern.

Schacht hatte die Befürchtung, unrentabel eingesetzte Kraft würde für profitable Objekte fehlen und damit im Prinzip die Wirtschaft vom Ausland abhängiger statt unabhängiger zu machen. Für Schacht bedeutete Autarkie zuerst Rationalität. Lediglich die Frage, was ist vernünftig für heute, gab die Entscheidung für die Abgrenzung. Vernünftig war für ihn, daß zuerst die Rentabilität vorhanden sein müsse. Kausales Denken war nicht gefragt, es ging ihm um die reine Funktion in der Gegenwart. Entwicklungsprozesse wurden nicht gesehen, Prozesse wurden zu starren Strukturen!

Diese Auslegung im neoliberalen Sinne paßte auf die Dauer nicht in das Konzept der geschichtsbewußten Zeit, die nach der Entwicklung zu einer anderen Wirtschaft, zu einer anderen Welt drängte.

Schacht erlebte den Zusammenbruch seiner Thesen im Zusammenhang mit der Gründung der Reichswerke »Hermann Göring«. Seine letzte große Rede vom 22. Januar 1937 vor der Reichswirtschaftskammer bezog sich nur auf die Fragen – an dem einzigen Beispiel »Reichswerke« ausgerichtet –, wo er zum Schluß nochmals eindringlich warnte: »Ich warne Sie, wenn Sie unwirtschaftlich arbeiten, so vergeuden Sie Substanz, die im deutschen Volke vorhanden ist!«

Das war neoliberales Denken, das jegliche Entwicklung ausschloß und nur die Rationalität des Augenblicks sah. Es war Schachts großer Abgesang!

Unterschiedliche Vorstellungen über das Erreichen der autarkistischen Vorstellungen der jeweiligen Interessengruppen sind prinzipiell nicht sehr bedeutsam. Sie haben ihre Bedeutung nur für die punktuelle Situation.

Waren die militärischen Forderungen zeitweise allein auf die Revision von Versailles beschränkt, so hieß hier Autarkie nichts weiter als Absicherung für den Notfall. Für Salzgitter bzw. dessen Eisenlager hieß dieses seit den zwanziger Jahren, daß die Erze bereitstehen sollten als Reserve für eine erforderliche Förderung.

Die industriellen konservativen Forderungen bewegten sich auf ähnlicher Linie: Erfüllung der völkischen Forderungen bei liberaler Wirtschaftspolitik.

Die NSDAP schwenkte vorübergehend auf diesen Kurs ein, indem sie, wie gesagt, ihre Raumpolitik auf Europa im alten Sinne beschränkte und eine Politik der Ausweitung des Lebensraums im Osten nicht mehr offen propagierte.

Schmitt, der große Staatsrechtler, war 1933 das Bündnis eingegangen zwischen Konservatismus und Nationalsozialismus. Aus seinen Überlegungen zur Staatslehre lassen sich die grundsätzlichen Fundamente zu dem Recht auf die Forderung nach staatlicher Autarkie für die von ihm für notwendig erkannte Staatsform ableiten. Das Ermächtigungsgesetz vom 24. März 1933, das den Nazis nahezu unbegrenzte Möglichkeiten bot, den deutschen Staatsausbau zu fördern, bezeichnete er als vorläufige Verfassung der deutschen Revolution.[16] Er forderte die Zentralgewalt.

Weimars verworrene, schwer bestimmbare staatspolitische Form war durch die »Ordnung eines Führers« ersetzt. Als Ursache für Weimar erkannte er den Liberalismus, der von den Deutschen in der »falschen« Zeit durchlebt werden wollte, den Liberalismus, der damit zwangsweise die Ordnung zerstörte.[17] Seine Vorstellungen präzisierte er in seinem 1938 erschienenen Buch *Leviathan*, in dem er sich mit der Lehre des englischen Staatsrechtlers Hobbes auseinandersetzt. Hobbes hatte wie Schmitt die Zuflucht bei der uneingeschränkten Staatsgewalt gesucht – genauer gesagt: den durch den Liberalismus unvermeidbaren Weg zu dieser Form. Schmitt formte die Lehren Hobbes' entsprechend, um zur absoluten Staatslehre zu kommen. Hobbes' ergänzende Schrift vom Gegenspieler des Leviathan, *Behemoth*, dem Vertreter der aufbegehrenden Volksmassen, bedeutete für ihn, daß dieser als Vertreter des Bürgerkrieges, des aufbegehrenden Volkes, des aufbegehrenden Liberalismus zu sehen sei. Für Hobbes war Behemoth der Vertreter des Rechts auf Widerstand.

Diese Schmittsche Staatslehre fundierte nicht nur den Faschismus, sondern auch das Recht auf den absolutistischen Staat, seine Bedürfnisse auch mit dem Recht der Staatsvernichtung zu begründen. Er bestritt dem Kampf gegen den absoluten Staat nicht nur jede Erfolgschance, sondern auch jegliche objektive und subjektive Berechtigung. Hier insbesondere sah Schmitt die Unterscheidung zwischen Hobbes, dem Staatslehrer des aufsteigenden Bürgertums, und der faschistischen Ideologie vom Untergang des Bürgertums »Wenn aber wirklich die öffentliche Macht nur öffentlich sein will, wenn ... der Staat den Zugang zur privaten Sphäre des Bürgers verschließt, dann wächst die Gegenkraft des Stillen.«[18] Als Ausweg blieb ihm nur der »Leviathan«, das Sinnbild für den totalitären Staat, den bedingungslosen Faschismus.

48

Das war der Weg, der dazu führte, liberal Geschichte als irrational zu begreifen und Vernunft als destruktiv einzustufen. Der Kontrast des Obrigkeitsstaates und der Entwicklung der Industrie – diese Idealisierung der politischen Rückständigkeit Deutschlands war nur möglich, indem man den Liberalismus überhaupt verteufelte, ohne ihn vollends erlebt zu haben.

Der Vernunft wurden irrationale Kräfte gegenübergestellt wie Volksgemeinschaft, Blut und Boden, Volk ohne Raum! Der »Kampf ums Dasein« wurde zum Naturgesetz, das den immer vorhandenen Protest unzufriedener Bevölkerungsschichten zum Führerprinzip drängen mußte, ohne sich mit den wirklichen Ursachen der vorhandenen Mängel auseinanderzusetzen.

Was nun wirklich angestrebt wurde und auch voll akzeptiert wurde, ist aus Hitlers Rede vor dem Industrieklub am 27. Januar 1932 zu entnehmen:

> »Ich kann die Herrenstellung der weißen Rasse nicht verstehen, wenn ich sie nicht in Zusammenhang bringe mit der politischen Herrenstellung. England hat Indien nicht auf dem Wege von Recht und Gesetz erworben, in der Praxis war es hierbei die Ausübung eines unerhört brutalen Herrenrechts.«[19]

Konsequent ging der Faschismus alsbald an die Bewältigung dieser Ziele: Österreich, Polen, die Tschechoslowakei, West- und Südosteuropa wurden eingegliedert, Rußland sollte ebenfalls bis zum Ural Absatz- und Rohstoffbasis werden. Dies war Durchsetzung imperialistischer Gedanken, nun allerdings nicht mehr als Auswuchs des Liberalismus. Hier war es der faschistische Staat, der die Autarkie verlangte durch Versklavung und Ausbeutung.

4. Der erste Vierjahresplan in seinen Ansätzen bei Brüning, Gereke und Schleicher

Die damals propagierten Begründungen für die Errichtung der Reichswerke waren vorwiegend autarkistischer bzw. sozialpolitischer Natur. Einige Außenseiter glaubten und glauben, rüstungspolitische Überlegungen hätten den Ausschlag für die Entscheidung gegeben.[20] Was wirklich war, verlangt nach einer sachlichen Klärung. Es geht insbesondere um die Frage, woher die Vierjahrespläne kamen, deren Kind die Reichswerke sein sollten – wie viel zu oft behauptet wird. Was war wirklich vor und nach der Gründung der Reichswerke »Hermann Göring« wirtschaftspolitisch, sozialpolitisch und rüstungspolitisch geschehen?

Die vielen damals und heute pietätvoll ausgekleideten Märchen stimmen mit den Realitäten der Zeitgeschichte nur in unwesentlichen Punkten überein.

Eine Denkschrift der Industrie und Banken vom September 1930 zeigt die Atmosphäre: Von der Regierung wurden einschneidendere Maßnahmen verlangt, so Herabsetzung der Löhne, Verlängerung der Arbeitszeit, Steuererleichterungen, Kürzung der Sozialversicherung usw. Bei den gleichen Kreisen dauerte es dann auch nicht mehr lange, bis nach dem starken Führer gerufen wurde.[21]

In Deutschland hatte sich ansonsten bereits 1930 die Einstellung durchgesetzt, daß diese nicht strukturbedingte Krise über öffentliche Arbeitsbeschaffungsmaßnahmen zu beheben sei. Die praktische Durchführung scheiterte vorerst daran, da der Kapitalmarkt zur Vorabfinanzierung nicht ausreichte.

Die Regierung Brüning hoffte, den »circulus vitiosus«, bei dem sich nachlassende Gewinne, rückläufige Investitionen, ausfallende Nachfrage, stürzende Preise, Produktionseinschränkungen und Betriebsstillegungen mit Konkursen und Massenentlassungen zu einem unheilvollen Kreislauf

verschlangen, durch sparsame Haushaltspolitik zu durch-
brechen.

Brüning wurde durch das Kabinett Papen abgelöst. Auch
hier wurde konsequent am Ausgleich des Staatshaushaltes
festgehalten, andererseits wurden bereits Weichen gestellt
für Unruhen und Ausschreitungen. Papen wollte mit aller
Kraft einen »Neuen Staat« über den Ausnahmezustand
erzwingen.

Es gab erhebliche Unruhen, nachdem am 14. Juni 1932
zusätzlich die Sozialleistungen beträchtlich reduziert wurden.[22] Die Unruhen forderten allein in Preußen in den Juli-
Wochen 1932 99 Tote.

Für seinen Staatshaushalt hatte Papen allerdings einiges
erreicht, was zumindest die völkischen Kreise beeindruckte.
Zur Kriegsschuldenfrage einigte man sich in Lausanne
am 8. Juli 1932 auf eine Schlußzahlung, die allerdings erst
in drei Jahren fällig werden sollte. Papen isolierte sich
endgültig mit den Sammelnotverordnungen vom 4. und
5. September 1932, die durch einseitige Belastung der
Arbeitnehmerschaft Arbeitsbeschaffungsprogramme verwirklichen sollten. Der Durchsetzung standen Schwierigkeiten entgegen. Die Deutschnationalen, der Stahlhelm und
die Alldeutsche Partei forderten daher im Juli 1932, aus
dem Staatsnotstand ein »Staatsnotrecht« zu machen, das
spätere »NS-Ermächtigungsgesetz« also vorzuziehen. Nach
der Reichstagswahl vom 6. November 1932 mußte dann
Papen zurücktreten. Ihm fehlte die parlamentarische Unterstützung. »Das Zentrum unter Führung von Brüning sah
als einzige Lösung die Kanzlerschaft Hitlers«, stellte
Papen fest.

Aber trotz aller Intrigen kamen weder Hitler noch Papen
im Augenblick zum Zuge. Zum Zuge kam der Reichswehrminister General von Schleicher. Er verhandelte mit den
Gewerkschaften und den Arbeitgeberverbänden. In ge-

wissem Sinn wollte er zurück zu Brünings Praxis. Er verhandelte mit Gereke, der ja bereits durch seine Arbeitsbeschaffungsprogramme hervorgetreten war. Er stellte Überlegungen an, wann mit dem geplanten Autobahnbau begonnen werden könne.

>>Zu diesem kritischen Zeitpunkt kam ein Herr vom Reichspräsidenten zu mir, um mich zu fragen, ob ich irgendeinen Ausweg sähe. Ich riet zur Ernennung des Generals von Schleicher zum Reichskanzler und zu einer Rückkehr zu meiner Politik der Zusammenarbeit zwischen den Mittelparteien und der SPD<<,

erinnert sich Brüning.[23]

Hitler sabotierte eine solche Lösung, weil auf Schleichers Kabinettsliste Göring und Goebbels fehlten, dagegen mit dem NS-Linken Gregor Strasser Verhandlungen liefen. Hitler wollte auch auf keinen Fall unter Schleicher mit dessen Macht über die Reichswehr im Hintergrund Vizekanzler werden.[24]

Göring bot zwar seine Vermittlung an unter der Bedingung, er würde Ministerpräsident von Preußen, Reichsluftfahrtminister und erhalte gleichzeitig die Möglichkeit, mit den Marxisten aufzuräumen.[25]

Doch zu diesem Zeitpunkt hatte Hindenburg bereits entschieden. Er entschied sich für Papens Plan der Ausschaltung des Reichstages und der Parteien durch die Reichswehr bei anschließender Verfassungsreform.

Schleicher bezweifelte, daß die Reichswehr Papens Verfassungsbruch stützen würde. Der Papensche Coup würde Bürgerkrieg bedeuten.[26] Papen wurde vorübergehend durch Schleicher ersetzt. Die Tariffreiheit war der Bonbon für die Arbeiter. Zusätzlich wurde ein Winterhilfsprogramm inspiriert. All diese Maßnahmen wirkten sich in der Zukunft gemeinsam mit der anlaufenden Rüstung positiv auf den Arbeitsmarkt aus und bildeten für die Nazis bis 1936 den sogenannten »ersten Vierjahresplan«.

Doch Schleichers Kraft gegenüber dem Hitler-Flügel der NSDAP reichte nicht aus. Strasser wurde kaltgestellt. Die Industrie verlangte Hitler und keinen Pseudo-Sozialstaat. Die Reichswehr erhielt einen neuen Befehlshaber, General von Blomberg, der nicht putschen würde. Hitlers Machtergreifung stand hier nichts mehr im Wege.

5. Görings Vierjahresplan und seine Generalbevollmächtigten

>»Die Reichswerke wurden das eigentliche und langlebigste Denkmal des Vierjahresplanes.«
Alan S. Milward

>»Die Hermann-Göring-Werke stellen den Versuch der Partei dar, die Parteibasis mit der wirtschaftlichen Basis zu versehen.«
Franz Neumann

Beide Feststellungen sind umstritten. Zu Milward stellt sich die Frage, ob es im engeren Sinne überhaupt einen nationalsozialistischen »Vierjahresplan« jemals gegeben hat. Heute sieht er die Reichswerke als Parteiinstrument mit bedeutender Wirtschaftsmacht.

Wichtiger als jede Zukunftsplanung war für den Anfang allerdings, für die 6 Millionen Arbeitslosen eine Zukunft zu schaffen. Dann hatte man die Industrie im Nacken, die Taten sehen wollte. Und die Macht der nationalsozialistischen Bewegung war noch nicht so gefestigt, als daß man nicht vorsichtig taktieren mußte. Man hatte zwar ein klares »Feindverhältnis« aufgebaut, das jedoch nicht allein mit

Terror aufrechterhalten werden konnte. Man brauchte kurzfristige Erfolge. An die Möglichkeit, daß Hitler der Wirtschaft einmal die Selbstverwaltung nehmen und ihre Funktionen auf die Parteiführung übertragen würde, dachte man nicht. Zwar wurde das Führerprinzip auch für die Wirtschaft ins Auge gefaßt, es kam aber im Grunde erst nach dem »zweiten Vierjahresplan« zum Zuge.

Voraussetzung für die spätere Entwicklung war das »Gesetz zur Vorbereitung des organischen Aufbaus der deutschen Wirtschaft« vom 27. Januar 1934. Doch das Führerprinzip setzte sich dann auch ohne Gesetz und in anderen Organisationsformen durch. Betriebliche Regelungen erfolgten über das »Gesetz zur Ordnung der nationalen Arbeit« vom 20. Januar 1934, das den Unternehmer zum Betriebsführer machte, über das Gesetz über den »Treuhänder der Arbeit« vom 19. Mai 1933, das diesen zum Abschluß von Tarifvereinbarungen und zur Aufrechterhaltung des betrieblichen Friedens ermächtigte, und über das »Gesetz zur Aufhebung des Betriebsrätegesetzes« mit der Aufgabenstellung des Betriebsleiters und der Vertrauensmänner, dessen Entwurf von Carl Goerdeler, dem Reichskommissar für Preisüberwachung, stammt.

In der Zeit des Dualismus, als Staat und Partei, Partei und Wirtschaft nebeneinander bestanden, war man noch aufeinander angewiesen. Hitler und Schacht verfolgten in manchem gleiche Interessen. Schacht stellte die Mittel für Hitlers Rüstung bereit. Mit dieser Lösung waren beide Seiten zufrieden, und man nahm aufeinander Rücksicht. Eine generelle Reglementierung der Wirtschaft kam erst mit Görings Vierjahresplan. Mit Görings Berufung verlor Schacht Macht und Einfluß.

Der Chef des Stabes des Heereswaffenamtes, Oberstleutnant Thomas, und der Leiter des Heereswaffenamtes, General von Bockelberg, verlangten seitens der Reichswehr am 6. November 1933 schon all das, was später in das Programm des Vierjahresplanes einging: Hydrieranlagen, Buna-Erzeugung, Begünstigung der Förderung heimischer Rohstoffe, insbesondere der Erze.

Für ähnliche Aufgaben war 1933 Wilhelm Keppler von Hitler eingesetzt worden, um über sein Büro »Deutsche Roh- und Werkstoffe« eine Import-Entlastung durch Erschließungen innerhalb der deutschen Grenzen zu erreichen. Keppler war unabhängig vom Reichswirtschaftsministerium und hatte Kontroversen mit Schacht und der Industrie möglichst zu meiden. Hitler lag es zu diesem Zeitpunkt sehr daran, Schacht, der noch unentbehrlich war, nicht zu provozieren.

Am 4. April 1936 erfolgte die »Führeranweisung«, die Göring mit der Prüfung und Anordnung aller erforderlichen Maßnahmen zur Besserung der Rohstoff- und Devisenlage beauftragte. Kurz vorher war Schacht an ihn herangetreten, um ihn als Schild gegenüber unangenehmen Maßnahmen in dieser Richtung zu benutzen. Doch das war Schachts Trugschluß.[27] Noch im gleichen Monat bildete Göring unter Leitung von Oberst Loeb den »Rohstoff- und Devisenstab«, der praktisch die Arbeiten des Amtes Keppler mit dessen Leuten fortführte.

Im August 1936 war Hitler endgültig klargeworden, daß die Politik Schachts und seine nunmehr dringender gewordenen rüstungspolitischen Ziele nicht mehr länger vereinbar waren. In einer Denkschrift legte hier Hitler seine Ansichten zur wirtschaftspolitischen Lage nieder. Diese Denkschrift besteht aus einem politischen und einem wirtschaftspolitischen Teil. Es geht Hitler um die Lebensraumpolitik, für die Deutschland die stärkste Armee der Welt brauche, um den Kampf bestehen zu können. Diese Denkschrift ist sowohl Grundlage des Vierjahresplanes wie auch der folgenden nationalsozialistischen Wirtschaftspolitik.[28]

Die Verordnung zur Durchführung des Vierjahresplanes wurde von Hitler am 18. Oktober 1936 erlassen:

>>Die Verwirklichung des von mir auf dem Parteitag der Ehre verkündeten neuen Vierjahresplanes erfordert eine einheitliche Lenkung aller Kräfte des deutschen Volkes und die straffe Zusammenfassung aller einschlägigen Zuständigkeiten in Partei und Staat. Die Durchführung des Vierjahresplanes übertrage ich dem Ministerpräsidenten Generaloberst Göring.

Ministerpräsident Göring trifft die zur Erfüllung der ihm gestellten Aufgaben erforderlichen Maßnahmen und hat soweit die Befugnisse zum Erlaß von Rechtsverordnungen und allgemeinen Verwaltungsvorschriften. Er ist berechtigt, alle Behörden, einschließlich der obersten Reichsbehörden, und alle Dienststellen der Partei, ihrer Gliederungen und der ihr angeschlossenen Verbände anzuhören und mit Weisungen zu versehen.<<[29]

Göring war hiermit praktisch zum Diktator der Wirtschaft bestellt. In seinem Organisationsplan finden sich schon die entscheidenden Leute, die für die späteren Reichswerke die Führung übernehmen sollten, wie Körner, Keppler, Loeb, Krauch, Lange, Pleiger, Kehrl, Rheinländer. Weitere Personen für die Reichswerkeführung, teilweise in Personalunion mit dem Vierjahresplan, stellte das Reichswirtschaftsministerium: Brinkmann, wiederum Loeb, Lange, Keppler und Krauch, dazu Gabel und von Hanneken.

Das große Wort von der >>wirtschaftlichen Autarkie<< Deutschlands war manchem suspekt geworden. Eine nationale Lösung war Utopie, war auch nur eine Außenseiter-Option der ständischen Vertreter innerhalb der Partei gewesen.

Ein Rückzug aus der liberalen Wirtschaft mit offenen Grenzen für einen fruchtbaren Außenhandel erzwang die ersten Schritte für den Aufbau einer Großraumwirtschaft unter deutscher Führung, zunächst beschränkt auf die Durchdringung Südost-Europas, wo ja erhebliche Rohstoffquellen – Erze, Erdöl – im »Bereich der eigenen Waffen« lagen.

Diese Politik entsprach auch noch den Vorstellungen des Reichswirtschaftsministers Schacht. Ernsthaft auf die Probe gestellt wurde das Einvernehmen zwischen der NS-Führung, Regierung und Wirtschaft 1935/36, als bereits die rüstungswirtschaftlichen Anstrengungen volkswirtschaftlich kaum noch zu vertreten waren. Teile der Wirtschaft versuchten damals noch den Kurswechsel zugunsten des Exports. Man scheiterte an der Allianz zwischen NS-Führung und Wehrmacht auf der einen Seite, die beide danach trachteten, die Aufrüstung fortzusetzen, und großen Teilen der Industrie, die bereits voll auf Rüstung gesetzt hatten und die benötigten Rohstoffe nicht durch Handelsaustausch, sondern durch die Entwicklung von Ersatzstoffen und die Erschließung neuer Lagerstätten ohne Rücksicht auf die Kosten im eigenen Lande beschaffen wollten. Das Ergebnis dieser Auseinandersetzung war der Göringsche Vierjahresplan, über den die Wirtschaft innerhalb von vier Jahren kriegsbereit gemacht werden sollte.

Die Umlenkung der Investitionen auf die Rüstungs- und Rohstoffindustrie, finanziert durch eine schleichende Inflation, war ein Wechsel auf die Zukunft, der nur durch Krieg eingelöst werden konnte.

In diesem Rahmen nahm die Gründung der Reichswerke »Hermann Göring« eine Schlüsselrolle ein. Erst einmal ging es hier lediglich nur um einen Betrieb zur Förderung und Verhüttung einheimischer Erze. Doch dieser kostenintensive Ausbau der eigenen Erzbasis, der der kurzfristigen Aufrüstung die Mittel nahm, ohne erst einmal einen nennenswerten Nutzen zu erbringen, führte zu nichts. Den

Ausweg aus den zunehmenden Engpässen suchte man in territorialen Erweiterungen.

Das österreichische Anschlußdenken war eine willkommene Gelegenheit, diese Entwicklung zu forcieren. Ernsthaft wurde dies Geschäft seit 1937 von Hitlers Wirtschaftsberater und Görings Sonderbotschafter Wilhelm Keppler gemeinsam mit der Deutschen und der Dresdner Bank betrieben. Zur Vorbereitung der Annektion Österreichs arbeiteten das Amt Vierjahresplan und das Reichswirtschaftsministerium eng zusammen.

Bereits vor dem Anschluß hatten Abs von der Deutschen Bank und Dr. Rasche von der Dresdner Bank ihr Interesse an den beiden führenden österreichischen Banken – maßgeblich auch für den Kapitalmarkt des Balkans –, nämlich der Creditanstalt-Bankverein, Wien, und der Länderbank, Wien, angemeldet. Am 26.3.1938 berichtete die Creditanstalt: »Nach Gesprächen (mit der Deutschen Bank), die am 4. und 5.3. in Wien geführt wurden, stimmen die Unterzeichner in folgenden Punkten überein: … die Deutsche Bank übernimmt insgesamt 233 032 Aktien der Creditanstalt.«

Dank Keppler war es kein Zufall, daß der neue Reichswerke-Konzern dann bei dem Ausverkauf der südosteuropäischen Wirtschaft die Hauptrolle übernahm und damit Kepplers Politik realisierte. So veranlaßte er für die Creditanstalt, daß diese der VIAG, der Holding des Reichsfinanzministeriums, übereignet wurde und die maßgeblichen Industriebeteiligungen der Bank den Reichswerken zufielen.

Ähnlich verhielt es sich bald darauf mit der Beherrschung der Banken Comerciales Romana, Bukarest, und der Banque de la Société Générale de Belgique, Brüssel, durch die Deutsche und die Dresdner Bank und der folgenden Beherrschung der maßgeblichen Grundstoff- und Verarbeitungsindustrien in der Tschechoslowakei, Luxemburg, Rumänien, Jugoslawien, Griechenland und Albanien durch die Reichswerke. Besondere Bedeutung hatten hier die zahlreichen Erzlager und Rumäniens Erdölfelder.

Kepplers Autarkievorstellungen nahmen Gestalt an, indem er als Reichsbeauftragter für Wirtschaftsfragen Österreichs (1937), als Reichskommissar für Österreich (1938), als Reichsbeauftragter für Wirtschaftsfragen der ČSSR, des Balkans und später auch der UdSSR zugunsten der Reichswerke tätig wurde. Für ihn war eine »deutsche« Autarkie unmöglich. So schrieb er im Goebbelsschen Sprachrohr *Das Reich:* »Die Welt wird sehen, daß ein Impuls die viel zu kleinen Autarkieräume zugunsten der europäischen Völkerfamilien umformt und die Autarkiekrankheit tötet.«

Görings weitgesteckter Anspruch wurde nur in bescheidenem Maße realisiert. Das hohe Maß an Abhängigkeit bei den Roh- und Grundstoffen blieb fast uneingeschränkt bestehen. Aus dieser Situation erwuchsen die Einsprüche der Wehrmacht. Göring ging daher den Weg, für besonders entscheidende Gebiete Generalbeauftragte zu ernennen. Hiermit trat eine entscheidende Neuerung auf: diese Generalbeauftragten bzw. Generalbevollmächtigten erhielten direkte Anweisungsbefugnis gegenüber den Reichsbehörden. Damit war das ursprüngliche Planungskonzept des Vierjahresplanes weitgehendst geplatzt.

1942 wurde dieser Vierjahresplan praktisch zu Grabe getragen. Er war gescheitert. Übrig blieb die Idee der autarken Großraumwirtschaft. Übrig blieben, trotz Petzinas gegenteiliger Feststellung, das System der Generalbevollmächtigten, das sich trotz der vorgesehenen Gesamtplanung durch das Speersche Rüstungsministerium und seiner Zentralen Planung behauptete.

Hierzu bemerkt Hans Kehrl, der entscheidende Mann im Rüstungsministerium:

»… hatten sich auf den wichtigsten Gebieten neben der Devisen-
zuteilung auch Rohstoffkontingentierung und Produktionsbeein-
flussung als notwendig erwiesen. Diese wurden durch das System
der sogenannten ›Reichsstellen‹ ausgeübt. (…) Sie hatten die Möglichkeit, … Rohstoffe zuzuteilen, ihre Verwendung zu dirigieren,
Investitionen zu verbieten oder einzuschränken, Produktionspro-
gramme … zu beeinflussen. (…) Weitergehende Vollmachten
ohne Rücksicht auf Zentrale Planung, Rüstungsministerium,
Reichsstellen wurden praktisch allein von den Reichswerken ›Hermann Göring‹ wahrgenommen, die sich ihre Kompetenzen direkt
über Führerbefehle oder vom Führerhauptquartier besorgten.«[10]

Wo die tatsächlichen Grenzen des Vierjahresplanes lagen,
geht gut aus der eidesstattlichen Erklärung von Dr. Kügler,
Ministerialrat im Reichswirtschaftsministerium, hervor:

»Bei der Struktur der deutschen Wirtschaft hätte ein Rohstoffplan,
wie es der Vierjahresplan war, auf drei Wirtschaftszweigen aufgebaut sein müssen: Kohle, Eisen und Chemie.
    Tatsächlich war der Vierjahresplan ein ›IG-Plan‹. Die Kohle-
und Eisenindustrie sowie die Chemische Industrie außerhalb der
IG beteiligten sich nicht am Vierjahresplan …«[11]

Wie gesagt, aus rüstungs- und kriegsbedingten Gründen
hatte die IG vorerst ihre eigene Gesetzmäßigkeit. Auch
darum konnten die Reichswerke erst nach einigen Anläufen
auf dem chemischen Sektor Fuß fassen. Der Rohstoffsektor
Kohle und Eisen in Verbindung mit zahlreichen Weiter-
verarbeitungsbetrieben wurde dagegen entscheidend beeinflußt und gelenkt von den Reichswerken.

6. Der Vierjahresplan in seinen eigentlichen Zielen

Die Stellungnahme Adolf Hitlers
Beim Vierjahresplan als solchen stört uns manches. Hitler hatte im Januar 1933 von zwei mächtigen Vierjahresplänen gesprochen, die den Wohlstand des »Deutschen Bauern« und des »Deutschen Arbeiters« schaffen sollten. 1936 dagegen wurde der »zweite« Vierjahresplan mit Rüstungsaufgaben verkündet.

Die Ziele des eigentlichen Vierjahresplanes waren rüstungspolitischer und außenpolitischer Natur. Hitler stellte fest, es gehe nicht um die Revision des Versailler Vertrages. Die Wiederherstellung der Grenzen von 1914 wären weder logisch noch vollständig oder vernünftig.

Deutschland müsse zu einer Weltmacht werden, Schwert und Blut einsetzen für den Gewinn des Siedlungsgebietes und den »Germanenzug« wieder wie vor sechs Jahrhunderten nach dem Osten lenken.

Für Hitler war die NSDAP eine Eroberungspartei im weitesten Sinne: Eroberung der Macht und Eroberung des Lebensraumes! Den großeuropäischen Raum wollte er der Macht der »Elite« vorbehalten. Da er das demokratische System nicht für lebensfähig hielt, lag hier keine unbedingt »dringende« Frage vor. Dieses Problem würde sich für ihn durch den Zwang der Geschichte von selbst lösen. »Denn heute gehört uns Deutschland ...«

In diesem Sinne sind seine Erklärungen und seine geheime Denkschrift zum Vierjahresplan 1936 zu verstehen:

»... Da nun der nationalsozialistische Staat unter keinen Umständen gewillt ist, eine Beschränkung seiner Volkszahl vorzunehmen, ... sind wir gezwungen, die Folgen dieser Entwicklung für die Zukunft zu überlegen und zu bedenken. Eine wesentliche Steigerung des Bodenertrages ist nicht möglich, eine wesentliche Steigerung des Exports in absehbarer Zeit kaum. Es ist also Aufgabe der nationalsozialistischen Staats- und Wirtschaftsführung, genauestens zu untersuchen, welche notwendigen Rohstoffe, Brennstoffe usw. in Deutschland selbst hergestellt werden können. (…) Und ich stelle dies nun heute als das neue Vierjahresplanprogramm auf: In vier Jahren muß Deutschland in allen jenen Stoffen vom Ausland gänzlich unabhängig sein, die irgendwie durch die deutsche Fähigkeit, durch unsere Chemie und Maschinenindustrie sowie durch unseren Bergbau selbst beschafft werden können. (…) Die nationalsozialistische Staatsführung ist eine so souveräne und eine so über allen wirtschaftlichen Bedingungen stehende, daß in ihren Augen die Kennzeichnung ›Arbeitnehmer‹ und ›Arbeitgeber‹ belanglose Begriffe sind …, und es gibt … nur Arbeitsbeauftragte des ganzen Volkes.«[32]

In seiner geheimen Denkschrift zum Vierjahresplan wird er allerdings deutlicher, wie er die Unabhängigkeit erreichen will:

»Europa hat zur Zeit nur zwei dem Bolschewismus gegenüber standfest anzusehende Staaten: Deutschland und Italien. Die anderen Länder sind entweder durch ihre demokratische Lebensform zersetzt, marxistisch infiziert und damit in absehbarer Zeit selbst dem Zusammenbruch verfallen oder von autoritären Regierungen beherrscht, deren einzige Stärke die militärischen Machtmittel sind, d.h. aber: sie sind infolge der Notwendigkeit, die Existenz ihrer Führung den eigenen Völkern gegenüber durch die Brachialgewalt der Exekutive zu sichern, unfähig, diese Brachialgewalt zur Erhaltung der Staaten nach außen anzusetzen. Alle diese Länder wären unfähig, jemals einen aussichtsvollen Krieg gegen Sowjetrußland zu führen. (…) Ähnlich der militärischen und politischen Aufrüstung bzw. Mobilmachung unseres Volkes hat auch eine wirtschaftliche zu erfolgen, und zwar im selben Tempo, mit der

gleichen Entschlossenheit und wenn nötig auch mit der gleichen
Rücksichtslosigkeit. (...)
 Die endgültige Lösung liegt in einer Erweiterung des Lebens-
raumes bzw. der Rohstoff- und Ernährungsbasis unseres Volkes.
Es ist die Aufgabe der politischen Führung, diese Frage dereinst zu
lösen. (...)
 Ich stelle damit folgende Aufgabe:
I. Die deutsche Armee muß in 4 Jahren einsatzfähig sein.
II. Die deutsche Wirtschaft muß in 4 Jahren kriegsfähig sein.«

Er forderte die frühestmögliche Selbstversorgung ohne
Rücksicht auf die Kosten. Damit waren die Fragen der
Wirtschaftlichkeit im Zweifelsfall immer dem Primat der
Rüstung unterzuordnen.

»Das Volk lebt nicht für die Wirtschaft oder für die Wirtschaftsführer, Wirtschafts- oder Finanztheorien, sondern die Finanz und
die Wirtschaft, die Wirtschaftsführer und alle Theorien haben
ausschließlich diesem Selbstbehauptungskampf unseres Volkes
zu dienen.«

Der bisherigen Wirtschaftspolitik wirft er vor, sie habe bisher Obstruktion betrieben. Der Industrie, die unfähig ist,
die neuen Wirtschaftsaufgaben zu begreifen und die verlangte Autarkie zu schaffen, kündigt er an, daß nicht etwa
Deutschland hieran zugrunde gehen werde, sondern höchstens einige Wirtschaftler. Wer eine bewußte Sabotage der
nationalen »Selbstbehauptung« betreibe, habe die Todesstrafe verdient.[33]
 Hiermit war die Revision der Schachtschen Wirtschaftspolitik eingeleitet. Göring sollte eine neue Wirtschaftspolitik schaffen, wozu er selbst unfähig war. Trotz mancher
Drohungen gelang es ihm gegen den Willen der Ruhrindustrie nur mühsam, den neuen Kurs zu steuern.[34]

Für die Reichswerke ergaben sich hieraus zwar von Zeit zu Zeit mit Göring Schwierigkeiten. Die Reichswerke betrieben mehr Führungs- und Lebensraumpolitik als Wirtschaftlichkeitspolitik und hatten über Paul Pleiger und Wilhelm Keppler früher begriffen, welche eigentlichen Aufgaben Hitler im Vierjahresplan gestellt hatte. Alles galt letztlich der Errichtung des »Reiches«. Im Prinzip wurde die Führung durch die Partei verlangt. Alles andere war Beiwerk, um dieses Ziel zu bewerkstelligen.

Die Konzeption Wilhelm Kepplers

Wilhelm Keppler stand den eigentlichen ideologischen Grundlagen des Faschismus fremd gegenüber. Er war ein in wirtschaftliche Schwierigkeiten geratener Kleinunternehmer, abhängig von der kapitalistischen Eastman-Kodak. Andererseits besaß er Kontakte zur Industrie und den Banken, die den sozialreformerischen Plänen der linken NS-Wirtschaftsideologen skeptisch und ablehnend gegenüberstanden.

Hitler war davon überzeugt, hier den Mann gefunden zu haben, dem aufgrund seiner völkischen Grundhaltung bei Ablehnung demokratischer Forderungen der Einbruch in die führenden Industriekreise gelingen konnte. Zumindest war er davon überzeugt, daß dieser Mann als sein persönlicher Wirtschaftsberater den Argwohn der völkischen, konservativen, antidemokratischen Unternehmer gegenüber Feder, den Strassers und Genossen zerstreuen konnte.

Wilhelm Keppler wurde mit der Bildung eines Freundeskreises beauftragt, dem die »wahren« nationalsozialistischen Ziele nahegebracht werden sollten. Mit Erfolg:

> »Der von Keppler gegründete Freundeskreis und die Reichswerke ›Hermann Göring‹ wurden Kristallisationskern einer neuen Gruppierung von Industrieunternehmen und Banken, die Schrittmacher

einer noch engeren Zusammenarbeit von NS-Regierung und Staat waren.«

»Noch 1934 ging Keppler mit Schacht bei der Ausschaltung Feders … zusammen, aber die Planungen Kepplers … verstießen zunehmend gegen das Schachtsche Rentabilitätsdenken.«[35]

Doch Hitler war damals nicht an einem Konflikt mit Schacht interessiert, zumal ihn dieser tatkräftig bei der Aufrüstung unterstützte. Schachts Überlegungen hatte sich vorübergehend auch Göring zu eigen gemacht. Keppler dagegen ordnete sein Autarkiekonzept wehrwirtschaftlichen Überlegungen unter. Die gegensätzlichen Auffassungen führten zu einer Intervention Kepplers bei Hitler, um Rückhalt zu finden.[36] Der Keppler damals versagte Erfolg war später Paul Pleiger, seinem Nachfolger, beschieden.

Seine Bedeutung für den Vierjahresplan gewann Keppler zuerst aus seiner völkischen Gesinnung, aus seiner Ablehnung von Versailles. Er glaubte, durch die Revision dieses »Schandvertrages« die Macht, Größe und Autarkie des »alten Reiches« wiederherstellen zu können. Die Aufgabenstellung des Vierjahresplanes sah nach Keppler wie folgt aus:

1. Deutschlands Auslandsabhängigkeit beim Eisenerz, Öl und Gummi ist zu mindern.
2. Die Kontrolle der Partei über die Wirtschaft ist zu verstärken.[37]

Für die Durchsetzung beider Ziele brauchte er nicht Görings Amt »Vierjahresplan«, sondern die 1937 gegründeten Reichswerke. Deren Aufgabenstellung war ursprünglich Erschließung und Nutzbarmachung deutscher Eisenerze. Es blieb Pleiger und Keppler vorbehalten, diesen Konzern dahin zu bringen, daß er nicht nur »zum langlebigsten, zum eigentlichen Denkmal des Vierjahresplanes«

wurde, sondern daß ohne ihn der Vierjahresplan eine Idee ohne eigentliches Leben geblieben wäre bzw. seine Aufgaben in anderer Form unerfüllt geblieben wären.[38]

General von Hanneken, bis 1937 Chef des Heereswaffenamtes, dann Generalbevollmächtigter für Eisen und Kohle im Reichswirtschaftsministerium, erklärte, daß erst mit der Berufung Paul Pleigers die eigentliche Zielgestaltung des Vierjahresplanes erfolgte.[39]

Im Amt »Vierjahresplan« verlor Keppler seine führende Position. Am Aufbau der Macht in wirtschaftlicher und politischer Hinsicht beschränkte sich seine Mitwirkung auf die Vorbereitung der Annexionen von Österreich und der Tschechoslowakei und auf die Aufteilung der übernommenen fremden Unternehmen insbesondere auf die Reichswerke.[40]

Eingabe der IG Farben

Dieser Chemiegigant hatte bereits vor Ausbruch der Weltwirtschaftskrise in Abstimmung mit dem Heereswaffenamt erhebliche Entwicklungsarbeiten und Investitionen für die Benzinhydrierung aufgewandt. In Leuna waren bereits Produktionsanlagen errichtet. Doch die Krise führte dazu, daß eine Benzinhydrierung nur noch über staatliche Subventionen wirtschaftlich zu verantworten war.

Dieses war der Anlaß, seitens der IG 1932 mit Hitler engere Kontakte aufzunehmen. Gleichzeitig wurden allerdings auch Gespräche mit der SA-Strasser-Schleicher-Gruppe geführt. Hier liegt der Ursprung für die sogenannte Krauchsche Denkschrift vom September 1933 an das Reichsluftfahrtministerium, die als sogenannter erster Vierjahresplan-Entwurf mißverstanden wurde. Es ging lediglich um eine vierjährige Planung der Benzinhydrierung.

Der umstrittene Benzinvertrag – von Hitler ungeliebt wegen der Monopolisierung und Bevorzugung der für ihn

zwar noch unentbehrlichen, aber anrüchigen IG Farben –
kam dann am 14. Dezember 1933 zustande. So bald wie
möglich wurde dieses Monopol dann durch Keppler über
die Reichswerke »Hermann Göring« und die »Brabag« gebrochen.

Echte Vorarbeiten für den Vierjahresplan gab es seitens
der IG Farben nur im Rahmen der normalen Forschungs-
arbeit. Allerdings ist die Denkschrift der IG vom März 1935
an den Rüstungsbeirat des Reichswehrministeriums, dem
z.B. Blomberg, Keitel, Reichenau, Keppler, Borsig, Siemens, Krauch, Bosch, Springorum, Thyssen und Vögler
angehörten, höchst interessant. Das einstmals sehr liberale
Unternehmen verlangte nun eine straffe Führung, Planung
und Organisation der Wirtschaft vorbeugend für den
Kriegsfall. In dieser Denkschrift heißt es u.a.:

»Der Gedanke, die Außenorganisation des RWM unter Einschluß
des RLM zur Vorbereitung der Industrie auf den Krieg zu er-
weitern, bedeutet letzten Endes, sich mit den Problemen über den
Aufbau einer alle Kräfte des Volkes zusammenschließenden Wirt-
schaftsorganisation zu befassen. Wenn man sich nicht nur an die
im Kriege unter dem Zwange der Not entstandene Organisations-
form anlehnen will, sondern wenn man darauf ausgeht, die gesamten produktiven Kräfte auf weite Sicht vorbereitend einem
einheitlichen Zweck unterzuordnen, so heißt dies – naturgemäß
unter Benutzung der im Kriege gesammelten Erfahrungen – eine
wehrwirtschaftliche Neuorganisation zu schaffen, die den letzten
Mann und die letzte Frau, die letzte Produktionseinrichtung und
Maschine sowie den letzten Rohstoff der Erzeugung von kriegswichtigen Produkten zuführt und alle Arbeitskräfte, Produktions-
einrichtungen und Rohstoffe in einem militärisch straff geführten
wirtschaftlichen Organismus eingliedert. (...) Die Planung der
Wehrwirtschaft bzw. die Aufstellung der wehrwirtschaftlichen
Mobilisierungspläne muß unter Berücksichtigung der vorhandenen

Friedenswirtschaft, d.h. unter Mitarbeit der bestehenden Fachorganisationen der Wirtschaft bzw. der Unternehmer selbst, erfolgen, um die Initiative, Anregung und Mitarbeit der freien Wirtschaft in den Dienst der Sache zu stellen. (...) Einen letzten Schritt ... würde es bedeuten, auch alle ... Arbeitskräfte der Wehrwirtschaft im Kriegsfalle militärisch einzugliedern. (...)[41]

Lebensraumpolitik war für gewisse Kreise bescheidener und vor allem unternehmensbezogen. Der Mitteleuropäische Wirtschaftstag bildete mit Ilgner, IG Farben; Abs, Deutsche Bank; Goetz, Dresdner Bank; Philipp Reemtsma und anderen auf seiner Wiener Tagung vom 2. September 1940 ein Kuratorium lediglich für die Balkan-Interessen. Ilgner vertrat zwar auch hier »Lebensraum-Interessen«, doch der »Lebensraum« umfaßte lediglich zusätzlich den südosteuropäischen Raum und blieb hinter Hitlers Vorstellungen von der Ural-Grenze weit zurück. Man spekulierte insbesondere auf die Arisierung Griechenlands und der Türkei mit der Übernahme bestimmter Wirtschaftszweige, was den Interessen der IG Farben und Reemtsma, im Hintergrund wiederum die Deutsche Bank, sehr entgegenkam. Die IG wünschte neue Absatzgebiete, Reemtsma dagegen die Anbaugebiete des mazedonischen Tabaks.[42]

III.

DIE WIRTSCHAFTLICHE ENTWICKLUNG DER REICHS-WERKE UNTER DEM EINFLUSS HERMANN GÖRINGS

1. Konzerngründung und Aufbau von Salzgitter und Linz

Die offiziellen Begründungen für die Errichtung der Reichswerke sind:

1. Pleiger wollte soweit wie möglich die schwedischen Erzeinfuhren drosseln und auf heimische Lager zurückgreifen. Bei seinen vielen Erkundungen, so berichtet er, sei ihm das Glück hold gewesen. Bei Salzgitter habe er den lange gesuchten Schatz gefunden.

In der Nähe von Salzgitter fand er den wegen Unrentabilität stillgelegten Schacht der »Bartelszeche«. Bei einem Besuch des preußischen Finanzministers Popitz, den er bei der andauernden Finanzierungsklemme für die Gewährung von Krediten brauchte, führte er ihn bei der Besichtigung der im Aufbau befindlichen Erzgruben an diesen Platz und berichtete von einer Sonntagmorgenwanderung, wo er an dieser Stelle den ersten Brocken Salzgitter-Erz in seinen Händen gehalten habe.

Popitz, der sowohl die positiven Ergebnisse der vorliegenden Gutachten wie die tatsächlichen Betriebsergebnisse und Probleme kannte, reagierte sarkastisch: »Von dieser historischen Stelle also nahm die Zerstörung von Hunderten von Millionen ihren Anfang!«[1]

Bereits 1937 hatte der noch amtierende Reichswirtschaftsminister Schacht an Göring geschrieben, wobei es auch schon um das liebe Geld ging:

> »Ich muß mich mangels näherer Mitteilungen von Ihnen darauf beschränken festzustellen, daß bei Ihrem Vorhaben nach den mir vom Reichsfinanzministerium gemachten Mitteilungen bisher keine Deckung vorhanden ist. Ich sehe mich daher außerstande, die Mittel zu beschaffen. Die Bereitstellung von Banknoten bedeutet nicht die Bereitstellung von Rohstoffen. Aus Papier kann man weder Brot backen noch Kanonen gießen!«[2]

Pleiger hatte 1939 trotz der ihm vorliegenden Gutachten dann selbst einsehen müssen:

> »Es ist unmöglich, den wirtschaftspolitischen Vorgang der Gründung der ›Hermann-Göring-Werke‹ mit einer liberalistischen Wirtschaftsauffassung zu verstehen.«[3]

2. Keppler, der Förderer und Freund Pleigers, war von Anfang an nüchterner an das Projekt herangegangen. Obwohl er die positiven Prognosen und Görings Forderung nach Rentabilität kannte, ging er trotz Zweifeln davon aus, daß aus rüstungspolitischen Gründen diese Rohstoffbasis nötig sein. Seine erweiterten Forderungen, die Reichswerke zu einem wirtschaftspolitischen Funktionsträger der Partei zu machen, waren noch nicht akut.[4]

Göring, der ständige Zweifler zwischen dem Vorrang der Wirtschaftlichkeit und den Argumenten der Wehrwirtschaft, schloß sich nach der Entmachtung Schachts doch mehr der Auffassung Kepplers an. Jetzt hieß es bei ihm nicht nur propagandistisch, wie am 17. März 1937 vor der eisenschaffenden Industrie, sondern bestimmt, »daß im Falle der Abschließung Deutschlands von der ausländischen Erzzufuhr trotzdem das Programm der Verteidigung voll und ganz durchgeführt werden kann«.[5] Gerechterweise muß man sagen, daß er hierbei wenige Monate vor der Gründung der Reichswerke weniger an Salzgitter als an eine Absicherung über Österreich, Portugal, Südosteuropa und Brasilien dachte, so wie sie auch später angestrebt und zum Teil über die dann existierenden Reichswerke verwirklicht wurde. Nur zusätzlich wünschte er eine deutsche Erzproduktion als Sicherheit.[6]

Diesen Argumenten, die teils nur die Erzförderung, später auch die Frage der deutschen Hüttenkapazitäten betrafen, stand die Realität gegenüber, die erheblich anders aussah.

Petzina glaubt zwar, der größte Engpaß vor Kriegsausbruch habe bei Eisen und Stahl gelegen. Die Rohstahlerzeugung betrug jedoch 1936 ca. 19,2 Millionen Jahrestonnen, 1942 lediglich 20,4 Millionen Jahrestonnen. Und diese Produktion bedeutete auch für die Kriegswirtschaft nicht etwa Mangel![7]

Beim Eisenerz sah es etwas anders aus: 1936 wurden 2,2 Millionen Jahrestonnen, 1942 4,1 Millionen Jahrestonnen gefördert. Diese Angaben beziehen sich allerdings lediglich auf die Gebiete des Vierjahresplanes, d.h. des damaligen »Großdeutschland«, hatten also für die eigentliche Produktion keine Bedeutung.

Die Rohstahlkapazität war also ausreichend. Teils waren die Hüttenwerke selbst im Kriege nicht voll ausgelastet, weil der Bedarf fehlte. Und eine Autarkie beim Eisenerz innerhalb des ursprünglichen Deutschen Reiches gab es überhaupt niemals. Engpässe gab es zeitweise durch eine miserable Organisation, teilweise auch durch den verspätet eingeleiteten Ausbau der Weiterverarbeitung.

Und für die neuen Reichswerke in Salzgitter wird sowohl durch die Statistiken wie auch vom Heereswaffenamt bestätigt: Der Aufbau der neuen Werke verschlang mehr

Stahl, als dort überhaupt bis Kriegsende erzeugt wurde. Im übrigen wurde der Ausbau von Salzgitter und Linz aus Rüstungsgründen sehr stark gedrosselt, ohne daß dadurch Probleme entstanden. Über das am Anfang geplante wirtschaftliche Ergebnis des Kerns der Reichswerke läßt sich also wenig Löbliches sagen.

Schacht war nicht so sehr im Irrtum, wenn er sich gegen die angestrebten Entwicklungen in Salzgitter sträubte. Wenn er dies allerdings deutlich am 22. Januar 1937 vor der Reichswirtschaftskammer zum Ausdruck brachte, war die Folge lediglich ein verhärteter Widerstand der westdeutschen Stahlindustrie gegenüber dem Salzgitterobjekt, ohne allerdings die Entwicklung bremsen zu können. Er hatte seinen Einfluß zugunsten Görings bereits verloren. Diese Erkenntnis kam den Ruhrindustriellen allerdings erst sehr verspätet.[8]

Von seiten Görings und Pleigers wurde der Ruhrindustrie das Angebot gemacht, in eigener Regie in Salzgitter den gewünschten Erzbergbau zu betreiben. Von den Reichswerken war zu diesem Zeitpunkt noch keine Rede. Doch man lehnte das Angebot ab, da das Reich keine Subventionen zahlen wollte.[9]

Pläne

Die ursprünglichen Pläne, für die Reichswerke als Erzbasis sowohl das Gebiet Salzgitter, Gruben in der Oberpfalz und in Schwaben zu nutzen und dem jeweiligen Gebiet ein Hüttenwerk zuzuordnen, waren mit dem Anschluß Österreichs überholt. Zwar sollte der Erzbergbau erst einmal in diesen Gebieten forciert betrieben werden. Die Hüttenwerke in der Oberpfalz und in Schwaben wurden jedoch aus den Planungen herausgenommen. Statt dessen sollte ein größeres Hüttenwerk in Linz mit österreichischen Erzlagern die Lücke besser schließen.[10]

Für den Erzbergbau in Salzgitter wurde bis spätestens März 1943 eine Jahresförderung von 24 Millionen Tonnen Eisenerz eingeplant, und zwar sowohl für die Versorgung der Hütte Braunschweig, die neu errichtet werden sollte, als auch für einen Teilbedarf der Ruhrhütten.

Göring ordnete am 27. Oktober 1937 entsprechend an, daß im Jahre 1938 in Salzgitter 3,0 bis 3,2 Millionen Tonnen Erz zu fördern wären. Gefördert wurden 1,1 Millionen Tonnen. 1943 waren es statt der geforderten 24 Millionen Tonnen lediglich 4,2 Millionen Tonnen.

Allerdings standen auch kriegsbedingte Gründe dem geforderten Ausbau im Wege, darüber hinaus auch das Ausweichen auf bessere, neue Erzlagerstätten, die in den Jahren für die Reichswerke hinzugekommen waren.

Die Hütte Braunschweig, mit deren Planung und Aufbau Hermann Brassert beauftragt wurde, hatte in der Planung eine Jahreskapazität von 4 Millionen Tonnen Roheisen bei 32 Hochöfen, 4 Millionen Tonnen Rohstahl und 3,6 Millionen Tonnen Walzstahl. Bis Kriegsende waren 10 Hochöfen in Betrieb. Erzeugt wurden 1944 1,1 Millionen Tonnen Roheisen. Die höchste Jahreserzeugung der Stahlwerke betrug 1944 850 000 Tonnen Rohstahl, der Walzwerke 800 000 Tonnen Walzstahl.[11]

Für Linz gab es lediglich eine vorläufige Planung, die später verschiedentlich aufgrund geänderter Anforderungen angepaßt wurde. Für das Hüttenwerk Linz waren vorgesehen: Kokerei für die Hüttenwerke Linz und das bereits existierende Donawitz, 6 Hochöfen für 1 Million Tonnen Roheisen pro Jahr, Thomas-, Siemens-Martin- und Elektrostahlwerke, Walzwerk und Kraftwerke.

Aus der Planung ergibt sich bereits, daß man hier stärker auf die Weiterverarbeitung in Rüstungsbetrieben abzielte.[12] Die 6 Hochöfen sollten bis Ende 1941 in Betrieb genommen werden, ebenso das Walzwerk. Der erste Hochofen konnte endlich am 15. Oktober 1941 angeblasen werden. Beim Bau des Stahlwerks sind die Reichswerke nie über die Fundamentierungsarbeiten hinausgekommen. Auch das Walzwerk fehlte. Der Roheisenseite standen keine verarbeitenden Kapazitäten gegenüber. Das Werk Linz war eine betriebswirtschaftliche Unmöglichkeit, es war ein Torso.[13]

Machtkämpfe, Eingaben und Verhandlungen
Seit einigen Jahren stand aufgrund der Untersuchungen im Amt Loeb und der darauf resultierenden Veröffentlichungen und Denkschriften Paul Pleigers eine Verwertung der Erzlager Salzgitters im Raum. Volkswirtschaftlich, nicht unbedingt betriebswirtschaftlich, würde sich bei Anwendung modernster Techniken eine Rentabilität für dieses Erz ergeben.

Pleiger empfiehlt zunächst nur den Aufschluß neuer Lagerstätten im Salzgittergebiet. Dagegen empfiehlt er noch nicht, neue Hüttenwerke durch die Ruhrhütten oder das Reich zu bauen. Er sieht keinen Mangel an Hochofenkapazitäten. Die Gründung von neuen Hüttenwerken empfiehlt sein Mitarbeiter Dr. Paul Rheinländer, der für die zweifelhaften Rentabilitätsrechnungen eine erhebliche Verbesserung sieht, wenn das Erz in der Nähe der Lagerstätten verhüttet wird.

In der Zwischenzeit war der Vierjahresplan unter Görings Leitung ins Leben gerufen worden. Keppler und Oberst Loeb waren in das Amt übernommen worden. Paul Pleiger und Hans Kehrl, beide Gauwirtschaftsberater und ehrenamtliche Mitarbeiter von Keppler, lehnten die Übernahme ab.

In einer heftigen persönlichen Aussprache fiel dann Göring aus der Rolle:

»Wenn ich heute das deutsche Volk aufgerufen habe, seine äußerste Pflicht im Einsatz für eine große Aufgabe zu tun, kann ich nicht zulassen, daß sich Männer meiner Forderung entziehen, die ich aufgrund ihrer langjährigen Tätigkeit bei Keppler jetzt bei Beginn des Vierjahresplanes dringend brauche. Ich lege ein derartiges Verlangen als Sabotage aus und würde bei weiterer Weigerung Mittel und Wege finden, jede weitere wirtschaftliche Betätigung zu unterbinden.«[14]

Göring hatte sich allmählich an die Kepplerschen Autarkievorstellungen gewöhnt. Auch Schacht, sowohl Reichswirtschaftsminister wie Vertreter der Ruhrlade, schwenkte mit bestimmten Bedingungen ein. So schrieb er am 24. Januar 1936 an Dr. Wenzel von den Vereinigten Stahlwerken, mit denen er selbst persönlich eng liiert war:

»Die kurzfristige Förderungssteigerung beim Eisenerz ist dringlich:

1. Eisenerzbau Doggererze und Salzgitter ist unverzüglich so zu entwickeln, daß die Förderung im Notfall schnell gesteigert werden kann.

2. Die Mehrförderung kann, um Fehlinvestitionen und die Entlassung von Bergleuten zu verhüten, z.Zt. so bemessen werden, daß sie auch in Zeiten durchgehalten werden kann, in denen ein Zwang zur Verhüttung dieser Erze nicht mehr vorliegt.«[15]

Doch Pleiger und Keppler gaben sich mit den unverbindlichen Zusagen Schachts und der Ruhrindustrie nicht zufrieden. Am 11. Dezember 1936 unterbreiteten sie dem Vorstandsvorsitzenden der Ilseder Hütte, dem in Partei- und SS-Kreisen hochgeschätzten Präsidenten Hecker, zwei Vorschläge zur Wahl:

1. Die bereits im Salzgittergebiet vorhandenen Erzgruben werden von den Eigentümern weiter ausgebaut. Der Erzabsatz ist durch langfristige Einzellieferungsverträge mit der gesamten deutschen Hüttenindustrie abzusichern.
2. Gründung einer selbständigen neuen Gesellschaft zur Förderung des Salzgitterschen Eisenerzbergbaus durch das Deutsche Reich mit der Möglichkeit einer weitgehenden Beteiligung der Ilseder Hütte. Die deutsche Hüttenindustrie ist zur Abnahme der geförderten Erze zu verpflichten.

Präsident Hecker allerdings lehnte beide Vorschläge ab.[16]

Intrigen gehörten zum Geschäft. Am 5. Februar 1937 schreibt Dr. Wenzel von den Vereinigten Stahlwerken, da der vorangegangene Schachtsche Vorschlag durch das Amt Vierjahresplan als unseriös abgelehnt worden war, an Professor Weigelt, auf dessen geologische Gutachten sich alle Überlegungen zur Erzförderung in Salzgitter stützten. Dr. Wenzel erwarte von ihm umgehend die Stellungnahme, daß Pleiger sein Gutachten falsch interpretiere. Gleichzeitig erinnert er daran, daß es bisher immer im Zusammenhang mit der Gutachtertätigkeit für die Ruhrindustrie ein gutes Einverständnis gegeben habe. So solle es auch zukünftig sein![17]

Zu der Zeit war ein angesehener Professor über ein derartiges Ansinnen noch entrüstet. Professor Weigelt informierte umgehend Pleiger, dieser wiederum berichtete Göring.

Für ein umfassenderes Gespräch zwischen Pleiger und Göring bedurfte es eines Pralinengeschenks an dessen Sekretärin. In der offiziellen Lesart heißt es, daß es Pleiger nach etlichen Bemühungen gelang, im Juni 1937 mit Göring ein vertrauliches Gespräch unter vier Augen zu führen. Pleiger berichtete und schlägt eine neutrale Begut-

76

achtung durch den anerkannten amerikanischen Hüttenfachmann Hermann Brassert vor. Es imponiert Göring, daß dieser bekannte Amerikaner eingeschaltet wird, der darüber hinaus zusagt, für die Verarbeitung der Salzgitter-Erze ein rentabel arbeitendes Hüttenwerk zu errichten.[18]

Da die Ruhrhütten nach wie vor nicht bereit sind, den Bergbau und den Hüttenbetrieb auf eigene Rechnung durchzuführen, kommt es dann am 15. Juli 1937 zur Gründung der Reichswerke AG für Erzbergbau und Eisenhütten »Hermann Göring« mit Sitz in Berlin. Bereits schon am folgenden Tage erhält die Firma H. A. Brassert & Co. KG, Berlin, den Vertrag über den Bau je eines Hüttenwerks bei Braunschweig, in Bayern und in Baden.[19] In einem Nachvertrag vom 10. März 1939 wird dann zusätzlich geregelt, daß der Bau der Hüttenwerke in Bayern und Baden zugunsten eines Hüttenwerks in Linz entfällt.

Sachlich betrachtet war all dies mehr als großspurig. Es wurden Verträge geschlossen, obwohl man weder Grund und Boden noch Erzlager besaß.

Im nachhinein wird man vielleicht in die Vorgänge dieser Zeit hineininterpretieren, dafür habe es dann letztlich nur eines Befehls oder einer Anordnung bedurft. So einfach war es nicht – Enteignungen paßten nicht in das Konzept, und eine verärgerte Schwerindustrie konnte man sich nur bedingt leisten. Die für den Erzabbau in Salzgitter, Bayern und Schwaben vorgesehenen Felder waren überwiegend im Eigentum der Ruhrkonzerne, von diesen zum größten Teil kurz nach dem ersten Weltkrieg mit den Entschädigungsgeldern für die verlorengegangenen Minette-Gruben aufgekauft. Für eine mögliche rechtliche Regelung, d.h. praktisch Enteignung, gab es bis Juni 1937 fünf verschiedene Entwürfe für einen Zusammenschluß der »Bergbauberechtigten«. Verfasser sind Dr. Georg Strickrodt, Pleigers Mitarbeiter beim Amt für deutsche Roh- und Werkstoffe/Amt

Vierjahresplan, und Bader vom Amt für die Eisen- und Stahlbewirtschaftung des Generalmajors von Hanneken vom Reichswirtschaftsministerium.

Hierbei stellte man die prinzipielle Frage und Forderung, dem Reich für die Reichswerke einen staatspolitischen Führungsanspruch zu verschaffen und sich nicht lediglich mit einer Beteiligungsmehrheit der Reichswerke am Feld-Eigentum zufriedenzugeben.

Generalmajor von Hanneken allerdings sieht bei den Ministerien Widerstände und rät, auf eine gesetzliche Regelung zu verzichten und statt dessen eilig eine »Verordnung« im Rahmen des Vierjahresplanes zu erlassen, die von Göring aufgrund seiner Vollmachten ohne Zustimmung anderer Minister verfügt werden könnte.

In der endgültigen Vorlage Dr. Strickrodts für eine Novelle zum Berggesetz bzw. notfalls für eine Göringsche »Rechtsverordnung« gibt es folgende vielsagende Begründung:

> »Auf dem Gebiet des Eisen- und Metallerzbergbaus ist nichts in der Vergangenheit unternommen worden, da die Bedeutung der deutschen Erzlagerstätten unterschätzt wurde.
>
> Unabhängig von den üblicherweise gültigen Eigentümerrechten muß jedoch übergeordnet gesehen werden, daß der eigentliche ›Herr des Bergrechts‹ die ›Volksgemeinschaft‹ und nicht der zufällige ›Eigentümer‹ ist. Für eine umgehende rechtliche Regelung sprechen daher besonders folgende Gründe:
> a) lagerstättenmäßig liegen insbesondere in Salzgitter besondere Eigenarten vor. Die Rentabilität der Förderung des relativ armen Erzes ist nicht mehr gegeben, wenn die einzelnen Felder durch unterschiedliche Eigentümer getrennt genutzt werden. Der im ›Berggesetz‹ vorgesehene ›Einheitstyp‹ des Grubenfeldes ist hier nicht verwendbar und bedarf einer ergänzenden rechtlichen Regelung.

b) es besteht ein unmittelbarer Zusammenhang mit den Aufberei-
   tungs- und Verhüttungsanlagen.
c) planvolle Lenkung der Erzmengen und des richtigen Müllers ist
   bedeutungsvoll.
d) die Aufbereitungs- und Verhüttungsanlagen sind unter Berücksichtigung wehrpolitischer, bevölkerungspolitischer, wehrbe-
   völkerungspolitischer und siedlungspolitischer Gesichtspunkte
   zu erstellen.
e) gegenwärtiger Feldbesitz ist rein zufällig. Erworben wurden
   die Felder ohne ernste Absicht auf Abbau, sondern mehr oder
   weniger aus spekulativen Gründen.«[20]

Um diesen trockenen Stoff aufzulockern, sei zumindest
erwähnt, daß der Entwurf unter Mitwirkung von Brassert,
dem Anklagezeugen im späteren Nürnberger Prozeß zustande kam. Strickrodt als späterer »Antinazi« wurde Lan-
desminister und Professor.

Wie bereits gesagt, hatte Göring als »Beauftragter für
den Vierjahresplan« das Recht, in diesem Rahmen selbständig und unabhängig »Rechtsverordnungen«, nicht jedoch
Gesetze zu erlassen. Zur Beseitigung der zusätzlichen
Widerstände aus der Schwerindustrie läßt er am 20. Juli
1937 die betroffenen Bergbauberechtigten zu einer Sitzung
in das Preußische Staatsministerium für den 23. Juli kurzfristig einladen, und zwar: Kommerzienrat Reusch, Gutehoffnungshütte; Assessor Kellermann, Gutehoffnungshütte;
Generaldirektor Vögler, Vereinigte Stahlwerke; Generaldirektor Pönsgen, Vereinigte Stahlwerke; Präsident Fink,
Bayrisches Oberbergamt; Oberbergdirektor Hörburger,
Bayr. Berg-, Hütten- und Salmen-AG; Bergassessor Winkhaus, Mannesmannwerke.

Zusätzlich werden eingeladen: Oberst Loeb, Amt für
deutsche Roh- und Werkstoffe; Oberst von Hanneken; Paul
Pleiger. Die Gutehoffnungshütte entsendet Kipper, die

Vereinigten Stahlwerke Dr. Wenzel und die Ilseder Hütte Rohne als nichtentscheidungsberechtigte Vertreter.

Der Einladung folgen lediglich Hörburger, Winkhaus, Loeb, von Hanneken und Pleiger, abgesehen von den Herren ohne Vollmacht. Verspätet wird auch Generaldirektor Wisselmann der Preussag eingeladen und ist anwesend.

Die Taktik der Industrie liegt auf der Hand. Man will nicht entscheidungsfähig sein, um Zeit zu gewinnen. Zu diesem Zeitpunkt glaubt die Industrie noch an die Macht und den Einfluß Schachts.

Am 22. Juli 1937 – also bezeichnenderweise zwischen Einladung und Sitzung – wird dagegen bereits festgelegt, daß die Entschädigung der Feldbesitzer nach Höhe der tatsächlich aufgewendeten Kosten erfolgen soll, und zwar in Form von Aktienbeteiligungen an den Reichswerken.[21]

Diese Sitzung war zwar für den 23. Juli, 17.00 Uhr, einberufen worden, sie bestand in Wirklichkeit lediglich aus einer Zusammenkunft, auf der Göring eine vorbereitete Erklärung abgab. Der genaue Inhalt liegt nicht mehr vor. In den Akten findet sich nur der Bericht des Vorstandsmitgliedes Rohne von der Ilseder Hütte an seinen Vorstandsvorsitzenden Hecker. Dann heißt es, Göring habe den Betroffenen den Vorwurf gemacht, bei dem Kreis der sogenannten Bergbauberechtigten handele es sich im Prinzip um stille oder andere Saboteure, die man ins Kreuz treten müsse und die dorthin zu schicken seien, wohin sie eigentlich gehörten. Die betroffenen Hüttenwerke hätten zwar nach Verlust der Lothringer Gruben vom Reich hohe Entschädigungen kassiert. Das Reich habe in der Erwartung gezahlt, daß man mit den Geldern neue Erzlagerstätten erschließen würde, doch für den gedachten Zweck seien die Gelder nie verwendet worden. Man habe bewußt die deutschen Interessen vernachlässigt und völlig versagt. Es gebe aus dieser Mißwirtschaft nur eine Konsequenz: die Felder müßten an die Reichswerke abgetreten werden.[22] Nach diesen markigen Worten war die Sitzung beendet.

Noch am gleichen Tag wird dann die Verordnung über den Zusammenschluß von Bergbauberechtigten – die sogenannte Ermächtigungsverordnung – erlassen. Hiernach können Bergbauberechtigte zum Zwecke des Aufschlusses und Abbaus von Mineralien zusammengeschlossen werden. Der Zusammenschluß erfolgt durch Einbringen von Berechtigungen und Mutungen in eine Gesellschaft als Beteiligung. Das Reich kann sich an dieser Gesellschaft beteiligen.[23] Sollte es zu keiner einverständlichen Entscheidung bei den Beteiligten kommen, so entscheidet allein der Beauftragte für den Vierjahresplan. Eine Enteignung der Feldbesitzer findet nicht statt. Der neuen Gesellschaft kann die Errichtung und der Betrieb von Aufbereitungs- und Hüttenanlagen gestattet werden.

Im Sinne dieser Verordnung werden nicht die Bergbauberechtigungen, sondern vielmehr die Bergbauberechtigten zusammengeschlossen. Die Bergbauberechtigungen dagegen gehen auf die neue Gesellschaft über.

Doch der zwischen Göring mit den Reichswerken und dem Großteil der deutschen Eisenhüttenindustrie, gestützt von Schacht, ausgebrochene Streit ist hiermit nicht beendet. Man leistet weiterhin ernsthaften Widerstand auf verschiedenen Ebenen mit den unterschiedlichsten Mitteln.

Röchling, der hinter den Pleigerschen Ideen stand, hatte zwar am 24. Juli in Bayreuth in einer längeren Besprechung versucht, Schacht zum Einlenken zu bringen, doch ohne Erfolg. Am 26. Juli schreibt er Pleiger: Schacht sei zu keinerlei Konzessionen bereit. Seinen Vorschlag, für die neuen Unternehmen verbilligte Kohlenpreise und Sonder-Frachttarife zu empfehlen, lehne dieser strikt ab. Er denke nicht daran, jemandem die Verantwortung abzunehmen. Die Angelegenheit gehe sowieso schief. »Wir kriegen die Sache ja später doch in die Hand.«[24] Allerdings meint Röchling, Schacht irre sich seiner Meinung nach völlig. Er habe auch den Eindruck gewonnen, daß Schacht in der neuen Wirtschaftspolitik nichts Wesentliches mehr zu sagen habe.

Schacht denkt aber nicht daran, auf Görings Linie umzuschwenken. In seinem letzten Brief an Göring vom 5. August 1937 wird er sehr deutlich:

»Sehr geehrter Herr Ministerpräsident! Ihre Anordnung über den Zusammenschluß von Bergbauberechtigten vom 23.7. d. J. und Ihr Schreiben vom 26.7. d. J. betreffs Erfassung ausländischer Wertpapiere gaben mir Veranlassung, folgende grundsätzlichen Ausführungen zu machen: Als mir der Führer und Reichskanzler am 2. August 1934 die Führung der Wirtschaftspolitik des Reiches anvertraute, spielte die Vergrößerung der deutschen Rohstoffversorgung bereits eine entscheidende Rolle.

Diese war möglich 1. durch gesteigerte heimische Rohstofferzeugung, 2. durch gesteigerte Rohstoffeinfuhr.

(…) Bei der Steigerung der inländischen Rohstofferzeugung kam es darauf an, daß dabei eine Störung des Kapitalmarktes wie des Arbeitsmarktes vermieden wurde. Stabile Löhne und Preise einerseits und Konzentrierung aller Gewinne und Ersparnisse auf die Reichsfinanzierung andererseits waren Vorbedingung für das Gelingen der Aufrüstung. Für die Steigerung der heimischen Rohstofferzeugung wurden deshalb unter Initiative meines Ministeriums die eigenen Kräfte der Privatwirtschaft eingespannt.

Die mögliche Verweisung der Industrie auf die Selbstfinanzierung und die zentrale Überwachung und Ausnutzung des Geld- und Kapitalmarktes für die ungeheuren Anforderungen der Rüstung haben bisher die Aufrechterhaltung der deutschen Währung ermöglicht. (…) Eine Gefährdung droht von seiten der Löhne und durch den ungeregelten Wettbewerb des Baumarktes und der

Rüstungsindustrie. Durch diesen haben die Löhne bereits erhebliche Steigerungen erfahren.

(…) Entgegen den immer wiederholten öffentlichen Beteuerungen der zuständigen Regierungsstellen wird die Ernährungsversorgung … immer unbefriedigender. (…) Die Devisenansprüche für Ernährungszwecke sind deshalb gestiegen. (…) Einer Abhilfe aller dieser Schwierigkeiten sollte der Vierjahresplan dienen. (…) Ich komme nun auf Ihre Verordnung vom 23. Juli d. J. und stelle zunächst fest, daß diese neue Aktion erfolgt ist, ohne daß ich auch nur mit einem Wort von Ihnen gehört worden bin. (…) Wenn der Gesichtspunkt der Wirtschaftlichkeit ausscheiden soll, so würde auch dann noch der Betrieb durch die Industrie selbst, und zwar unter Benutzung ihrer bereits vorhandenen Anlagen (…), mit einem staatlichen Zuschuß wesentlich billiger sein, als wenn der ganze Betrieb vom Reich auf eigene Kosten aufgezogen wird. Ich komme damit auf die Kostenfrage und muß mich mangels näherer Mitteilungen von Ihnen darauf beschränken festzustellen, daß es sich bei Ihrem Vorhaben offenbar um den Aufwand von vielen Hunderten von Millionen RM handeln wird, für die nach den mir vom Reichsfinanzministerium gemachten Mitteilungen bisher keine Deckung vorhanden ist. (…)«[25]

Über seine Einstellung zur Göringschen Wirtschaftspolitik schrieb er im nachhinein 1948:

»Diese Raubbaupolitik an der deutschen Wirtschaftssubstanz mußte mich in steigenden Gegensatz zu Göring bringen. (…) Eines seiner tollsten Stücke war die Errichtung der ›Hermann-Göring-Werke‹.

Es gab ständig Verluste! Um das Fiasko zu bemänteln, erfolgte der Aufkauf rentabler Unternehmen. So wuchs sich das Ganze schließlich zu einem ungeheuerlichen Wasserkopf aus, dem Dummheit, Korruption und Schwindel an der Stirn geschrieben standen.«[26]

Görings Stellungnahme auf Schachts Brief liegt nur noch als Briefmanuskript der Herren SS-Gruppenführer Meinberg und Dr. Strickrodt von den Reichswerken, datiert 12./15. August, vor:

»Die angeführten positiven Entwicklungen bei der Steigerung der heimischen Rohstofferzeugung wurden nicht durch das Reichswirtschaftsministerium veranlaßt, sondern hatten ihre Ursache in der Ausnutzung bereits vorhandener Kapazitäten oder Fördermöglichkeiten oder in Maßnahmen, die durch Keppler eingeleitet oder durchgeführt sind. Auf den Gebieten, wo eine Mitwirkung des Reichswirtschaftsministeriums nicht erforderlich war oder sich dasselbe desinteressierte, gab es ein befriedigendes Ergebnis. Auf denjenigen Gebieten, auf denen infolge Ihres Ministeriums eine maßgebende Einschaltung z.B. der Bergbehörde erforderlich war, sind die von Herrn Keppler vorgeschlagenen Maßnahmen entweder völlig verhindert oder doch abgeschwächt worden. Die besondere Notlage auf diesen Gebieten bei Übernahme dieses mir vom Führer erteilten Auftrages sind wesentlich auf diesen Tatbestand zurückzuführen. (…)

Da mir auch noch bekannt ist, daß man Kanonen nicht aus Papier, sondern aus Stahl gießt, habe ich mich u.a. auch aus diesem Grunde zu einer starken Steigerung unserer heimischen Eisenerzförderung und zur Ausweitung der dazu erforderlichen Hüttenkapazität entschlossen.«[27]

Aufgrund dieses Briefwechsels kann man mit großer Bestimmtheit annehmen, daß Göring erneut Zweifel an seiner eigenen Entscheidung kamen. Die unveränderte Haltung der noch einflußreichen Schwerindustrie, verbunden mit abweichenden Auffassungen innerhalb der Parteikreise, führte dazu, daß er nun eine Stellungnahme des Amtes für deutsche Roh- und Werkstoffe anforderte, die, wenn man überlegt, aus den gleichen Kreisen kommen mußte, die seine Briefentwürfe anfertigten und das Projekt Salzgitter forderten.

Das Amt, und tatsächlich die gleichen Mitarbeiter, lieferte dann am 20. August zusätzliche Feststellungen.

»Die Ruhrindustrie widersetzt sich mit Hinweis auf Schwierigkeiten in wirtschaftlicher und qualitativer Hinsicht: Siehe Brief der Vereinigten Stahlwerke an Keppler vom 29. August 1935: Die Maßnahmen in Salzgitter sind völlig unwirtschaftlich und technisch in höchstem Maße bedenklich. Heute allerdings werden (dort) dem Möller hohe Prozentsätze deutscher Roherze ohne Schwierigkeiten zugesetzt. (...) Röchling hat dazu nachgewiesen, daß das saure Schmelzverfahren möglich und wirtschaftlich ist. (...) Auch Brassert äußert sich entsprechend aufgrund seiner Erfahrungen in Corby/England. (...) Die deutschen Verhüttungsversuche der Ruhrindustrie wurden allerdings in der Regel so vorgenommen, daß bereits der negative Ausgang eingeplant war.«[28]

Görings Einstellung zu Salzgitter wechselte, wie gesagt, ständig. Pleiger erinnert sich:

»In der Gründungsperiode war er häufig Feuer und Flamme. Ich nutzte diese Zeit, um den Werken seinen Namen zu geben. Ich dachte mir, ist er mit seinem Namen erst einmal an die Werke gebunden, so muß er, ist erst einmal der erste Schritt getan, dieser Aufgabe, diesem Plan und den Werken die Treue halten. (...) Nach anscheinenden Mißerfolgen in den ersten Jahren »degradierte« er mich für etwa ein dreiviertel Jahr. Bei anderer Gelegenheit drohte er mir mit dem Volksgerichtshof, falls die Reichswerke nicht wirtschaftlich und kostendeckend arbeiten würden.«[28A]

Es war allerdings nicht nur Göring, dem Zweifel an der Wirtschaftlichkeit kamen. Selbst der Aufsichtsratsvorsitzende Staatssekretär Körner und Pleigers Vorstandskollegen, Roehnert als ehemaliger Vorstandschef der Rheinmetall-Borsig und Dr. Voß als ehemaliges Vorstandsmitglied der Deutschen Revisions- und Treuhand AG, verzweifelten, wenn sie sich den zögernden Aufbau und die kümmerlichen Produktionszahlen ansahen und mit der Planung verglichen. Sicherheitshalber forderten sie eine Sonderkommission der Organisation Todt zur Prüfung an, die erhebliche Mißstände aufdeckte. Glücklicherweise ergaben die Kriegsvorbereitungen mit Arbeitskräfte- und Materialmangel genügend Gründe für Entschuldigungen und Ausreden ab. Dazu kam, daß der Erbauer der Hüttenwerke, Brassert, mit seinem Team sich kurz vor Kriegsausbruch nach England abgesetzt hatte und dadurch ein weiterer Grund für Verzögerungen vorgetragen werden konnte.

Das »Produktionskonzept« für Salzgitter ging also bereits am Anfang nicht auf. Dagegen stand für Salzgitter und Keppler, daß hier die Keimzelle für die Machtpolitik der Reichswerke geschaffen werden sollte. Und diese Rechnung stimmte dann allerdings tatsächlich.

Der Machtkampf ging ungehindert weiter. Am 24. August 1937 wurde der vorläufige Höhepunkt erreicht. Die eisenschaffende Industrie hatte unter Vorsitz von Pönsgen zu einer außerordentlichen Sitzung geladen. Für Göring sollte eine gemeinsame Denkschrift zum Thema Reichswerke verabschiedet werden. Doch die einstmals so geschlossene Front zerbröckelte bereits. Pleiger wurde von einem Mitglied vorzeitig informiert. Er unterrichtete rechtzeitig Göring.

Der Inhalt dieses Entwurfs einer Denkschrift sah in etwa so aus, daß die Ruhrindustrie allein bereit sei, die Rohstahlerzeugung auf 24 Millionen Jahrestonnen zu steigern und darüber verhandeln möchte, auf den Salzgitterschen Erzlagern eigene Hochofenanlagen zu errichten. Auf dieser

Sitzung kam es allerdings zu einem denkwürdigen Vorfall, den man später noch einmal bei den Nürnberger Prozessen aufzuklären versuchte. Jeder der Anwesenden erhielt ein Telegramm mit folgendem Wortlaut: »Ersuche Sie, die Denkschrift der Vereinigten Stahlwerke, die auf Sabotage der Hermann-Göring-Werke hinausläuft, nicht zu unterschreiben. Göring.«

Pleiger behauptete später, er habe das Telegramm überhaupt nicht gekannt. Es müsse wohl von Göring ohne sein Wissen abgesandt worden sein. Zu diesem Zeitpunkt war Göring tot und konnte nicht gehört werden. Pönsgen vermutete dagegen einen Trick und Pleiger als Absender.[29]

Für die Denkschrift stimmten dann die Vereinigten Stahlwerke, die Gutehoffnungshütte, Dillingen, Klöckner, Flick und Krupp. Dagegen stimmten Otto Wolff, Ilseder Hütte, Röchling, Mannesmann, Hoesch und Neuenkirchen. Mangels Einigung wurde daraufhin die Denkschrift zurückgezogen.

Die Vereinigten Stahlwerke, Krupp, die Gutehoffnungshütte, Hoesch, Mannesmann, Klöckner und Flick waren jetzt bereit, über eine Kapitalbeteiligung an den Reichswerken zu verhandeln. Am 21. Oktober 1937 trafen die Bevollmächtigten Dr. Flick und Peter Klöckner sowie Kimmich von der Deutschen Bank mit Pleiger zusammen. Man bietet eine Beteiligung von RM 25 bis 30 Millionen an. Kimmich schreibt dazu in einem Aktenvermerk:

»Die beiden Vertreter der Industrie betonten mehrfach, daß die Bereitschaft der Beteiligung in der Hauptsache aus dem Grunde zum Ausdruck komme, um damit dem Herrn Generaloberst Göring zur Kenntnis zu bringen, daß ihrerseits zwischen den großen Werken der eisenschaffenden Industrie und den Hermann-Göring-Werken keine Differenzen bestehen und daß allseitig der Wunsch zu einer einmütigen Zusammenarbeit vorliege.«[30]

Göring reichte den Ruhrbossen im Zusammenhang mit der Reichswerkegründung zur Abwechslung erst einmal das Zuckerbrot. Er machte auf dem Papier Konzessionen, die für die Praxis ohne jegliche Bedeutung waren, aber gut ankamen. Am 16. September 1937 erließ er ein generelles Errichtungsverbot für neue Hüttenwerke, das er durch die Anordnung vom 31. Dezember 1937 ergänzte. Damit nahm er den Ruhrbossen die Angst vor weiterer Konkurrenz. Er hatte sich allerdings vorbehalten, Ausnahmen zuzulassen.[31] Die Konsequenz war, daß die Rohstahlkapazität im Altreich 1938 lediglich um 0,8 % anstieg. Spätere Annexionen veränderten das Bild grundlegend zugunsten der Reichswerke.

Im Oktober/November 1937 legte dann Paul Pleiger den Standort für das Hüttenwerk Braunschweig (Salzgitter) fest. Göring stimmte dieser Entscheidung am 1. November 1937 schriftlich zu. Professor Weigelt kommentiert: »Alles in allem kann die Lage der Hütte Braunschweig als mustergültig bezeichnet werden.«

Finanzen

Zum Zeitpunkt der Reichswerkegründung war der notwendige Kapitalbedarf nicht nur Schacht, sondern auch den anderen Beteiligten unbekannt. Im Februar 1938 schätzte man die Investitionskosten für den Erzbergbau und das Hüttenwerk Braunschweig in seiner ersten Ausbaustufe mit zunächst 8 Hochöfen auf RM 400 Millionen und beschloß eine entsprechende Kapitalerhöhung. Die restlichen 24 Hochöfen mit Nebenanlagen wurden mit RM 510 Millionen Investitionskosten veranschlagt.[32]

Linz, genauer gesagt die Reichswerke AG für Erzbergbau und Eisenhütten »Hermann Göring«, Linz, wurde gemeinsam mit dem Vorstandskollegen Staatsrat SS-Gruppenführer Meinberg und drei Mitarbeitern am 4. Mai 1938 von

Paul Pleiger als Tochtergesellschaft mit einem Kapital von RM 5 Millionen gegründet.[33]

Der Aufsichtsrat hätte nun eigentlich den oder die Vorstandsvorsitzenden berufen müssen zumindest nach gültigem Recht. Doch diese Arbeit war ihm durch die Gründer bereits abgenommen worden, die selbstverständlich Paul Pleiger einsetzten.[34]

Am 13. Mai 1938 gab es dann die große Schau für den Baubeginn des Linzer Werkes. Aufbaupläne wurden verkündet. Das Gesetz über den Ausbau und die Fertigstellung des Rhein-Main-Donau-Kanals wurde eiligst am 11. Mai 1938 erlassen. Damit war für die Hütte Linz so ziemlich die Pflicht erfüllt. Der Ausbau der eigentlichen Werke in Österreich seitens der Reichswerke begann parallel, war erheblich bedeutungsvoller nicht nur, weil hier Hitler und Pleiger statt Göring aktiv wurden und geräuschloser.[35]

Werfen wir einen Blick zurück auf die etwas seltsamen Finanzierungspläne, in diesem Falle auf diejenigen der Muttergesellschaft.

Die Finanzpläne vom 1. März 1940 weisen für die erste Salzgittersche Ausbaustufe mit RM 1,2 Milliarden den dreifachen veranschlagten Betrag aus. Dabei hatte man unbedingt erforderliche Investitionen für eine eigene Steinkohlenbasis vorsichtshalber ausgelassen.[36]

Trotz der hohen Investitionen, die man nicht geahnt hatte, lag allerdings der eigentliche Grund für die frühe Kapitalerhöhung auf RM 400 Millionen anderswo. Übersieht man die hohen Anlaufverluste, so überrascht das eingeplante Verhältnis von Umsatz zu Kapital. Bei den Reichswerken betrug dieses 1,5:1, bei den normal finanzierten Vereinigten Stahlwerken 3,5:1. Auf den ersten Blick erscheint es so, als ob die Reichswerke bereits am Anfang die Überkapitalisierung eingeplant gehabt hätten. Und so war es auch. Die Überkapitalisierung war erforderlich und

notwendig, um später den erweiterten »Autarkievorhaben«
zu entsprechen.[37]

Unmittelbar nach der Kapitalerhöhung erfolgte der vorbereitete Anschluß Österreichs, mit der Projektierung des
Hüttenwerks Linz erfolgte die Übernahme zahlreicher weiterer österreichischer Unternehmen, erfolgte der Aufkauf
der Luitpoldhütte, der Unternehmen in der Tschechoslowakei, Polen, Frankreich, dem Balkan, Rußland usw. Ein
Wirtschaftsgigant von nie gekannter Größe entstand.

Gesamt stand der Reichswerkekomplex als solcher solide
da und erfüllte die Aufgaben, die ihm Hitler in seiner Denkschrift zum Vierjahresplan zugeordnet hatte. Er verschaffte
Autarkie in einem vergrößerten Lebensraum und wurde für
die Partei das wirtschaftspolitische Führungsorgan.

Zum eigentlichen Aufbau Salzgitters läßt sich wenig
Bedeutungsvolles sagen. Damals klang allerdings vieles ganz
anders. Das Reichspropagandaministerium ließ hierüber
einen Film anfertigen. Den Text lieferte dazu Dr. von Carlowitz, der persönliche Referent Paul Pleigers, vormals von
General von Schleicher:

»Wo der Höhenzug von Salzgitter sich weit in die fruchtbare
Ebene im Norden des Harzes verschiebt, ruht in fast unerschöpfli-
cher Menge das saure deutsche Erz, das nach dem Willen Hermann Görings die deutsche Eisenindustrie in weitem Maße unabhängig machen soll von der Einfuhr ausländischer Eisenerze. Noch
trägt der Boden reiche Frucht: größere Schätze birgt seine Tiefe.
Hier im Herzen Deutschlands entsteht das neue Stahlzentrum des
Reiches, eines der größten und modernsten Hüttenwerke der
Welt. (…)

Aus diesem Gewirr von Baustellen wächst eine Gruppe von
8 Hochöfen. 3 weitere Gruppen werden sich anschließen, und aus
32 Hochöfen sollen nach Durchführung der Endplanung jährlich
4 Millionen Tonnen Roheisen fließen. (…)

Ganz Deutschlands Industrie hat zusammengearbeitet, um das Baumaterial für die gigantische Hüttenanlage zu schaffen. (...)

In einer gewaltigen Ausdehnung zieht sich das Arbeitsfeld vom Stahlwerk über die 8 Hochöfen der Gruppe 1 bis zum Kühlturm. Der dichte Wald von Trägern und Stützen der entstehenden Betriebshalle läßt erahnen, wie die beispiellose Ausdehnung dieser Halle einmal sein wird. Sie ist die größte überdachte Halle Europas, sie hat eine Fläche von 60 Morgen oder von zwei Erbhöfen von Mindestgröße.

Im Sommer 1941 wird nach den Hochöfen die zweite Werksanlage, die Stahlwerkshalle, fertig. Ihr Bau ist noch nicht geschlossen, doch stehen die fertigen Teile schon in voller Produktion.

(...) Die Einberufungen zum Heeresdienst vermindern die Schar der deutschen Arbeiter immer mehr, und doch geht der Bau weiter. Arbeiter und Kriegsgefangene aus 40 Nationen, 70 000 Menschen schaffen im Gebiet. Ganz Europa hilft im Werk die Erzeugung zu steigern, den Bau voranzutreiben.«[38]

2. Der wirtschaftliche Konzernaufbau der Reichswerke »Hermann Göring«, 1937 bis 1945

Zwar war für Paul Pleiger zur Gründung der Reichswerke ursprünglich das Interesse an den Salzgitterschen Erzen ausschlaggebend gewesen. Gleichzeitig hatte er die Erzförderung in Schwaben und in der Oberpfalz ausweiten wollen. Aber schon bald nach der Gründung mußte er einsehen, daß diese Bestrebungen die anstehenden Probleme nicht rechtzeitig, wenn überhaupt, lösen konnten.

Das dringendere Problem war, den Reichswerken die beherrschende Stellung in der Wirtschaft und in der Kontrolle und Lenkung der Wirtschaft durch die Partei zu verschaffen. Dann gab es finanzielle Probleme. Diese waren über Salzgitter nicht zu lösen, sondern hierfür bedurfte es des internationalen Ausbaus zu einem Großkonzern mit gewinnbringenden Unternehmen.

Für den Alltag in Salzgitter war das dringende Kohleproblem ungelöst. Für die tägliche Arbeit und Planung fehlte es an geeigneten Führungskräften. Hier besann sich Pleiger seines alten Freundes Roehnert, der inzwischen Generaldirektor der Rheinmetall-Borsig AG geworden war. Durch Übernahme dieses einstmals maroden Konzerns, den Roehnert wieder ertragreich gemacht hatte, versprach er sich einmal einen Stamm guter Techniker und einen fähigen Manager.

Das Unglück wollte es, daß das Technikerteam auf dem Fluge nach Salzgitter tödlich verunglückte. Und sein Freund Roehnert war für die politischen Führungsaufgaben der Reichswerke ungeeignet. Er war lediglich ein guter, rücksichtslos ehrgeiziger Wirtschaftler, der seinen Aktionären von Rheinmetall-Borsig zuerst einmal eine Rendite erwirtschaften wollte.

Den Schritt nach vorn gab es erst mit den ab 1938 begonnenen Annexionen und Eingliederungen sonstiger Werke, mit den Eroberungen während des Krieges und dem Versagen der bestehenden politischen Führungshierarchie. Vorher waren harte Zeiten durchzustehen.

Die eigentliche wirtschaftliche Konzernentwicklung geschah in sechs charakteristischen Phasen:

a) *Gründung und Entwicklung einer Produktionsgesellschaft:*
Die Reichswerke Aktiengesellschaft für Erzbergbau und Eisenhütten »Hermann Göring«, Berlin, werden am 15. Juli 1937 mit einem Aktienkapital von RM 5 Millionen durch Fabrikant Paul Pleiger, Buchholz/Westfalen, Direktor Dr. Wilhelm Voß, Vorstandsmitglied der Deutschen Revisions- und Treuhand-Aktiengesellschaft, Berlin, Direktor Dr. Ernst Helmut Vits, Berlin, für die Garantie-Abwicklungsgesellschaft, gegründet.

Beteiligungen erfolgen im gleichen Jahr bei Bergbau AG, Salzgitter, als Bohrgesellschaft, Wohnungsaktiengesellschaft der Reichswerke »Hermann Göring«, Braunschweig, Erzstudiengesellschaft, Dortmund, für Aufschlußarbeiten, Studiengesellschaft für Doggererze, München, für Versuche zur Aufbereitung von Doggererzen.

Eine bedeutende Beteiligung erfolgt erst 1938 bei der Rheinmetall-Borsig AG, Berlin. Deren Generaldirektor Roehnert wurde allerdings bereits mit Gründung der Reichswerke in deren Aufsichtsrat berufen.

b) *Organisation und Einflußverteilung:*
In kurzer Zeit hatte sich durch Annexionen und Aufkäufe, insbesondere jüdischer und Flickscher Unternehmen, ein Großkonzern gebildet. Am 7. Juli 1939 wurde die erste Holdinggesellschaft gegründet, und es wurden die Einflußbereiche innerhalb der personellen Führungsspitze und für die Tochtergesellschaften geordnet.

Dieser AG Reichswerke »Hermann Göring«, Berlin, unterstanden die Reichswerke Aktiengesellschaft für Erzbergbau und Eisenhütten »Hermann Göring«, für die Paul Pleiger als Generaldirektor fungierte. Dieser wurden lediglich die bergbau- und eisenhüttenorientierten Gesellschaften im Salzgittergebiet als Tochtergesellschaften belassen. Der Verwaltungssitz dieser Gesellschaft wurde im Sommer 1941 von Berlin nach Salzgitter verlegt.

Die sonstigen Montan-Töchter und die Tochtergesellschaften für Weiterverarbeitung und Verkehr wurden unmittelbar der AG Reichswerke »Hermann Göring« unterstellt.

In dieser Pseudo-Holding verteilten sich die Einflußbereiche der drei absolut gleichberechtigten Vorstandsmitglieder wie folgt:

Paul Pleiger: Eisenhütten und Bergbau

Helmuth Roehnert: Rheinmetall-Borsig mit deren Töchterunternehmen

Dr. Wilhelm Voß: sonstige Weiterverarbeitung und Verkehr

c) *Die Blocktrennung:*

Der Großkonzern wuchs innerhalb der ersten Jahre in erheblichem Umfange. Am 13. November 1940 ordnete Hermann Göring eine weitere Umorganisation an, die ab 17. Januar 1941 wirksam wurde:

Die AG Reichswerke »Hermann Göring«, Berlin, wurde eine reine Holdinggesellschaft. Drei Blockgesellschaften (Unterholdings) wurden ihr unmittelbar unterstellt. Alleiniges Vorstandsmitglied für die relativ kurze Lebensdauer dieser Holding wurde Helmuth Roehnert.

Montanblock:

Reichswerke AG für Berg- und Hüttenbetriebe »Hermann Göring«, Berlin

Maschinen- und Waffen-Block:

Reichswerke AG für Waffen- und Maschinenbau »Hermann Göring«, Berlin

Schiffahrtsblock:

Reichswerke AG für Binnenschiffahrt »Hermann Göring«, Berlin (ursprünglich RW AG für See- und Binnenschiffahrt »Hermann Göring«)

Diesen Blockgesellschaften wurden die jeweiligen Tochtergesellschaften zugeordnet.

d) *Auflösung in drei Gruppen bei Wegfall der Holdinggesellschaft:*

Die AG Reichswerke »Hermann Göring« wurde faktisch am 30. April 1942 aufgelöst. Diese Neuordnung widersprach Görings Vorstellungen. Pleiger hatte jedoch Hitler eingeschaltet und sich selbst die Macht verschafft. Staatssekretär Körner wurde der Aufsichtsratsvorsitz,

Generaldirektor Helmuth Roehnert der stellvertretende Aufsichtsratsvorsitz in der Reichswerke AG für Berg- und Hüttenbetriebe »Hermann Göring« entzogen. Die Auflösung der Holding geschah juristisch allerdings erst am 29. Dezember 1942.

Dr. Erich Gritzbach (Leiter des Stabsamtes des Preußischen Ministerpräsidenten, Staatsrat, Ministerialdirektor) wurde mit Aufsichtsaufgaben für den Montanbereich und der General der Luftwaffe Bodenschatz, Chef-Adjutant Görings, mit Aufsichtsaufgaben für den Waffen- und Schiffahrtsbereich eingesetzt.

Dieses war möglich, da sich Göring noch als oberste Führungs- und Aufsichtsinstanz für den gesamten Reichswerkebereich ansah. Faktisch allerdings wurden diese Aufgaben weder von ihm noch von seinen beiden Mitarbeitern ausgeübt. Dr. Gritzbach und General Bodenschatz ersetzten auf keinen Fall direkt oder indirekt die aufgelöste Holding.

e) *Straffung des Konzerns:*
Das »Nebeneinander-Operieren« der drei Blockgesellschaften war nur eine vorübergehende Zwischenlösung. Bis zur endgültigen Auflösung der Holding am 29. Dezember 1942 verständigten sich Göring, Pleiger, Dr. Gritzbach und General Bodenschatz darüber, die Aufgabengebiete des Reichswerkekomplexes entsprechend Pleigerscher Vorstellungen neu zu organisieren. Der »Waffenblock« wurde aufgelöst durch teilweise Reprivatisierung unter Mitwirkung des Reichswirtschaftsministeriums, der Reichsbank und der Bank der Deutschen Luftfahrt. Der restliche Waffenblock wurde als Reichswerke AG für Waffen- und Maschinenbau – vormals Skoda-Werke, Prag – weitergeführt. Helmuth Roehnert scheidet endgültig aus der Reichswerkeführung aus. Er behält die wirtschaftliche Führung des Rest-Waffenblocks

und der Rheinmetall-Borsig AG. Doch trotz der Teil-
privatisierung blieb der vorgesehene wirtschaftspolitische
und sonstige politische Einfluß der Reichswerke durch
die sich bei der Reichswerkeführung angehäuften Gene-
ralvollmachten und Reichsbevollmächtigten, durch ihre
maßgebliche Position in der »Zentralen Planung« und
der »Zentralen Planung Ost« usw. weitgehendst erhalten.

f) *Endgültige Konzentrierung:*
Der Vorstandsvorsitzende des Schiffahrtsblocks, Diels,
wurde im Zusammenhang mit den Vorgängen des 20. Juli
Ende Juli 1944 verhaftet und später hingerichtet. Paul
Pleiger wurde sein Nachfolger als Vorstandsvorsitzender.
Pleigers Führungsbereich umfaßte damit u.a. den ge-
samten verbliebenen Reichswerke-Komplex. Seine wirt-
schaftspolitische Machtstellung, die ihm aus seiner
Reichswerkeposition zugewachsen war, überschritt diese
Grenzen allerdings bereits vorher in erheblichem Maße.
Dr. Gritzbach nahm hierzu bei seiner Vernehmung im
Nürnberger Pleiger-Prozeß folgendermaßen Stellung:

»Göring und Körner haben bis 1941 zweifellos diese Entwicklung
gewollt und gefördert. Ebenso steht fest, daß die Vorsitzenden der
drei verschiedenen Blocks sich die Ausweitung ihrer eigenen
Domäne, wo es irgendwie anging, haben angelegen sein lassen.
Was Pleiger anbetrifft, ist nicht von der Hand zu weisen, daß
er der Motor und die Seele des Unternehmens war, ja, daß er
geradezu besessen war, ein Werk aufzurichten, das in seiner
Schlagkraft einzig dastehen sollte. Ganz abgesehen vom Zweck
des Unternehmens im Vierjahresplan, entnahm er eine solche
Verpflichtung aus der ihm gestellten Aufgabe. Daß er dabei seine
Partner überspielte (nach den offensichtlichen Schwächen von
Göring, Speer, Sauckel und anderen Reichsministern bzw. Generalbevollmächtigten übernahm er in der Praxis auch einen Teil
derer Aufgaben mit Hilfe einer direkten Zusammenarbeit mit dem

Führerhauptquartier, dem OKW und der Parteiführung durch Unterstützung seitens Bormanns und Himmlers, d. Verf.), lag durchaus in seiner Natur, in seiner ausdauernden Energie, seiner unerhörten Arbeitskraft und einem unermüdlichen Eifer. Was ihn dabei begünstigte, war die Zweitrangigkeit seiner Kollegen und das Vertrauen Görings, das er trotz vieler Zwischenfälle und Mißhelligkeiten bis 1943 besaß.«[39]

Paul Pleiger konnte eigentlich schon früher auf das Vertrauen von Göring und Speer verzichten. Trotz zeitweiliger Differenzen mit Hitler besaß er dessen Vertrauen spätestens seit 1941/42, als durch den Rußlandkrieg die Rüstungswirtschaft erstmals ernsthaft gefordert wurde. So ist auch das enge Verhältnis zwischen ihm und dem Führerhauptquartier verständlich, wenn ihm Hitler bedeutete: »Pleiger, hätte ich fünf Generäle von Ihrer Statur, so wäre der Krieg schon jetzt siegreich beendet!«

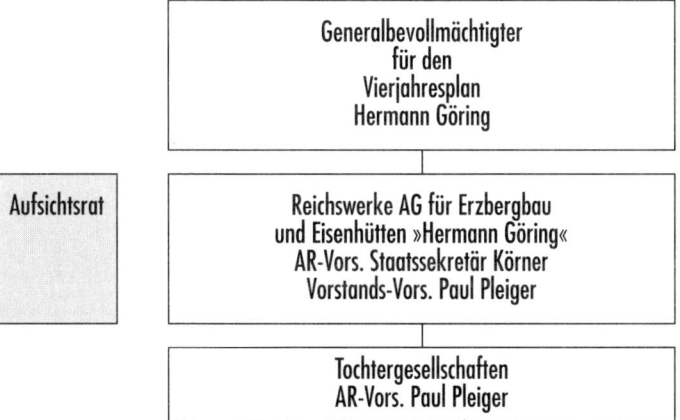

**Organisation der Reichswerke
»Hermann Göring« 1937**

Generalbevollmächtigter für den Vierjahresplan Hermann Göring
Reichswerke AG für Erzbergbau und Eisenhütten »Hermann Göring« AR-Vors. Staatssekretär Körner Vorstands-Vors. Paul Pleiger
Tochtergesellschaften AR-Vors. Paul Pleiger

Aufsichtsrat

Organisation Reichswerke »Hermann Göring« 1942–1945

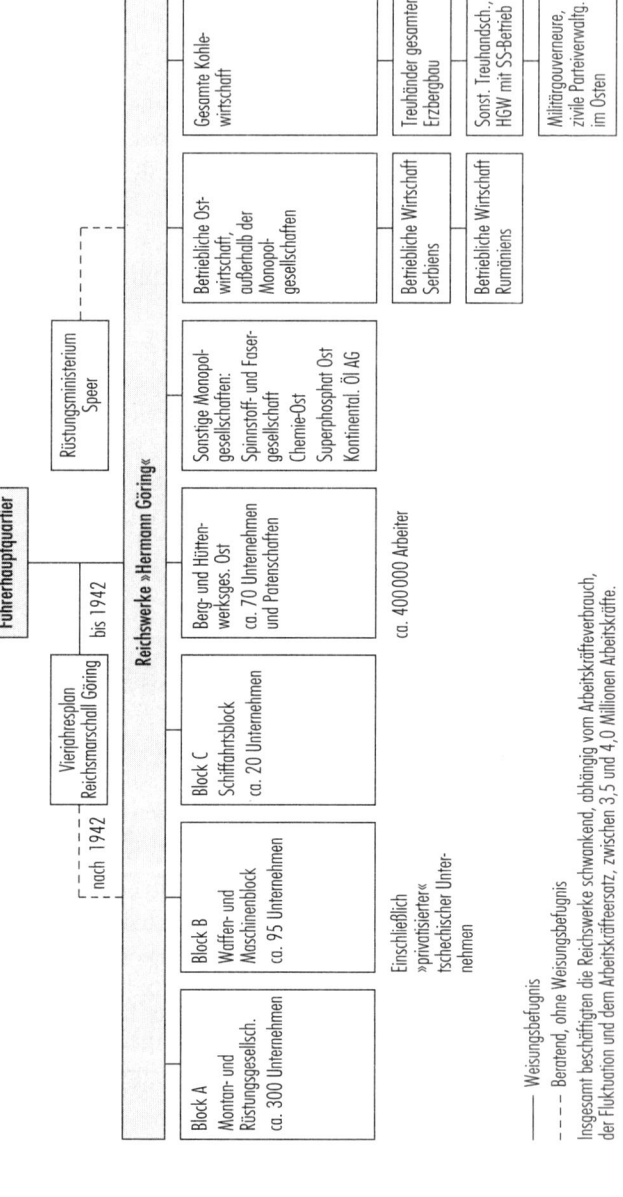

Führerhauptquartier

Vierjahresplan
Reichsmarschall Göring

Rüstungsministerium Speer

bis 1942

nach 1942

Reichswerke »Hermann Göring«

Block A
Montan- und
Rüstungsgesellsch.
ca. 300 Unternehmen

Block B
Waffen- und
Maschinenblock
ca. 95 Unternehmen

Einschließlich
»privatisierter«
tschechischer Unter-
nehmen

Block C
Schiffahrtsblock
ca. 20 Unternehmen

**Berg- und Hütten-
werksges. Ost**
ca. 70 Unternehmen
und Patenschaften

ca. 400 000 Arbeiter

**Sonstige Monopol-
gesellschaften:**
Spinnstoff- und Faser-
gesellschaft
Chemie-Ost
Superphosphat Ost
Kontinental. Öl AG

**Betriebliche Ost-
wirtschaft,
außerhalb der
Monopol-
gesellschaften**

Betriebliche Wirtschaft
Serbiens

Betriebliche Wirtschaft
Rumäniens

**Gesamte Kohle-
wirtschaft**

Treuhänder gesamter
Erzbergbau

Sonst. Treuhandsch.,
HGW mit SS-Betrieb

Militärgouverneure,
zivile Parteiverwaltg.
im Osten

——— Weisungsbefugnis

- - - - Beratend, ohne Weisungsbefugnis

Insgesamt beschäftigten die Reichswerke schwankend, abhängig vom Arbeitskräfteverbrauch,
der Fluktuation und dem Arbeitskräfteersatz, zwischen 3,5 und 4,0 Millionen Arbeitskräfte.

98

Machtstruktur der Reichswerke »Hermann Göring« 1942–1945

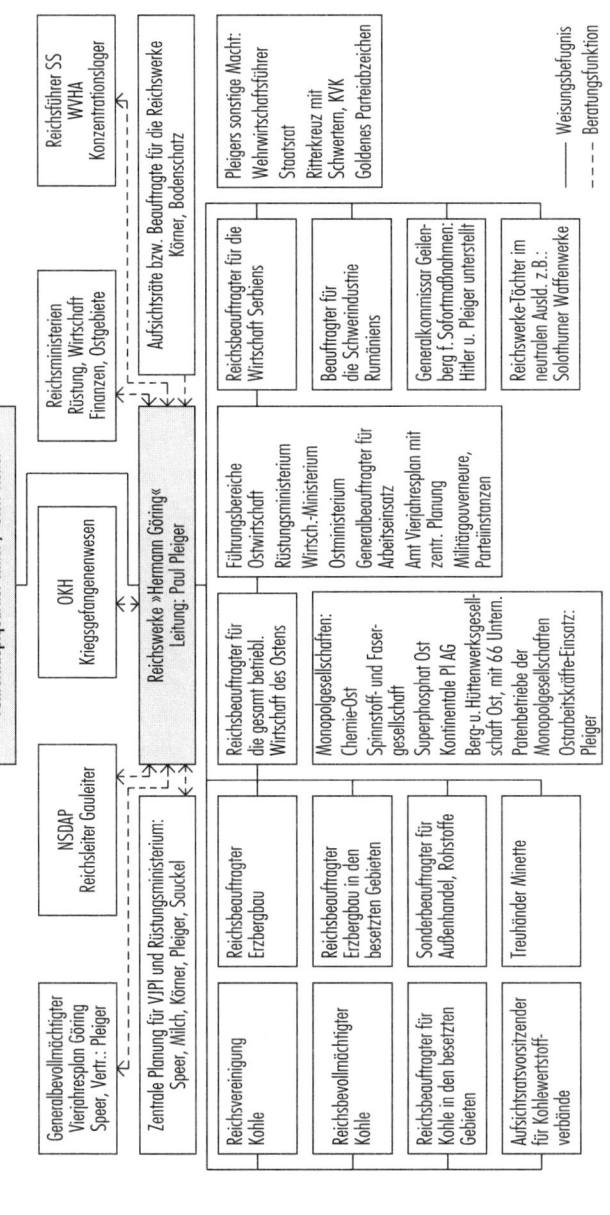

3. Die Krisen der neuen Werke und ihr Versagen für die Rüstungswirtschaft

Unter den »neuen Werken« sind Salzgitter und Linz zu verstehen. Das Unglück begann damit, daß eigene gute Techniker fehlten. Das Brassert-Team war ohne Abschied nach England zurückgeflogen, das erwartete Rheinmetall-Borsig-Team war tödlich verunglückt. Nur Helmuth Roehnert, der für die Vervollständigung des Vorstandes vorgesehen war, stand noch zur Verfügung.

Pleiger hatte seine eigenen, eigenwilligen Methoden, die einen korrekten Wirtschaftler sicherlich zur Verzweiflung bringen konnten. Für Pleiger ging es nicht um die Rendite von Aktien, sondern um Sein oder Nichtsein! Es ging ums nackte Überleben. So improvisierte er von Tag zu Tag neu. Es blieb ihm nichts anderes übrig. Er stellte ein, wen er irgendwo als Fachmann anwerben oder bei der Konkurrenz oder anderen Konstruktionsfirmen abwerben konnte. Er nahm, wem er die verlangte Leistung zutraute, egal welchen Glaubens oder welcher politischen Richtung. Denn ihm stand das Wasser schon etwas höher als nur bis zum Hals.

Man hat ihn oftmals verkannt. Schwerin von Krosigk, der ihn sehr schätzte, sah in ihm den dickschädeligen westfälischen Schatzgräber. Eichholtz hielt ihn für den »Zuchtmeister« der Privatindustrie,[40] für Göring war er ein etwas störrischer, sonst aber trinkfester und treuer Vasall.

In Wirklichkeit war er der autoritäre Faschist, der den für richtig erkannten Weg mit äußerster Härte gegen sich und andere konsequent zu Ende ging. Es zeigte sich, daß dies im Prinzip auch Hitlers Weg war. Von seinen Vorstandskollegen wurde ihm vorgeworfen, daß ihm jeglicher Sinn für finanzielle Zusammenhänge fehle. Natürlich war er kein Buchhalter, natürlich war er nicht *der* Techniker oder *der* Unternehmer! Aber er war der Mann, für den es galt: Partei und Wirtschaft mußten führen und geführt werden.

Während der Krise wurden dem Reichsmarschall Reorganisationspläne für die mißlungenen Reichswerke auf den Schreibtisch gelegt. Sie stammten gemeinsam vom Aufsichtsratsvorsitzenden Staatssekretär Körner und den Vorstandskollegen Roehnert und Dr. Voß.

Von dem erträumten Rüstungsaufschwung war hier nichts verwirklicht. Die geringe eigene Produktion der neuen Werke reichte nicht aus, um damit den Stahl für den Bau der neuen Anlagen zu liefern. Insbesondere war die Weiterverarbeitung ins Hintertreffen geraten. Dies führte dazu, daß sowohl Roheisen wie Rohstahl gelagert werden mußten – mitten im Kriege![41] Hinzu kam, daß während des Krieges Erze aus den besetzten Gebieten und dem neutralen Ausland mit höherem FE-Gehalt und besserer Qualität ausreichend zur Verfügung standen.

Röchling, der einstige Förderer von Salzgitter, versuchte nach Kräften, den Ausbau von Salzgitter zu stoppen und Pleiger dafür als Ausgleich Minette-Erze und Lothringer Hüttenwerke zu bieten. Die Reichswerke bekamen zwar auch ohne Röchling und Flick den Einfluß auf die Minette und waren über die Hüttenverwaltung Westmark und die ARBED gut in Lothringen und Luxemburg vertreten. Durch ihre weiteren Erzgruben in Europa und ihre sonstigen europäischen Hüttenwerke hatten sie trotz der Rückschläge in Salzgitter und Linz eine überragende Position.[42]

Doch nach Professor Weigelt ging es bezüglich Salzgitters wo weit, daß die leitenden Stellen beim Staat und der Wehrmacht das Interesse an den neuen »Hermann-Göring«-Werken weitgehend verloren.[43]

Die härtesten Angriffe gegen Pleiger wurden 1939/40 gestartet. Die Deutsche Revisions- und Treuhandgesellschaft wurde zur Prüfung eingeschaltet und stellte fest, daß für den Aufbau Salzgitters allein 1,3 Milliarden RM mehr als vorgesehen verbraucht worden waren![44]

Eine Sonderkommission der Organisation Todt stellte für Salzgitter folgende Mängel fest:

a) Der Erzbergbau kommt nicht auf die geforderte Leistung.
b) Die Erzbahn ist nicht fertiggestellt.
c) Der Ausbau des Hafens ist zu groß dimensioniert.
d) Die Mittellandwerft ist überflüssig.
e) Die Hochöfen wurden zu früh angeblasen, daher gab es Rückschläge.
f) Die Stahlwerke wurden in der Fertigstellung verzögert.
g) Die Weiterverarbeitung wurde in der Fertigstellung verzögert.[45]

Pleiger versuchte sich so gut wie möglich zu rechtfertigen. In einem entlastenden Aktenvermerk vom 16. Oktober 1940 hält er fest:

Der Reichsfinanzminister Graf von Schwerin-Krosigk habe nach seinem dritten Besuch, der zwei Tage gedauert habe, festgestellt: »Pleiger, ich habe Ihre Arbeiten von der ersten Denkschrift 1934 an verfolgt. Nach meinem Besuch muß ich Ihnen erklären: Sie haben mehr gehalten, als Sie je versprochen haben!« Ebenso sei er begeistert gewesen über die Entwicklung in Stalowa-Wola (Polen). Reichswirtschaftsminister Funk hätte bei seinem Besuch in Watenstedt geäußert, die Partei müsse stolz sein, daß ihre Männer dies geleistet hätten, und ebenso hätten sich der Reichsverkehrsminister Dorpmüller und sämtliche Gauwirtschaftsberater geäußert. Im übrigen habe er den Minette-Erzbergbau wieder in Gang gebracht, und zwar durch Salzgitter. Trotz Zerstörungen liege die Förderung wieder bei 60 000 Tonnen pro Tag und werde im nächsten Jahr die alte französische Förderung von 80 000 Tonnen wieder erreichen.

Zu einem möglichen Rücktritt äußerst sich Pleiger in einem persönlichen Schreiben an Roehnert:[46]

Lieber Helmuth!   16. Oktober 1940

Nach unserer Unterredung, in der ich Dich bat, mir bei meinem
Austritt aus der Verantwortung für die HERMANN-GÖRING-
WERKE behilflich zu sein, hatte ich die Absicht, Dir die Gründe,
die hierzu führen können, schriftlich mitzuteilen. Bevor ich dazu
gekommen bin, diesen Brief zu diktieren, erhielt ich Deinen Brief
vom 5. Oktober d. J., mit dem Du mir mitteilst, daß Du Dich trotz
Deiner ursprünglichen Bedenken entschlossen hast, Herrn Staatssekretär Körner über unsere Unterredung Mitteilung zu machen.

Es sind Mißverständnisse entstanden, die ich unbedingt klarstel-
len muß, zumal aus Deinem Brief nicht klar hervorgeht, ob die
Rücksichtnahme auf meine Gesundheit und meine Familie nur
Deinen Entschluß ausgelöst hat, doch noch Herrn Staatssekretär
Körner von unserer Unterredung Mitteilung zu machen, oder ob
sie auch der Grund für eine Zustimmung zu meinem Ausscheiden
sein soll. Wenn das letztere der Fall sein sollte, dann ist es allerdings notwendig, daß ich das Mißverständnis beseitige. Denn es
kam mir bei unserer Unterhaltung wesentlich darauf an, Dir klar-
zumachen, daß ich nicht in meiner Stellung bleiben könne, wenn
sich mein Eindruck, das Vertrauen des Reichsmarschalls nicht
mehr im alten Maße zu besitzen, bestätigen sollte. Meine Familie
und meine Gesundheit habe ich nur am Rande erwähnt … Ich
erhielt den Auftrag, die Erzlagerstätten aufzuschließen; der Auftrag
des Baues der Hüttenwerke wurde Hermann Brassert übertragen,
der vom Reichsmarschall die Weisung erhielt, das modernste und
größte Werk zu bauen. Von dieser Weisung hat Brassert in reichli-
chem Maße Gebrauch gemacht, und es ist des öfteren zu Auseinandersetzungen zwischen ihm und mir gekommen, weil ich auf dem
Standpunkt stand, daß es möglich sein müsse, das gesteckte Ziel
auch mit geringeren Mitteln zu erreichen.

Ich habe dem Reichsmarschall meinen Kopf und mein Vermö-
gen angeboten, daß die Aufgabe, aus dem Salzgittererz anständigen
Stahl zu machen, zu lösen sei. Als Brassert einmal selbst an der
Lösung zweifelte, zog der Reichsmarschall nicht ihn, sondern mich

zur Verantwortung … Nun, nachdem durch die Genialität des Führers und die Leistungen des Reichsmarschalls die Dinge so glücklich gelaufen sind, will man die Notwendigkeit der HERMANN-GÖRING-WERKE nicht mehr wahrhaben. (…) Im Laufe der letzten Monate aber habe ich die Überzeugung gewonnen, daß versucht wird, das Vertrauen des Herrn Reichsmarschalls zu mir zu untergraben. Die einzelnen Gifttropfen, die in einen Brunnen geworfen werden, sind nie feststellbar, und es ist müßig, nach einzelnen Beweisen zu suchen. Auch die Gründe, die dazu führen konnten, sind mir noch immer unerklärlich. Sachliche Gründe kann ich mir nicht vorstellen, denn die Aufgabe, für die ich dem Reichsmarschall die Verantwortung gegenüber übernommen habe, ist im Prinzip technisch gelöst, und wenn mir ausgerechnet der Minister, der das Geld zum Aufbau der Werke beschafft hat, der Reichsminister Schwerin-Krosigk, nach tagelanger Besichtigung sein Urteil dahin zusammengefaßt hat, daß er mir sagt: »Pleiger, Sie haben mehr gehalten, als Sie je versprochen hatten«, dann kann ich auch nach der Finanzseite hin keinen sachlichen Grund für die Brunnenvergiftung entdecken.

Ich kann mich nicht zu Deiner Auffassung bekennen, die Du mir zu der Neuordnung des Konzerns mitgeteilt hast, daß wir uns mehr auf Befehle stützen müßten. Ich sehe dann für die Entwicklung der Werke schwarz, denn die entscheidenden Maßnahmen werden nur mit schnellen verantwortungsfreudigen Entschlüssen getroffen werden. (…)

Ich habe damals, als die HERMANN-GÖRING-WERKE Rheinmetall übernahmen, Dich als meinen treuesten Freund geholt, um Rheinmetall an das Werk des Reichsmarschalls heranzuführen. Statt dessen brachte Dich Dein neues Amt zu der Überzeugung, daß Du die Interessen der Gesamt-Aktionäre von Rheinmetall meinen Überlegungen voranstellen müßtest. Die Tradition erwies sich stärker als die Idee der neuen Gründung. (…) Meine Kraft zur Arbeit für die HERMANN-GÖRING-WERKE und meine Freude daran sind ungebrochen, solange mir nur irgendwie die Möglichkeit gegeben ist, unter den Voraussetzungen zu arbeiten, die mir damals bei der Gründung der Werke vom Reichsmarschall gegeben wurden.

Mit freundlichen Grüßen und
Heil Hitler
Dein gez. Paul Pleiger

Es ist schon wichtig, sich diesen ausführlichen Brief Pleigers an seinen ehemaligen Freund Roehnert genauer anzusehen – im Zusammenhang mit den Daten und dem Inhalt. Wenn Pleiger wirklich das Wasser bis zum Halse stand, hätte er schneller reagiert. Das heißt wiederum nicht, daß er die lange Zeit zwischen den Angriffen und seiner Reaktion ungenutzt verstreichen ließ und sich lediglich der Bauaufsicht in Salzgitter und Linz widmete.

Der Brief ist weniger als Rechtfertigung für sogenannte eigene Fehler zu verstehen. Er entschuldigt auch nicht die völlig verfehlte Finanzplanung. Hierfür fühlt er sich nicht verantwortlich: Göring gab Brassert den Auftrag, das gigantischste Hüttenwerk zu errichten. Er selbst fühlte sich nicht betroffen.

Die Erzförderung war insofern in den Hintergrund getreten, als er zu diesem Zeitpunkt die Förderung der besseren Minette-Erze wieder zustande gebracht hatte, was für die Rüstungswirtschaft wichtiger war.

Zur Rüstungswirtschaft selbst ist zu sagen, daß es ihm in der Zwischenzeit gelungen war, die Tochtergesellschaft Stahlwerke Braunschweig in Betrieb zu nehmen, einem bedeutenden Rüstungsbetrieb, der vorerst Bomben fertigte.

Im übrigen hatte er andere und bedeutendere Aufgaben wahrzunehmen. In der Zwischenzeit waren zu Salzgitter in Linz zahlreiche bedeutendere und auch lukrative Werke hinzugekommen. Nein, der Brief ist weniger Rechtfertigung als Aufnahme des Kampfes mit seinen Widersachern. Er konnte es sich erlauben, sich gegen unbequeme Aufsichtsratsvorsitzer und Vorstandsmitglieder zu wehren und selbst den Reichsmarschall ins Zwielicht zu stellen. Seinen Rückhalt sowohl bei der Partei wie der Wehrmacht hatte er hierfür ausreichend ausgebaut.

Der eigentliche Ärger hatte bereits 1938 begonnen. So hatte auf dem damaligen, allerdings auch letzten Düsseldorfer Hüttentag Hermann Brassert ein vertrauliches Gespräch mit seinem Erzrivalen Vögler, dem König der Vereinigten Stahlwerke. Brassert berichtete, nachdem er nunmehr die metallurgische Beschaffenheit des Salzgitterschen Erzes besser kenne, es seien ihm ernsthafte Zweifel gekommen, ob der Anlauf des Hüttenwerks überhaupt glatt und reibungslos über die Bühne gehen werde. Zweifel habe er auch, ob die gewaltigen Aufwendungen jemals durch die zu erwartende Produktion zu rechtfertigen seien! Vögler hatte nun nichts Eiligeres zu tun, als seinen Freunden an der Ruhr und in den Berliner Ministerien schnellstens zu berichten, daß Brassert selbst der Verzweiflung nahe wäre.

General von Hanneken, der selbst Tagungsteilnehmer war, informierte seinen Freund Pleiger über diese katastrophale Wendung. Göring hatte allerdings bereits seine Informationen und zitierte Pleiger zu sich:

»Wenn es den Tatsachen entspricht, daß ich die Salzgitter-Erze nur als Straßenschotter verwenden kann, wie Ihr Freund Brassert meint, dann stelle ich Sie persönlich vor den Volksgerichtshof! Ich lasse mir von Ihnen nicht meinen guten Namen kaputtmachen, dafür sind Sie mir nicht gut genug!«[47]

Das Salzgitter-Erz war glücklicherweise kein Straßenschotter. Und für Pleiger gab es für die wesentlichen Aufgaben keinen Ersatz. Die vorübergehende Durststrecke nutzte er auf seine Weise. Aufgaben gab es genug, die vorrangiger waren. Ihm fehlte nach wie vor die Kohle. Und zumindest das Problem Österreich stand praktisch seit der Gründung, also bereits 1937, an und verlangte viel Einsatz, um später bei der Verteilung der Unternehmen selbst nicht zu kurz zu kommen.

Von dem leidigen Problem Salzgitter entlastete er sich so frühzeitig, wie es überhaupt möglich war. Im Amt Vierjahresplan hatte er seinen Mitarbeiter Dr. Paul Rheinländer zurückgelassen, der ihm half. Mit seiner Hilfe gab es Stahlzuteilungen für den Aufbau. Er verschaffte auch billige Arbeitskräfte, indem er noch existierende Arbeitslose nach Salzgitter brachte, für die nur die Differenzbeträge zum weitergezahlten Arbeitslosengeld aufzubringen waren.

Rheinländer wurde dann bald von den Reichswerken übernommen. Vorübergehend war er Leiter des Salzgitterschen Rüstungsbetriebes, der Stahlwerke Braunschweig, und wurde dann, als die Reichswerke Pleiger kaum noch Zeit ließen für Salzgitter, Chef der Hütte Braunschweig, der späteren »Paul-Pleiger-Hütte« , und sozusagen »Reichsstatthalter« für dieses Gebiet. Er war ja auch der richtige Mann – von ihm stammte die Rentabilitätsrechnung.[48]

Die neuen Hüttenwerke, die ursprünglichen HERMANN-GÖRING-WERKE, waren betriebswirtschaftlich mehr als unerfreulich. Pleiger klärte die Fragen der Verantwortlichkeit für diesen Bereich. Zur Rechenschaft gezogen wurden sowohl Körner wie Roehnert, in gewissem Sinne auch Dr. Voß. Sie hatten Pleiger unter- und Göring überschätzt und dabei zusammen übersehen, daß die Reichswerke etwas anderes sein sollten als ein Wirtschaftskonzern, der die einzige Aufgabe hatte, eine gute Dividende zu erwirtschaften.

Diese sogenannte Krise hatte langfristig die Macht und den Einfluß Pleigers erheblich gestärkt. Er bekam zu Göring eine kritischere Einstellung. Er hatte im Führerhauptquartier und OKW direkten Rückhalt gefunden.

Zukünftige Aufgabenstellungen wurden von Göring, später von Speer, zwar weitergeleitet und ausgesprochen, kamen aber von übergeordneter Stelle. Für diese Kreise um Göring und Speer wurde Pleiger Berater, aber nicht Ausführender.[49]

4. Die Methoden und Ergebnisse der wirtschaftlichen Konzernausweitung bis zum Kriegsbeginn

Die Autarkiebestrebungen waren, wie der NS-Führung bereits von Anfang an klar bewußt war, binnenwirtschaftlich unlösbar. So stand seit langem die österreichische Frage im Raum. Politisch und wirtschaftlich hatte Österreich Schlimmeres hinter sich als die Weimarer Republik mit ihren Krisen. Seine Demokratie war praktisch am Ende, als Hitler in Deutschland die Macht ergriff. Die Auswirkungen der Weltwirtschaftskrise machten sich hier noch schlimmer bemerkbar als irgendwo sonst auf dem Kontinent. Entsprechend war es anfällig für autoritäre Systeme.

Mit Dollfuß kommt es zur austrofaschistischen Diktatur. Aus den Februarkämpfen 1934 mit den Sozialisten geht Dollfuß als diktatorischer Sieger hervor. Im Juli 1934 putschen die illegalen Nationalsozialisten, allerdings verfrüht, denn Berlin konnte zu diesem Zeitpunkt noch keine Hilfe leisten. Dollfuß wird erschossen, doch Schuschnigg als sein Nachfolger setzt die gleiche ungeliebte Politik fort.

Am 5. November 1937 teilte Hitler Außenminister von Neurath mit, es sei an der Zeit, mit der Lösung des »Lebensraumproblems« zu beginnen.[50] Als erste Phasen betrachtete er die Annexion von Österreich und der Tschechoslowakei.

Schuschnigg wurde unter Druck gesetzt, den Nationalsozialisten Seyß-Inquart zu seinem Innenminister zu ernennen. In der Nacht vom 11. März 1938 marschierten die deutschen Truppen in Österreich ein. Vorher hatte Göring offiziell Seyß-Inquart angewiesen, Schuschniggs Funktionen zu übernehmen und um die Entsendung deutscher Truppen zu bitten.[51]

Allerdings war man hinter den Kulissen bereits erheblich früher aktiv geworden. Dies betraf deutsche Beteiligungen an der notleidenden österreichischen Wirtschaft, z.B. der Alpinen Montan AG mit dem österreichischen Erzbergbau. Dies betraf aber auch inoffizielle außenpolitische Aktivitäten bereits vor dem Hitlerschen Beschluß.

Es waren innerhalb der NS-Führung vorwiegend die politischen Führungskräfte der Wirtschaft, die bei dieser Operation die Initiative ergriffen. Ein Grund hierfür lag darin, daß man das österreichische Wirtschaftspotential richtig einschätzte. Es gab hier, bedingt durch die wirtschaftliche Lage, in relativ großem Umfange ungenutzte Kapazitäten an Rohstoffen, Industriebetrieben, Arbeitskräften und Kapitalien, die der deutschen Wirtschaft Auswege aus ihren Engpässen versprachen.

Wilhelm Keppler hatte in der Zwischenzeit sein Amt gewechselt. Er war nun im Auswärtigen Amt Staatssekretär zur besonderen Verwendung, d.h. Staatssekretär für besonders delikate und vertrauliche Missionen. Gleichzeitig behielt er seinen wirtschaftspolitischen Einfluß innerhalb der Partei. Doch bereits am 14. September 1937 wurde Wilhelm Keppler laut Beschluß der Reichsleitung der NSDAP Reichsbeauftragter für Österreich »zur Betreuung und Behandlung aller österreichischen Fragen, die die NSDAP betreffen«.[52] Seine wahre Aufgabe war es, bereits vor dem Anschluß mit Hilfe der Dresdner Bank die wichtigsten Unternehmen Österreichs für die Zeit nach der Vereinigung für die Reichswerke zu sichern bzw. Kapitalverflechtungen mit den Reichswerken vorzubereiten.[53] Das gelingt ihm mit Hilfe von Dr. Rasche von der Dresdner Bank,[54] die bereits seit 1932 die Wiener Mercurbank kontrolliert, ausgezeichnet.

Sofort nach Österreichs Besetzung wird Wilhelm Keppler zum Reichskommissar für Österreich ernannt. Am 19. März 1938 erläßt er die Verordnung über die Beschränkung der Errichtung gewerblicher Unternehmen in Österreich. Auch hier ist es die Absicht, den schon wartenden Konkurrenten zuvorzukommen und den Reichswerken gegenüber privaten Interessenten eine Vorrangstellung einzuräumen. Dieser Schritt erwies sich tatsächlich als dringend. Denn mit der Besetzung nahm das Vordringen der deutschen Industrie den Charakter eines regelrechten Wettlaufs um die besten Stücke der österreichischen Industrie und Bodenschätze an.

Pleiger beauftragt daher bereits am 15. März 1938 Dr. Rasche, Aktien der Alpine Montan AG zu erwerben. An diesem Konzern waren bereits die Vereinigten Stahlwerke erheblich beteiligt. Noch am gleichen Abend wird Pleiger telefonisch von Keppler gewarnt. Er sei informiert, daß Staatssekretär Körner vom »Amt Göring« beabsichtige, die »Alpine« den Vereinigten Stahlwerken zu übertragen. Es müsse unverzüglich gehandelt werden.[55]

Pleiger wird sofort aktiv. Am Vormittag des 16. März kann er dann Göring über diesen »beabsichtigten Coup seines Staatssekretärs« berichten. Er warnt, es sei nicht im Interesse der Partei und der Reichswerke, diesen Schritt zuzulassen. Statt dessen schlägt Pleiger Göring vor, auf den Bau der beiden für Süddeutschland geplanten Hüttenwerke zu verzichten, allerdings dafür die Alpine vollständig mit ihrer gesamten Erzbasis für die Reichswerke zu übernehmen. Göring mußte mit Pleiger übereinstimmen und teilte seinen Entschluß den Vereinigten Stahlwerken am 18. März 1938 schriftlich mit. Die noch zusätzlich erforderliche Zustimmung der österreichischen Regierung war dann nur noch eine reine Formsache. Keppler forderte, und die beiden zuständigen Minister Fischböck und Neumayer stimmten dann auch sofort und ohne Widerspruch zu.[56]

Am meisten überrascht, daß bei all diesen Terminen die Reichswerke vor jeglicher Absprache mit Göring bereits am 13. März, also unmittelbar nach dem Einmarsch, eine Minderheitsbeteiligung an der Alpinen besaßen.

Die Reichswerke wurden nun in Österreich Schrittmacher für die Kapitalverflechtung mit der deutschen Wirtschaft. Dieses hier entwickelte System wurde zu einem festen Bestandteil der deutschen Wirtschaftspolitik und wurde jeweils nach der Annexion oder Besetzung eines weiteres Landes rücksichtslos angewandt. Ausgedehnt wurde dieses System auch auf die Wirtschaft des befreundeten Auslands. Man arbeitete auf Grund der guten Erfahrungen seitens der Reichswerke vorwiegend mit der Dresdner Bank zusammen, so daß sich Kimmich vom Vorstand der Deutschen Bank bei Pleiger darüber beklagte, anscheinend bewußt bei solchen lukrativen Geschäften übergangen worden zu werden. Doch die Reichswerke waren noch im »Aufbau«. Auch Kimmich kam noch auf seine Kosten.[57]

Wilhelm Keppler verrichtete seine Arbeit in Österreich offensichtlich zur vollsten Zufriedenheit aller Interessierten, denn kurz darauf wurde er in einer ähnlichen delikaten Mission zusammen mit Hans Kehrl in die Slowakei entsandt. Auch als Kontaktmann zu den kroatischen Separatisten und zur Eisernen Garde Rumäniens ist er politisch und wirtschaftlich erfolgreich. In späterer Zeit werden die fruchtbaren Wirtschaftsbeziehungen zu Rumänien, die ebenfalls natürlich über die Reichswerke liefen, von dem Gesandten Manfred von Killinger weitergeführt.[58]

Am 14. Dezember 1942 – anläßlich Wilhelm Kepplers 60. Geburtstag – würdigte der *Völkische Beobachter* ausführlich seine vielfältigen Verdienste, daß er neben seinen Sondermissionen in Österreich, in der Slowakei und auf dem Balkan seine wirtschaftlichen Interessen durchaus nicht aufgegeben habe.

Es waren Kepplers unauffällige Art und seine besonderen Beziehungen zur Wirtschaft, die ihn für solche oftmals brisanten Aufgaben geeignet machten. Er entwickelte die Aktivitäten der deutschfreundlichen Kräfte innerhalb der von Deutschland bedrohten Staaten und synchronisierte sie mit der Politik des Reiches. So war es in Österreich, so war es in der Tschechoslowakei und auf dem Balkan. Und immer ging es dann vorrangig um die Neuverteilung der Wirtschaft, wobei die Reichswerke immer mit dem Löwenanteil zu rechnen hatten. Die Fäden wurden klug gesponnen, so daß oftmals die Reichswerke voranschritten und die Einverleibung der Staaten in das »Großgermanische Reich« erst mit Verzögerung erfolgte.

Bei der Verteilung der Unternehmen und der Rohstofflager mußten die Reichswerke trotzdem auf der Hut sein. Görings Hang, auch anderen etwas Gutes zu tun, konnte stören. Dann stand auch nicht immer das notwendige Kapital sofort bereit, so daß man sich erst einmal mit Treuhandschaften begnügen mußte, die dann zu einem späteren Zeitpunkt in Eigentum umgewandelt wurden.

Am 26. März 1938 hatte sich die politische und wirtschaftliche Prominenz des Reiches zu einer Fahrt auf einem der Schiffe der den Reichswerken als Treuhänder zugeordneten Ersten Donau-Dampfschiffahrtsgesellschaft versammelt. Der Reichsmarschall hatte geladen. Es ging fröhlich zu, denn es war zu erwarten, daß jedem der Gäste ein kleineres oder größeres Präsent überlassen wurde.

Zu den ausgewählten Gästen zählten Paul Pleiger als eine der Hauptpersonen, Alfried Krupp von Bohlen und Halbach, Friedrich Flick mit seinem Generalbevollmächtigten

Steinbrinck und Vögler und Pönsgen von den Vereinigten Stahlwerken, Dr. Rasche von der Dresdner Bank, Reichswirtschaftsminister Funk, Staatssekretär Körner und Dr. Gritzbach vom Amt Vierjahresplan, Bütefisch und Krauch von den IG Farben, die Gauleiter Eigruber, Bürckel und Uiberreither, Keppler und Kehrl, Kaltenbrunner und Pohl von der SS, General von Hanneken, Fischböck als ehemaliger österreichischer Finanzminister und nunmehriger Leiter der Österreichischen Creditanstalt, Seyß-Inquart und viele andere mehr.

Es durfte gefeiert werden, denn die Wirtschaft der neuen »Ostmark« war zu verteilen. Der ursprüngliche Stahlplan der Reichswerke wurde revidiert. Die geplanten Werke in Franken und Schwaben wurden ad acta gelegt, statt dessen gab es die neuen Reichswerke »Hermann Göring« in Linz und die alte, aber bedeutende Alpine Montan AG. Für die Erzversorgung war der Erzberg bei Eisenerz in der Steiermark vorgesehen, eines der berühmtesten Erzvorkommen Europas. Zur Regelung der Besitzverhältnisse gaben die Vereinigten Stahlwerke, d.h. Flick, Vögler und Steinbrinck, ihre in den zwanziger Jahren erworbene Mehrheitsbeteiligung bei der Alpinen an die Reichswerke ab. Mit Steyr-Daimler-Puch bekamen die Reichswerke Österreichs größtes Autounternehmen, mit Waffenproduktion, Kohlebergbau und Chromerzeugung. Dann ging es um die sonstige Eisen- und Stahlerzeugung und Weiterverarbeitung, die selbstverständlich vorwiegend den Reichswerken zuzuordnen war wie auch die Schiffahrtsgesellschaften, um den wichtigen Wasserweg nach Rumänien unter Kontrolle zu haben.

Bei der Chemischen Industrie konnten die IG Farben nicht völlig übergangen werden. Sie bekamen die Pulverfabrik Skodawerke Wetzler AG und das Carbidwerk Deutsch-Matrei. Für neue Projekte wurde eine Zusammenarbeit mit den Reichswerken abgesprochen. Krupp bekam, da entfernte familiäre Bande bestanden, die Berndorfer Metallwarenfabrik, und so ging es fort. Aber nicht nur Fragen dieser Aufteilung wurden auf dieser Fahrt geregelt. Grundsätzliche Fragen wurden angesprochen und diskutiert, Fragen, die über die Grenzen der neuen Ostmark weit hinausgingen, die andere Großräume betrafen, so Erz aus dem ukrainischen Kriwoi Rog, Waffen und Kohle aus der Tschechoslowakei, Rohstoffe einschließlich Öl vom Balkan usw.

Ab diesem Zeitpunkt überstürzten sich die Ereignisse. Die Reichswerke wurden bereits im Laufe dieses Jahres ein Riesenkonzern. Doch verbleiben wir vorerst noch bei der Entwicklung in Österreich. Am 11. Mai 1938 wurde angeordnet, daß für die Verkehrswege der Reichswerke der Rhein-Main-Donau-Kanal bis 1945 fertigzustellen sei.

Am 1. April wird mit der Alpine Montan AG ein Erzlieferungsvertrag mit Begünstigung von Linz abgeschlossen.

1939 wird dann die ausgehandelte Aktienmehrheit an der Alpine Montan AG von den Vereinigten Stahlwerken erworben. Damit haben die Reichswerke auch Zugriff zu den bedeutenden Donawitzer Kohlegruben.

Der Koksbedarf der Hochöfen der Alpine Montan wurde bisher überwiegend von den Ruhrzechen gedeckt. Als Tochtergesellschaft der Vereinigten Stahlwerke wurde der günstigere Selbstverbrauchspreis berechnet. Der Eigentümerwechsel hatte dann allerdings den vorübergehenden Nachteil, daß nunmehr erheblich höhere Kokspreise berechnet wurden. Darüber hinaus gab es Schwierigkeiten bei der Belieferung überhaupt, so daß die Hochöfen gedämpft gefahren werden mußten. Bis zum Kriegsbeginn hatte man diese Industrie trotz Göring nicht unter Kontrolle gebracht.

Doch erst einmal wirkte sich die Annexion von Österreich besonders auf den Bereich Weiterverarbeitung aus. So übernehmen die Reichswerke folgende Unternehmen:

Simmeringer Maschinen- und Waggonbau AG, Wien	Waggonbau, Motorenbau, Kranbau
Kromag AG, Hirtenberg	Fahrzeugteile, Werkzeuge
Grazer Waggonbau AG, Graz	Waggonbau, Dieselmotoren
Stahl- und Temperguß AG vorm. Fischer-Traisen, Wien	Stahlguß
Eisenwerke Oberdonau GmbH, Linz (ab 1939 ausgebaut für die Fertigung schwerster Panzer) (Ab 1942 erhält das Unternehmen die Tochtergesellschaft Nibelungenwerk GmbH, dem bedeutendsten Panzerwerk überhaupt)	Eisen- und Metallwaren, schwere und schwerste Panzer
Steyr-Daimler-Puch AG, Steyr	Autos, Motorräder, Waffen, Wälzlager
Paukerwerk AG, Wien	Dampfhämmer, Kesselbau
Kärntnerische Eisen- und Stahlwerke-Gesellschaft, Ferlach	Drahtwerk, Rüstung
Schiffswerft Linz AG, Linz	Schiffsbau

Die Mehrzahl der Unternehmen unterhält zusätzlich Tochtergesellschaften im In- und Ausland.

In kurzer Zeit kamen weitere Unternehmen, insbesondere für die Rüstungswirtschaft, hinzu:

Stickstoffwerke Ostmark, Linz (gemeinsam von der Hütte Linz und den IG Farben betrieben)	Salpetersäure für Sprengstoff
Hochofenschlacke Linz GmbH, Linz (gemeinsam von der DEST Konzentrationslager Mauthausen und Hütte Linz aufgrund Absprache Pleiger/Himmler betrieben)	Baumaterial

Stahlbau Linz GmbH, Linz	Panzer, Ölbohrtürme für den Kaukasus, Rumänien, Ungarn, sonstiges Rüstungsmaterial

Für weiteren »Lebensraum« gab es die Tschechoslowakei. Hier lagen die Probleme grundlegend anders als in Österreich. Es handelte sich um eine Demokratie mit wirtschaftlichem Wohlstand, wichtigen Rohstoffen und einer gut ausgebauten Industrie.[59] Doch es handelte sich um einen Vielvölkerstaat, in dem die einzelnen Minderheiten nie ganz mit der Staatsform zufrieden waren. Das waren die 750 000 Madjaren, die mehr als 2 Millionen Slowaken, insbesondere aber die 3,1 Millionen Deutschen im Sudetenland. Hitler fand bei all diesen Gruppen Ansatzpunkte, sie für eine Auflösung des Staates zu gewinnen.

Im März 1938 besuchte der Führer der Sudetendeutschen Partei, Konrad Henlein, Hitler auf dem Berghof und erhielt den Auftrag, die Autonomie für das Sudetenland zu fordern. Ab 1. bis zum 10. Oktober 1938 wird dann das Sudetenland von deutschen Truppen besetzt. Für die restliche Tschechoslowakei werden die Separatistenbewegungen ermutigt und von Deutschland finanziell unterstützt. Keppler und Kehrl hatten ihre Erfolge vor allem in der Slowakei. Faktisch war der Staat Ende des Jahres bereits in drei autonome Gebiete aufgeteilt.

Nach diesem Teilerfolg wurde Hitler aggressiver. Er stellte fest, die Tschechoslowakei sei zu einer Bedrohung der deutschen Sicherheit geworden. Im Januar 1939 verlangte er, die tschechische Außenpolitik der deutschen anzugleichen. Zwei Monate später wurde dann dem Präsidenten Benesch das Ultimatum gestellt: Entweder Krieg oder Unterzeichnung des Abkommens, nach dem das »Schicksal des tschechischen Volkes und Landes vertrauens-

voll in die Hände des Führers des Deutschen Reiches«
gelegt wurde. Am nächsten Tage erfolgte dann der Einmarsch. Das »Reichsprotektorat« wurde geschaffen, die
Slowakei wurde einstweilen ein abhängiger eigener Staat,
eng verbündet mit dem Deutschen Reich. Übrig blieb nur
noch das Geschäft der Neuordnung der Wirtschaft.

So sehr diese Entwicklungen auch von den Reichswerken
begrüßt wurden, die für ihren Ausbau hierauf angewiesen
waren und deren ganzes wirtschaftliches und politisches
Konzept in der Zwischenzeit hierauf ausgerichtet wurde,
ging umgekehrt diese Entwicklung selbst manchem alten
Nationalsozialisten zu schnell und in die falsche Richtung.
SS-Obergruppenführer Best vertraute dem SS-Standartenführer Reinhard Höhn – später unter Canaris in der
Abwehr tätig, noch später Leiter der Führungsakademie der
Wirtschaft in Harzburg, allerdings erst nach dem verlore-
nen »Endsieg« und Internierungslager – an:

> »Das ist das Ende. Bisher haben uns die Leute geglaubt, daß der
> Nationalsozialismus die völkische Idee verkörpert und daß diese
> völkische Idee Grenzen kennt. Mit dem Einmarsch in Prag aber
> wird der Nationalsozialismus zum Imperialismus!«[60]

Durch die Annexion des Sudetenlandes kamen Teile des
Besitzes der Brüder Petschek zu den Reichswerken. Über
dieses anrüchige Thema muß noch ausführlicher berichtet
werden. Die Okkupation der Rest-Tschechei brachte wertvollen Hütten- und Bergwerksbesitz der Familie Rothschild
im Raum Witkowitz, dazu dann die Skoda-Werke, die Prager Poldihütte, die Brünner Waffenwerke und die Brünner
Maschinenfabrik, Gesellschaften, die bis zu diesem Zeitpunkt vorwiegend von Prager und internationalen Kreisen
gehalten wurden und zu denen man trotz ihrer Lage nur
schwierig Zugriff hatte. Metallerzgruben kamen hinzu, im

Grunde alles, was die Rüstungswirtschaft auf diesem Gebiete dringend benötigte.

Um mögliche Zerstörungen der für die Reichswerke bereits vorzeitig eingeplanten Witkowitzer Berg- und Hüttenwerke zu vermeiden, verfügte Generalfeldmarschall Keitel am Abend vor Ablauf des Hitlerschen Ultimatums die militärische Besetzung dieser hochmodernen Anlagen.[61]

Im Anschluß an die Unabhängigkeitserklärung der Slowakei vom 14. März 1939 und deren wirtschaftliche und politische Anlehnung an das Deutsche Reich sowie dem deutschen, polnischen und ungarischen Einmarsch in die übriggebliebene Tschechei erfolgt zusätzlich eine stärkere Anlehnung Ungarns und Rumäniens an die Deutschen. Wirtschaftlich profitieren hiervon besonders die Reichswerke durch die Übernahme ungarischer Kohlegruben und über Rüstungslieferungsverträge zwischen den tschechischen Waffenwerken, die nun bereits dank der Vorarbeiten von Keppler und Kehrl zu Tochtergesellschaften geworden sind, und dem rumänischen Staat. Tauschverträge – Waffen gegen rumänisches Öl – werden in die Wege geleitet. Durch Einflußnahme von Kehrl und von Killinger gelingt es, hierfür am 23. März 1939 ein Deutsch-Rumänisches Handelsabkommen abzuschließen. Damit gelingt es den Reichswerken gleichzeitig, erstmals in größerem Umfange in das Chemie-Geschäft vorzustoßen und die interessierten IG Farben auszumanövrieren. Keppler und General von Hanneken hatten schon frühzeitig geplant, neben den IG Farben mit den Reichswerken einen zusätzlichen Chemie-Komplex zu schaffen mit den Hauptsektoren Treibstoffe und Sprengstoffproduktion. Über Österreich, die Tschechei und Rumänien wurde der Grundstein hierfür gelegt. Gleichzeitig ging es um den Einstieg in die Treibstoff-Synthese aus Braun- und Steinkohle. Hierfür fehlten noch die ausreichenden Kohlezechen. Diese Vervollständigung des Konzerns wurde nunmehr mit Eile vorangetrieben.[62]

Vorauszuschicken ist: Die Methoden, die bei der Errichtung der Kohlebasis angewandt wurden, passen überhaupt nicht in das Bild dieses faschistischen Konzerns. Für diesen bzw. dessen Führungstrio SS-Obergruppenführer Keppler, SS-Gruppenführer Kehrl und Paul Pleiger, dessen Zugehörigkeit zur SS nicht eindeutig zu klären ist, der aber engen Kontakt zum Reichsführer Himmler pflegte, galten die Grundsätze der SS, die Betrug und ähnliches unbedingt ausschlossen. Wenn Paul Pleiger später in seinem Prozeß aussagte:

»Ich bin ein viel zu gut erzogener Staatsbürger, um bei solchen Geschäften mitzumachen, hätte ich davon gewußt. Mir ist nie der Gedanke gekommen, daß das Reichsfinanzministerium sich solcher Mittel bedienen könnte. Ich hätte auch den Vertrag mit Flick nicht unterschrieben!«,

so ist ihm hier schon zu glauben.

Die Bedingungen, Behauptungen und Verleumdungen sowie Unterstellungen, die diesen Geschäften zugrunde lagen, stammen mehr aus den Empfehlungen des Hauses Flick, die dann gern von den bearbeitenden Ämtern einschließlich des Amtes Vierjahresplan aufgegriffen wurden. Doch trotz dieser Flickschen Unterstützung wurden diese Ämter und damit auch die Reichswerke am Schluß aller Abmachungen von Flick doch noch übers Ohr gehauen. Diese Entwicklung hätte eigentlich niemanden überraschen sollen. Flick war seit jeher für solche Sachen gut. Zu Kaisers Zeiten hatte er über Spekulationen einen gewaltigen Kohlekonzern aufgebaut, in der Brüning-Schleicher-Ära machte er mit Hitler über Keppler und Schröder das Tauschgeschäft Machtübernahme gegen Reprivatisierung der Vereinigten Stahlwerke, und später, nach dem letzten verlorenen Kriege, als alle schworen, nie wieder etwas mit Waffen zu tun haben zu wollen und der auch schon früher eifrige Vetter Konrad Kaletzsch an Stelle des stets schweigsamen Friedrich Flick 1956 erklärte: »Flick hat eine tiefe Abneigung gegen jegliche Rüstung«, stieg er bald ins lukrative Rüstungsgeschäft über seine Firmen Krauss-Maffei und Mercedes ein.

Doch kehren wir vorerst zurück zur Kohle und verbleiben bei Flick. Pleiger hatte bereits 1937 gemeinsam mit Göring, Keppler und Körner darüber beraten, wie die notwendige Kohlebasis der Reichswerke auszusehen habe. Es mußte sich sowohl um »hüttenfreie« Steinkohlenzechen wie auch »nasse« Steinkohlenzechen handeln. »Hüttenfrei«, um nicht von den Zechen der Hüttenkonkurrenz miese Qualitäten angeliefert zu bekommen, »nasse« Zechen, d.h. Zechen mit Anschluß an eine durchgängige Wasserstraße, um zu günstigen Frachtraten zu kommen.

Die vorläufige Wahl fiel auf Flick, mit dem sich, geschickt angestellt, auch Geschäfte machen ließen und der Göring auch sonst schon mal »zur Hand ging«. Die Zechen seiner Harpener Bergbau AG entsprachen so in etwa den Wunschvorstellungen. Darüber hinaus verfolgte Flick zu dem Zeitpunkt gewisse Pläne im Bereich von Braunkohlegruben, bei denen man ihm entgegenkommen konnte, auch wenn man diese noch nicht einmal besaß. Doch so war es – zukünftiger Besitz ging bereits in die Planungen ein.

Für einen Barverkauf war Flick nicht zu haben. Genauso wenig hielt er von einer Zahlung mit Aktienpaketen der Reichswerke. Einem Tauschgeschäft könne er zustimmen, wenn die Bedingungen stimmen würden.

Und genau ab diesem Zeitpunkt ist es wichtig, wieder einmal den Namen Keppler zu erwähnen. Für ein solch diffiziles Problem brauchte man sein diplomatisches Verhandlungsgeschick, brauchte man auch seine vielen Beziehungen und Querverbindungen, die sich nicht allein auf die NS-Führungsspitze beschränkten, sondern quer durch die Wirtschaft und die wichtigsten Ministerien reichten.

Im Rahmen des Arisierungsprozesses hatte sich Keppler darüber Gedanken gemacht, wie dem jüdischen Petschek-Konzern am günstigsten beizukommen sei. Diesem gehörte ein erheblicher Teil der mitteldeutschen und böhmischen Braunkohlegruben. Dabei handelte es sich zusätzlich um Braunkohle einer besonders hochwertigen Qualität. Leider waren die Eigentümer nicht nur Juden, sondern sie waren darüber hinaus Ausländer.

Dieser Familienkonzern besaß für die Familie Julius Petschek, Prag, wertvolle Braunkohlegruben vor allem in Mitteldeutschland, an denen sowohl Flick, die IG Farben und Wintershall interessiert waren. Der Haken war, daß diese Petscheks, Böses ahnend, vorsorglich sowohl eine amerikanische wie auch eine englische Holdinggesellschaft gegründet hatten, daß es also um echtes Ausländereigentum ging, bei dem die Eigentümer auch im streng rechtlichen Sinne nicht nur im schönen Prag saßen. Und an diesen Holdinggesellschaften war zusätzlich auch noch die einflußreiche Familie Rothschild beteiligt.

Für die Familie Ignaz Petschek sah die Situation etwas anders aus. Die Familie hatte ihren Sitz in Aussig im Sudetenland, was zu diesem Zeitpunkt schon ein gewichtiger Unterschied war zu Prag. Ihre Braunkohlegruben und anderer Besitz lagen überwiegend in Böhmen, zum geringeren Teil in Österreich. Aber auch diese Familie hatte sich über die erwähnten Holdinggesellschaften abgesichert.

An einem möglichst günstigen Erwerb dieses Riesenkonzerns bestand nun ein ernsthaftes Interesse seitens Flick, den IG Farben, Winterhall und für spezielle Gruben seitens der Reichswerke für den Ausbau ihres Chemiebereichs. Über die letzteren Interessen – obwohl geheim – war die IG Farben bestens unterrichtet.[63]

Für die Lösung boten sich verschiedene Vorschläge an: da gab es den Göringschen Vorschlag der Enteignung der Gruben auf deutschem Gebiet. Das konnte allerdings nur eine Teillösung sein und brachte garantiert internationalen Ärger. Trotzdem plädierte auch Kehrl, der eingeschaltet wurde, für die Gestapo-Lösung. Pleiger wiederum war es gleich, Hauptsache, er kam zu den Gruben, Hauptsache auch, er kam seinen sonstigen Konkurrenten zuvor!

Keppler machte es geschickter. Zuerst startete er mit Unterstützung von Goebbels eine große Pressekampagne gegen die Familien. Auch die internationale Presse beteiligte sich. Er selbst aber blieb im Hintergrund, um in aller Ruhe mit Flick Kaufverhandlungen mit der Familie Julius Petschek zu führen. – Der erhebliche Druck reichte völlig aus, um zu günstigen Bedingungen zum Kaufabschluß mit dem Deutschen Reich zu kommen.[64]

Ähnlich erging es auch der Familie Ignaz Petschek. Auch hier wurde erst einmal für das Reich ein Kaufvertrag unter Dach und Fach gebracht.[65] Das war der erste Schritt, für den zweiten gab es zum einen den weisen Rat Flicks, das Handeln von Kehrl, die Einschaltung des Reichsfinanzministeriums mit Buch- und Steuerprüfungen durch die Deutsche Revisions- und Treuhand AG. Diese hatte wiederum das ehemalige Vorstandsmitglied Dr. Voß im Vorstand der Reichswerke, das beratend zur Seite stand.[66] Bei diesen Überprüfungen gab es für die Familien Petschek ein trauriges Ergebnis. Es stellte sich heraus, daß der Petschek-Konzern überraschenderweise riesige Steuerschulden hatte, die den Kaufpreis für die gesamten Braunkohlefelder bei weitem überschritten.[67]

Die große Aufteilung sah dann so aus, daß die besten Gruben an die Reichswerke »Hermann Göring« fielen, für andere Braunkohlenfelder übereignete Flick die gewünschten Steinkohlegruben der Harpener Bergbau AG an die Reichswerke, und auch die IG Farben und für Wintershall blieb noch genug gegen Kasse übrig, so daß auch dem Reichsfinanzministerium die für die Reichswerke beschlossene Kapitalerhöhung leichter fiel. Die Kasse stimmte also bei fast allen Beteiligten. Und vor allem hatte man ohne Willkür, sondern getreu der deutschen Steuergesetzgebung gehandelt.

Dieses einmalige Kohlegeschäft sah wie folgt aus:

Im Frühjahr 1938 leitete Pleiger die ersten Tauschverhandlungen mit Flick ein. Er wünschte die Übernahme der gesamten Kohlefelder der Harpener Bergbau, d.h. einschließlich der Zeche »Monopol« der Essener Steinkohle, mit einer Gesamtjahresförderung von ca. 10 Millionen Tonnen. Im Laufe der späteren Verhandlungen drückte Flick die Forderung auf eine Jahresförderung von 3 Millionen Tonnen, indem er die Zeche »Monopol« ausklammerte.[68]

Pleiger ging davon aus, daß diese Steinkohlenbasis auch finanziert werden müsse. Er führte daher am 5. Dezember 1938 Verhandlungen mit dem Preußischen Finanzminister Popitz und begründete seine Forderung mit den überhöhten Preisen der Kohle-Syndikate und den Unsicherheiten bei einer qualitativ einwandfreien Belieferung durch Fremdzechen. Popitz lehnte ab. Nach ihm müsse es ausreichen, daß der Staat ein Machtwort spreche, damit die Reichswerke gleiche Konkurrenz-Bedingungen zu den Ruhrhütten bekämen. Einen eigenen Kohlebesitz hielt er für überflüssig.[69]

Pleiger war damit nicht einverstanden. Seine Selbstkostenrechnung für die Hütte Braunschweig war zu katastrophal:

Ruhrindustrie:
Erzkosten je Tonne Roheisen   RM 33,80
Roheisenselbstkosten:
Koks   RM 14,40
Erz   RM 33,80
Umwandlungskosten   RM 12,–
                                               RM 60,20

Hütte Braunschweig:
Erzkosten geschätzt   RM 30,–
Koks   RM 27,50
Erz   RM 30,–
Umwandlungskosten   RM 12,–
                                               RM 69,50

Es war eine geschönte Selbstkostenrechnung. Die Differenz
war durch höhere Erz- und Umwandlungskosten erheblich
größer. Die Differenz bei diesen also sehr optimistisch ge-
schätzten Selbstkosten hatte folgende Ursachen:
a) Die Ruhrhütten benötigten ca. 25 Prozent weniger Koks.
b) Ruhrhütten mit eigenen Kohlezechen hatten einen um
   ca. RM 4,-/Tonne niedrigeren Kohlepreis.
c) Die Ruhrhütten hatten durch die Zechennähe niedrigere
   Frachtraten.

Diese Ergebnisse wurden Göring wie Körner unterbreitet.
Eine Verbesserung sah man durch das »Flick-Geschäft«
durch günstigere Kohlepreise.[70]
   Im Juni 1938 wird die Deutsche Kohlen-Bergwerks-
Gesellschaft mbH, Berlin, als Auffanggesellschaft für den
Petschek-Konzern gegründet. Die Steinkohlebasis der Reichs-
werke wird am 8. September 1939 durch Vertrag zwischen
der Deutschen Kohlenbergbau und dem Treuhänder des
Petschek-Vermögens realisiert, und zwar über den Erwerb
der Gruben

1. Niederlausitzer Kohlenwerke AG, Berlin
2. Braunkohlenwerk Borna AG, Borna b. Leipzig
3. Eintracht Braunkohlenwerke und Brikettfabriken AG, Welzow
4. Phönix AG für Braunkohlenverwertung, Mumsdorf
4. Braunkohlenwerke Leonhard AG, Zipsendorf

Der Kaufpreis für sämtliche Braunkohlenwerke beträgt RM 127 Millionen, für die Werke 1 bis 3 RM 106 Millionen. Zahlungen erfolgen nicht. Im übrigen werden die böhmischen Braunkohlegruben gesondert behandelt. Die Eigentumsübertragung auf die Reichswerke erfolgt zum 1.1.1939. Mit Wirkung vom 1.1.1940 werden die Gruben 1 bis 3 getauscht, die Gruben 4 und 5 verbleiben bei den Reichswerken.[71]

Flick stellt nun Steinkohlenbetriebe des Salzdetfurth-Mansfeld-Konzerns und des Flick-Konzerns zur Verfügung:

A) Salzdetfurth-Konzern
Die Reichswerke erhalten die Kuxe der Gewerkschaften Sachsen, Sachsen IIIa und Sachsen IV.

B) Flick-Konzern
Die Reichswerke erhalten im März 1940 die Betriebe Julia, Recklinghausen I und II, von der Heydt, Viktoria und Preußen I der Harpener Bergbau, die Grubenfelder Bayern und Maximilian bei Hamm, 1000 Kuxe der Gewerkschaft Prinz Schönaich, Essen, der Essener Steinkohle bzw. der Steinkohlengewerkschaft Plötz.

Diese Gruben werden in die Ende 1939 neu gegründete Steinkohlengewerkschaft der Reichswerke »Hermann Göring«, Heessen, eingebracht.[72]

Am 27. Oktober 1939 wird zwischen Pleiger und Göring zusätzlich festgelegt, daß die Bergbau AG Ewald-König Ludwig, Herten, über den Treuhänder des Thyssen-Besitzes, Gauleiter Terboven, günstig aufgekauft werden soll. Damit beträgt die Steinkohlenbasis der Reichswerke ohne Berücksichtigung bereits bestehender und noch umzuwandelnder Treuhänderschaften allein Kohlenfelder von 11 976 Hektar.[73]

Das Hüttenwerk Witkowitz mit den angeschlossenen Bergbaubetrieben kommt 1938 in das Eigentum der Reichswerke. Die Umstände, wie dieses Geschäft zustande kam, sind so ausgefallen, daß sie erwähnt werden sollten:

Witkowitz war Eigentum der Familie Rothschild. Die Kaufverhandlungen fanden in London durch Kehrl und Dr. Rasche von der Dresdner Bank statt, zogen sich aber erheblich in die Länge. Zu dieser Zeit war Wilhelm Keppler noch als Reichskommissar in Österreich unentbehrlich und hatte seinen Arbeitsplatz in Wien. Kehrl verhandelte langwierig und zäh mit Eugen Rothschild in London. Nachdem immer noch kein Ergebnis kam, nahm er mit Keppler Kontakt auf. Keppler konnte ihm in dieser Angelegenheit nur die eilige Mitteilung zukommen lassen, daß »bedauerlicherweise« die auch ihm »ungeliebte Gestapo«, auf die er selbst allerdings keinen Einfluß habe, Eugens Neffen Louis in Wien in Schutzhaft genommen habe, um ihn dem Mob der Straße, der zur Zeit nichts anderes als Judenhaß kenne, zu entziehen. Allerdings sei man bei der Gestapo in der Regel auch nicht besonders gut aufgehoben. Man wisse nie genau, was passieren könne! Diese sehr verständlichen Ausführungen unterbreitete dann Kehrl dem Eugen Rothschild. Dieser ging darum auch mit dem Vorschlag Kehrls überein, bei der Deutschen Reichsregierung den Antrag zu stellen, Witkowitz entschädigungslos von Amts wegen zu enteignen. Diesem Antrag wurde dann auch in Berlin kurzfristig entsprochen. Keppler sorgte dafür, daß Louis Rothschild dann sofort unbehelligt durch österreichische Extremisten zurück nach London in den Kreis seiner Familie fliegen durfte.[74]

Auf die sonstige böhmische Braunkohle und deren Verwertung wird noch an anderer Stelle eingegangen werden.

Die wichtigsten tschechischen Weiterverarbeitungsbetriebe, die von den Reichswerken übernommen wurden, sollten jedoch erwähnt werden. Nur so läßt sich ermessen, was für einen Umfang dieser Konzern besonders auf dem Rüstungssektor angenommen hatte:

AG vorm. Skodawerke, Pilsen	Waffen, Flugzeuge, Kraftfahrzeuge, Maschinen
Avia AG, Prag	Flugzeugbau, Fluggesellschaft
Asap AG, Prag	Autoindustrie
Böhmische Kontaktwerke AG, Komotau	Elektronik
Dunavsko A. D., Belgrad	Schiffsbau
Kabb AG, Prag	Kabelfabrik
Novak & Jahn AG, Prag	Maschinen- und Brückenbau
Uzinele S. A., Bukarest	Maschinenfabrik
Erste Brünner Maschinenfabriks-Gesellschaft AG, Brünn	Maschinenbau, Elektrizitätswerke
Bruna GmbH, Brünn	Maschinenfabrik
Brünn-Königsfelder Maschinen- und Waggonfabrik	Maschinen- und Waggonbau
Gefia AG, Prag	Maschinenfabrik
Waffenwerke Brünn AG, Brünn	Gewehre, leichte Maschinenwaffen
Magneton GmbH, Kremsier	elektromagnetische Zünder
Optikotechna GmbH, Prerau	optische Geräte
Metrom SAR, Bukarest	Munition
Patronenhülsen- und Metallwarenfabrik AG, Rokytzan	Munition
Radioslavia AG, Prag	Tschechisches Rundfunk- und Telefonnetz

Sandrik AG, Dolnie Hàmry	Munition
Stadion Fahrradfabrik AG, Prag	Fahrräder, Motorräder
Poldihütte AG, Prag	Hüttenwerk mit Stahlbau und Panzerbau
Eisenwarenfabrik AG, Prag	Maschinenfabrik
Prager Feilenfabrik AG, Prag	Eisenwaren
Drahtseilfabrik GmbH, Prag	Drahtseile
Teplitzer Maschinenfabrik AG, Teplitz-Schönau	Maschinenfabrik
SA Shizelli Ettore, Mailand	Maschinenfabrik[75]

Doch mit welchen Mitteln geschah es, daß gerade die Reichswerke bereits bei diesen ersten Annexionen nicht nur die Rosinen aus dem Kuchen, sondern im Prinzip den Großteil der industriellen Wirtschaft des jeweiligen Landes übernahmen? Innerhalb der deutschen Industrie gab es ja noch reichlich genug andere Interessenten.

Allein die guten Beziehungen der Reichswerke reichten hierfür nicht aus. In dieser Beziehung war es gut, den Schutzpatron Hermann Göring zu haben. Sein Apparat half aus manchen Notlagen, sein unbegrenzter Ehrgeiz, immer der Größte zu sein und das Größte zu schaffen, machte manchmal Wunder möglich.

In Görings Luftfahrtministerium gab es eine wunderbare Einrichtung, die sehr gut für die Reichswerke genutzt werden konnte. Dort hatte man die Möglichkeit, Telefongespräche abzuhören. Und solche Informationen waren nur richtig zu nutzen, um dann mit Hilfe des Chefs des Vierjahresplanes, weiteren einflußreichen Freunden in der Partei, Wehrmacht oder in den Aufsichtsräten immer etwas schneller zu sein als die schon wartende Konkurrenz. Und dazu gab es den Auslandsdienst der Partei, den Freundeskreis Keppler/Himmler mit manchen bekannten einflußreichen Bankiers, die gern bereit waren, wirtschaftliche Coups zu realisieren, ohne daß gleich die Bajonette aufgepflanzt werden mußten. Es war eben so, wer so viel erreichen wollte, mußte in der Lage sein, gleichzeitig auf möglichst vielen Klavieren spielen zu können.[76]

Im Januar 1939 wird Generalmajor Unterstaatssekretär Hermann von Hanneken (Aufsichtsratsmitglied und Förderer der Reichswerke, zusätzlich Aufsichtsrat der Nordböhmischen Kohlen-Bergbaugesellschaft, Brüx, und der Brüxer Kohlen-Bergbaugesellschaft, Brüx) mit der Aufgabe betraut, Möglichkeiten für eine Eingliederung von Brüx in die Reichswerke zu prüfen und zu steuern. Es handelte sich überwiegend um ehemaligen Petschek- und Rothschild-Besitz an Braun- und Steinkohle, deren Eigentumsübergang auf das Reich in seinen Modalitäten ja bereits festgelegt war.

Die bereits angelaufene Zusammenarbeit zwischen den Reichswerken und den IG Farben ermöglichte am 19. Oktober 1939 die Gründung der Sudetendeutschen Treibstoffwerke AG, Brüx. Aufsichtsratsvorsitzender wird auch hier Paul Pleiger, sein Stellvertreter Generalmajor von Hanneken. Hier soll bei Verwendung von Braunkohle synthetischer Treibstoff hergestellt werden. Über Keppler wird zusätzlich bestimmt, daß durch zusätzliche Hydrierwerke auch Treibstoff aus Steinkohle nach der Fischer-Synthese hergestellt wird. Zusätzlich erfolgt der Großeinstieg in die Sprengstoffchemie. Das Vorstandsmitglied der Reichswerke Dr. Voß wird am 25. September 1939 Aufsichtsrat der Explosia AG, Semtin, dem wichtigsten tschechischen Sprengstoffwerk. Kurzfristig erfolgt dann unter Einschaltung der Zivnostenska Banka – Prager Bankverein – eine Kapitalumlagerung und die Übernahme des Werkes durch die Reichswerke. Für die Hüttenwerke Braunschweig und Linz werden zusätzlich Benzolfabriken geplant. Das Hydrierwerk Oberschlesien wird Reichswerke-Gesellschaft. Dr. Fischer wird hier stellvertretender Aufsichtsratsvorsitzender. Damit hat die IG Farben nunmehr nicht nur eine ernsthafte Konkurrenz, sondern sie vereinbart aus dieser Situation heraus eine Arbeitsgemeinschaft auf chemischem Gebiet.

All das zahlte sich natürlich aus. Selbst auf dem Grundstoffsektor kann der Reichswerkekonzern, was Kohle und Erz betrifft, Lieferverträge eingehen. Im Zusammenhang mit der Übernahme der Alpine Montan AG wird beispielsweise vereinbart, den Vereinigten Stahlwerken bis zum Jahre 1972 monatlich 20 000 t Sinter-Erz und 15 000 t Stahl-Roheisen zu liefern.

Insgesamt konnte man zufrieden sein. Einige Planungen wurden zwar revidiert, so z.B., daß man das Hüttenwerk Linz auf die Produktion von Roheisen beschränkte. Dafür jedoch hatte man ja nun die Alpine Montan AG, die Linz mehr als ersetzte. Hier waren die notwendigen Erzlager, Kohlegruben, Stahl- und Weiterverarbeitungswerke bereits vorhanden, die lediglich einiger Modernisierungen bedurften.

Die für Linz bereits ausgelieferten Ausrüstungen des Stahlwerkes, so die Konverter, wurden nach Salzgitter transportiert, um zumindest hier Fortschritte beim Aufbau zu erzielen.

Man ging noch einen Schritt weiter. Die Reichswerke Linz wurden als Tochtergesellschaft in die Alpine eingebracht. Um den wertvollen Namen »Hermann Göring« zu retten, wurde die Alpine ab 16. Juni 1938 umfirmiert in die Alpine Montan AG »Hermann Göring«. Der Firmensitz wird von Wien nach Linz verlegt.

Zu der Alpinen gehörten folgende Betriebe:
Kohlebergbau: Seegraben, Folmsdorf, Köflach, Wartburg
Eisenerzbergbau: Eisenerz, Hüttenberg, Altenberg, Bohnkogel

Hüttenwerke: Donawitz, Eisenerz, Linz
Stahl- und Walzwerke: Donawitz, Kindberg
Weiterverarbeitung: Zeltweg, Kindberg, Neuberg

Vorübergehend gehörten zu dieser Gruppe:
Luitpoldhütte, Amberg
Erzbergbau Vorla-Hohenstedt

Erworben wurden 1939 die Blech- und Eisenwerke Styria AG, die riesig ausgebaut wurden.

Der ganz große Durchbruch innerhalb des Konzerns begann in den ersten Kriegsjahren. Der Zuwachs durch österreichische und tschechische Werke war zwar imponierend, doch mußten viele dieser Werke modernisiert werden.

Für Linz hatte Pleiger erst einmal russisches Erz aus Kriwoi Rog eingeplant. Ob aus Importen oder als Ausbeutung eines besetzten Landes ist unklar, obwohl vieles für das letztere spricht.

Durch das ungeschickte Taktieren der Engländer war es im August 1939 zum Freundschafts- und Handelsvertrag mit der UdSSR gekommen. Die Rohstofflieferungen aus dem Osten flossen reichlich auf friedlichem Wege. Doch der spätere Einmarsch in Rußland kam für Pleiger nicht überraschend. Aus den geheimen Planungen läßt sich dies gut erkennen.

5. Neue Rohstofflager und annektierte, »aufgekaufte« und treuhänderisch verwaltete Rohstoff-, Erzeugungs- und Weiterverarbeitungsbetriebe
Am 1. September 1939 wurde Polen überfallen und zum Teil annektiert, zum Teil zum Generalgouvernement erklärt und zum Teil Rußland überlassen.

Was letztendlich den Polenfeldzug verursacht hatte, bleibt zumindest rätselhaft. War es Hitlers Sprunghaftigkeit, die ihn in diesen unsinnigen Krieg getrieben hatte, oder war es auch eine mittelbare Folge des Freundschaftspaktes mit der UdSSR, die ihrerseits Ansprüche auf die östliche Hälfte Polens angemeldet hatte? Ein unmittelbarer Zwang bestand nicht, kriegerisch die Revision des Versailler Vertrages bezüglich der in Polen aufgegangenen deutschen Gebiete abzuwickeln.

Jedem war klar, daß Polen nur mit Unterstützung durch Frankreich und England sich der deutschen Ansprüche erwehren konnte. Beide Staaten wünschten jedoch eine friedliche diplomatische Lösung.

Besonders die britische Regierung bemühte sich um eine friedliche Rückübertragung von Teilen der annektierten ehemaligen deutschen Gebiete. Außenminister Halifax sowie Chamberlain mit seinem außenpolitischen Berater Wilson wollten diese Lösung. Und nach dem deutschen Sieg blieb für England zumindest offen, wie die Dinge fortgesetzt werden sollten. Einen zweiten Weltkrieg wünschte niemand.

So konnte es nicht überraschen, daß die USA, Englands Partner, ihren Militär-Attaché benutzten, um dem OKW ihre Glückwünsche zu dem hervorragenden Sieg auszusprechen. Erst mit Churchill trat ein grundsätzlicher Wandel ein, den Hitler allerdings erst einmal nicht wahrhaben wollte und der ihn überraschte (Weizsäcker-Papiere).

Die katastrophale deutsche Außenpolitik beeinträchtigte die Reichswerke-Politik nicht. Es waren eigentlich schon Routineforderungen der Reichswerke, nach der Besetzung Ansprüche auf die ostoberschlesischen Steinkohlezechen anzumelden. Die früheren Eigentümer wurden als Treuhänder eingesetzt. Eine Revision der Macht-, nicht etwa der

Eigentumsverhältnisse erfolgte mit deren Einverständnis zu einem späteren Zeitpunkt. Die restlichen Kohlegruben verblieben für die Preussag und die Reichswerke. Eingebracht wurden die neuen Reichswerkegruben in die Bergwerksverwaltung Oberschlesien.

Das Wehrmachtsrüstungsamt sorgte dafür, daß die modernen polnischen Rüstungswerke Starachowice und Stalowa Wola der Reichswerketochter Stahlwerke Braunschweig zugeschlagen wurden. Zwar holte sich Pleiger erst einmal von dort die Maschinen nach Salzgitter, doch bald produzierten diese Werke wieder und lieferten besonders Edelstahl gemeinsam mit Witkowitz für den Panzerbau der Reichswerke in Österreich.

Zur Erweiterung der Erdölbasis wurde man Mitbegründer der Beskiden-Erdölgewinnungsgesellschaft. Erdöl förderte man also in der Zwischenzeit im Altreich, in Österreich, Ungarn, Rumänien und Polen.[77] Zusätzlich hatte Polen noch Menschenmaterial, das im Bergbau und in der Rüstung dringend gebraucht wurde.

Mit dem Polenfeldzug war für die Reichswerke eine Wende eingetreten. Ab diesem Zeitpunkt hatte weniger die Produktion innerhalb dieser Länder als vielmehr deren Ausbeutung Vorrang. Hierfür war jedoch niemals der Vierjahresplan geschaffen worden. Diese Aufgaben konnten anders wahrgenommen werden. Und wer in Fragen der Rüstungspolitik das Sagen hatte, war durchaus verschwommen. Das Amt Vierjahresplan, das Heereswaffenamt und die Industrie hatten hier sehr unterschiedliche Auffassungen. Die Ergebnisse reichten letztlich nur aus, um Material für »Blitzkriege« zu produzieren. Einem Materialkrieg war man auf diese Weise niemals gewachsen. Görings Schwäche und die Schwächen seiner Organisation wurden offensichtlich. Dies allerdings nutzte den Reichswerken mehr, als daß es schadete.

Dabei war es Göring vorübergehend gelungen, den Einfluß der Wehrmachtsstäbe zurückzudrängen, den er vorher nur mühsam unter Kontrolle halten konnte. Doch nachdem er die Macht hatte, nutzte er sie nicht und ließ sie allmählich verfallen. Die einmal begonnenen Aufgaben überließ er jeweils bald sich selbst. Hieraus konnten die den Nutzen ziehen, die die Fähigkeiten und die Energie besaßen. So auch die Reichswerke, denen er in den kommenden Jahren mehr dazu diente, mit der Partei oder der Wehrmacht abgesprochene Verordnungen nachträglich zu unterzeichnen. So ist es manchmal von Bedeutung, zu beachten, wann bestimmte Aufgaben von der Reichswerkeführung übernommen wurden und unter welchem Datum Görings Rechtsverordnungen erfolgten. Lediglich bei Führerbefehlen, ohne die man bei den Reichswerken nicht immer auskam, tritt diese Diskrepanz nicht auf!

In dieser Zeit entstand für den einen oder anderen der Eindruck, als ob die wirtschaftspolitische Macht dem Staat und der Partei wieder entglitten sei und wiederum der Wirtschaft zugefallen wäre. Denn die eingesetzten Generalbevollmächtigten waren überwiegend erfahrene Wirtschaftsbosse, einige unbeholfene NS-Schützlinge, einige waren Militärs. Es fehlte die lenkende Hand. Lediglich die IG Farben waren für Göring mit ihrem Vertreter Krauch in der Lage, den Forderungen zu entsprechen.

Petzina stellt fest, der Vierjahresplan wäre faktisch zu einem IG-Plan geworden. Doch mit wenigen Einschränkungen treffen Milwards Feststellungen zu, daß »die Reichswerke das größte und langlebigste Denkmal des Vierjahresplanes wurden«. Allerdings des Vierjahresplanes im erweiterten, nicht auf heimische Autarkie beschränktem Sinne.[78]

Dieser »IG-Vierjahresplan« war ein Kartenhaus der Versprechungen, der Neue Plan, der Karinhall-Plan oder auch der Krauch-Plan. Die Ernüchterung kam spätestens, als man die Produktion den Planzahlen gegenüberstellte. Hitler hatte den Zahlen sowieso nicht getraut und die Zeitvorgabe von sich aus um 50 Prozent erhöht.[79]

Funktionierende Pläne gab es lediglich im Rahmen von Führeranweisungen für Eisen, Kohle und Munition. In allen Fällen waren es dann entweder die Reichswerke oder Führungsleute der Reichswerke, die trotz Göring und Speer für die Erfüllung sorgten.

Das Entscheidende für die Rüstungswirtschaft war letzten Endes die Grundstoffindustrie. Diese wurde von den Reichswerken beherrscht. Ihr wirtschaftlicher Aufbau war fast abgeschlossen. Nun waren sie dabei, die Führungsaufgabe für die Wirtschaft zu übernehmen.

Nicht jeder erkannte dies sofort. Wenn Burkart am 18. Juni 1940 Flick in einem Schreiben warnte:

»Pleiger verlangt den früheren französischen Staatsbesitz für die Reichswerke, den Besitz von Thyssen und von de Wendel. Durch Rückgliederung von Lothringen, Luxemburg und Belgien ergeben sich derartige Erhöhungen der Stahl- und Walzwerkskapazitäten, daß es falsch wäre, Salzgitter nach Plan auszubauen. Pleiger muß dazu gebracht werden, auf den Ausbau zu verzichten, und sollte dann im Westen dafür entschädigt werden.«

– diesen Überlegungen schlossen sich die für Lothringen ernannten Treuhänder für die Hüttenwerke, die Vereinigten Stahlwerke, Klöckner, Röchling, Stumm und Dillingen an –, so hatte das keinerlei Bedeutung.[80]

Die Reichswerke übernahmen ohne Auflagen die Hüttenwerke Hayingen, Hoevern und Hagedingen und gründeten hierfür die Hüttenverwaltung Westmark GmbH. Zusätzlich übernahm man die gesamte Treuhänderschaft für den Kohle- und Erzbergbau des Westens und besaß damit die entscheidende Schlüsselposition. Auf Wunsch des Führerhauptquartiers sorgten sie auch dafür, daß die Produktion der lothringischen Erz- und Kohlebergwerke schnellstens wieder anlief.

Die Reichswerke wollten für sich zusätzlich unbedingt die ARBED, einen der weltgrößten Stahlkonzerne, sichern. Schwierigkeiten für eine direkte Übernahme lagen in den Besitzverhältnissen begründet. Die Mehrzahl der Aktien lag bei ausländischen Banken, so daß eine endgültige Lösung erst nach dem »Endsieg« möglich war. Pleiger genügte es daher, daß ihm zugesagt wurde, die ARBED als Einheit zu erhalten. Damit wurden die sonstigen Interessenten, d.h. die Ruhrindustrie wie auch die Herren Rasche und Abs von ihren Großbanken und auch Dr. Ley von der Deutschen Arbeitsfront, ausgeschaltet. Für die ARBED wird eine deutsche Verwaltung, bestehend aus Bankier von Schröder, Reichsbankdirektor Ehrhard und dem Reichswerkevertreter Dr. Bernhuber, eingesetzt. Und als sich die vielen Interessenten noch immer nicht mit den Tatsachen abfinden können, veranlaßt Pleiger im Februar 1941 Göring, seinen Bevollmächtigten Dr. Bernhuber zum persönlichen geheimen Bevollmächtigten des Reichsmarschalls zu machen. Sicherheitshalber wird den Reichswerken eine Aktien-Sperrminorität von 26 Prozent zugewiesen.[81]

Fassen wir nun einmal zusammen, was rein wirtschaftlich aus diesem Konzern geworden war:

Die Reichswerke betrieben folgenden Braunkohle- und Steinkohlebergbau sowie Erdölförderung bzw. Zusammenarbeit bei der Erdölförderung:

Bergbau AG Ewald-König Ludwig, Herten
mit den Gewerkschaften Haus Aden und Haus Aden –
   Fortsetzung Braunkohlen AG Meuselwitz mit Werken
Meuselwitz
Zipsendorf

Steinkohlengewerkschaft der Reichswerke »Hermann
  Göring«, Heessen, mit Gewerkschaft Sachsen III
Gewerkschaft Die Lippe
Gewerkschaft Sachsen IV
Gewerkschaft Prinz Schönaich
Gewerkschaft Viktoria-Fortsetzung
Preußengrube, Berlin
AG Harter Kohlenwerke, Wien
Bergwerksverwaltung Kleinrosseln, Saarbrücken
Bergwerksverwaltung Oberschlesien, Kattowitz, mit
  Gruben
  Brzeszcze
  Myslowitz
  IG Fürstengrube (Die IG Fürstengrube wurde später
  der SS/KZ Auschwitz zur Bewirtschaftung übergeben.)
Gewerkschaft Loslauer Steinkohlengruben, Loslau
Ferdinands Nordbahn, Prag
Limberger Industrie- und Bergbau-AG, Wien
Lana-Rakonitzer Steinkohlen-AG, Prag
Sudetenländische Bergbau-AG, Brüx
Westböhmische Bergbau- und Eisenhüttengewerkschaft,
  Mährisch-Ostrau
Montania Berg- und Hütten-AG, Preßburg
Erste Donau-Dampfschiffahrtsgesellschaft, Wien, mit
  ungarischen Steinkohlengruben
Berghütte Ost mit Gruben in der
  Ukraine, Ostland, Gruppe Mitte
Sowjetische Erdölförderung
Gewerkschaft Kohlen- und Tonwerke, Neurode
Ruda Bergbau- und Hüttenbetriebe, Preßburg
Paul Pleiger wird am 3. März 1941 mit Vorschlag von
Göring zum Leiter der Reichsvereinigung Kohle berufen.
Albert Speer erläutert diese Aufgaben am 8. Oktober 1947
im Flick-Trial:

»Die Bedeutung der Reichsvereinigung Kohle und damit auch von Pleiger lag zuerst einmal darin begründet, daß die gesamte Kohleindustrie vom Staat dirigiert wurde (...) Notwendig, um dieses zu erreichen, war, daß ihm die Zechen den für die Förderung notwendigen Personalbedarf mitteilten. Und er fand auch die Wege, damit der Bedarf erfüllt wurde, notfalls unter Einschaltung des Führers. Darüber hinaus legte er die Förderquoten der einzelnen Zechen fest.«[82]

Am 10. Januar 1942 hat Göring Paul Pleiger zum Beauftragten für Kohle in allen besetzten Gebieten zu ernennen mit Wahrnehmung der Aufgaben durch die Reichswerke. Damit liegt hier die Verantwortung mit dem entscheidenden Machteinfluß für die Kohleförderung auch in Belgien, Frankreich, den Niederlanden, Elsaß, Lothringen, Luxemburg, Südsteiermark, Kärnten, Kram, Bialystok, Böhmen und Mähren, Krakau, Ostland und Serbien bei den Reichswerken.[83]

So untersteht die gesamte Kohleförderung den Reichswerken. Die einstigen Unternehmer werden zu Betriebsführern. Förderung und Lenkung des entscheidenden Arbeitskräfteeinsatzes werden von den Reichswerken bestimmt. Für Speer ist Paul Pleiger in der Zwischenzeit der »Kohlepapst« geworden.

Für den Erdölbereich gibt es diese eindeutige Regelung nicht. Die Förderung wird überwiegend von der Großdeutschen Schachtbau- und Tiefbohr-GmbH, Mülheim, mit ihren Tochtergesellschaften wahrgenommen. Die notwendigen Bohrtürme und Rohrleitungen werden für die österreichischen, ungarischen und rumänischen Felder sowie für den Kaukasus vor allem in den österreichischen Tochtergesellschaften, z.B. Stahlbau Linz, produziert. Doch das Haupt-Erdölgeschäft bleibt vorerst Keppler mit seiner Kontinentale Öl AG vorbehalten. Die Unterstützung, vor

allem im Rumäniengeschäft, kommt seitens der Reichs-
werke in Form von gewünschten Tauschgeschäften gegen
Waffen und Modernisierung und Leitung der rumänischen
Schwerindustrie durch Beauftragte der Reichswerke.

Die Reichswerke betrieben vorwiegend folgenden Erzbergbau:

Erzbergbau Salzgitter GmbH, Salzgitter
Luitpoldhütte, Amberg, mit Doggererzbergbau in Vorra-
    Hohenstadt
Gewerkschaft Eisensteinzeche Kleiner Johannes, Pegnitz
Egerländer Erzbergbau, Schlagenwald
Jugo-Chrom, Belgrad
Rudna-Glawa, Belgrad
Montan-Syndikat, Agram
Erzbergbau Ost, Kattowitz
Deutsch-Bulgarische Chromerzbergbau AG, Sofia
Limberger Industrie- und Bergbau AG, Wien
AG für Erzeugung von Radium und anderen Metallen, Prag
Bergreichensteiner Goldbergbau-Gewerkschaft, Prag
Joachimsthaler Gewerkschaft, Prag
Wernersdorfer Kupfergruben AG, Prag
Montania Berg- und Hütten AG, Preßburg
Alpine Montan AG mit Erzbergbau in
    Eisenerz
    Hüttenberg
    Radmer
    Leoben
Gesellschaft für Elektrometallurgie, Berlin, mit Wolf-
    ramgruben in Portugal
Minette-Erzbergbau, Lothringen/Luxemburg (Treuhän-
    derschaft)
Reschitza AG, Bukarest, mit griechischen Erzgruben
Kupferwerke, Bor/Jugoslawien
Ostrowicer Hochöfen AG, Warschau

Bergwerk A/B Freja, Stockholm
Ruda Bergbau- und Hüttenbetriebe, Preßburg
Krompscher Kupferwerk AG, Krompach
Erzbergbau Ost GmbH, Oderberg
Gesamter Erzabbau in Serbien
Erzabbau, insbesondere über Berghütte Ost, in Rußland
   von Eisenerz, Mangan, Chrom u.ä.:
Erzbergbauverwaltung in Kriwoi-Rog
1. Eisenerzbergbau, Kriwoi-Rog
2. Manganerzbergbau, Nikopol
   a) Bergdirektion West
   b) Bergdirektion Ost
Erzabbau in Rumänien von Hämatit, Limonit und Mangan

Weitere Erzinteressen bestanden vor allem in Norwegen, Ungarn, Holland, Belgien, Finnland, Portugal, Spanien und Brasilien. Bei den Ländern des neutralen Auslandes erfolgten die Lieferungen vorwiegend im Tauschgeschäft gegen Rüstungsgüter und Kohle.[84]
Die Reichswerke »Hermann Göring« betrieben besonders folgende Hütten- und Stahlwerke:
Hüttenwerk Braunschweig (Paul-Pleiger-Hütte), Salzgitter
Luitpoldhütte, Amberg
Stahlwerke Braunschweig mit Hüttenwerk Starachowice
Edelstahlwerk Stalowa Wola
Hüttenwerk Ostrowice
Hüttenwerk Linz
Hüttenwerk Eisenerz
Hüttenwerk Donawitz
Hüttenwerk Judenburg
Alpine Edelstahl, Aussig
Eisenwerke, Krieglach
Kärntnerische Eisen- und Stahlwerke AG, Ferlach

Steirische Gußstahlwerke, Wien
Erzhütte, Wien
Montan-Syndikat, Agram
Poldihütte, Prag
Ajax AG, Prag
Eisen- und Stahlwerke, Preßburg
Metallhütte, Prag
Witkowitzer Bergbau- und Eisenhüttengewerkschaft, Mähr. Ostrau AG, vormals Skodawerke, Prag
Rheinmetall-Borsig AG, Berlin
Eisenwerke, Podbrezova
Farola, Bukarest
Montana, Preßburg
ARBED Vereinigte Hüttenwerke Burbach-Eich-Dudelingen AG, Luxemburg, mit zahlreichen ausländischen Töchtern
Dnjepr-Stahl, Berlin
Hüttenwerk Kriwoi-Rog, Dortmund
Hüttenverwaltung Westmark mit
Hüttenwerk Hayingen
Hüttenwerk Mösern
Hüttenwerk Hagedingen
Hüttenwerk Roßlingen
Hüttenwerk Safe
Ruda Bergbau- und Hüttenbetriebe, Preßburg
Krompscher Kupferwerk, Krompsch
Mars Eisen- und Stahlwerke, Warschau
Berghütte Ost, Stalino (Berlin)
zahlreiche Munitionsanstalten und Rüstungswerke, z.B.
1. Dnjepr-Gebiet
    a) Werk Spartak
    b) Werk Molotow
    c) Werk Artem
    d) Werk Krasni-Profintern

e) Werk Woroschilow
f) Werk Lenin
g) Werk Nikopol
h) Werk Nowomoskowsk
i) Maschinenfabrik Bosse
2. Donez-Gebiet
a) Maschinenfabrik Stankostroi
b) Neue Maschinenfabrik Kramatorsk
c) Alte Maschinenfabrik Kramatorsk
d) Maschinenfabrik Druschkowka
e) Maschinenfabrik Gorlowka
f) Maschinenfabrik Rutschenkowo
g) Stahlfensterbau Südost
h) Werk Rembasa
i) Gießerei Debalzewo
j) Walzengießerei Lutugino
k) Maschinenfabrik Woroschilow
3. Werke in Ostland
a) Libauer Eisenwerke
b) Tillmanns-Werke
c) Pluto-Werke, Libau
4. Gruppe Mitte
a) Werk Jarzevo
b) Werk Mogilew

Bereich Weiterverarbeitung Rüstung:
Hier werden lediglich die direkten Rüstungsbetriebe der Reichswerke aufgeführt. Die sonstigen sehr zahlreichen Weiterverarbeitungsbetriebe ergeben sich aus den Anlagen.
Rheinmetall-Borsig, AG Berlin
Geschütze, Infanteriewaffen, Munition Panzerzüge, U-Boot-Teile, Raketen »Rheintochter«, »Rheinbote«, »Feuerlilie«, »Lilie«
Nibelungen-Werk, St. Valentin

Schwerste Panzer, wie »Panther«, »Jagdpanther«,
»Tiger«, »Königstiger«, »Elefant«
Stahlbau Linz
Zulieferer für Nibelungenwerk
Steirische Gußstahlwerke, Wien
Panzerbau, z.B. Panzer IV, Zulieferer Nibelungenwerk
Stahlwerke Braunschweig, Salzgitter mit Edelstahlwerk
Stalowa Wola, Hüttenwerk Starachowice, Warschauer
Lokomotivfabrik (Diese Töchter kamen später zu
Poldi bzw. Witkowitz)
8–10,5- und 15-cm-Granaten, Bomben, Geschütz-
rohre, Torpedos, Panzerzüge, Infanteriewaffen, Muni-
tion, in Zusammenarbeit mit Linke-Hoffmann-Busch
(Flick) V2-Programm im Dora-Werk
Wankel-Entwicklungswerk, Lindau
Spezial-Antriebe für Torpedos
Hüttenwerk Braunschweig, Salzgitter
Granaten
AG für Bergbau- und Hüttenbedarf, Salzgitter
Granaten
Sprengstoffwerke Oberschlesien, Kattowitz
Sprengstoffe
Metrom, SAR, Bukarest
Infanteriewaffen, Munition
Lignose GmbH, Berlin
Sprengstoffe
Sandrik AG, Dolny Hámry
Rüstungsgerät
Waffenwerke Brünn AG, Brünn
vorwiegend Infanteriewaffen, Munition
Poldi AG, Prag AG
AG, vormals Skoda, Prag
mittlere und schwere Panzer u.ä.,
Geschütze, Munition, Flugzeugbau u.ä., Rüstungsexport

Patronenhülsen- und Metallfabrik AG, Rokytzan
  Munition
Erste Brünner Maschinenfabriksgesellschaft, Brünn
  Rüstungsgeräte
Kärntnerische Eisen- und Stahlwerks AG, Ferlach
  Panzer, Geschütze u.ä.
Simmering-Graz-Pauker AG, Wien
  Rüstungsfahrzeuge
Steyr-Daimler-Puch AG, Wien
  Panzer, Rüstungsfahrzeuge
Magneton GmbH, Kremsier
  magnetische Zünder
Steyr-Solothurn Waffen AG, Zürich
  Rüstungsgerät, bes. für Rüstungsexporte der Reichswerke
Schiffswerft Linz AG, Linz
  kleinere Kriegsschiffe, Pontons
Schiffswerft Straßburg
  kleinere Kriegsschiffe, Landungsboote u.ä.
Explosia AG, Prag
  Sprengstoff, Munition, Geschosse für flüssige Luft
Eruptiva AG, Prag
  Sprengstoff
Kromag AG, Hirtenberg
  Panzer, Rüstungsmaterial
Detona, Prag
  Sprengstoff
Synthesia, Prag
  Sprengstoff
UMA, Prag
  Sprengstoff
Radioslavia AG, Prag
  Funkgeräte
Optikotechna GmbH, Prerau
  optische Geräte

Daneben betrieben die größeren Rüstungswerke, z.B. Rheinmetall, Skoda, die Brünner Werke, Steyr und Linz, zahlreiche Tochtergesellschaften, die ausschließlich auf dem Rüstungssektor tätig waren. Die Reichswerke »Hermann Göring« waren für die Heeresrüstung der entscheidende Konzern geworden, für die sonstige Rüstung entscheidender Zulieferer von Rohstoffen und Material. Ein nennenswerter Teil der eigenen Rüstungsproduktion konnte zusätzlich bis in die letzten Kriegsjahre exportiert werden.

Die Chemische Industrie innerhalb der Reichswerke war noch im Aufbau begriffen. Auf dem Gebiet der Kohlehydrierung waren zahlreiche Anlagen geplant oder im Bau. Die Fertigstellung wurde verzögert bzw. zurückgestellt, da bis Mitte 1944 für Treibstoffe kein verhängnisvoller Mangel eintrat. Ab dann wurde es vorrangig, daß die vorhandenen und durch ständige Bombenangriffe beschädigten Hydrieranlagen der IG Farben und der Reichswerke durch die Sondereinheit Geilenberg der Reichswerke, die bis zu 350 000 Mann stark war, produktionsfähig gehalten wurden.

Die wichtigsten Chemischen Werke der Reichswerke waren:

Sudetenländische Treibstoffwerke AG, Brüx

Oberschlesische Hydrierwerke AG, Blechhammer

Die Oberschlesischen Hydrierwerke für die Gruben Oheim, Jawischowitz, Myslowitz müssen wegen fehlender Dringlichkeit in der endgültigen Fertigstellung zurückgestellt werden.

Schwelanlage Marienau, Kleinrosseln

Hüttenwerk Braunschweig, Salzgitter (Hydrierung)

Hüttenwerk Linz, Linz (Hydrierung)

Steinkohlengewerkschaft Heessen (Hydrierung)

Bergwerksverwaltung Oberschlesien, Kattowitz (Hydrierung)

Hüttenwerk Witkowitz, Witkowitz (Hydrierung)

Synthsia Chemische Werke AG, Prag (Ammoniak, Sprengstoff)

Aktienfabriken zur Erzeugung von Chemikalien, Kolin (Sprengstoff)

Böhmisch-Mährische Stickstoffwerke AG, Prag (Stickstoff, Sprengstoff)

Explosia AG, Prag (Sprengstoff)

UMA Kunststofferzeugung AG, Prag (Kunststoffe, Munition)

Eisenwerke Podbrezowa AG, Preßburg (Chemischer Betrieb)

Slowakische Spiritusindustrie, Malacki (Spiritus)

Detona GmbH, Prag (Sprengstoff)

Mähr.-Ostrauer Chemische Werke GmbH u. Co. KG, Mähr. Ostrau (Chemie, u.a. Kampfgas)

Beherrschender Einfluß auf die Erdölförderung und -verarbeitung für Rumänien, Ungarn, Polen, Sowjetunion.

Genauere Angaben über Chemische Werke innerhalb der besetzten Sowjetunion sind nicht möglich.

Die Reichswerke beherrschten fast die gesamte Binnenschiffahrt auf Elbe, Oder und Donau. Sie betrieben vorwiegend folgende Unternehmen:

Kroatische Flußschiffahrts AG, Agram

Südost Reederei GmbH, Wien

Bayerischer Lloyd Schiffahrts-AG, Regensburg

Continentale Motorscheepvaart, Amsterdam/Wien

Continentale Motorschiffahrtsgesellschaft, Wien

Erste Donau Dampfschiffahrtsgesellschaft, Wien

Donau Kortpropeller Lizenz-Vertriebs-GmbH, Wien

Dunav Königlich Bulgarische Schiffahrts AG, Sofia

Schiffswerft Linz AG, Linz

Schlesische Dampfer-Compagnie – Berliner Lloyd AG, Hamburg

Mittelelbe Verkehrs AG, Magdeburg
Emder Verkehrsgesellschaft AG, Emden
Getreidesilo GmbH, Halle
Oppelner Hafen AG, Oppeln
Ottenser Eisenwerke AG, Hamburg-Altona
Saale Mitteldeutsche Schiffahrtsgesellschaft, Halle
Saale Union Verfrachter, Bernburg
    Transport-Actiengesellschaft, vorm. J. Hevecke, Hamburg
Wachschiffgesellschaft der Ewerführer Baase des Hafens
    Hamburg mbH, Hamburg

Zu diesen Gesellschaften kamen noch die Schiffahrtsunternehmen des Montanblocks, z.B. die verschiedenen Winschermann-Gesellschaften für die Kohletransporte der Bergbau AG Ewald-König Ludwig, die Niederrheinische Schiffswerft in Duisburg, die Straßburger Werft, die Hafenbetriebe für Salzgitter und Linz usw.[85]

Durch Luftangriffe gingen zahlreiche Schiffe verloren, so daß Ende 1944 nur noch ca. 700 Schiffe mit etwa 450 000 t zur Verfügung standen.

Doch diese Übersichten stellen nichts mehr dar als eine Istaufnahme. Wie die Eisen- und Stahlindustrie z.B. später einmal – Rußland ausgenommen – für den großdeutschen Wirtschaftsraum aussehen sollte, ergibt sich aus dem streng geheimen Vorschlag der Reichswerke, der 1940 im Auftrag des Generalbevollmächtigten für die Eisen- und Stahlbewirtschaftung, Generalleutnant von Hanneken, von Dr. Rheinländer ausgearbeitet wurde:

»Aufgabe:
Standortuntersuchung für die Eisenindustrie im großdeutschen Raum nach dem Kriege unter besonderer Berücksichtigung der Eisenindustrie in Lothringen, Luxemburg und Belgien auf der

Grundlage der vorhandenen Erz- und Kohlevorkommen, der Verkehrsmittel und der bereits bestehenden Industrien.

Ergebnis:
Die Eisenerzlagerstätten im mitteleuropäischen Wirtschaftsraum enthalten mehr als 10 Milliarden t sicher nachgewiesener Vorräte. Das Reichswirtschaftsministerium – Ministerialdirigent Gabel – schlägt vor, jährlich 100 Millionen t Erz abzubauen, davon

59 Millionen t Minette
24 Millionen t Salzgitter
5 Millionen t Doggergebiet
4 Millionen t Ostmark
8 Millionen t Sonstige Lagerstätten

Für diesen Raum wird die Kapazität der Hochöfen auf 41 Millionen t geschätzt. Davon entfallen nach vollständigem Ausbau auf

Watenstedt 4 Millionen t
Linz 1,5 Millionen t
Doggererzgebiet 0,4 Millionen t

Im Westen ist eine Ausweitung der Hochofenkapazität aufgrund der ungesunden Ballung unerwünscht. Der mitteleuropäische Wirtschaftsraum verlangt für die Zeit nach dem Kriege eine Rohstahlerzeugung von mindestens 50 Millionen Jahrestonnen. Die Rohstahlkapazität betrug vor dem Kriege 42 Millionen Jahrestonnen. (…)

Grundsatz:
Der Ausbau der Kapazitäten hat an den neuen Standorten zu erfolgen. Für die alten Standorte gilt lediglich ein bedingter Ausbau. Im Osten hat man sich auf die vorhandenen Kapazitäten zu beschränken.

Vorschlag für die Standortverteilung der Hochofenwerke im großdeutschen Wirtschaftsraum nach dem Kriege:

	Millionen Jahrestonnen Roheisen
Rhein-Ruhr-Lahn-Dill	12,6
Saar	2,2
Lothringen	3,9
Luxemburg-Holland	2,7
Belgien	4,3
Nord- und Ostfrankreich	4,5
	30,2
Peine-Watenstedt	4,6
Süddeutschland	0,7
Ostmark	1,9
Oberschlesien-Polen	1,5
Tschechoslowakei	1,6
Sonstige	0,9
	11,2
Gesamt	41,4

Der Verbrauch an Rohstahl wird nach dem Kriege für den Bereich
Deutschland, Schweiz, Liechtenstein, Belgien, Luxemburg, Holland, ehemaliges Polen, Protektorat, Ungarn, Rumänien und
Frankreich schätzungsweise 43–65 Millionen Jahrestonnen be-
tragen.«[86]

Bei diesen ganzen Planungen wurden noch allgemein der
südosteuropäische und der russische Raum ausgeklammert.
Dabei bekommen die Reichswerke bereits 1939 mit der
Übernahme von Skoda, dem bevorzugten Waffenlieferan-
ten Rumäniens, unmittelbaren Einfluß auf deren Erdölliefe-

rungen, die im Tauschgeschäft über Kepplers Kontinentale Öl AG abgewickelt wurden.[87]

Im Februar 1941 hatte sich Marschall Antonescu zusätzlich dafür entschieden, daß die rumänische Schwerindustrie mit Hilfe deutscher Unternehmen modernisiert und ausgebaut werden sollte. Die Leitung dieser Arbeiten wurde von den Reichswerken übernommen. Durch die Reichswerke-Aktivitäten, besonders der Firmen Skoda, Steyr und Rheinmetall-Borsig, hatte es der Schwester-Konzern, die Kontinentale Öl AG, leichter, sich ebenfalls Eigentum an den rumänischen Ölfeldern zu sichern. Gemeinsam kauften Vertrauensleute der Reichswerke sowie Abs von der Deutschen und Rasche von der Dresdner Bank Aktien der rumänischen und zusätzlich der ungarischen Ölfelder aus französischem, belgischem und amerikanischem Besitz für die Reichswerke direkt auf.

Am 10. April 1941 wird dann von den Reichswerken die Leitung des rumänischen Malaxa-Konzerns übernommen, der später als Rogifer firmiert. Hieraus wird die Deutsch-Rumänische-Eisenindustrie- und Handels-AG, Bukarest. Zu diesem Konzern gehören:

Malaxa AG, Bukarest, für Lokomotivbau und Rüstung, Malaxa AG, Bukarest, Laborbetrieb. Später wird über ein weiteres Werk der Traktorenbau aufgenommen.

Kurz darauf, am 15. Mai 1941, erfolgt die technische Übernahme des rumänischen Reschitza-Konzerns. Dieser betreibt Hüttenwerke und Erzbergbau. Dessen größte Tochtergesellschaft, die Astra AG, Bukarest, produziert Waggons, Geschütze, Munition. Zusätzlich betreibt man eine Schiffswerft und die Fabrikation von Retortengraphit. Die Eisenerzgruben dieses Konzerns liegen in Griechenland.

In dieser Zeit ist es den Reichswerken aufgrund von Absprachen mit Marschall Antonescu gelungen, sich in

Rumänien Lagerstätten für Hämatit, Limonit und vor allem Manganerz zu sichern.[88]

Doch nicht alles lief so glatt ab. Obwohl nun Steinkohle und Braunkohle ausreichend vorhanden waren, war gerade in der Kohlewirtschaft ab 1941, wo der Bedarf anstieg, manches nicht zum Besten bestellt. So wie in der übrigen Wirtschaft auch, was die Planung und Organisation betraf. Die Rüstungsproduktion war gegenüber 1940 deutlich abgefallen.

Durch die Blitzkriege war man verwöhnt. Die Lebenshaltung der Bevölkerung war praktisch gegenüber der Vorkriegszeit unverändert. Und obwohl Rußland, der Fall Barbarossa, vor der Tür stand, passierte nicht sehr viel an Kriegsvorbereitung.

Für den Rohstoffbereich gab es ein gewisses Erwachen. Die Kohlewirtschaft als Grundbasis für jegliche Rüstungssteigerung sollte in einer Gewaltaktion vom Reichskohlenkommissar Walther, einem Zögling des ungeliebten Dr. Ley, wieder auf Trab gebracht werden, nachdem die Produktion abgefallen war.

Walther sah das Rezept in einer Verstaatlichung. Die Kohleindustrie befürchtete das Erlahmen privater Initiative. Man rechnete mit dem Schlimmsten. Die Kohlenbosse wußten sich allein nicht zu helfen. Sie ahnten, daß ein weiterer Produktionsrückgang die ernstesten Folgen haben mußte.

Eine weitere Befürchtung stand schon seit einiger Zeit im Raum:

Die allmächtigen IG Farben mit dem Generalbevollmächtigten Krauch an der Spitze – dem letzten Vertreter des einstmals so umfassenden und nun auf den Chemiesektor geschrumpften Vierjahresplanes – hatten seit einiger Zeit ein Interesse an der Kohlewirtschaft gewonnen. Sie versuchten, sich hier unabhängig zu machen. Für den Aus-

bau ihrer auf Forderung von Göring geforderten Hydrieranlagen, die besonders hochwertigen Flugzeugtreibstoff
liefern sollten, verlangte man eigene Steinkohle- und
Braunkohlezechen.[89]

Die Kriegsplanung Hitlers war nicht auf den Zweifron-
tenkrieg und auf Materialschlachten eingestellt. Eigentlich
sollte man industrielle und Rohstoffgebiete der Sowjetunion überrennen und damit der deutschen Wirtschaft den
Rückhalt geben. Darum waren die vordringlichen Zielrich-
tungen des Angriffs der Dnjepr mit seinen Industrieanlagen,
das Donezgebiet mit seinen Kohle- und Erzgruben und der
Kaukasus mit seinem Erdöl.

Das OKW war da teils anderer Ansicht. Hitler dagegen
stellte fest: »Meine Generale verstehen nichts von der
Kriegswirtschaft.« Denn was sollte eine Kriegführung mit
zahlreichen Siegen, wenn die funktionierende Kriegswirtschaft fehlte?[90]

Als die Frage der Steigerung der Kohleförderung im
Nürnberger Wilhelmstraßenprozeß angesprochen wurde,
wunderte sich der Ankläger, daß weder Göring noch Funk
entschieden, sondern auch hier erst die Einstellung von
Pleiger hören wollten und von ihm die Lösung für die künf-
tige Führung der Kohleindustrie erwarten. Pleiger meinte
zu Kaufmann:

>>Ja, man kannte meine Einstellung zu Dr. Ley und auch meine
Einstellung zur Privatindustrie. Man wußte, daß es bei mir nicht
um Prinzipien ging, sondern immer nur darum, den Weg für eine
bestmögliche Leistung zu finden. (…) Wisselmann meinte einmal
zu meiner persönlichen Situation, nur die Dummheit der Schwerindustrie hätte mich vorübergehend in das Fahrwasser der Staatsbetriebe getrieben. – Aber lassen wir das. Sie wollen von mir
wissen, warum gerade ich dann Vorsitzender der angeblich von mir
ins Spiel gebrachten und auch gerade erst mitgegründeten Reichs-

vereinigung Kohle wurde. Einer mußte schließlich die Initiative ergreifen. Ich hatte ausreichend Courage, die auch auf dieser hohen Ebene schon nötig war. Und ich wußte, daß es zur Zeit keine bessere Lösung geben konnte, weder im Interesse des Staates, auch nicht im Interesse der dringend erforderlichen Leistungssteigerung.

Mit elf weiteren Vertretern der Kohle machte ich mich auf den Weg zu einer eilends von Göring einberufenen Sitzung. Reichswirtschaftsminister Funk, dem der Reichskohlenkommissar Walther formell unterstand, war ebenfalls anwesend. Ja – und dann ging das sehr schnell über die Bühne. Walther wurde abberufen, ich wurde eingesetzt mit all den Aufgaben und Vollmachten, die ich für notwendig und erforderlich hielt!«

Übersehen wurde bei dieser Schilderung, daß es sich um eine Hinzuziehung von Pleiger zu einer Göring-Sitzung handelte, verschwiegen wurde, daß die Gründung der Reichsvereinigung Kohle bereits vorher in ihren Aufgaben und Umfang festgelegt und vom Führerhauptquartier genehmigt worden war. Übersehen wurde auch bei der Aussage, daß die Reichswerke – selbstverständlich konnte Pleiger diese Aufgabe nicht allein ausfüllen – praktisch Treuhänder der gesamten deutschen Kohleerzeugung wurden.

Unter dieser Treuhänderschaft verstand Speer, daß Pleiger die gesamte Kohleindustrie dirigierte. Pleiger erfüllte die gestellten Bedingungen. Dabei wurden, wenn nötig, der Generalbevollmächtigte für den Arbeitseinsatz, Sauckel, wie auch die zuständigen Ministerien einfach übergangen, indem der Führer, das Führerhauptquartier, Keitel bzw. Bormann direkt eingeschaltet wurden.

Über die Vorbesprechungen in einem kleinen Kreis, über die Abwicklung und über die Auswahl der Mitglieder und Festlegung der Statuten durch Pleiger informiert genauer eine eidesstattliche Erklärung von Krupp von Bohlen und Halbach.

Als ausführendes Organ verkündete daraufhin Göring am 3. März 1941:

Der Reichsmarschall
des Großdeutschen Reiches
Beauftragter für den Vierjahresplan Berlin, 3.3.1941
Ich genehmige die Gründung der »Reichsvereinigung Kohle«
mit den in der anliegenden Niederschrift festgelegten Aufgaben
und bestätige als Mitglieder die Herren

Paul Pleiger	Vorsitzer
Heinrich Wisselmann	1. stellv. Vorsitzer
Franz Hayler	2. stellv. Vorsitzer
Otto Berve	
Alfried von Bohlen u. Halbach	Vertreter: Hermann Winkhaus
Gustav Bracht	
Friedrich Flick	Vertreter: Ernst Buskuehl
Gustav Knepper	Vertreter: Otto Steinbrinck
Rudolf Stahl	
Ernst Tengelmann	Vertreter: Wilhelm Tengelmann
Edmund Tobless	
zwei Vertreter des Handels	

gez. Göring

Aufgabe dieses Gremiums war es, in gewissen Abständen von Pleiger allgemein informiert zu werden und vor allem Dankesworte des Führers, Görings, Funks und Speers wegen hervorragender Pflichterfüllung entgegenzunehmen.

Selbstverständlich konnte der Reichswirtschaftsminister gegenüber dem Reichsmarschall nicht zurückstehen. Bereits am folgenden Tage wurde die zusätzliche Ernennung erlassen:

Der Reichswirtschaftsminister   Berlin W 8, den 4.3.1941
I Pers. 5 b/474/41   Behrensstr. 41
An Herrn Generaldirektor Paul Pleiger,
Berlin-Halensee, Albrecht-Achilles-Str. 62
Ich ernenne Sie hiermit zum Reichsbeauftragten für Kohle und
übersende Ihnen in der Anlage die Bestellungsurkunde. Ich bitte
Sie, Ihre Tätigkeit sofort bei der Reichsstelle für Kohle aufzuneh-
men.

Wegen des Abschlusses des Anstellungsvertrages wird mein
Sachbearbeiter das Weitere veranlassen.

                                        Heil Hitler!
                                        gez. Walther Funk[91]

Sonderlich erfreut über eine Entwicklung, die praktisch
an ihm und am Vierjahresplan vorbeiging, war Göring bestimmt nicht. Doch es kam trotz manchen Ränkespiels noch
schlimmer.

Ende 1941, zwischen Weihnachten und Neujahr, sollte
endlich Pleiger aufgrund von Nachschubproblemen bei der
Kohle zur Rechenschaft gezogen werden, und zwar von
Hitler selbst. Bei der Schuldzuweisung hatten erst einmal
die Kreise nachgeholfen, die eine Abrechnung mit Pleiger,
der ihnen zu mächtig wurde, für nötig hielten – das Amt
Vierjahresplan und das Reichswirtschaftsministerium.

Zugetragen hatte sich folgendes: Am Jahresende 1941
gab es Hiobsbotschaften in jeder Menge. Der russische
Winter war hereingebrochen. Die Fronten konnten nur
mühsam unter hohen Verlusten und Ausfällen an Material
gehalten werden. Und selbst der allernotwendigste Nachschub kam nur mit großen Schwierigkeiten an die Front.
Für einen der Hauptschuldigen an dieser Misere hatten sich
Hitler und Göring auf Paul Pleiger mit seinen Reichswerken geeinigt, obwohl für diese Nachschubfragen das Militär
zuständig war.

Pleiger wurde kurzfristig ins Führerhauptquartier zitiert, um zur Rechenschaft gezogen zu werden.

Zuvor gewarnt, stellte er in jener Nacht, als er die geheime Nachricht empfing, alles auf den Kopf, was auf den Kopf zu stellen war. Er plante nicht, sondern er improvisierte aus dem Stegreif. Er ignorierte Anordnungen und Verordnungen und was es sonst noch an Hindernissen gab. Er beschlagnahmte Züge ohne jede Weisungsberechtigung, erteilte Befehle, für die das OKW zuständig war, aber das war ihm völlig gleichgültig. Im Laufe dieser einen Nacht löste sich dieses scheinbare Chaos auf. Pleiger hatte durch Mißachtung aller Regeln und Vorschriften das geschafft, woran die Militär- und Beamten-Bürokratie gescheitert war. Am anderen Morgen konnte er beruhigt zum Rapport im Führerhauptquartier erscheinen.

Hitler hatte getobt. Er brauchte den Schuldigen für das Versagen vor Moskau. Gut, daß man den Aufruhr praktisch zur gleichen Zeit in Berlin in der Reichswerkezentrale mitkriegte.

Auslöser des Ganzen waren die genialen Überlegungen des damaligen Generaltransportchefs Gerke, der irgendwie den russischen Winter verschlafen hatte und dann, wie der dann doch da war, alles restlos durcheinanderbrachte.

Der Kohlennachschub für Rußland – für jenen Winter und überhaupt für die Transporte besonders wichtig – hatte restlos versagt. Daß die russischen Kohlezechen rechtzeitig beim Rückzug zerstört und abgesoffen waren, hatte eine Reichswerkekommission bereits vor Monaten festgestellt. Also mußte Kohle herangeschafft werden, für die Loks, damit die Transporte rollen konnten, für die Elektrizitätswirtschaft, damit Energie für die Wirtschaft vorhanden war. Ohne Kohle lief nichts. Und selbst wenn es nur Kohle war, um Bunkeröfen zu heizen, an denen sich die Landser von Zeit zu Zeit aufwärmen konnten. In diesem bittersten Winter fehlten durch eine miserable Fehlplanung 350 000 t

Kohle – und niemand war darauf vorbereitet – trotz der Vorwarnungen seitens der Pleiger-Kommission.

Hitler war außer sich, als er die näheren Umstände durch Pleiger erfuhr. General Gerke als oberster Transportchef, dem gleichzeitig der Kohlebergbau im besetzten Rußland unterstand, hatte als einzige Entschuldigung die ständig versagende Kohlewirtschaft des Reiches zur Hand. Dabei hatte Gehrke die kluge Idee gehabt, die notdürftigsten Mengen an Kohle von Nordfrankreich und Belgien auf den Weg zu bringen – und das bis Moskau! Auch dieser Transport funktionierte nicht im geringsten.

Es war also die Kohle, die dabei war, den Krieg kaputtzumachen. Göring mußte erscheinen, und er nannte Pleiger als den Verantwortlichen, von Hitler selbst bestimmt.

Doch Pleiger hatte Güterzüge beschlagnahmt, hatte sämtliche in seinen oberschlesischen Hütten gelagerte Kohle noch in der Nacht verladen und auf den Weg gebracht. Zusätzlich wurden in allen Stahlwerkstätten des Konzerns behelfsmäßige Koksöfen zusammengeschweißt und sofort an die Front transportiert. Und alles geschah praktisch im Laufe eines knappen Tages.

Pleiger konnte beruhigt zum Führerhauptquartier fliegen. Über die Unterredung berichtet er in seinem Nürnberger Prozeß:

»Das waren fünf Minuten, dann war alles geklärt. Selten war der Führer so mit mir zufrieden wie an jenem Tage. Als Lohn, den ich gar nicht gern wollte, unterstellte mir der Führer auch noch die Kohleindustrie Nordfrankreichs und Belgiens. Und zusätzlich, nachdem er mir sein vollstes Vertrauen ausgesprochen hatte, wünschte er von mir eine erhebliche Steigerung der Kohleproduktion. Zu meinem Glück versicherte er mir – darauf mußte ich später noch oft zurückkommen –, er würde hinter mir stehen und mir notfalls die erforderliche Rückendeckung geben.«[92]

Diese Rückendeckung brauchte Pleiger dann tatsächlich auch noch des öfteren.

Hitlers Adjutant im Führerhauptquartier, von Below, traf bei seiner eidesstattlichen Aussage in Nürnberg durchaus die Situation, die damals im Führerhauptquartier herrschte. Von Below erklärte u.a.:

>»Auf Grund dieser Besprechung wurde dann vom Führer dem Reichsmarschall die Weisung erteilt, daß für die gesamte deutsche Kohlewirtschaft ein Beauftragter eingesetzt werden soll. Die Wahl fiel auf Herrn Pleiger.«[93]

Bei den Metallerzen gelang es, den unbedingt erforderlichen Bedarf über Reichswerkegruben und den Reichswerkehandel einigermaßen zu decken und Sicherheitsvorräte anzulegen.

Mit dem Einmarsch in Rußland waren die Reichswerke fast schneller als die Wehrmacht. Noch während am Dnjepr und Don gekämpft wurde, überprüfte bereits eine Pleigersche Voraustruppe, welche Werke und Rohstoffe kurzfristig zu verwerten bzw. einsatzfähig wären.

Die den Reichswerken am 27. Juli 1941 anvertraute neue Ostland Berg- und Hüttenwerksgesellschaft mbH war Herr des gesamten Bergbaus und aller Hüttenwerke und Weiterverarbeitungsbetriebe im besetzten Gebiet. Man hatte also die Kontrolle über den Abbau von Mangan, Chrom, Nickel, Molybdän usw. und die Verfügung über die erbeuteten Vorräte.

Ein ungefährer Überblick über die erkundeten Rohstoffmengen, wie es so schön in den Meldungen des Wirtschaftsstabes Ost heißt, ergibt sich aus dessen Aufstellung zum 31. Dezember 1941, die sowohl Eisenerz, Molybdänerz, Chromerz, Titanerz, Eisen und Stahl, Vanadium und alle sonstigen Stahllegierungsmetalle, Kupfer, Blei, Zink,

Zinn, Nickel usw., chemische Rohstoffe und Mineralöle und Kautschuk enthält.

Durch den deutsch-russischen Wirtschaftsvertrag von 1940 waren zwar nun die Vertragslieferungen von 700 000 Tonnen Mineralöl, 255 000 Tonnen Manganerz, 32 700 Tonnen Chromerz ausgefallen. Doch bereits 1941 wurden 750 000 Tonnen Mineralöl, 105 000 Tonnen Mangan und 5200 Tonnen Chrom neu gefördert. Den Ausgleich schafften die gebildeten Reserven und Beutemengen.

Beim Erdöl kamen im Kaukasus Felder mit Jahresproduktionen von rund 3,7 Millionen Tonnen hinzu, mit deren großzügiger Ausbeutung durch die Reichswerke und die Kontinentale Öl, die später ebenfalls Paul Pleiger direkt unterstand, bis spätestens 1943 der Mineralölbedarf gedeckt sein sollte.

Die in Betrieb genommenen russischen Hütten- und Stahlwerke, insbesondere im Dnjepr-Gebiet, produzierten ebenfalls bis zum Herbst 1943 und wurden dann gesprengt.[94]

Paul Pleiger war ab August 1941 Chef der Berghütte Ost, der der gesamte russische Bergbau und alle Hüttenwerke unterstanden. Praktisch war er, trotz der erst später erfolgten Ernennung, ab 1942 Herr der gesamten Ostwirtschaft. Die offizielle Ernennung erfolgte erst 1943, da es etlichen Reichsministern schwerfiel, ihre Unterschrift unter die Abtretung von Kompetenzen zu leisten.[95]

Auch nach dem Rückzug aus dem russischen Raum traten bis Mitte 1944 keine Rohstoffschwierigkeiten bei der Rüstungswirtschaft auf, die durch einen Mangel verursacht worden wären. Probleme gab es zwischendurch aus organisatorischen Gründen, die jedoch durch das Rüstungsministerium mit der Zentralen Planung unter der neuen Leitung Speer/Kehrl weitgehend bereinigt werden konnten. Dazu waren durch überhöhte Anforderungen der Betriebe Rohstoffe gehortet, so daß auch dann, wenn einmal Lieferschwierigkeiten auftraten, die Produktion nicht zum Erliegen kam.

Lediglich im Ausbau der Weiterverarbeitung traten Probleme auf bei den Maschinenlieferungen. Pleiger behalf sich bei seinen wichtigen Unternehmen damit, daß er über Sonderkommandos ungenutzte Werke der besetzten Gebiete ausplündern ließ. So wurden z.B. nach einem Bericht des Dr. von Carlowitz 1943 für Salzgitter Hochöfen, Elektroöfen, Stahlhallen, Gießmaschinen, Kräne, Kokillen usw. aus den Hüttenwerken im Raum Stalino abtransportiert. Insgesamt wurden nach Aussagen Dr. Rheinländers ca. 5000 Waggons mit Material von der Ukraine nach Salzgitter gebracht.

Im übrigen hatte es in ähnlicher Größenordnung bereits früher Ausschlachtungen russischer Werke gegeben, und zwar im Zusammenhang mit Hitlers »Eisenprogramm« für die deutsche Stahlindustrie, das auf diese Weise allein über die Reichswerke erfüllt wurde, nicht etwa durch echte Produktionssteigerungen, wie Speer es darstellte und Historiker dann später kolportierten.

Auch die Hütte Linz war an Maschinen aus russischen Hüttenwerken interessiert, um den schleppenden Ausbau voranzutreiben. So schreibt Dr. Lüth am 30.8.1943 an Dr. Rheinländer: »Lieber Paul! Pleiger hat ja nun außer von Euch von der Hütte Braunschweig auch die Hütte Linz zum ›Ausschlachten‹ nach der Ukraine geschickt. (…)«

Beim Eisenerz sah die Situation während des gesamten Krieges so aus, daß Liefermöglichkeiten nicht ausgenutzt werden mußten. So gab es laut den Berichten der Zentralen Planung aus Spanien das Angebot, 1 Million Tonnen hochwertiges Eisenerz zu liefern. Es bestand jedoch kein Bedarf. Die Reichswerke konnten es sich sogar erlauben, die österreichischen Erzfelder weitgehendst zu schonen und statt dessen russisches Erz in den österreichischen Hütten zu verarbeiten. Die echten Engpässe hatten andere Ursachen und traten auf anderen Gebieten auf:

1. Mißorganisation und Versagen bei den Zuteilungen nach kriegswichtiger Dringlichkeit.
2. Mangel an Arbeitskräften. Hier lag das eigentliche Problem. Mängel wurden nicht etwa durch fehlende Rohstoffe bestimmt, sondern dadurch, daß die Be- und Verarbeitung mangels williger, fähiger oder qualifizierter Arbeitskräfte nicht den erforderlichen Stand erreichte.

Dieses Problem hatten die Reichswerke seit dem ersten Tage ihres Bestehens. Daraus läßt sich auch erklären, daß dieser Konzern vorwiegend mit Ausländern, Juden, Kriegsgefangenen und Konzentrationslager-Häftlingen betrieben wurde. Daraus erklärt sich ebenfalls, daß Pleiger absolut nicht mit der Vernichtung solcher Personen einverstanden war und aufgrund seiner Vorsprachen bei Hitler selbst Änderungen bei der Abwicklung der Beschlüsse der »Wannsee-Konferenz« erreichte.

Seine Einstellung – oft im eindeutigen Gegensatz zum Generalbevollmächtigten für den Arbeitseinsatz Sauckel, der nach Pleigers Ansicht ein Versager war – findet sich beispielsweise wieder in den von Eichmann protokollierten Äußerungen Heydrichs zur »Endlösung der Judenfrage«:

»Im Zuge dieser Endlösung (…) kommen rund 11 Millionen Juden in Betracht. (…) Unter entsprechender Leitung sollen im Zuge der Endlösung die Juden in geeigneter Weise im Osten zum Arbeitseinsatz kommen, … wobei zweifellos ein Großteil durch natürliche Verminderung ausfallen wird.«

Auf der Grundlage Pleigerscher Eingaben und Gespräche äußert sich am 23. Juni 1942 ähnlich Viktor Brack, Oberdienstleiter der Parteikanzlei, in einem Schreiben an Himmler (Himmler, Pohl und Pleiger hatten solche Überlegungen, die nicht immer sofort im Hinblick auf Differenzen zur Gestapo realisiert werden konnten, bereits selbst angestellt):

»Bei ca. 10 Millionen europäischer Juden sind nach meinem Gefühl mindestens 2–3 Millionen sehr gut arbeitsfähiger Männer und Frauen enthalten. Ich stehe in Anbetracht der außerordentlichen Schwierigkeiten, die uns die Arbeiterfrage bereitet, auf dem Standpunkt, diese 2–3 Millionen auf jeden Fall heranzuziehen …«

Dies wurde bei den Reichswerken – nicht nur mit Juden – praktiziert. Solange eine Arbeitsleistung zu erwarten war, ging es nicht um Vernichtung.

3. Mangel an Energie und an Verkehrs- und Transportmitteln. Besonders ab 1944 wirkten sich hier die alliierten Bomberangriffe aus. Die Schäden in den eigentlichen Rüstungswerken waren bedeutungsloser bzw. wurden relativ schnell behoben.[96]

6. Die Reichswerke und der Außenhandel

Kohle und Kanonen waren das, was die Reichswerke im Außenhandel vor allem zu bieten hatten. Kohle und Kanonen, d.h. Stahl und Arbeitskräfte, waren auch für Hitler innerhalb der Wirtschaft die entscheidenden Faktoren.

In der bereits erwähnten Aussprache wegen des Versagens von General Gerke führte Hitler gegenüber Pleiger und Dr. Todt aus:

»Wenn ich an den Aufbau der Wirtschaft des Reiches vor dem Weltkrieg denke: Begonnen hat er mit der Erschließung der Kohle im Ruhrgebiet, darauf folgte das Aufblühen der Stahlproduktion, und angeschlossen hat sich das der Schwerindustrie, mit der die Voraussetzungen für die chemische Industrie und alles andere gegeben waren. Heute sind es in erster Linie die Menscheneinsatz-Probleme; das zweite sind die primären Rohstoffe Kohle und Eisen. Aus Mensch, Kohle und Eisen kann man die Stoffe schaffen, um das Transportproblem zu lösen, und das wiederum ist die Voraussetzung für die Wirtschaft überhaupt.

Wie kommen wir dazu, mehr Kohle zu fördern? Wie stellen wir es an, mehr Erz zu haben? Durch die Hereinnahme russischer Menschen müssen wir uns eine Konzentrierung deutscher Menschen ermöglichen. Es ist nützlicher, ich lerne einen Russen an, als ich versuche es mit einem Süditaliener, der mir nach sechs Wochen guten Tag sagt. (...)«[97]

Genau diese Einstellung wurde von Paul Pleiger seit je vertreten, gegenüber Hitler, Speer, Sauckel, Göring. Wer diese Einstellung zuerst vertrat – Hitler oder Pleiger –, ist unbedeutend, aber die Einstellung deckte sich vollkommen.

Was hat dies nun mit dem Außenhandel der Reichswerke zu tun? Hitler wollte in seinen Autarkieträumen vom großgermanischen Lebensraum mit den Reichswerken seinen Verbündeten beweisen, daß er wirtschaftlich seinem Ziel nahe war und mit Überschuß an Rohstoffen und Rüstung in der Not helfen konnte.

Interessiert am Außenhandel waren zusätzlich das Auswärtige Amt und das Reichswirtschaftsministerium. Dort hatte man zeitweise die Tagesprobleme des Krieges vergessen und lebte und plante bereits für die Zukunft, die z.B. so auszusehen hatte, daß den USA der südamerikanische Markt weggenommen werden müsse. Auch hierfür waren die Reichswerke gut.

Was die Initiativen des Reichswirtschaftsministeriums betraf, ging Pleiger mit diesen überein, Lücken auf dem

Rohstoffsektor auf dem Tauschwege zu schließen. Was das Auswärtige Amt betraf, gab es zum einen bestimmte Gesandte und Botschafter, die den Reichswerken zuarbeiteten, und es gab den Außenminister von Ribbentrop, dessen Schwiegermutter allerdings einmal treffend festgestellt hatte: »Seltsam, daß mein dümmster Schwiegersohn den größten Erfolg hat!«[98] Zusätzlich gab es noch die unterschiedlichsten Interessen und Interessenten an diesen Geschäften – eigenartigerweise nicht nur im Inland, sondern teils auch im neutralen oder feindlichen Ausland. Dann gab es die Gestapo und die Agenten von Canaris, die über die unendlich zahlreichen Niederlassungen und Agenturen der Reichswerke in der ganzen Welt erfreut waren und diese als Anlaufstellen oder Niederlassungen betrachteten.

Wie wickelten sich nun diese Geschäfte ab? Bei der Vielfalt der Länder, Interessen und Reichswerkegesellschaften ging es verständlicherweise sehr unterschiedlich zu.

Bei Zusagen des Führers oder des Führerhauptquartiers achtete Pleiger selbst auf deren Erfüllung. Dem Duce, dem praktisch alles fehlte, hatte Hitler z.B. 1 Million Tonnen Kohle zugesagt, daneben noch Mineralöllieferungen, Rüstungsgüter usw. Das war für Pleiger verbindlich. Die Meinung von Ministerien, auch nicht von Speer oder Funk, hatte für ihn keinerlei Bedeutung. Pleiger kam auf der 16. Besprechung der Zentralen Planung vom 23. Oktober 1942 hierauf zurück:

> »Ich habe im November vorigen Jahres aufgrund einer Absprache mit dem Führer ein Abkommen mit Nobile getroffen, wonach Italien 1 Million Tonnen Kohle erhält. Aufgrund des Vertrages sollen die Italiener in den Gruben im Ruhrgebiet und Oberschlesien selbst fördern. So habe ich es schriftlich und mündlich vereinbart.«[99]

Speer kannte weder den Führerbefehl noch Pleigers Vertrag. Doch das war eigentlich normal. Er bat darum, zukünftig unterrichtet zu werden, doch Pleiger meinte, dabei käme nichts Neues heraus. Der Führerbefehl werde von ihm erfüllt. Die trotz der Zusagen fehlenden italienischen Arbeitskräfte könne auch Speer nicht herbeischaffen. Er selbst habe Nobile gedroht, direkt mit dem Duce zu verhandeln. Daraufhin seien wenigstens 5000 Mann gekommen, von denen noch 4000 Mann geblieben seien.

Landfried, der Staatssekretär des Reichswirtschaftsministeriums, ergänzte:

»Außerdem wird Herr Pleiger bestätigen, daß ihn diese Arbeiter mehr stören als nützen.«

Pleiger: »Ich brauche gediegene, gesunde Russen. Im übrigen bin ich gerade vom Führerhauptquartier gebeten worden, aufgrund der Führerbefehle Finnland, Ungarn usw. stärker zu beliefern.«

Auch diese Führerbefehle waren Speer völlig unbekannt. Zumindest schien Pleiger in gewissen rüstungswirtschaftlichen Fragen einen direkteren Draht zu haben:

Pleiger: »Da gab es nicht viel zu informieren. General Mannerheim hatte sich an den Führer gewandt, und so bekam ich von ihm die Anweisung, die ich auszuführen hatte.«

Milch: »Aber wie soll dann die Zentrale Planung die Produktion von Munition, Flugzeugen, Kanonen planen, wenn uns die Kohle fehlt! Die Italiener sind wie die Finnen doch auch hieran interessiert!«

Pleiger: »Sorgen Sie dafür, daß die zugesagten Arbeitskräfte endlich kommen, dann bekommt die Rüstung und das Ausland von mir die Kohle!«

Die anwesenden Speer und Sauckel fühlten sich in die Enge getrieben. Sauckel will Russinnen besorgen, die noch wirklich arbeiten können, Speer verweist auf seinen Erlaß, indem er die Verwendung von Steinbrucharbeitern für beliebige Zwecke bereits freigegeben habe. Diese Feststellung erheitert die kleine Runde, da in den Steinbrüchen nur noch alte, unbrauchbare Arbeiter tätig sind. Doch Speer weiß noch einen Rat: In dem KZ-Lager Mauthausen sieht er Reserven. Pleiger hatte sich allerdings den Steinbruch von Mauthausen und auch den von Natzweiler, die beide für Speers Parteibauten arbeiteten, bereits selbst angesehen. Diese KZler seien völlig ungeeignet. Dagegen habe er mit Himmler vereinbart, daß dieser eine oberschlesische Kohlengrube mit KZlern aus Auschwitz selbständig betreibe.

Zum Außenhandel mit Finnland ist anzumerken, daß das Nickelerz aus Petsamo benötigt wurde, und zu Ungarn, daß die Erdöllieferungen auf dem Tausch gegen Kohle beruhten.

Es gab auch sonst noch Außenhandel mit Italien, in den die Reichswerke verwickelt waren. So ließ Göring im Sommer 1942 Damenstrümpfe und Damenwäsche in Militärzügen aus Italien kommen, um sie im Reich auf dem Schwarzmarkt verkaufen zu lassen. Milch erfuhr davon, da sein General Lörzer diese Schiebungen zu organisieren hatte. Auch Körner, Staatssekretär und Aufsichtsratsvorsitzender der Reichswerke (bis zu der Zeit), war an den Geschäften beteiligt. Das Tollste am Geschäft war, daß es sich um Waren handelte, die Deutschland vorher aufgrund vertraglicher Verpflichtungen an Italien zu liefern hatte. Gleich hinter dem Brenner wurden die Züge wieder umgeleitet.

Speer hatte dann im Herbst 1943 den Mut, in einer Rede vor den Gauleitern auf gewisse Export- und Importgeschäfte hinzuweisen, die zukünftig besser zu kontrollieren seien. Er erntete damit lediglich Ärger. Er hatte nicht begriffen, daß es auch im Nationalsozialismus einen Unterschied gab zwischen Machtausübungen und denen, die zu gehorchen hatten.

Kohle brauchten die Verbündeten – und die Kohle brauchte Arbeitskräfte. Wenn nun Hitler davon ausging, die Zusagen Sauckels wären verbindlich, und andererseits Speer vertraute, die hierauf aufbauenden Pläne wären korrekt und die Zuteilungen über sein Rüstungsministerium wären sorgfältig durchdacht, so waren seine Zusagen nicht überzogen.

In Wirklichkeit arbeitete Sauckel häufig mit Phantasiezahlen. Und er war unfähig, sich bei den militärischen Dienststellen und den zivilen Behörden so durchzusetzen, Kriegsgefangene und Ostarbeiter dort einzusetzen, wie es geplant war.

Speer wiederum hatte sein Rüstungsministerium zu einem Organisations- und Planungsministerium ausgebaut, das nicht aus Mangel an Material, sondern aus Mangel an Organisation zu einem Improvisations-Ministerium wurde. Kehrl, einer der fähigsten und entscheidendsten Leute dieses Ministeriums, beschreibt sich selbst daher in seinen Memoiren als »Krisenmanager«. Im übrigen wurden die von Kehrl bzw. Speer aufgestellten Pläne für die entscheidenden Rohstoffe trotz dieser Mängel über die Reichswerke eingehalten und überschritten.

Damit Pleiger die vorhandene Kohle liefern konnte, legte er sich auch mit den Militärs an. Er hatte Transportprobleme und teilte daher dem I Qu, General Wagner, mit, er könne zukünftig die im Osten benötigte Kohle lediglich von den Halden im Donezbecken bekommen. Speer wollte Pleiger Schützenhilfe geben und sofort mit Wagner telefonieren. Pleiger verzichtete auf dieses Gespräch: »Der wird nicht schnell genug handeln. Ich habe darum einfach die gesamte Lieferung von Kohle in den Osten am 1. Februar gesperrt.«

Als Landfried Speer gegenüber meinte, der Führer verspreche dem Ausland manchmal zu hohe Lieferungen – und zwar im Beisein von Speer –, bestritt dieser, hiervon überhaupt etwas zu wissen. Richtig wäre es, Pleiger bei solchen Sitzungen stets hinzuzuziehen. So allerdings wurde es auch gehandhabt, wenn Speer nicht gefragt war. Auch bei den Beratungen der Zentralen Planung über eine generelle Kürzung der Kohleexporte kniff Speer. »Diese Entscheidung kann lediglich nur der Führer treffen!« Diese Fragen wurden dann ohne Speer zwischen Hitler und Pleiger abgesprochen.[100]

Speers positiver Beitrag zu diesen Kohleproblemen war die Idee vom »Kohlenklau«, um Haushaltskohle einzusparen. Ein praktischer Nutzen kam allerdings hierbei nicht zustande.

Neben der Kohle war es vor allem der Rüstungsexport, der für die Reichswerke eine gewisse Rolle spielte. Es mag vielleicht überraschen, daß im Kriege echter Rüstungsexport in neutrale Länder möglich war, nicht nur in Bündnisländer, denen die Waffen fehlten.

So waren es die Schweiz und Portugal, in denen die Reichswerke Tochterfirmen für Rohstoffe und Rüstung unterhielten, genauso wie in Schweden, wo zusätzlich Verpflichtungen durch dessen Erzlieferungen entstanden. Es war auch die Türkei mit ihren Nickelgruben und ihrem Rüstungsbedarf. Zusätzlich war sie Durchgangsland für bescheidenere Waffenlieferungen in den Mittleren Osten.

Es gibt noch etliche andere Länder in diesem Zusammenhang zu erwähnen. Besonders interessant und kurios war allerdings der Waffenhandel mit Brasilien.

Krupp hatte seit jeher maßgeblichen Anteil am Ausbau der brasilianischen Rüstung. Die Reichswerke kamen dann mit ins Geschäft, als Rheinmetall-Borsig Tochterfirma der Reichswerke wurde und in den harten Konkurrenzkampf zu Krupp einstieg. Ernsthafte Kontakte kamen im Anschluß an den Staatsstreich von Vargas vom 10. November 1937 zustande. Sein Kriegsminister wurde der deutschfreundliche Dutra. Das brasilianische Heer sollte mit deutschen Waffen aufgerüstet werden. Krupp und Rheinmetall trafen das Agreement, mit dem Rheinmetall Zulieferer für Krupp wurde. Es ging insgesamt um die Lieferung von Hunderten von Gebirgsgeschützen, Haubitzen, Flakgeschützen, Panzerabwehrgeschützen, Munition. Insgesamt sollten 8281 Geschütze geliefert werden.

Die deutsche Rüstungsindustrie war auch im Kriege in der Lage – zumindest bis Herbst 1941 –, Exportaufträge abzuwickeln. Die Fertigung für die deutschen Truppen wurde tatsächlich bis Mitte des Krieges gedrosselt.

Später mußten aus der für Brasilien vorgesehenen Produktion 7,5- und 10,5-cm-Geschütze für die Front beschlagnahmt werden, weil das Rüstungsministerium, nicht etwa die Rüstungsindustrie, die rechtzeitige Produktionssteigerung verschlafen hatte.[101]

Krupp und Rheinmetall hatten durch die alliierten Luftangriffe darüber hinaus Produktionseinschränkungen. Dafür konnten Skoda und die Brünner Waffenwerke einspringen – Skoda hatte im übrigen bereits ab 1938 zusätzlich an Brasilien geliefert.

Die Exporte, an denen die Reichswerke gut partizipierten, machten schon 1938 rund 42 Prozent der gesamten deutschen Rüstungsexporte aus. Selbst der Kriegsausbruch brachte keinen Einbruch. Die USA waren allerdings nicht glücklich über die deutsche Exportoffensive. England dachte da ganz anders. Und England war auch nicht daran interessiert, das sowieso sehr angespannte britisch-brasilianische Verhältnis zusätzlich zu belasten.

Nach dem Frankreich-Feldzug nahm Brasilien weiteren Kontakt auf, um aus der deutschen Kriegsbeute das Material französischer motorisierter Divisionen sowie dreier Feldartillerieregimenter anzukaufen. Notfalls könnte die Verschiffung durch die brasilianische Kriegsmarine durchgeführt werden.[102] Diese Absprachen liefen schon direkter über die Reichswerke, und zwar über die Tochterfirma der Skoda mit so prominenten Aufsichtsratsmitgliedern wie Eugène Lapebie und den Earl of Carlisle in London, die Niederlassung der Omnipol in Rio, in der gleichzeitig die Gestapo ihr Heim gefunden hatte. Aus diesem Geschäft wurde allerdings nichts. Man dachte schon an die Nachkriegszeit mit ihrem Ersatzteil- und Ergänzungsbedarf, wollte also lieber deutsche Waffen liefern.

Nun stellt sich die Frage, wie eigentlich der Transport gehandhabt werden sollte, wo doch Seeblockade herrschte. Das Kabinett Chamberlain kam den Geschäftspartnern entgegen. Rio und London vereinbarten, daß diese Kanonenlieferungen selbstverständlich keine Bannware seien. Lediglich bei der Rücklieferung von Rohstoffen aus Brasilien stellte man sich kleinlicher an, doch auch das Geschäft lief nicht schlecht. Nur Mangan- und Eisenerz stand auf der Sperrliste.

Rund 80 Handelsschiffe mit wertvollen Ladungen – Baumwolle, Kautschuk, bestimmte Metalle – erreichten deutsche Häfen. Besonders wertvolle Ladungen, d.h. geheime Ladungen, liefen über Handels-U-Boote.

Noch im Jahre 1941 war Brasilien Deutschlands wichtigster südamerikanischer Handelspartner. Rohstoffe im Wert von RM 23,6 Millionen erreichten Deutschland, während Brasilien für RM 10,8 Millionen importierte. 1940 betrug der entsprechende deutsche Import Erzeugnisse im Werte von 25,1 Millionen RM.[103]

Doch es gab auch militärpolitische Überlegungen. Der

Einmarsch in die Sowjetunion hatte Churchill und Stalin zu Verbündeten gemacht. Auch die USA und England rückten näher zusammen. Besorgt stellte man sich die Frage: Würden die Sowjets der Angriffswucht der deutschen Armeen standhalten? Und die USA hatten Angst vor einer »Fünften Kolonne« in Südamerika, gestützt von Mussolini und Franco. Jedes Mittel, das deutsche Potential in Rußland zu schwächen und das alliierte Ansehen in Südamerika zu stärken, konnte also nur nützen.

So gesehen, kann man verstehen, daß die deutschen Waffenlieferungen an Brasilien nicht behindert wurden.

Mitte Juli 1941 hatten England und die USA zugestimmt, entsprechende Transporte über Portugal abzuwickeln. Die Verschiffung sollte wie gesagt mit US-Frachtern erfolgen. So lief am 23.8.1941 der Frachter »Exeter« in Lissabon nach New York aus mit deutschen Waffen und Munition. Ihm folgte dann die »Excambion«.

Deutsche Seestreitkräfte behelligten den Transport nicht, obwohl man mit den USA auf See praktisch schon im Kriegszustand war.

In New York wurde dann umgeladen auf brasilianische Schiffe, und Anfang November 1941 war alles wohlbehalten in Rio eingetroffen.

In deutschen Zeitungen durfte über das Geschäft nicht berichtet werden – für deutsche Soldaten an der Ostfront, denen es an Nachschub mangelte, wäre dies unfaßbar gewesen.

Neben dem Handel über Blockadebrecher gab es den offiziellen Handel über Portugal. Lissabon wurde Umschlaghafen für Waren und Agenten. Im November 1940 verließ die »Siqueira Campos« mit über 100 Feldgeschützen und ebensoviel 8,8-cm-Flakgeschützen Lissabon mit Kurs Rio. Auftauchende britische Kriegsschiffe verschwanden nach kurzem Signalaustausch. Deutsche U-Boote, die

hier bereitlagen, drehten ebenfalls rechtzeitig ab. Die Über-
raschung kam dann später durch britische Zerstörer. Das
Schiff mußte zur Überprüfung nach Gibraltar. Es kam zu
diplomatischem Druck. Berlin wartete auf einen britisch-
brasilianischen Konflikt. Doch England gab nach. Weiteres
Rüstungsmaterial wurde vorübergehend im Lissabonner
Hafen eingelagert und von US-Schiffen, der »Exeter« und
der »Excambion«, transportiert. Wie man sieht, gab es
selbst im Kriege überraschende Entwicklungen, wenn es
ums Geschäft ging.[104]

Auf Druck der USA mußte Brasilien am 28. August 1942
Deutschland formell den Krieg erklären. Doch nach
Sprachregelung des Auswärtigen Amtes galt Brasilien
weiterhin nicht als Feindstaat. Um den USA entgegen-
zukommen, wurde ein symbolisches Truppenkontingent
aufgestellt und etwa zwei Jahre später nach Italien verladen.

All dieses änderte nichts daran, daß es für viele Brasilia-
ner selbstverständlich war, offen für Hitler ihre Sympathie
zu bekunden. Viele ihrer Kinder bekamen als Taufnamen
Hitler, so Hitler de Cunha Souza, Hitler de Souza Costa
usw. Nach dem Kriege wurden dann oftmals aus diesen
kleinen Hitlers Adolfos.[105]

IV.

DAS PROBLEM DER ARBEITSKRÄFTE

Nachdem im Nürnberger Prozeß der glorifizierende und mit Carlowitzschen Texten versehene Film über den Aufbau der Reichswerke »Hermann Göring« in Salzgitter gezeigt worden war, wurde als »milder« Schock eine zweite Filmdokumentation vorgeführt. Es handelte sich um einen Streifen, der wahrscheinlich am 12. Mai 1945 vom Armee-Laboratorium des Heeres-Bilderdienstes, Kameramann Townsend-Hudson, in Salzgitter gedreht worden war. Auf dem Ergänzungsblatt zu dem Film wird beschrieben:

»Beschreibung: Die großen Hermann-Göring-Werke in Braunschweig sind von ungefähr 50 Lagern umgeben, von denen jedes ungefähr 2000 Arbeiter beherbergt, die aus Frankreich, Holland, Rußland, Polen und Belgien herbeigeschafft wurden, um in dieser ungeheuer großen Fabrik zu arbeiten.

Jetzt ist der Frieden wieder in Europa eingekehrt, jetzt liegt diese Fabrik still, ihre Arbeiter wurden wieder in ihre eigenen Länder zurückgebracht, und zwar in einer Quote von ungefähr 1200 pro Tag.

Viele Insassen dieser besonderen Lager wurden dort zurückgelassen, begraben in deutscher Erde. Alle, die zu alt und zu schwach waren, durchzuhalten, wurden ausgeschieden, viele wurden hingerichtet, Hunderte erkrankten, einige wenige wurden von französischen Lagerärzten gesund gepflegt. (...)

Bilder vom Friedhof zeigen die Begräbnisstätten von ungefähr 10 000 Russen, Polen, Franzosen, Tschechen und Holländern, vier und fünf in einem Grab, ungefähr 6000 Franzosen liegen auf diesem Friedhof. Einige Gräber wurden von Freunden mit Kreuzen versehen.« (...)

Dieser Bericht ist erschütternd; er hat nur den Fehler eines jeden Propagandafilms: er stimmt nicht. Kriegsberichterstatter machten sich die Arbeit zu leicht. Das ist verständlich. Unverständlich ist, mit so etwas 1947 die Anklage im Wilhelmstraßenprozeß zu erhärten.

Diesem Bericht läßt sich die wahre Schilderung von Pleiger bei seiner Vernehmung gegenüberstellen: Er sei nach vorübergehender Verhaftung durch die Amerikaner wieder als Leiter der Werke im Salzgittergebiet eingesetzt worden und hätte die Werke trotz der Fremdarbeiter jederzeit betreten können, ohne im geringsten belästigt worden zu sein.

Vorweg, um Mißdeutungen auszuschließen, sei daran erinnert, daß die Reichswerke nicht nur Salzgitter waren, daß die Todeszahl für Salzgitter stimmen kann, aber grundsätzlich das Prinzip galt, daß in den Werken gearbeitet und in den Lagern gestorben wurde. Und gestorben wurde nicht in Anwesenheit des biederen Herrn Pleiger. Sterben mußten auch nicht nur 10 000 Fremdarbeiter, sondern viele Hunderttausende – umgebracht, nachdem sie durch ihre Arbeit ihre Pflicht erfüllt hatten und nutzlos geworden waren. Für die Reichswerke starben die in KZ-Gaskammern, die man wegen Arbeitsunfähigkeit zurück in eines der Vernichtungslager oder sonstige Konzentrationslager gebracht hatte und wenn durch Reichswerkepersonal, Werksärzte und Ausbilder die Arbeitsuntauglichkeit festgestellt wurde. Dieses allerdings war zwar unmoralisch, jedoch kein Mord. Diese Kreise wurden später nicht behelligt, sondern behielten ihren Arbeitsplatz oder eröffneten ihre private Arztpraxis. Man hatte ja lediglich Befehle ausgeführt oder »unwissend« unterstellt, daß Befehle existierten. Auch der »Glaube« an solche möglichen »Richtlinien« entlastete vor dem deutschen Richter.

1. Belegschaft bzw. Beschäftigte innerhalb des Machtbereichs der Reichswerke »Hermann Göring« einschließlich der vorläufig noch unter »Treuhandschaft« stehenden und noch nicht in das Eigentum übergegangenen Unternehmen

Bei dieser Zusammenstellung des politischen Syndikats – Konzern wäre ein zu einschränkender Ausdruck für dieses Machtgebilde – handelt es sich um Arbeitskräfte, die direkt für Aufbau, Produktion und Einsatz den Reichswerken unterstanden.

Erschwernisse und Ungenauigkeiten ergeben sich daraus, daß bestimmte Beschäftigungsgruppen und Unternehmensbereiche streng geheim behandelt wurden. Trotzdem sind die Zahlen aus indirekten Angaben so gut wie möglich abgeleitet. Unvermeidliche Schätzungen sind bewußt niedrig gehalten.

Laut Petzina wurden in der Produktion der Reichswerke 1940 ca. 600 000 Arbeitskräfte beschäftigt, laut Veröffentlichung im Vierjahresplan im Jahre 1941 ebenfalls ca. 600 000 Mann.[1] Was jeweils unter »Reichswerke« zu verstehen ist, wird in beiden Veröffentlichungen wohlweislich ausgeklammert. Fest steht, daß es in der Zwischenzeit praktisch drei Reichswerke-Konzerne gab und daß darüber hinaus in der kurzen dazwischen liegenden Zeit zahlreiche weitere Unternehmen außerhalb dieser »Blocks« übernommen wurden. Verlaß ist also genau so wenig auf Petzina wie auf den Vierjahresplan.

Für diese Fehler sollte man Verständnis aufbringen.

Manches wurde nicht oder durfte nicht veröffentlicht werden. Dann ging die weitere Entwicklung derartig stark nach oben, manchmal innerhalb weniger Wochen, so daß auch den offiziellen Stellen der genaue Überblick verlorenging. Einigermaßen sicher sind die Angaben über die relativ wenigen »Reichsdeutschen«, die beschäftigt wurden. Schon bei den »Volksdeutschen« wird es kritisch, weil ihr Status nicht unabänderlich war und vom Wohlverhalten abhing. Heute konnte man noch »Volksdeutscher« sein und morgen bereits »Zwangsarbeiter« oder »Reichsdeutscher«.

Wer für die Reichswerke »Volksdeutscher« war, ließ sich gar nicht einfach definieren. »Volksdeutsche« waren zum Teil deutschstämmige Minderheiten aus dem Ausland, andererseits reichte bei Polen oft die Religionszugehörigkeit aus, um zu einer Entscheidung zu kommen. War ein Pole nicht katholischen Glaubens, sondern Protestant, so wurde »deutsches Blut« in seinen Adern vermutet.

Grundsätzlich waren für die Reichswerke Dänen, Flamen, Holländer und Lothringer – Elsässer waren bereits »Reichsdeutsche« – erst einmal »Volksdeutsche« mit entsprechenden Privilegien, für die auch der Aufstieg in die Stammgefolgschaft vorgesehen war wie auch die spätere Einbürgerung. Entsprechend war das Gerangel um die Eintragung in die »deutsche Volksliste«.

Wurde man allerdings auffällig durch schlechte Arbeitsleistung oder mangelnde Einordnung, so erfolgte die Rückstufung zum Ausländer.

Die Folge war:
1. Der deutsche Werksausweis wurde eingezogen. Die Rückstufung zum Ausländer hatte erhebliche Lohneinbußen zur Folge.
2. Rückverlegung aus Wohnungen in die zahlreichen Barackenlager.

3. Rückstufung bei der Ernährung. Für die Deutschen gab es eine erheblich bessere Verpflegung.
Der Erfolg solcher Maßnahmen war verständlicherweise unumstritten.

Die Gesamtbelegschaft betrug unter Berücksichtigung der bereits genannten Einschränkungen für den Komplex Reichswerke um 1943/44 – zu einem Zeitpunkt, wo die Führung mit Ausnahme des Waffenbereiches Paul Pleiger unterstand – in etwa:

		Beschäftigte
Reichswerke AG f. Berg- und Hüttenbetriebe »Hermann Göring« (Montan-Block)		377 000
(nach Wysocki dagegen ca. 500 000) Berghütte Ost (BHO) mit 57 bekannten direkten Patenbetrieben der Reichswerke – vorwiegend Kohle- und Erzbergwerke, Hüttenwerke, Maschinenfabriken) und ausschließlich der von den Reichswerken vorübergehend vergebenen Patenbetriebe, z.B. an Krupp, Hoesch usw., jedoch einschließlich der zahlenmäßig unbekannten zahlreichen Patenbetriebe der Reichswerkeges. Steine und Erden GmbH	ca.	400 000
Bau AG Negrelli		10 000
	bis	120 000
je nach Bau- und Kriegslage Reichswerke AG für Waffen- und Maschinenbau (Waffenblock) u.a. mit Rheinmetall, Steyr-Daimler-Puch, Simmering, Grazer Maschinen, Pauker-Werke, Skoda, Brünner Werke, Nibelungenwerk – d.l. zeitweise dem Montanblock angeschlossen)		240 000

Reichswerke AG für Binnenschiffahrt	45 000
Kohlewirtschaft Deutsches Reich ausschließlich der unmittelbaren Reichswerkegruben	940 000
Kohlewirtschaft Frankreich, Belgien, Holland, Rußland ausschl. der unmittel-baren Reichswerke-Unternehmen – (z.B. außer den vergebenen Patenbetrieben)	730 000
Erzbergbau Minette (Lothringen u. Luxemburg einschl. ARBED-Bereich)	70 000
Erzbergbau Eisen, Mangan u. sonst. Metalle	30 000
sonstige ausl. Beteiligungen in Europa u. Übersee (vorwiegend Balkan, Griechenland, Norwegen, Südamerika u.a.)	15 000
Bauarbeiter (ausschl. Negrelli)	25 000
Konzentrationslagerhäftlinge und Wehrmachtshäftlinge einschl. derj. in den gemeinsamen Reichswerke-SS-Betrieben (Diese Zahlen durften nicht in den Unter-nehmensstatistiken erwähnt werden.)	80 000
(Ende des Krieges in Zusammenarbeit mit SS-Betrieben 100 000 bis 120 000)	

Sondereinheit Geilenberg, OT, Reichsarbeitsdienst, Wehrmacht bis 370 000
(Diese Zahl schwankte stark und sehr schnell. Zeitweise betrug die Geilenberg-Sondereinheit allein bis zu 350 000 Beschäftigte.)

ca.   3 400 000[2]

Diese Zahlen sind ungenau und können um +/- 10 Prozent differieren.

2. Arbeitermangel statt Arbeitslosigkeit

Pleiger glaubte einst daran, daß eine kräftige Belebung des Arbeitsmarktes durch neue Industrien eintreten würde. Er glaubte daran, daß dies das geeignete Mittel sei, um die Arbeitslosen von der Straße zu holen.

Für Salzgitter hatte er übersehen, daß dieses landwirtschaftlich genutzt wurde und Arbeitslosigkeit nicht kannte.

Zum Zeitpunkt der Gründung der Reichswerke fehlten bereits die Arbeitskräfte, besonders die Facharbeiter. Für den zuerst einmal in Betrieb genommenen Erzbergbau war es schon schwer, die Bergleute der bereits vorhandenen Gruben Finkenkuhle, Haverlahwiese und Hannoversche Treue für die neuen Reichswerke überhaupt zu halten. Noch schwerer wurde es, einige hundert zusätzliche Bergleute aus den anderen deutschen Revieren zu bekommen. Es bedurfte zusätzlicher Lohnanreize, um aus Oberschlesien, dem Ruhrgebiet und von der Saar zumindest so viele Arbeitskräfte unter Vertrag zu nehmen, daß die Förderung aufgenommen werden konnte. Von den Ideen, über die Reichswerke die Arbeitslosigkeit zu bekämpfen, war nichts geblieben.

Der Arbeitskräftemangel bewirkte für Salzgitter, daß die beteiligten Baufirmen ihre Fertigstellungstermine nicht einhalten konnten. Ähnlich sah es in Linz aus.

Materialengpässe traten zusätzlich auf, die wiederum durch fehlende Arbeitskräfte verursacht worden waren. Geplante Fertigstellungstermine platzten laufend.

Hinzu kam das psychologische Problem, daß die deutschen oder deutschstämmigen Arbeiter fast ausnahmslos kamen mit der Hoffnung auf sozialen Aufstieg. Andere kamen, weil sie in ihrem Heimatort als »politisch unzuverlässig« eingestuft waren und dort trotz Vollbeschäftigung keine Arbeit fanden. Bei den Reichswerken wurden sie eingestellt, da diesen die Möglichkeit der Wahl fehlte. Darüber

hinaus ergab sich für diesen Kreis sogenannter »Arbeitsloser« der finanzielle Anreiz, speziell für die Reichswerke,
daß vorerst einmal die Arbeitslosenvergütung mit den
Reichswerken verrechnet wurde und diesen Lohnkosten
nur in Höhe der Differenz zum Normallohn entstanden.[3]
Seit der Verordnung über die Dienstverpflichtung vom
1. Juli 1938 gab es behördliche Möglichkeiten, Salzgitter
Arbeitskräfte zuzuweisen. Gleichzeitig bestanden nur beschränkte Kündigungsmöglichkeiten, eingeschränkt, da die
Reichswerke als kriegswichtige Industrie eingestuft wurden.

Seit 1938 mußten bereits in größerem Umfange Ausländer angeworben werden, bis zum Kriegsausbruch vor
allem aus Italien, den Niederlanden und der Tschechei.

Mit Kriegsbeginn gab es bald andere Möglichkeiten, das
Arbeitskräfteproblem zu lösen. Mit Kriegsbeginn wurde
dieses Problem allerdings auch noch drückender – zum
einen durch das gewaltige Anwachsen des Konzerns mit
Angliederungen und Neugründungen von Unternehmen in
weiten Teilen Europas, zum anderen durch die Einberufung
zur Wehrmacht. Zusätzlich erschwerend kam hinzu, daß für
viele der in den besetzten Gebieten übernommenen
Betriebe die ehemaligen Arbeitskräfte fehlten: sie waren
teils versprengt, in Kriegsgefangenschaft geraten, umgekommen oder auch durch Zwangsmaßnahmen für andere
Arbeiten verpflichtet worden. Was die Reichswerke selbst
betraf, sah es so aus, daß man auch in diesen Fällen seitens
der Arbeitskräfte praktisch neu beginnen mußte. Wie ernst
die Lage tatsächlich war, deutet Paul Pleiger in einem Brief
vom 15.9.1939 an den damaligen Generalmajor von Hanneken an:

>»Sie wissen, Herr General, wie schwierig es für die Hermann-
Göring-Werke war, einen Stamm von guten, erfahrenen Berg-
arbeitern zu erhalten. Da wir keine Mittel unversucht ließen,

gelang es uns bis zur Ernennung des Generalbevollmächtigten für den Steinkohlenbergbau, Herrn Walther, zumindest den notwendigsten Stand an gelernten Bergleuten zu sichern. Seit Anfang des Sommers haben wir nun immer wieder versucht, eine Gleichstellung in der Behandlung des Erzbergbaus sowohl bei der Zuteilung der Arbeitskräfte als auch für den Mob.-Fall zu erreichen. Diese Versuche sind vergebens gewesen, trotzdem in einer Besprechung zwischen dem Generaloberst von Brauchitsch und Herrn Meinberg letzterer darauf hinwies, daß es unmöglich sei, im Kriegsfall die Eisenerzförderung zu steigern, wenn gleichzeitig Erzbergleute nicht nur eingezogen, sondern darüber hinaus auch neue Zuweisungen nicht erfolgen würden. (...)«[4]

Dieser Arbeitskräftemangel führte dazu, daß in manchen Betrieben ein Deutscher bis zu neun Ausländer zu beaufsichtigen hatte. Das mag wohl auch der Grund gewesen sein für den markigen Spruch des SS-Ehrenführers und Hüttenchefs Dr. Rheinländer:

»... alle leisten diese Arbeit gern im Bewußtsein, an einer großen nationalpolitischen Aufgabe mitarbeiten zu dürfen, und im stolzen Erleben des Führerwortes: ›Es ist herrlich, in einer Zeit zu leben, die ihren Menschen große Aufgaben stellt!‹«[5]

Allerdings heißt es in einem Bericht zur Belegschaftszusammensetzung seines Betriebes:

»Es werden ... Ausländer verschiedenster Nationen in ständig steigender Zahl beschäftigt, während die Anzahl der beschäftigten Deutschen bzw. deutschblütigen Arbeitskräfte eine absinkende Tendenz zeigt. (...) In den einzelnen Betrieben erreicht die Zahl der beschäftigten Ausländer 90 und mehr Prozent der Beschäftigten. Im Gegensatz hierzu ist in keinem Industriezweig ein derart hoher Anteil von Ausländern festzustellen. (...)«

3. Anwerbung von Arbeitskräften

Hier gab es Anordnungen der Reichswerkeführung, es gab »Selbsthilfemaßnahmen« der einzelnen Betriebsführer, es gab eigentlich alles, was an Tricks zur Umgehung bestehender Regelungen und Gesetze möglich war.

Selbst bei so scheußlichen Fragen, die die später gebräuchliche Form und Methode der Beschaffung von Arbeitskräften durch SS-Einsatzkommandos betrafen – durch Absprachen mit dem Reichsführer SS, dem Leiter des SS-Hauptamtes für Verwaltung und Wirtschaft, SS-Obergruppenführer Pohl, dem Leiter der Konzentrationslager, SS-Gruppenführer Glücks, dem Generalbevollmächtigten für den Arbeitseinsatz, SS-Obergruppenführer Sauckel, dem OKW und OKH oder dem jeweiligen Leiter des Kriegsgefangenenwesens –, blieb letzten Endes immer noch im Raum stehen, ob es sich selbst bei diesen Zwangsmaßnahmen nicht doch des öfteren um eine Art »Anwerbung« handelte.

Es war so, auch wenn es kaum glaubhaft erscheint, daß es viel Streit mit den »Mitbewerbern«, z.B. den IG Farben, gab, wer welche Gruppe von Zwangsarbeitern – KZ-Häftlinge, Ostarbeiter usw. – bekam. Bei diesem Streit ging es weniger um humanitäre, sondern vielmehr um wirtschaftliche Gründe.

Für bestimmte Unternehmen gaben die Reichswerke den Ostarbeitern den Vorzug gegenüber den KZ-Häftlingen. Der Ostarbeiter und auch der russische Kriegsgefangene war billiger als ein Häftling aus einem SS-Lager, und er leistete bei ähnlicher Unterkunft und Verpflegung mehr, und man sparte Bewachungskosten. Am günstigsten war es, Zwangsarbeiter zu beschäftigen, denn dann vermied man zusätzlich mögliche Kontrollen durch das Kriegsgefangenenwesen oder das Internationale Rote Kreuz.

Bei den angeworbenen Kräften ist es wiederum bei den Reichswerken wichtig, auf den kleinen Unterschied »deutschblütig« oder »deutschsprachig« zu achten, hierin liegen für Unterbringung, Einordnung und Aufstieg einige Überraschungen.

Anwerbungen erfolgten bis Anfang des Krieges durch Werbekolonnen und Anwerbebüros im In- und Ausland.[6] Auch während des Krieges existierten diese Büros, hatten aber mit Anwerbung im üblichen Sinne wenig zu tun. In der Zwischenzeit war es soweit gekommen, daß den von den Werbern gemachten Versprechungen über Sonderkommandos der Gestapo, Polizei – einschließlich derjenigen der besetzten Länder –, SS- und Wehrmachtseinheiten nachgeholfen wurde.[7]

Am Anfang war man hierbei selbst oder mit Hilfe Sauckels aktiv. Als Sauckel selbst mit seinen rüden und bestialischen Methoden versagte, mußte er für den Osten – wo er ja gerade seine umfangreichsten Menschenjagden veranstaltet hatte – seine Kompetenzen an Pleiger abtreten. Es fiel ihm schwer, doch seine zahlreichen Telegramme an Hitler, Bormann, Speer usw. nutzten nichts.[8]

Pleiger unterstand lediglich Hitler. Weisungen kamen als Führerbefehl direkt oder über das Führerhauptquartier, d.h. von Keitel. Sauckel hatte die Pleigerschen Anforderungen zu erfüllen, oder, wie sich Pleiger gegenüber Speer auf einer Sitzung der Zentralen Planung ausdrückte: Führerbefehle sind bindend und auszuführen.

Ausländische Arbeiter hatte man bereits vor Kriegsbeginn angeworben. In Spanien, Ungarn, Bulgarien und vor allem in Rumänien hatte man hiermit auch während des Krieges Erfolg.[9]

In den besetzten Ländern sah es anders aus. Teils konnten noch freiwillige Verträge abgeschlossen werden, überwiegend ging man jedoch zu Deportationen über.

In Polen steigerte man die »Freiwilligenwerbung«, indem man durch Lebensmittelbeschlagnahmungen dem Auswanderungswillen nachhalf. Nach einer Arbeitspflicht-verordnung vom 26. Oktober 1939 hatten Polen auch die freie Wahl, entweder unentgeltlich für die Besatzungsmacht zu arbeiten oder einen Reichswerkevertrag freiwillig zu unterschreiben. Großzügigerweise verschaffte man den Polen im Dezember 1939 auch eine »Arbeitslosenunterstüt-zung«, die sie bisher nicht kannten. Diese hatte nur den Haken, daß jeder Unterstützungsempfänger automatisch verpflichtet war, freiwillig im Reich zu arbeiten.

Es gab auch andere Beispiele. In Frankreich war wie in Belgien ein Teil bereit, auf freiwilliger Basis für die Reichs-werke zu arbeiten. Es waren Vichy-Leute oder Wallonen. Die Mehrzahl allerdings kam nur unter Zwang.

Überraschenderweise gab es sogar bis Ende 1941 viele Ukrainer, die gern und freiwillig einen Arbeitsvertrag unterschrieben. Sie hatten das Stalin-Regime gehaßt. Die Ernüchterung kam bald, als sie dann genauso unmenschlich behandelt wurden wie die Zwangsostarbeiter und die russi-schen Kriegsgefangenen.

Bei den politisch und rassisch Verfolgten, denen man eine gute Leistung zutraute, ging man teils völlig undogmatische Wege. Dr. Paul Rheinländer, ehemals der katholischen Jugendbewegung zugehörig, konnte keine Beschäftigung finden, wurde dann jedoch von Pleiger für führende Auf-gaben eingestellt. Als Betriebsführer der Stahlwerke Braun-schweig und des Hüttenwerks Braunschweig erwarb er sich manche Verdienste – auch im Umgang mit den dort beschäftigten KZ-Häftlingen, die seinen berüchtigten Mor-genappell erwarten mußten, oder im Umgang mit den Zwangsarbeitern, die er bei geringsten Verfehlungen direkt oder über seinen Betriebsleiter Wurm der Gestapo zur entsprechenden Behandlung meldete. Trotz seiner »opposi-

tionellen« Haltung wurde er bald SS-Ehrenführer, was er
später fast vergessen hätte. Er mußte erst von Pleigers
Verteidiger in Nürnberg per Spickzettel hieran erinnert
werden.

Der ehemalige Referent General von Schleichers, Dr.
von Carlowitz, wurde Pleigers persönlicher Referent.
Durch ihn blieb der direkte Kontakt zur Leitung der
Abwehr. Zwar machte man ihm später den Vorwurf, er habe
in Kriwoi-Rog bei der Auswahl russischer Zwangsarbeiter
mitgewirkt, doch in der Zwischenzeit hatten ihn die Amerikaner bereits zum Kurator des Montanblocks in Berlin
bestellt. Eine Anklage wäre da peinlich gewesen.

Pleiger stellte ein, wen er als Fachmann auftreiben
konnte. Er nahm, wem er die verlangte Leistung zutraute.
Er nahm selbst Professor Bierett als Führungskraft, obwohl
er aus arischen Gründen im Heereswaffenamt nicht mehr
tragbar war.

Wie konnte sich Pleiger solche Eskapaden leisten? Wer
war er eigentlich? Eichholtz charakterisiert ihn als den
»Zuchtmeister der Industrie«.[10] Er selbst charakterisiert
sich als den »gut erzogenen Staatsbürger«. »Ich war nie
ein Judenfeind, Hauptsache, sie leisteten das Verlangte und
taten ihre Pflicht!«

4. Fremdarbeiter und die Probleme der Zeitverträge

Ob sich aufgrund der öffentlichen und geheimen Verordnungen über die Dienstverpflichtung eine gewisse Form
von »Zwangsarbeit« ableitete, mag juristisch interessant
sein, ist an diesem Platze allerdings unerheblich. Die Praxis
war so, daß »politisch Verfolgte«, die bei den Reichswerken
Unterschlupf fanden und nicht auffielen bei den zahlreichen
über die Abwehr mit Hilfe von Oberst Oster eingesetzten

Abwehrbeauftragten, ihren Vorgesetzten oder der stets gegenwärtigen Gestapo, froh waren, hier verpflichtet worden zu sein, um einigermaßen unbehelligt zu bleiben. Selbstverständlich handelte es sich bei diesem Kreis lediglich um Reichsdeutsche, denen das Glück beschieden war, dem KZ entkommen zu sein.

Schwer ist es, immer zwischen Fremd- und Zwangsarbeiter zu unterscheiden. Üblicherweise waren Ausländer mit Zeitverträgen Fremdarbeiter. Ein anderer Unterschied bestand in der Unterbringung, der Verpflegung, der Bewachung und der Kennzeichnung der Kleidung – P für Polen, Ost für Russen – bzw. der arbeitsvertraglichen Regelung. Zeitverträge der Fremdarbeiter wurden überwiegend auf staatlicher Ebene ausgehandelt. Und diese Zeitverträge enthielten auch den Anspruch auf Urlaub in der Heimat und die Zahlung des vereinbarten Lohnes in bestimmten Währungen.

Hieran erkennt man leicht, daß Fremdarbeiter bei den Reichswerken gar nicht so gern beschäftigt wurden. Es zeigte sich, daß die Mehrzahl aus dem ersten Heimaturlaub nicht zurückkam. Den Arbeitsbedingungen der Reichswerke zog man dann doch die Arbeitslosigkeit in der Heimat vor. Andere brachen die Verträge, weil sich die Reichswerke nicht an die vertraglich ausgehandelten Bedingungen hielten und Devisenüberweisungen an die heimatliche Familie schwierig waren. Teils hungerten nicht nur die Fremdarbeiter, sondern auch die in der Heimat verbliebenen Familien, weil ihnen einfach das Geld fehlte. Es gab Fremdarbeiter mit Arbeitsverträgen aus bestimmten Gebieten Frankreichs, Belgiens, Hollands, Ungarns, Spaniens, Rumäniens, dem Generalgouvernement (hier waren es in der Regel polnische Ukrainer), dem Reichsprotektorat, also der Tschechei, der Slowakei usw. Eine vollständige Aufzählung sagt nicht viel aus.

Pleigers grundsätzliche Einstellung zu Fremdarbeitern drückt er klar in einem Brief vom 30. August 1943 aus: »Wir können keine Fremdarbeiter mit Verträgen gebrauchen. Diese Verträge laufen jeweils 1 Jahr, und ein halbes Jahr brauchen wir zum Anlernen.«[11] Dieser Brief stammt allerdings aus einer Zeit, wo nur noch sehr vereinzelt Fremdarbeiter beschäftigt bzw. neu eingestellt wurden. Die große Masse bestand schon lange aus Zwangsarbeitern der verschiedensten Form.

Wer war nun eigentlich Fremdarbeiter bzw. wer erhielt außer den Reichsdeutschen einen Arbeitsvertrag, der auch eingehalten wurde? Da gab es erst einmal die Kräfte aus den bis zum Kriegsbeginn annektierten Gebieten. Beginnen wir mit Österreich. Von hier kamen selbstverständlich nur »Großdeutsche« , denen allerdings, wie aus den Berichten der Rüstungsinspektion XI hervorgeht, die Rückkehr aus dem Heimaturlaub zur Hälfte nicht paßte. Speziell war der Ruf der Kräfte aus Wien und Wiener Neustadt. Die Wiener drängten zum Aufstieg in Führungspositionen, die Wiener Neustädter waren sozialistisch gesinnt und landeten oftmals in Zwangslagern und KZs.

Die nächste Gruppe kam aus dem Sudetenland. Auch hier handelte es sich nicht um echte Fremdarbeiter, jedoch um Leute mit Zeitverträgen, die nur vereinzelt, wenn es sich nicht gerade um überzeugte Henlein-Anhänger mit Aufstiegschancen handelte, aus ihrem Heimaturlaub zurückkamen.

Die Tschechoslowakei war ein besonderes Problem. Hier wurden die verschiedenen Volksgruppen sehr unterschiedlich angesehen und auch behandelt. Die Tschechei war von Anfang an oppositionell eingestellt. Dazu kam eine geringe Arbeitslosigkeit. Aussortiert wurden besonders für die österreichische Unternehmensgruppe Alpine diese oppositionellen Kräfte. Von diesen wird in steigendem Maße

Widerstand geleistet. Wie gegen sie vorgegangen wurde, läßt sich in einem Brief vom 9. August 1939, den der Betriebsführer Krutschinna an sein Vorstandsmitglied Sprick schreibt, nachlesen:

>>In Steyr besonders niedrige Leistung der Tschechen. 20 der Arbeitsunwilligsten werden nach hier (Linz, d. Verf.) überführt, wo mit geeigneten Mitteln ihre Arbeitsunlust gebrochen wird. Für die in Steyr verbleibenden Tschechen muß die Gestapo ebenfalls brutalere Methoden einführen mit Festnahme und körperlichen Strafen.<<

Auch in diesen Fällen handelt es sich um Fremd- und nicht um Zwangsarbeiter.[12]

Echte Fremdarbeiter kamen aus der befreundeten Slowakei. Arbeitskräfte aus den an Ungarn und Polen abgetretenen Gebieten waren überwiegend Fremdarbeiter und wurden erst später Zwangsarbeiter. Fremdarbeiter aus Polen gab es nicht. Das Problem der >>Volksdeutschen<< ist ausgeklammert und läßt sich so einfach nicht abtun.

Aus Rumänien kamen außer den Siebenbürger Volksdeutschen auch sonst zahlreiche Arbeitskräfte, die einen Fremdarbeitervertrag erhielten. Die ersten Rumänen kamen im November 1941. Zusätzlich hatten sich die Reichswerke sogar verpflichtet, rumänische Lehrlinge auszubilden. Heftige Proteste der Eltern gegen die Behandlung ihrer Kinder in Salzgitter veranlaßte dann die rumänische Regierung zum Einschreiten. Die Reichswerke waren allerdings nur bereit, diese Jugendlichen im Austausch gegen andere Arbeitskräfte zu entlassen.[13] Grundsätzlich ist es zumindest ab Kriegsbeginn schwer, klare Unterscheidungen zwischen Fremd- und Zwangsarbeitern aufzustellen. Der Status konnte sich schnell ändern. Man konnte von heute auf morgen von einer Fremdarbeiterbaracke in eine Zwangsarbeiter- oder Häftlingsbaracke verlegt werden.

Kompliziert ist die Abgrenzung zwischen »Reichsdeutscher« und »Volksdeutscher«. Österreicher, Sudetendeutsche, Danziger und Nordschleswiger waren selbstverständlich Reichsdeutsche mit vollem Lohn und den sonstigen Privilegien. Arbeitskräfte aus dem ehemaligen polnischen Oberschlesien konnten »Volksdeutsche« oder auch »Reichsdeutsche« sein. Die Einstufung ergab eine Überprüfung. Man gab sich zwar große Mühe, Volksdeutsche heim ins Reich zu holen. Doch ob man letzten Endes wieder Ausländer wurde oder Reichsdeutscher, ergab sich erst später. »Volksdeutsche« waren zum Teil deutschstämmige Minderheiten aus dem Ausland, andererseits reichte auch der Nachweis aus, wenn ein »entfernter Verwandter deutsches Blut« in den Adern hatte, oder auch, wenn ein Pole Protestant statt Katholik war.[14]

Dänen, Flamen, Holländer und Lothringer waren zunächst Volksdeutsche, denen bestimmte Privilegien zustanden, für die auch der Aufstieg zur »Stammgefolgschaft« vorgesehen war wie auch eine mögliche spätere Einbürgerung. Entsprechend war hier das Gerangel um die Eintragung in die deutsche Volksliste. Dafür wurde Vorbildlichkeit verlangt, sonst erfolgte die Rückstufung. Dabei ging man wie folgt vor:

1. Es wurde ihnen der Werksausweis als »Deutscher« entzogen mit Einbußen beim Lohn.
2. Aus Wohnungen kamen sie zurück in Baracken.
3. Seitens der Ernährung entfiel die Gleichstellung mit Deutschen.[15]

Der Erfolg solcher Maßnahmen war unumstritten. In der Regel hatten die Reichswerke hier ihre besten, auf jeden Fall fleißigsten Arbeiter gefunden – und für die Barackenlager auch die besten Aufseher.

5. Zwangsarbeitereinsatz

Zwangsarbeiter im üblichen Sinne gab es bis auf wenige Ausnahmen erst ab Kriegsbeginn.

1. Tschechen und Polen waren fast ausnahmslos Zwangsarbeiter.
2. Aus Frankreich, Belgien und Holland kamen bis 1940 sowohl Zwangs- wie Fremdarbeiter, später praktisch nur noch Zwangsarbeiter.
3. Von den befreundeten Staaten ist lediglich Italien zu erwähnen. Nach dessen Kapitulation wurden die italienischen Militärinternierten nicht als Kriegsgefangene, sondern als Zwangsarbeiter behandelt.
4. Die »Ostarbeiter«, eine besondere Kategorie von Zwangsarbeitern, sind hier nicht berücksichtigt.

Bei Berücksichtigung dieser Punkte ergibt sich etwa folgende Situation:

Deutsche und ausländische Arbeitskräfte insgesamt im Reich:

	Deutsche Arbeitskräfte		Ausländer und	Gesamt:
	Männer	Frauen	Kriegsgefangene	
Mai 1941	19 Mio.	14,1 Mio.	3,0 Mio.	36,1 Mio.
Mai 1942	16,9 Mio.	14,4 Mio.	4,2 Mio.	35,5 Mio.
Mal 1944	14,2 Mio.	14,8 Mio.	7,1 Mio.	36,1 Mio.

An Fremd- und Zwangsarbeitern beschäftigte man im Reich:

	Zivilisten	Kriegsgefangene	Gesamt:
Mai 1939	300 000	–	300 000
Mai 1941	1 750 000	1 270 000	3 020 000
Mai 1943	4 640 000	1 620 000	6 260 000
Mai 1944	5 300 000	1 830 000	7 130 000[16]

Eine gewisse Klarstellung der verwirrenden Zahlen bei den Zwangsarbeitern und Kriegsgefangenen ergibt sich aus dem

Nachweis des Verbleibs der sowjetischen Kriegsgefangenen nach dem Stand vom 1. Mai 1944:[17]
Gesamtanfall seit Kriegsbeginn im OKH-Bereich: 5 163 381 Kgf. (es handelt sich lediglich um die registrierten Kriegsgefangenen). Durch Tod auf dem Transport (ca. 2 Millionen), Umwandlung in Zwangsarbeiter und Einweisung in KZs mit hohen Todesraten, Flucht usw. reduzierte sich diese Zahl für den OKW-Bereich auf kümmerliche 877 980, von denen 724 309 als Arbeitskräfte in der deutsche Wirtschaft eingesetzt wurden.

Jacobsen operiert für den Bereich der russischen Kriegsgefangenen mit ähnlichen Zahlen: nach ihm wurden insgesamt 5,7 Millionen Kriegsgefangene gemacht, von denen etwa 3,3 Millionen den Tod fanden. Die relativ geringen Differenzen ergeben sich daraus, daß die Russen, die aufgrund des Kommissarbefehls vor der Registrierung erschossen wurden, im obigen Kriegsgefangenenbericht nicht erscheinen. Darüber hinaus gab es Zählfelder und Abweichungen beim Stichtag. Die Differenz bei den Todesfällen von etwa 500 000 bis 600 000 liegt in Wirklichkeit wahrscheinlich höher, d.h., daß die hohe Sterblichkeitsquote beim Einsatz in der Industrie, besonders im Bergbau, zu berücksichtigen ist. Abweichungen zwischen OKH-OKW-Zahlen ergeben sich auch aus Verlusten auf dem Transport und durch direkten Einsatz im OKH-Bereich, die also beim OKW nicht mitgezählt wurden.[18]

Doch verbleiben wir für die Reichswerke vorerst konkret bei den Zwangsarbeitern. Innerhalb der Reichswerke »Hermann Göring« wurden um 1943/44 in etwa folgende Zwangsarbeiter (ausschließlich Kriegsgefangene, KZ- und Wehrmachts-Häftlinge) in den genannten Unternehmensbereichen beschäftigt. Abweichungen treten auf, da die hohen Abkehrquoten nicht zum gleichen Termin über Neuzugänge ausgeglichen werden konnten:

	Zwangsarbeiter
Montanblock ausschließlich Kohlebergbau	205 000
Berghütte Ost	400 000
Bau AG Negrelli	80 000
Waffenblock	95 000
Kohlewirtschaft Deutsches Reich mit eingegliederten Gebieten (Die Ruhrzechen beschäftigten lediglich ca. 70 000 Zwangsarbeiter, davon 4595 Russen im Jahre 1944)	193 000
sonstige Kohlewirtschaft ausschließlich unmittelbarer Reichswerke-Unternehmen	550 000
Erzbergbau einschließlich Minette ausschließlich Montanblock	12 000
sonstiger Eisen- und Metallerzbergbau in Europa ausschließlich Berghütte Ost, Alpine u. sonst Montanbl.	25 000
Sonstige europäische Unternehmen, vorwiegend Balkan, ausschließl. Rumänien	3 000
Bauarbeiter ausschließlich Negrelli	18 000
Geilenberg-Sondereinheit (stark schwankend und bis zu 350 000 bis 360 000 Mann) ausschließlich Kriegsgefangene und Häftlinge	?
	ca. 1 580 000

= ca. 30 Prozent aller eingesetzten Zwangsarbeiter

Die Beschaffung der Zwangsarbeiter wurde im Laufe des Krieges immer mehr brutalisiert. Hier läßt sich keine allgemeine Regel aufstellen. Es ist auch nicht so, daß nun unbedingt mit Einsetzung von Sauckel als Generalbevollmächtigter für den Arbeitseinsatz eine besondere Wende eintrat. Bereits vor seiner Zeit gab es genügend Grausamkeiten. Während seiner Zeit gab es Bereiche, auf die er keinen Einfluß hatte. Nachdem er nach angeblichem Versagen für den Osten Aufgabenbereiche an Pleiger abzugeben hatte, gab es ab diesem Zeitpunkt durchaus keine humaneren Methoden. Und als Ende des Krieges niemand mehr wußte, woher die fehlenden Arbeitskräfte zu nehmen wären, änderten sich selbst die Methoden der SS-Einsatzkommandos, die nunmehr statt der restlosen Vernichtung der jeweiligen russischen Bevölkerung nun die Gesamtbevölkerung der niedergebrannten Orte einschließlich der Kommissare, Gefängnisinsassen, Frauen und Kinder als Zwangsarbeiter erfassen mußten.

Das heißt also, daß der berüchtigte »Kommissarbefehl« nicht mehr im ursprünglichen Sinne angewandt wurde. Selbstverständlich gab es Ausnahmen bei den einzelnen Einsatzführern, negative und positive. Pleiger war es z.B. durch seine Kontakte zum Einsatzleiter D, SS-Obergruppenführer Berger, Himmlers Kontaktmann zum Ostministerium und Leiter der E-Gruppen, gelungen, über dessen berüchtigstes Einsatzkommando Dirlewanger, das vorwiegend aus SS-Häftlingen zur Bewährung, Wilddieben u.ä. bestand, »Arbeitsmaterial« für die vordringliche Manganförderung zu bekommen.[19]

Am schlimmsten wurde es für die Ostvölker, die mit Ausnahme der Volksdeutschen zu den »Untermenschen« gehörten. So war es von Beginn an. In Polen versuchte man in den ersten Monaten noch, die Zwangsverschickung als »freiwillige Anwerbung« zu tarnen. Druck wurde durch Arbeitslosigkeit, Wohnungsverweigerung u.ä. versucht. Der Erfolg war trotzdem bescheiden. Bis Mitte Dezember 1939 konnten nur 30 000 Polen ins Reich vermittelt werden.

Daher wurden ab Anfang 1940 schärfere Maßnahmen ergriffen. Die bis Mai 1942 sogenannte »freiwillige Werbung« sah so aus, daß durch Polizeieinheiten Hetzjagden auf Einkaufende, Straßenbahn- und Busfahrende gemacht wurden. So heißt es in einer Chronik vom 15. Februar 1940:

»Gestern fanden in verschiedenen Straßen Warschaus Menschenjagden statt. Man hielt die Straßenbahnen an und fing alle jungen
Leute, Männer und Frauen.«

Es galt für Polen die »freiwillige« Gestellungspflicht. Eine
Verordnung für Minsk lautete:

»Wenn Sie diesem Verpflichtungsbescheid nicht nachkommen,
werden Ihre Familienangehörigen ins Verwaltungsstraflager einge-
wiesen und von dort erst entlassen, wenn Sie sich gestellt haben.
Ich behalte mir weiter vor, Ihr bewegliches und unbewegliches
Vermögen sowie das bewegliche und unbewegliche Vermögen
Ihrer Familienangehörigen zu beschlagnahmen. Außerdem werden
Sie gemäß § 5 obiger Verordnung mit Gefängnis oder Zuchthaus
bestraft bzw. einem Konzentrationslager zugeführt.«[20]

Bei den Anwerbungen in Frankreich meldeten sich manche
Vichy-Leute und Nazi-Sympathisanten freiwillig, doch der
größte Teil der Arbeitskräfte mußte durch den SD, durch
deutsche und französische Polizei und deutsches Militär
zusammengetrieben werden. Wie das vor sich ging, schildert Dr. Rotter, der Leiter des Pariser Anwerbebüros der
Reichswerke, im Bericht Nr. 5 vom 22. Juni 1943 für
Anwerbungen für die Hüttenverwaltung Westmark:

»Nachdem in Nantes 360 Mann, zum großen Teil Facharbeiter,
angeworben waren, sind zum Abtransport nur 60 Mann erschienen. (…)
    Ich habe heute Gelegenheit genommen, mit Herrn Regierungs-
rat Bach mich des längeren zu unterhalten. (…) Hiernach ist es so,
daß tatsächlich von den Arbeitern, die von französischer Seite zu
stellen sind, knapp 10 bis 15 Prozent zu den Transportzügen kommen. (…) Speziell die Jugendlichen versuchen, … in den Wäldern
Unterschlupf zu finden, so daß man … dazu übergegangen ist,

riesige Wälder abzusperren und mit französischer Polizei und deutschem Militär auszukämmen. (...)

So sind z.B. gestern von 6000 Mann, die die Präfekturen St. Cloud zu stellen sich verpflichtet hatten, keine 50 Mann erschienen. Heute früh soll der Präfekt verhaftet worden sein. (...)

Ich glaube aber, daß auch diese Maßnahmen keinen nennenswerten Erfolg haben werden, denn es hat den Anschein, als ob das französische Volk nun geeint gegen Deutschland steht. (...)

Unter den geschilderten Umständen erscheint es mir außerordentlich fraglich, Transporte von 2000 bis 3000 Mann zur Abfahrt zusammenzubringen. (...)«[21]

Für die unbedingt erforderlichen Rüstungsprogramme bekam Pleiger Kriegsgefangene und KZ-Häftlinge. Vorgegriffen – er hatte bereits KZ-Häftlinge in seinen Werken eingesetzt, als der Erlaß für diesen Einsatz, der erst von Speer kam, noch gar nicht vorlag![22]

6. Einsatz von Kriegsgefangenen und Militärstrafgefangenen

In der deutschen Wirtschaft beschäftigte man angeblich zum 31.5.1944 1 830 000 Kriegsgefangene. Für den Herbst 1943 nennt man die Zahl von 1 462 000 Mann.

Diese Angaben sind zweifelhaft. Mitgezählt wurden z.B. französische, belgische und polnische Kriegsgefangene, die jedoch in der Zwischenzeit zum großen Teil zu Zwangsarbeitern oder KZ-Häftlingen geworden waren. Korrekt handelt es sich um etwa 820 000 Kriegsgefangene.

Die Umstellung hatte verschiedene Gründe. Einmal entfiel dann die internationale Kontrolle anhand der Genfer Konvention. Dann entfiel ebenfalls die militärische Unterstellung. Dadurch wurde der Arbeitseinsatz erleichtert und bessere Arbeitsleistungen durch Gewährung von Vorteilen oder Strafen erzielt.

Umgekehrt sieht man in den rund 100 000 italienischen Militärinternierten, den sogenannten IMIS, lediglich zivile Zwangsarbeiter.

Korrekt kann man eher von folgenden kriegsgefangenen Arbeitskräften sprechen:

Russen	496 000 Mann
Serben	94 000 Mann
Sonstige	54 000 Mann
für Herbst 1943	644 000 Mann

Geht man davon aus, wie viele Russen in deutsche Kriegsgefangenschaft kamen, so ist es erschütternd, wie wenig von ihnen noch am Leben waren.

Hitler hatte einmal davon gesprochen, daß im Osten Siedlungsland bis zum Ural nötig sei und daß 3 Millionen Kriegsgefangene erhalten bleiben müßten für Sklavenarbeit. In seinen Tischgesprächen spricht er bei anderer Gelegenheit von 2,5 bis 3 Millionen guten russischen Arbeitskräften für den Autobahnbau in Rußland. Dabei waren nicht einmal die Kräfte vorhanden, um den Bedarf des Bergbaus in etwa zu decken. Pleiger waren frühzeitig Zweifel an dieser Prognose gekommen. Beschränkte er sich bei der Schlacht bei Kiew noch darauf (er hatte sich bereits während der Kämpfe einfliegen lassen), zunächst 12 000 Russen für den Erzbergbau in Kriwoi-Rog »abkommandieren zu lassen«[23], so war er doch in Fragen des Arbeitseinsatzes kriegsgefangener Russen erheblich früher aktiv. Er wandte seine übliche Methode an, indem er Göring gegenüber mit einem erheblichen Rückgang der Kohleförderung aus Arbeitskräftemangel drohte. Er deutete auch politische Folgen an, die er nicht verantworten könne und nicht tragen wolle.[24]

Göring war von Pleigers Forderung, ihm zur Abwendung der Misere 83 000 russische Kriegsgefangene zur Verfügung zu stellen, nicht begeistert. Er wußte auch von Hitlers ablehnender Haltung. Pleiger jedoch forderte über Staatssekretär Körner bereits am 2. September 1941 weitere 10 000 russische Kriegsgefangene für die Bauvorhaben Salzgitter, Linz und Brüx an.[25] Die gleichen Forderungen hatte Pleiger bereits am 20. Juni 1941, also wenige Tage nach dem Einmarsch, den Generalen Reinecke und Thomas gestellt

Görings vorerst einziger Trost war, »bei Pleigers Energie, die kaum einem zweiten Menschen zu eigen sei«, würde er die notwendige Kohle auch ohne die Russen fördern.[26]

Pleigers Initiativen hatten allerdings eines bereits frühzeitig erreicht: Man hatte die Frage des Arbeitseinsatzes russischer Kriegsgefangener im Bewußtsein, und damit kam Bewegung ins Geschehen. So kam es am 31. Oktober 1941 zu dem entsprechenden Führerbefehl über den Arbeitseinsatz. Zusätzlich hatte Pleiger durch seine Vorstöße erreicht, daß diese Entscheidung auf einmal »Hitlers Weitsicht« zu verdanken sei.[27]

In welchem Umfang Kriegsgefangene im Bereich der Reichswerke ausschließlich der russischen Werke beschäftigt wurden, läßt sich einigermaßen genau feststellen. Um Mitte 1944 wurden beschäftigt:

		davon Russen
Gesamter Kohlebergbau	198 000	160 000
Erzbergbau	95 000	8 000
Eisen- u. Stahlindustrie	21 000	9 000
Eisen- u. Metallverarbeitung	46 000	4 000
Bauindustrie	8 000	2 000
	368 000	183 000*

*ca. 25 Prozent aller als Arbeitskräfte eingesetzten russischen Kriegsgefangenen

Die italienischen Militärinternierten sowie die französischen und belgischen Kriegsgefangenen arbeiteten im Bergbau als Zwangsarbeiter. Von den jugoslawischen Kriegsgefangenen sind lediglich die Serben zu berücksichtigen, die überwiegend im serbischen und österreichischen Bergbau eingesetzt wurden.

Insgesamt handelte es sich um einen relativ bescheidenen Einsatz von Kriegsgefangenen innerhalb der Reichswerke. Dies erklärt sich daraus, daß Pleiger den Ostarbeitern und Polen den Vorzug gab. Sie brachten mehr Leistung. Die russischen Kriegsgefangenen waren durch vorhergegangene Lageraufenthalte, Hungerverpflegung und lange Transporte so geschwächt, daß sie beim Arbeitseinsatz eine überdurchschnittliche Todesrate aufwiesen. Man setzte sie lieber in den Gruben und Werken am Don und Dnjepr ein, wo die Ausfälle geringer blieben.

Deutsche Militärstrafgefangene wurden überwiegend in solchen Reichswerkeunternehmen eingesetzt, die gleichzeitig unter der OKH-Kontrolle standen. Ein Einsatz von 2000 Mann in Salzgitter, überwiegend im Stahlwerk Braunschweig, und von mehreren tausend Häftlingen bei Rheinstahl-Borsig und dem Nibelungenwerk ist bekannt. Insgesamt mag es sich um etwa 5 000 bis 6 000 Häftlinge gehandelt haben.

Sicher ist, daß das Geilenberg-Sonderkommando ebenfalls Wehrmachts-Häftlinge einsetzte. Eine annähernd genaue Schätzung ist hier jedoch nicht möglich.

7. Einsatz von Konzentrationslager-Häftlingen

Bei der Erwähnung der Konzentrationslager setzt eigenartigerweise bei allen Betroffenen, auch wenn sie selbst den Einsatz der Häftlinge in der Industrie verlangten oder anordneten, jegliches Erinnerungsvermögen aus.

Auch Speer klagt in seinen *Spandauer Tagebüchern* und in *Technik und Macht*: »Spätestens 1939 hätte ich ihr Schicksal (der Juden, d. Verf.) vorausahnen können, nach 1942 mußte ich es wissen.«[28] Ähnlich erging es Pleiger, der sich an keinerlei Einsatz von KZ-Häftlingen in Reichswerke-Unternehmen erinnern konnte. Er räumte ein, daß möglicherweise im Stahlwerk Braunschweig ein solcher Einsatz erfolgt sei, doch dieses Unternehmen habe praktisch dem OHK unterstanden. Auch seine Informationsreisen nach Auschwitz – seine Verhandlungen mit dem Lagerkommandanten Höß über Fragen des Arbeitseinsatzes in den oberschlesischen Gruben – und nach Mauthausen mit anschließender Besichtigung des berüchtigten Steinbruchs waren restlos vergessen. Nach Einsichtnahme der vorliegenden Akten verwies er darauf, daß für den Bergbaubereich sein Kollege Dr. Konrad Ende zuständig gewesen sei, er selbst wisse von nichts.[29]

Sein Betriebsführer Dr. Paul Rheinländer, dem das Hüttenwerk Braunschweig mit dem KZ Drütte unterstand, mußte vom Ankläger Kaufmann erst einmal darüber aufgeklärt werden, daß er unter anderem ein »Arbeitserziehungslager« betrieben habe – eine Reichswerke-spezifische Form von Konzentrationslager. Es mußte eingehend geklärt werden, daß es sich hier nicht etwa um ein Schulungslager für Arbeiten in einem Hüttenwerk gehandelt habe.[30]

Was hatte sich nun in Wirklichkeit zugetragen? Obwohl KZ-Häftlinge in der Industrie offiziell erst ab Anfang 1942 beschäftigt werden durften, gab es bereits ab 1940 bei den Reichswerken KZ-Außenlager. Bei seinen Gesprächen im

Führerhauptquartier verwies Pleiger immer erneut auf den Mangel an Arbeitskräften, der durch den Einsatz von Zwangsarbeitern und KZ-Häftlingen ausgeglichen werden müsse. Unterstützt wurde er bei dieser Forderung häufig genug von seinem Freunde Kehrl.[31]

Pleiger verlangte dann vom frisch ernannten Rüstungsminister Speer die Errichtung von Sonderlagern in den Bergbaurevieren.[32] Pleiger und SS-Obergruppenführer Pohl setzten sich bei Himmler für verstärkten Arbeitseinsatz in der Industrie ein, obwohl Himmler ursprünglich den Arbeitseinsatz der Häftlinge auf SS-Betriebe beschränken wollte.[33]

Der eigentliche Anlaß für den ersten Einsatz von KZ-Häftlingen außerhalb des Bereichs des SS-WVHA war anderer Natur. Pleiger brauchte dringend Arbeitskräfte, Himmler verlangte nach einer gut ausgerüsteten SS-Armee.

Es gab den Führerbefehl vom 18.5.1939, der diese Bewaffnung ermöglichen sollte. Trotzdem hielten OKW/OKH die Waffen-SS mit Waffen und Ausrüstung sehr kurz. Man wollte keine SS-Armee, der das OKH mit General Fromm mißtraute.

Doch Pleiger scherte dies wenig. Er lieferte Geschütze aus seinen Skoda-Beständen, lieferte Porsche das Material für 4000 Schwimmkübel und stellte später der Waffen-SS stets und ausreichend jeweils die modernsten Panzer – Tiger und Königstiger – aus seinem Nibelungen-Werk zur Verfügung. Keitel mußte am 26.3.1940 verärgert den Reichswerke-Waffenlieferungen zustimmen.

Dafür erhielt Pleiger für seine SS-fremden Betriebe KZ-Häftlinge für den Arbeitseinsatz. Nach dem Speer-Erlaß von 1942 durften KZ-Häftlinge offiziell erst ab dann in der Rüstungsindustrie eingesetzt werden.

Die Folge war der Einsatz in der Industrie aufgrund Drängens des Rüstungsministeriums.[34]

All diese Beschlüsse und Absprachen erfolgten zu einer Zeit, in der auch die berüchtigte »Wannseekonferenz« vom 20. Februar 1942 stattfand. Trotzdem liegt hier kein Widerspruch vor. Der Rüstung fehlten Arbeitskräfte. Arbeitsfähige KZler, auch wenn es sich um Juden handelte, sollten, solange es ihre Kräfte zuließen, zum produktiven Arbeitseinsatz gebracht werden. Für die »Arbeitsfähigen« sollte die endgültige Vernichtung die zweite, nicht etwa die erste Stufe sein.[35]

Wie üblich gab es natürlich Reibungen und Überschneidungen. Teils wurden bereits zugeteilte Juden wieder aus den Betrieben zurück in die Vernichtungslager geholt und durch Ostarbeiter und russische Kriegsgefangene ersetzt, die vorher oft zu KZ-Häftlingen wurden, um zu diesen anderen Arbeitsbedingungen eingesetzt werden zu können.[36]

Doch trotz Wannseekonferenz kam es zu Anpassungen der Beschlüsse, die von Pleiger initiiert wurden. Eichmann protokolliert z.B. als Berichterstatter, daß vorerst 200 000 Juden, die arbeitsfähig seien, aussortiert werden sollten für den Einsatz in der Wirtschaft.[37] Pleigers Methode der Vernichtung durch Arbeit wurde dann auch von Himmler für seine Konzentrationslager übernommen und angewandt.[38]

Kurz nach der Wannseekonferenz schreibt am 30. April 1942 Pohl an Himmler: Die Mobilisierung aller Häftlingskräfte zur Rüstungssteigerung und zu späteren Friedensarbeiten schiebt sich immer mehr in den Vordergrund. (Dies war das Ergebnis seiner Beratungen mit Pleiger und Kehrl.) Aus dieser Erkenntnis ergeben sich notwendige Maßnahmen, welche eine allmähliche Überführung der Konzentrationslager aus ihrer früheren Form in eine den wirtschaftlichen Aufgaben entsprechende Form erfordern.[39]

Ab August/September 1942 begann auf Drängen von Speer der verstärkte Einsatz in der Industrie. Ab diesem Zeitpunkt wurden auch außerhalb des Reichsgebietes liegende Lager zu KZs erklärt.

Nach Meldung von Pohl an Himmler vom 5. April 1944 gab es nunmehr 20 Konzentrationslager mit 165 Arbeitslagern. Am 15. August 1944 hatte man bereits 524 286 Häftlinge für den Arbeitseinsatz, bis zum 15. Januar 1945 714 111 Häftlinge. Diese Zahlen kamen zustande durch Auffüllung der Lager mit Kriegsgefangenen und Ostarbeitern.[40] Zur Beurteilung der Arbeitslager ist es wichtig zu wissen, daß diese eine Mindestgröße von 500 Mann haben mußten. Die Auswahl der Häftlinge im Hauptlager erfolgte bei den Reichswerken unter Mitwirkung von Werksärzten, Ausbildern usw. Die Wahl, wie und wo wer zu sterben hatte, erfolgte also nicht ausschließlich durch die SS![41]

Für die Reichswerke »Hermann Göring« sind folgende Konzentrations-Arbeitslager, zum großen Teil Außenlager, bekannt:

Salzgitter	KZ Drütte	für Hütte Braunschweig, überwiegend aus Neuengamme, Oranienburg, Buchenwald	ca. 3 150 Häftl.[42]
	KZ Leinde	für Stahlwerke, vorwiegend Frauen aus Ravensbrück und Belsen, Neuengamme	3 000 Häftl.[43]
	KZ Salzgitter	für AG für Bergbau- u. Hüttenbedarf, überwiegend aus Sachsenhausen und Dachau	500 Häftl.[44]
	Erzbergbau Salzgitter	für Grube Haverlahwiese und Schlackenwerk II	1 400 Häftl.[45]

	Lager 21	unterschiedlicher Einsatz, vorwiegend Schlackenverwertung Das Lager 21 unterstand der Gestapo und nicht der SS. Insgesamt wurden hier ca. 35 000 Arbeitskräfte eingeliefert, die bei Überleben anschließend zurück in den Betrieb kamen oder in die KZ-Stammlager abgeschoben wurden. Dieser Lagertyp wurde zuerst bei den Reichswerken entwickelt. Auf Seminaren wurden den Belegschaftsführern anderer Unternehmen des Konzerns, der IG Farben usw., die Vorteile eines solchen Lagers zwecks Arbeitserziehung nahegebracht.[46]	2 500 Häftl.
sonstiges altes Reichsgebiet	Rheinmetall-Borsig	In den verschiedenen Rüstungswerken im Reich	8 000 Häftl.[47]
	Braunkohle Meuselwitz, u. sonstige Gruben	überwiegend Buchenwald, Flossenbürg	800 Häftl.[48]
	Dora-Mittelbau, Nordhausen	unterschiedlich	unbekannt, Teile der Sondereinheit Geilenberg[49]
Österreich	KZ Linz III St. Valentin Steyr	für Hüttenwerk Linz, Stahlbau, Erzbergbau, Nibelungenwerk Steyr,	7 000 Häftl.[50]

	Ebensee	überwiegend Mauthausen	
	Eisenerz		
	Gusen		
	Güns		
	Gunskirchen u.a.		
Lothringen/ Elsaß/ Luxemburg	Außenlager für Erzbergbau, Hütten, Hydrierwerk u.a. vorw. Natzweiler mit mehr als 20 Außenlagern, Dachau		4 000 Häftl.[51]
Polen/ Oberschles.	Außenlager Eintracht, Fürsten- grube Jawischo- witz Blech- hammer Ostrowice Tschen- stochau Lodz, Plaszow, Millec, Chelmno, Skarzysko, Sosnowice, Kielce, Warschau u.a.	Zeche Eintracht	2 000 Häftl.
		Zeche Brseszoze	6 000 Häftl.
		Zeche Jawischowitz	6 000 Häftl.
		Zeche und Hochofen Strowice Edelstahlwerk	
		Stalowa Wola Hüttenwerk	?
		Starachowice	
		Steine und Erden- Betriebe	?
			?
			?
		Zeche Fürstengrube (diese Zeche wird oftmals irrtümlich als IG-Farben-Zeche ausgewiesen. Sie lieferte zwar für die IG, war jedoch Reichswerke-zeche und wurde laut Absprache zwischen Pleiger und Himmler als einzige	10 000 Häftl.

Zeche nur von KZlern,
und zwar aus Auschwitz-
Birkenau, betrieben.)
Zur Zeche Jawischowitz
ist anzumerken, daß hier
auch 150–200 8–12jährige
jüdische ungarische Kinder
beim Kohleverlesen ein-
gesetzt wurden.
Die Außenlager gehörten
überwiegend zum KZ
Auschwitz.[52]

Tschechei/	Außenlager	für Brünner Maschinen, Skoda, Sud. Bergbau, Sudet. Treibstoff, Witkowitz überw. Theresienstadt, Groß Rosen u.a.	8 000 Häftl.[53]
Rußland Kiew, Babi Yar, Dnjeprope-trowsk u.a.	Arbeitslager	für BHO und die sonst. Monopolgesellschaften, und Steine u. Erden	?[54]
Serbien		vorwiegend im Bergbau	?[55]

Gemeinsam mit der SS wurden über Konzentrationslagerhäftlinge folgende Unternehmen betrieben:

Schlackenverwertung Linz	1 200 Häftl.
Steinbruch Mauthausen	1 200 Häftl.
Holzverarbeitung Mauthausen	360 Häftl.[56]

ausschl. aus KZ Mauthausen

Unbekannt ist ferner, wieviel KZler beim Aufbau des
Hydrierwerks in Klein-Rosseln/Saar eingesetzt wurden.

Auch sonst erhebt die Aufzählung keinen Anspruch auf restlose Vollständigkeit

Um diese Zahlen in eine Relation zu bringen, muß man wissen, daß in den letzten Kriegsjahren 500 000–600 000 Konzentrationslagerhäftlinge in der Wirtschaft eingesetzt wurden.[57]

8. Auffüllung der Konzentrationslager

Seit 1943 machte sich der Arbeitskräftemangel besonders bemerkbar. Durch Flucht gab es eine Abkehr von Arbeitskräften, abhängig von den Nationalitäten, bis zu 90 Prozent.

Zur Abhilfe wurden die unterschiedlichsten Maßnahmen benutzt. Am sichersten half die Einweisung in ein KZ mit der besseren Bewachung.

Pleiger empfahl z.B. in einem Brief an Himmler, Kaltenbrunner und Sauckel:
1. Einführung eines Arbeitsbuches mit Lichtbild und Fingerabdruck.
2. Ausweisverlust hat die KZ-Einweisung zur Folge.
3. Nach Bestrafung Rückführung in den Betrieb.[58]

Auf der 58. Sitzung der Zentralen Planung erklärt er, dem Führer folgende Maßnahmen vorzuschlagen:
1. Auskämmung der Verwaltungen der Heeresgruppen.
2. Sonderaktion für russische Kriegsgefangene, die echter Arbeit zugeführt werden müßten.
3. Rückführung flüchtiger Ausländer bei entsprechender Bestrafung.
4. Untersuchung der überhöhten Fluktuation gemeinsam durch Kehrl und die RVK.[59]

Auf den letzten Sitzungen der Zentralen Planung beklagen sowohl Pleiger wie Kehrl gewisse SS-Praktiken, eingefangene flüchtige Zwangsarbeiter in ein KZ einzuweisen, den folgenden Arbeitseinsatz jedoch in SS-Betrieben vorzunehmen.

Pleiger versucht daher, durch eigene Maßnahmen die Dinge besser in den Griff zu bekommen. So ordnet er z.B. für das Stahlwerk Braunschweig an, Flüchtige nach Wiederergreifung und Bummelanten durch Essensentzug und dreiwöchige Einweisung in das Gestapo-Arbeitserziehungslager 21 zu bestrafen. Ähnliche Regelungen gelten z.B. auch für Linz.[60]

Eine makabre Art der Auffüllung der KZ-Stammlager war, daß arbeitsunfähige KZler und auch Zwangsarbeiter nach 4 Wochen Ausfallzeit dem Stamm-KZ zur Vernichtung zurückzugeben waren. Bei solchen Zwangsarbeitern handelte es sich überwiegend um Ostarbeiter.[61]

Die Praxis bei den Zwangsarbeitern sah so aus, daß Kranke in die zahlreich bestehenden Reichswerke-»Todeslager«, es handelte sich um sogenannte Lazarette ohne ärztliche Betreuung, gebracht wurden. Waren sie innerhalb 4 Wochen wieder arbeitsfähig, kamen sie zurück an den Arbeitsplatz. Im anderen Fall erfolgte die Verlegung in ein Konzentrationslager.[62]

Allerdings gab es auch noch andere Wege, um den Häftlingsbestand auch mit Arbeitsfähigen aufzubessern. So heißt es in einem Bericht eines im Reichswerke-Bereich eingesetzten SD-Kommandanten:

»Mit Rücksicht auf die ... Lage ... in der Rüstungsindustrie ... sind die sicherheitspolitischen Maßnahmen ... dem Arbeitseinsatz unterzuordnen. (...) Die Arbeit der Außenkommandos sind ... sofort umzustellen:

1. Sonderbehandlungen sind auf ein Mindestmaß zu beschränken.

2. Die Erfassung der KP-Funktionäre hat zunächst nur listen-mäßig zu erfolgen. (Einschränkung Kommissarbefehl, d. Verf.)
3. ... bei Niederbrennung eines Dorfes ... wird die gesamte Be-völkerung dem Beauftragten zur Verfügung gestellt.
4. Grundsätzlich werden keine Kinder mehr erschossen. (…)
5. Die Gefängnisse sind grundsätzlich leer zu halten. (…) Das Wichtigste ist die Arbeiterbeschaffung.«[63]

Andere Reserven kamen aus den Reihen der russischen Kriegsgefangenen. Die bisherige Abgabe an den SD war für Hunderttausende Gefangene gleichbedeutend mit Exekution gewesen. Nun erfolgte in verstärktem Maße die Abgabe an die Konzentrationslager, was erst einmal Arbeitseinsatz bedeutete und die Lebenserwartung um eine gewisse Zeit verlängerte.[64]

9. Werksärzte, Vertrauensärzte und Krankenstand

Die Leistung der Zwangsarbeiter und KZler konnte man nach Sauckel nur mit etwa 25 bis 30 Prozent einer normalen Arbeitskraft veranschlagen. Es wäre verständlich, wenn folglich ein hoher Krankenstand aufgetreten wäre. Das war nur vorübergehend der Fall. Pleiger berichtete auf der 18. Sitzung der Zentralen Planung vom 28. Oktober 1942:

»Dann ist eine sehr wichtige Frage die der Krankenziffer. (…) Wir haben bis zu 80 Prozent Feierschichten gehabt, und wir haben auf verschiedenen Gruben durch Vertrauensärzte eine Kontrolle durchgeführt, die das Ergebnis hatte, daß 30 bis 40 Prozent wieder einfahren mußten.«

Speer: »Ein Arzt bringt Ihnen also ein paar tausend Mann pro Tag. Sind die Ärzte, die Sie (zusätzlich vom Militär, d. Verf.) haben möchten, namentlich benannt?«

Pleiger: »Ich habe eine Liste hereingegeben.«

Auf der 21. Sitzung der Zentralen Planung hatte Speer dann einen weiteren Vorschlag, um die Leute gesünder zu machen.

> »Ley hat festgestellt, daß dort, wo Betriebsärzte sind und die Leute von den Betriebsärzten untersucht werden, sofort der Krankenstand auf ein Viertel bis ein Fünftel sinkt. (...) SS und Polizei könnten hier ruhig hart zufassen und die Leute ... in KZ-Betriebe stecken. Anders geht es nicht! (...) Der Führer hat gesagt, wenn die Franzosen nicht gutwillig sind (hoher Krankenstand), werde er die ehemaligen 800 000 Kriegsgefangenen wieder einziehen.«

Im übrigen war es Pleigers Vorschlag, den Speer aufgegriffen hatte, »Arbeitsunwillige« zeitweise in ein Konzentrationslager zu bringen.

Ob jemand krank war, bestimmte in hohem Umfange auch die jeweilige Nationalität. Dann kam hinzu, daß Vertrauensärzte nur für Überprüfungen benutzt wurden – bei der Auswahl von Arbeitskräften in Gefangenen-, Arbeits- und Konzentrationslagern und später bei der Feststellung, ob man gesund oder krank zu sein hatte. Werksärzte dagegen wurden für Deutsche zum Teil auch als betreuende Ärzte benutzt, immer als Unfallärzte und bei Zwangsarbeitern für die Erstuntersuchung, die gegebenenfalls zur Einweisung in eines der »Todeslager« oder zum direkten Abschub in ein Konzentrationslager führte.

Trotz der von Pleiger genannten Zahlen sahen die Statistiken der Reichswerke vorbildlich aus. Staatsrat SS-Gruppenführer Meinberg, das Vorstandsmitglied für den Personal- und Sozialbereich, konnte in dieser Zeit feststellen, daß der durchschnittliche Krankenstand bei ihm 1,8 Prozent, im Reichsdurchschnitt dagegen 2,5 Prozent betrug. Diese Zahlen wurden veröffentlicht, diese Zahlen benutzte Pleiger zu seiner Verteidigung im Zusammenhang mit Ausbeutung von Zwangsarbeitern im Wilhelmstraßenprozeß. Dabei bezieht sich der erwähnte Krankenstand lediglich auf deutsche Arbeitskräfte.[65]

Die Wirklichkeit ist katastrophal. Im Steinkohlenbereich gab es bei den Kriegsgefangenen und Ostarbeitern nach Oberfeldarzt Professor Dr. Fromme[66] 10 Prozent Revierkranke und zusätzlich 8 Prozent lazarettkranke Gefangene. Der hohe Krankenstand führte dazu, daß Lazarette für Neuzugänge gesperrt werden mußten. Fromm war dieser hohe Krankenstand unverständlich, »als dem Bergbau die körperlich bestqualifizierten Gefangenen zugewiesen wurden«.

Im Dezember 1944 waren von den 35 000 im oberschlesischen Bergbau eingesetzten Ostarbeitern 17,1 Prozent Tbc-krank.[67] Selbst der Leiter der Bergverwaltung Oberschlesien, von Dewall, meldete am 8. Dezember 1944 dem Reichsfinanzministerium:

> »Die Abgänge in den Lägern durch schlechte Ernährung und dadurch verursachte Erkrankungen, namentlich Tuberkulose, nahmen einen erschreckenden Umfang an.«[68]

Am 10. März 1943 beschwert sich das Ostministerium[69] über Sauckel wegen Ausbeutung und Mißhandlung von Ostarbeitern der Reichswerke. Das OKW-Kriegsgefangenenwesen richtet die gleichen Vorwürfe gegen die Reichswerke, nachdem sich das Internationale Rote Kreuz eingeschaltet hatte. So am 4. September 1944 an Pleiger:

> »OKW-Chef Kriegsgef. beobachtet seit längerer Zeit den außerordentlich hohen Verbrauch an kr.gef. sowj. Arbeitskräften. (...) Aus diesen Zahlen heben sich die für den oberschlesischen Steinkohlenbergbau geltenden Zahlen ... besonders heraus. (...) Hier betrugen die Abgänge im ersten Halbjahr 1944 ... monatlich

durchschnittlich über 4 Prozent (...) Bei der Häufigkeit und Regelmäßigkeit derartiger Klagen muß der Eindruck entstehen, daß es sich ... um symptomatische Erscheinungen handelt. (...) ... da wir aber die fremden Arbeitskräfte jahrelang brauchen und auch deren Ersatz sehr begrenzt ist, kann ich sie nicht kurzfristig ausbeuten und ihr Arbeitsvermögen nicht verwirtschaften.«[70]

Der Erfolg der Ausbeutung war eine deutliche Produktionssteigerung. Der Führer reagierte indirekt über Speer mit einem Lob der Arbeitsleistung bei den Reichswerken:

»Lieber Parteigenosse Pleiger! Der Führer hat seine Anerkennung über die ausgezeichnete Steigerung der Kohleerzeugung geäußert und mich gebeten, dieses Ihnen und Ihren Mitarbeitern mitzuteilen. Die Leistungen, die der Kohlebergbau als wichtigste Grundlage der gesamten Rüstung vollbringt, sind um so höher zu bewerten, da sie trotz Fliegerangriffen und schwerster Lebensbedingungen erreicht worden sind.

Heil Hitler
Ihr Speer[71]«

10. Vernichtung durch Arbeit

Das waren zwei Schlagworte des Nationalsozialismus, die auch das Handeln der Reichswerke »Hermann Göring« bestimmten, die ursprünglich nichts miteinander zu tun hatten, die quasi neutral nebeneinander standen. Einmal war es das Schlagwort von der Autarkie, zum anderen von der »Vernichtung unwerten Lebens«. Das eine Schlagwort basierte auf den wirtschaftswissenschaftlichen Erkenntnissen, daß ein von Feinden umgebenes Deutschland den Grundbedarf an Eisenerz, Eisen und Stahl und weiteren Produkten im eigenen Machtbereich finden bzw. herstellen muß. Das andere Schlagwort basierte auf den pseudowissenschaftlichen Erkenntnissen von der Unterlegenheit der nichtarischen Rassen.

Die Abschnürung Deutschlands und der Krieg führten dazu, daß das eine Schlagwort mit dem anderen in eine teuflische Verbindung trat. Weil die Reichswerke für ihre vielen Förder- und Produktionsstätten nicht genug Arbeitskräfte auf dem freien Markt finden konnten, ging man dazu über, Fremdarbeiter und Zwangsarbeiter und schließlich auch in steigendem Maße KZ-Häftlinge zu beschäftigen. Schon vor der Wannsee-Konferenz versorgten einige besonders berüchtigte Konzentrationslager wie Mauthausen, Natzweiler, Auschwitz (gemeinsam für IG Farben-Buna und Reichswerke) fast ausschließlich nur diese Betriebe mit Häftlingen.

Damit war das Zauberwort »Vernichtung durch Arbeit« geboren. Gezeugt von nüchtern denkenden Wirtschaftsführern, nicht von Ideologen. Es war schlichtes Wirtschaftsdenken, das zu der Erkenntnis führte, daß man »zwei Fliegen mit einer Klappe« schlagen würde, wenn man die ohnehin zur Vernichtung bestimmten »Untermenschen« zunächst noch als Zwangsarbeiter in kriegswichtigen Betrieben einsetzte und sie erst zurück ins KZ und in den Tod schickte, wenn sie durch die ständige Überanstrengung, durch Mißhandlungen, Unterernährung und Krankheit nicht mehr zum Arbeitseinsatz tauglich waren. Das war im Durchschnitt bei den Reichswerken schon nach drei bis fünf Monaten Arbeitseinsatz der Fall.

Für wie viele Menschen die Reichswerke »Hermann Göring« den Tod bedeuteten, ist nicht annähernd festzustellen. Die Schätzungen gehen weit auseinander. Eine Million Menschenleben als Opfer für die Idee der wirtschaftlichen Autarkie dürfte aber nicht zu hoch gegriffen sein.

Das teuflische Verfahren war bis ins letzte durchdacht. Durch ein »rechtzeitiges« Zurückschicken hielt man die Todesraten in den Betrieben relativ gering. Gestorben und getötet wurde hauptsächlich in den Konzentrations- und Vernichtungslagern, also nicht im Machtbereich der Industrieführer, sondern im Machtbereich von Heinrich Himmlers SS. So schoben die Industriellen den Schwarzen Peter von sich.

Der krasse Arbeitskräftemangel führte zunächst dazu, daß man nicht mehr verstehen konnte, warum man anfangs so dumm gewesen war, Menschen ohne vorherige Ausbeutung ihrer Arbeitskraft in den Vernichtungslagern umzubringen. Erst ganz zuletzt – gegen Ende des Jahres 1944 – führte der katastrophale Arbeitskräftemangel dazu, daß man beim Schlagwort »Vernichtung durch Arbeit« die Betonung nicht mehr so sehr auf Vernichtung legte, das heißt die Häftlinge ein klein wenig besser behandelte.

»Vernichtung« war auch der unumstößliche Befehl Hitlers und des OKW gewesen für die sowjetischen Partisanen und Kommissare. Der Arbeitskräftemangel insbesondere im Steinkohlenbergbau führte allerdings bereits 1943 dazu, daß Hitler, Himmler und Pleiger übereinkamen, solche Arbeitskräfte vorübergehend und vor der Vernichtung zu nutzen. Die Folge war, daß KP-Funktionäre nur noch listenmäßig erfaßt wurden. Männliche Partisanen im Alter von 16–55 Jahren und Angehörige arbeitsfähige Frauen und Kinder aus diesen Familien wurden nicht mehr erschossen, sondern kamen als Kriegsgefangene zum Arbeitseinsatz. Die Kinder ab zehn Jahren wurden besonders in den oberschlesischen Kohlegruben zum Kohleverlesen benutzt.

Der hierfür erforderliche Führerbefehl, geschrieben auf der großlettrigen Führerschreibmaschine, wurde von Pleiger, von dem diese Forderungen stammten, auf dem »Berghof« diktiert während dieser entscheidenden Sitzung.

Nur für eine kurze Zeit bewirkte diese Regelung einen Aufschub der Ermordung dieser Menschen. Die Ausführungsbestimmungen hierzu z.B. von Christensen, dem Kommandeur des SD in der Ukraine – »Die Gefängnisse sind leer zu halten. Das Wichtigste ist die Arbeitsbeschaffung«, ähnlich auch im Vermerk des dort zuständigen Regierungspräsidenten Springorum –, waren bald wieder hinfällig.

Wiederum war es Pleiger, der sich nun gegenüber Sauckel weigerte, solche Partisanen-Kriegsgefangenen in seinen eigenen Gruben einzusetzen. Sauckel bat Pleiger mehrfach brieflich, z.B. am 8.9.1943, seine Bedenken zurückzustellen, jedoch ohne jeden Erfolg.

Doch auch bei der »Endlösung« für die Juden wurde Pleigers Forderung realisiert. Seine ständig bei Hitler und Himmler vorgetragenen Forderungen nach zusätzlichen und Ersatz-Arbeitskräften führten zu der »Rampenlösung« in Auschwitz. Im Eichmann-Protokoll vom 20.1.1942 wurde dies dann auch vermerkt:

»Unter entsprechender Leitung sollen im Zuge der Endlösung die Juden in geeigneter Weise zum Arbeitseinsatz kommen.«

Der Arbeitseinsatz von KZ-Häftlingen blieb für Pleiger allerdings immer die zweitbeste Lösung. Der Arbeitseinsatz von Zwangsarbeitern und Kriegsgefangenen war für ihn wirtschaftlicher. Als nüchtern kalkulierender Unternehmer störte ihn, daß ihn KZler als Hilfsarbeiter täglich RM 4,–, als Facharbeiter RM 6,– kosteten, während z.B. Kriegsgefangene für täglich RM 1,40 zuzüglich eventueller Leistungszulagen zu einem Preis von durchschnittlich RM 3,65 zu haben waren. Diese betrieblichen Vorteile erläuterte er Göring (BA R 10 VIII/19) und informierte ihn, daß er die Differenzen für die »Verbesserung des Lohnniveaus im Bergbau« benutzen würde.

Später einmal, in seinem Nürnberger Prozeß, war all dieses Pleiger völlig unbekannt. KZs und KZ-Häftlinge waren ihm eigentlich nicht bewußt geworden. Er selbst hatte lediglich Arbeitskräfte angefordert, die man ihm geliefert habe. Und die Konzentrationslager seien erforderlich gewesen, um arbeitsunlustige Personen zu erziehen. Und die dieserhalb vorgetragenen Anklagepunkte würden ihn selbst nicht betreffen, da er die Verantwortung für den Arbeitseinsatz im Bergbau an seinen Vertreter Dr. Konrad Ende abgetreten habe.

Die Zeugen, so Albert Speer und auch sein Ankläger Kaufmann, belasteten ihn glaubhaft:

»Pleigers Rolle im Fremdarbeiterprogramm war von solcher Bedeutung, daß hier keine andere Person vergleichbar ist. Er hatte den entscheidenden Einfluß auf die Rekrutierung und den Arbeitseinsatz. Er setzte seine Forderungen durch unter Benutzung von Hitler, Speer, Sauckel und der CPB (Zentrale Planung). Er arbeitete in gemeinsamen Programmen mit Himmler zusammen und war mächtig genug, Sauckel zurechtzuweisen.«

Auf den ersten Blick mag es überraschen, wie viele Zwangsarbeiter, KZ-Häftlinge und Kriegsgefangene bei den Reichswerken direkt oder indirekt umgekommen sind. Verständlicher werden die Zahlen dann, wenn man die kurze Lebenserwartung kennt. Die Reichswerke als größter Verbraucher solcher Arbeitskräfte hatten gleichzeitig die höchste Todesrate bzw. geringste Lebenserwartung. Selbst bei den KZ-Häftlingen der IG-Buna-Werke aus Auschwitz-Monowitz lag nach Höß die Todesrate erheblich niedriger als bei den benachbarten Reichswerken.[72]

Sieht man sich allerdings die Aufzeichnungen an, die sich allein auf die direkten Reichswerke-Betriebe beziehen und z.B. die angeschlossenen KZ-Arbeits- bzw. Stammlager und die KG-Stammlager ausklammern, so hat man den Eindruck, daß alles im Grunde nicht ganz so schlimm gewesen sein könne. Dann kommt man z.B. zu solchen Zahlen wie Fiereder, daß einige Hunderte Häftlinge des KZ Mauthausen beim Einsatz in Reichswerke-Betrieben ums Leben kamen. Die Zahl stimmt, wenn man sich lediglich für die Toten interessiert, die auf dem Betriebsgelände erhängt oder erschossen wurden.[73]

Die Wirklichkeit sah erheblich anders aus. Arbeitsunfähige starben nicht bei den Reichswerken, sondern im Lager. Vorsichtige Schätzungen gehen für Mauthausen von ca. 7000 Todesfällen im Zusammenhang mit den Reichswerken aus. Nach Streit dagegen wurden allein in Mauthausen 10 660 sowjetische Kriegsgefangene und Ostarbeiter durch Arbeit vernichtet. Diese Zahl bestätigt auch der Bericht »The history of a Death Camp«. Und Mauthausen und österreichische Reichswerke sind praktisch identisch.[74]

Das hatte es sonst nirgendwo bei KZ-Arbeitseinsätzen gegeben: Der Inspekteur der Konzentrationslager, SS-Gruppenführer Glücks, beschwerte sich bei Pleiger über die zu hohen Todesraten bei den in der »Ostmark« eingesetzten Mauthausen-Häftlingen.

Doch Mauthausen ist lediglich ein Beispiel. Welches Bild zeigten die vielen sonstigen Reichswerke-Betriebe?

Die Reichsvereinigung Kohle meldete z.B. für 1944 einen durchschnittlichen monatlichen Verbrauch (Tod) von Zwangsarbeitern von 3,3% = ca. 5000 Mann. Dabei achtete Pleiger darauf, daß im Bereich der RVK vorwiegend Russen und IMIS eingesetzt wurden. In Nordfrankreich und Belgien hatte sich bei einem Einsatz von 14 000 westlichen Zwangsarbeitern im Kohlebergbau die Zahl durch Tod in kurzer Zeit auf 8000 Mann reduziert. Bis zum 7. August 1942 waren dem Bergbau an der Ruhr und Oberschlesien insgesamt 31 183 Ostarbeiter zugeteilt worden. Zum gleichen Zeitpunkt gab es 8150 Abgänge. Ein anderes Beispiel bildet die Braunkohle. Am 29. November 1943 wird von 12 262 Zugängen berichtet bei 5504 Abgängen durch Tod. Im übrigen: Bei Ostarbeitern heißt Abgang fast ausschließlich Tod. Flüchten konnten nur wenige Hunderte.

Beim Arbeitseinsatz der Polen waren die Ausfälle geringer, z.B. 3300 Tote in kurzer Zeit beim Einsatz von 67 000 Mann.

Für die etwas rätselhafte Berghütte Ost – rätselhaft, weil hier die Akten knapp werden – steht nur eine Zahl zur Verfügung, abgesehen von Pleigerschen Aussagen bei seiner Anklage. Im Donezbecken wurden im September 1942 26 000 Ostarbeiter im Bergbau eingesetzt. Die Sterberate lag nach den Angaben bei 12,5 Prozent.[75]

Die hohen Ausfälle schafften immer neuen Bedarf. Darum drängte man ab Herbst 1942 darauf, die in Gefangenschaft geratenen russischen Soldaten schnellstens ins Reich zum Arbeitseinsatz zu bringen. Im Oktober 1942 erreichte man hierfür einen zusätzlichen Führerbefehl.[76]

Bei der Einordnung der Zahlen treten oftmals Schwierigkeiten auf. Kriegsgefangene kamen ins KZ, andere wurden Zwangsarbeiter. Und bei Zwangsarbeitern war ebenso alles möglich, sogar die Rückversetzung ins Kriegsgefangenenlager.

Im Konzentrationslager Mauthausen gab es Anfang Oktober 1941 5000 Kriegsgefangene, von denen im März 1942 noch 80 am Leben waren. Das Konzentrationslager Neuengamme hatte im Oktober 1941 1000 Kriegsgefangene, von denen nur wenige überlebten; sie wurden nach Sachsenhausen verlegt. Das Konzentrationslager Groß Rosen besaß im Oktober 1941 2500 Kriegsgefangene, von denen nach 2 Monaten einige Dutzend übriggeblieben waren. In Sachsenhausen wurden von 12 000 Kriegsgefangenen mindestens 10 000 erschossen.[77]

Wie sich die »Abgänge« direkt durch den Arbeitseinsatz ausdrückten, zeigt sich sowohl an den ständigen neuen

Anforderungen Pleigers, wie sie sich aus den beigefügten stenographischen Aufzeichnungen der Sitzungen der Zentralen Planung und den beigefügten Dokumenten der Reichsvereinigung Kohle andeuten, als auch aus der vom OKW errechneten »Abgangsquote«, die zwischen 1942 und 1944 zwischen 30 und 40 Prozent pro Jahr lag.[78]

Bei den gesamten westlichen Kriegsgefangenen lag die Sterblichkeitsquote erheblich niedriger bei 3,55 Prozent.[79]

Mit ziemlicher Sicherheit läßt sich sagen, daß in den Reichswerkebetrieben durch Arbeit etwa 60 000 sowjetische Kriegsgefangene und 10 000–12 000 sonstige Kriegsgefangene direkt oder indirekt umkamen. Unberücksichtigt blieben hierbei die »sogenannten Kriegsgefangenen«, wie z.B. Franzosen, Belgier, IMIS, die hier als Zwangsarbeiter gesehen werden. Unberücksichtigt blieben auch die Toten in den russischen Berg- und Hüttenwerken.

Für die Todesrate bei den Konzentrationslagerhäftlingen gibt es annähernde Richtzahlen durch den Auschwitz-Kommandanten Höß. Er ging nach seinen Erfahrungen davon aus, daß beim Bergbau-Einsatz monatlich 20 Prozent durch Tod im Betrieb oder Arbeitsunfähigkeit ausfielen. Arbeitsunfähigkeit bewirkte Rückverlegung vom Arbeitslager ins Hauptlager und bis auf seltene Ausnahmen Vernichtung.

Für Konzentrationslager für »sogenannte Nichtbesserungsfähige«, also Mauthausen, Monowitz, Birkenau, Natzweiler u.a., schätzte er eine Lebenserwartung von 6 bis 8 Monaten. In allen übrigen Fällen unterstellte er, daß die Arbeitshäftlinge jeweils nur einmal im Jahr zu ersetzen waren.[80]

Zusammengefaßt läßt sich in etwa festhalten, daß im Laufe der Kriegsjahre, mit Schwerpunkten ab 1941/42, bei den Reichswerken durch Vernichtung durch Arbeit KZ-Häftlinge direkt oder indirekt in den verschiedenen Einsatzgebieten sterben mußten:

KZ Drütte	ca.	6 000
KZ Leinde	ca.	7 000
KZ Salzgitter	ca.	700
Lager 21	ca.	6 000
Erzbergbau Salzgitter	ca.	2 000
sonstiges Reichsgebiet	ca.	18 000
Österreich	ca.	24 000
Lothringen/Elsaß	ca.	8 000
Polen	ca.	82 000
Tschechei	ca.	18 000
Gemeinsame SS/Reichswerke-Betriebe	ca.	7 000
	ca.	178 000

zuzüglich die Toten bei der Berghütte Ost, den sonstigen Ost-Monopol-Betrieben und den Ost-Betrieben der Steine und Erden GmbH, die in Rußland eigene KZ-Arbeitslager hatten.

Hinzuzurechnen sind die Toten in den Balkan-Arbeitslagern und die Toten unter den in der Geilenberg-Sondereinheit eingesetzten KZ-Häftlingen, u.a. für Dora-Bau usw.

Anzumerken ist, daß sich die KZ-Arbeitslager nicht unbedingt auf ein bestimmtes Reichswerke-Unternehmen bezogen. Unternehmen mit Tochtergesellschaften hatten etliche Arbeitslager. Zum Beispiel hatten die Stahlwerke Braunschweig das Arbeitslager Leinde, dessen politische Tochtergesellschaften Arbeitslager in Polen. Auch der Erzbergbau Salzgitter betrieb nicht nur dort Erzgruben und hatte entsprechend verschiedene Arbeitslager. Ähnlich lagen die Verhältnisse bei den Rüstungswerken des Waffenblocks und den verschiedenen Chemischen Werken.

Die Reichswerke beschäftigten ab Mitte des Krieges ständig etwa 90 000 Häftlinge, davon relativ wenig im Untertagebergbau und im Schiffahrtsblock. Gründe dafür lagen in der erschwerten Aufsicht, nicht etwa in der humanitären Einstellung der jeweiligen Betriebsleiter. Dann muß man wissen, daß die Arbeitslager außerhalb des Reichsgebiets erst später als Konzentrationslager gezählt wurden, so daß sich hieraus bereits Abgrenzungsschwierigkeiten ergeben. Doch hierfür gibt es keine halbwegs verbindliche Unterlagen.

Die Reichswerke beschäftigten demnach ca. 20 bis 25 Prozent der zur Arbeit eingesetzten KZ-Häftlinge. Diese Größenordnung ist absolut einmalig.

Fassen wir also zusammen:

Die Reichswerke »Hermann Göring« einschließlich des Waffenblocks, des Kohlebereichs und der direkten Treuhandbetriebe ausschließlich der Ost-Monopolgesellschaften, soweit betriebliche Patenschaften vergeben worden waren, beschäftigten im Zeitraum 1942/44

mindestens	3 000 000 Arbeitskräfte
davon Zwangsarbeiter	1 300 000 Arbeitskräfte
Kriegsgefangene	370 000 Arbeitskräfte
Konzentrationslagerhäftlinge	180 000 Arbeitskräfte
	1 850 000 Arbeitskräfte

Die restlichen Arbeitskräfte waren zum geringeren Teil Reichsdeutsche, sonst Fremdarbeiter bzw. Ausländer, die in den übernommenen Betrieben weiterbeschäftigt wurden, z.B. in der Tschechei.

Vernichtet durch Arbeit wurden direkt und indirekt:

Zwangsarbeiter	523 000 Arbeitskräfte
Kriegsgefangene	70 000 Arbeitskräfte
Konzentrationslagerhäftlinge	180 000 Arbeitskräfte
(teils ehemalige Kriegsgefangene)	
insgesamt mindestens	773 000 Tote bzw. Ermordete

Pleiger hatte den Schwarzen Peter weitergereicht. Das machte sich nach Kriegsende bezahlt. Dem Reichsführer SS Heinrich Himmler genau wie dem Reichsmarschall Hermann Göring blieb nichts anderes übrig als der Selbstmord mittels Giftkapsel. Der Generalbeauftragte für den Arbeitseinsatz Fritz Sauckel, der sich nie gegen die Forderungen der Industriellen durchsetzen konnte, wurde im Nürnberger Prozeß zum Tode verurteilt und gehängt.

Der politisch verantwortliche Industrieminister Albert Speer wurde zu zwanzig Jahren Haft verurteilt, die er auch voll absaß. Der Gründer, eigentliche Kopf und unermüdliche Motor der Reichswerke »Hermann Göring«, Paul Pleiger, der nur zu gern und oft aus eigener Machtvollkommenheit gehandelt hatte, wurde zu fünfzehn Jahren Haft verurteilt, aber schon nach fünf Jahren freigelassen.

Was bleibt an Schuld und Verbrechen übrig? Die Betriebsführer der Reichswerke, die beim Erhängen in den Werkshallen den Schemel zurechtstellten oder das Seil reichten, oder die durch ihre Anzeige Beihilfe leisteten, waren nach dem Gesetz unschuldig. Wenn im schlimmsten Fall eine Anzeige erfolgte, wurden sie u.a. vom Oberlandesgericht Braunschweig freigesprochen, da sie im Befehlsnotstand gehandelt hätten.

Doch in der Regel gab es auch nicht einmal diese Unannehmlichkeiten. Man blieb Betriebsführer oder wechselte, wenn die Vergangenheit bei den Arbeitern nicht vergessen war, den Betrieb und den Ort. Die Reichswerke waren nach wie vor ein großer Konzern mit einer fast unangetasteten Führungsspitze.

V.

DIE ENTMACHTUNG HERMANN GÖRINGS UND DER POLITISCHE UND WIRTSCHAFTLICHE MACHTZUWACHS DER REICHSWERKE

1. Mißlungene Versuche einer Wirtschaftssteuerung

Die Ursache der ständigen Konflikte zwischen dem Generalbevollmächtigten für die Kriegswirtschaft, dem Amt Vierjahresplan und der Wehrmacht lag in der durch das Reichsverteidigungsgesetz festgelegten Aufteilung der jeweiligen Aufgaben. Der Generalbevollmächtigte, identisch mit dem jeweiligen Reichswirtschaftsminister, war zuständig für die kriegswichtige Industrie, die Rüstungsämter der Wehrmacht hingegen für die jeweilige Rüstungsindustrie.[1]

Eine Kooperation war insofern nicht gegeben, als der Generalbevollmächtigte den Vorrang der Wehrmacht nicht anerkannte. Umgekehrt sah es genauso aus. Hinzu kam, daß Göring die entscheidenden Ämter des Vierjahresplans mit Militärs besetzte.

Görings Bestreben ging in die Richtung, die Führung der gesamten Wirtschaftspolitik zu übernehmen. Schacht widersetzte sich erfolgreich, und Hitler konnte ihn aus außenpolitischen Gründen zu dieser Zeit noch nicht entbehren. Als Schacht schließlich durch den schwächeren Funk ersetzt wurde, sollte endlich der schon lange bestehende Machtkampf bereinigt werden.

Am 16. Juli 1938 gab es seitens Görings die Einladung zu der bekannten Karinhall-Konferenz, auf der er folgende Erklärung abgab:

1. Die Wehrmacht hat sich auf den Waffenkrieg zu beschränken.
2. Der GBW hat nur im Frieden die gesetzlichen Vorbereitungen für den Kriegsfall zu treffen.
3. Der Vierjahresplan bereitet die Wirtschaft auf den Kriegsfall vor. Im Kriegsfall werden die Aufgaben des GBW und des Vierjahresplanes zusammengefaßt.[2]

Hieraus erwuchs vorübergehend Görings Aufstieg zum führenden Wirtschaftsmann. Der Vierjahresplan erhob den Anspruch, Führungsorgan der Wirtschaft zu sein. Trotz einiger Teilerfolge gelang dieser Durchbruch jedoch nicht. Folge war eine weitere Neuorganisation der Wirtschaftspolitik und die Einsetzung von Generalbevollmächtigten seitens Görings. Es war typisch für ihn, daß er sich entlastete und bestimmten Einzelpersonen für den jeweils festgelegten Bereich praktisch Generalvollmacht erteilte, die koordinierende Führung jedoch praktisch nicht vorhanden war. Es war eine Übergangszeit.

Einen neuen Anlauf unternahm Göring mit der Gründung des »Generalrats für den Vierjahresplan«, bestehend aus den wichtigsten Ministern, denen er eine Beratung zugestand. Erwähnenswerte Ergebnisse dieses neuen Rates sind nicht bekannt geworden.

Bereits 1940 hatte sich herausgestellt, daß Görings dilettantische Maßnahmen lediglich Mißerfolge zeitigten. Die aufgestellten Planziele wurden bei weitem nicht erreicht, dafür herrschte ein absolutes Durcheinander. Der hochgelobte Vierjahresplan existierte praktisch nur noch für den chemischen Bereich, in dem sich die IG Farben tummelten und für Ordnung sorgten. Der Vierjahresplan war ein IG-Plan geworden.

Der entscheidende Wandel und die Abkehr vom ursprünglichen Vierjahresplan kam 1940 mit der Ernennung Dr. Todts zum ersten Reichsrüstungsminister. Ihm gelang es, den hochgelobten und restlos gescheiterten Munitionsplan kurzfristig durchzuziehen. Diese Aufgabe übernahm später Edmund Geilenberg von der Führungsspitze der Reichswerke – mit Vollmachten der Reichswerke und des Führerhauptquartiers. Formell war Dr. Todt noch Göring unterstellt – in Wirklichkeit erfolgte die Bestellung sowohl gegen Görings Willen und auch gegen den Willen des Militärs. Doch Todt setzte sich durch. Mit Todt war der Vierjahresplan nur noch Plakat. Görings Macht im Bereich der Wirtschaft ging hiermit verloren.

Nach Todts überraschendem Tod, wahrscheinlich durch einen »unglücklichen Flugzeugunfall«, übernahm der Architekt der Führerbauten, Albert Speer, dessen Nachfolge. Nur um die Form zu wahren, durfte Göring ihn als zusätzlichen Generalbeauftragten für den Vierjahresplan ernennen. So wurde Görings Eitelkeit geschont.[3]

Erst der Winterkrieg 1941/42 zwang zu einer umfassenden Kriegswirtschaft. Das Rüstungsministerium wurde zu einem reinen Planungsministerium, dem allerdings die Macht zur Durchsetzung der Pläne fehlte. Leute wie Kehrl und Hettlage behielten zwar entscheidenden Einfluß, doch die Macht wechselte zum Führerhauptquartier, das eine enge Zusammenarbeit mit den Reichswerken pflegte.

2. Die »Ost-Monopolgesellschaften«

Die Umwandlung Deutschlands in ein »Großdeutsches Reich« war lediglich eine Vorstufe. Der eigentliche neue Lebensraum lag dagegen im Osten mit seinen ungeheuren Flächen und Bodenschätzen.

Nach Hitler brauchte man für die Nutzung dieser Flächen bis hin zum Ural etwa 3 Millionen Arbeitssklaven, und für diese wiederum die »germanischen Herrenmenschen« zur Führung. Die restliche Bevölkerung war Ballast.

Als 1945 der Krieg zu Ende war, hatte die Sowjetunion 20 Millionen Tote zu beklagen, davon 7 Millionen Zivilisten. Von den 3,3 Millionen Kriegsgefangenen ließ man den größten Teil umkommen. Und die restlichen 10 Millionen starben nur zum geringeren Teil auf dem Schlachtfeld. Keitels Erlaß vom 22. September 1942 erklärt einiges:

>»Deshalb seien in Zukunft ›sowj. Kriegsgef., die als nicht arbeitsfähig nach den bisherigen Bestimmungen zur Entlassung kommen würden,‹ … den territorial zuständigen höheren SS- und Polizeiführern zu übergeben. Diese werden nach Anweisung des Reichsführers SS und Chefs der Deutschen Polizei für Weiterleitung bzw. Beschäftigung sorgen.«[4]

Der damalige Gestapochef Müller gibt hierzu am 3. Dezember 1942 nähere Hinweise: »… daß die Behandlung der … als nicht arbeitsfähig … zur Entlassung kommenden sowjetrussischen Kriegsgefangenen den höheren SS- und Polizeiführern obliegt«.[5] – In diesen Fällen handelte es sich statistisch dann weder um Kriegsgefangene, die in den Zahlen des OKW ausgewiesen werden, noch um Zivilisten.

Schwierigkeiten tauchten letztlich nur auf, wenn es um die Frage ging, wer nun die Liquidierung vorzunehmen hatte. Generalmajor von Graevenitz als Leiter des Kriegsgefangenenwesens wünschte 1942 in einer Besprechung mit dem Reichssicherheitshauptamt, solche Leute der Gestapo zu übergeben, die wiederum ablehnte, ständig der Henker der Wehrmacht zu sein. Wer der eigentliche Initiator der Aktion war, läßt sich nicht verläßlich klären. Ausgangspunkt war der Keitel-Erlaß mit den anschließenden Befehlen

General Reineckes. Vom RSHA stammen letztlich die Ausführungsverordnungen.[6]

Der wesentliche Unterschied zwischen dem jüdischen und dem sowjetischen Holocaust bestand darin, daß für die UdSSR bereits früher das »System der Vernichtung durch Arbeit« angewandt wurde. Und immer, wenn es um »Vernichtung durch Arbeit« ging mit anschließender Beseitigung »wertlos« gewordener Kreaturen, waren die Reichswerke besonders aktiv – im Reich und im Osten im Zusammenhang mit ihren zahlreichen russischen Werken. Die Reichswerke konnten nur gesunde, arbeitsfähige Leibeigene gebrauchen.

Die Methode der direkten Vernichtung ergab für Paul Pleiger keinen vernünftigen Sinn. Er hatte den Auftrag, auszubeuten und Rohstoffe zu beschaffen. Die notwendigen und am Anfang auch arbeitswilligen Bergleute aus dem Donezgebiet für den Abbau des dringend benötigten Mangans, dann aber auch der Eisenerze und der Kohle wurden nur zögernd und widerwillig zur Verfügung gestellt. Das »Ausrotten« hatte anfänglich noch häufig Vorrang vor dem vorhergehenden »Ausbeuten«.

Die chaotische deutsche Verwaltung, die mit ihren Kompetenzschwierigkeiten nicht fertig wurde, führte dazu, daß Ministerien, Militärs, Reichskommissare, die verbliebenen Reste des Amts Vierjahresplan, Beamte und Funktionäre ohne Konzept, dafür aber elitebesessen, vergeblich versuchten, Rußland auszubeuten und die zerstörte Industrie wieder in Gang zu bringen.

Göring plante zwar schon im Februar 1941, über die im Osten zu erwartenden Rohstoffe die Rüstungsautarkie zu verbessern. Im August 1941 wurden durch ihn zur Führung der wichtigsten russischen Industriezweige die entsprechenden Monopolgesellschaften gegründet – alles ohne sonderlichen Erfolg mit Ausnahme der Ostland Berg- und

Hüttenwerksgesellschaft mbH., der sogenannten Berghütte Ost bzw. BHO, die den Reichswerken übertragen wurde. Andere Monopolgesellschaften waren z.B. die Ostland Spinnstoff- und Fasergesellschaft mbH unter Leitung von Kehrl oder die bereits bestehende Kontinentale Öl AG, wo Keppler der entscheidende Mann war.[7]

Entsprechend dem alten Konzept dieser Dreier-Gruppe Keppler-Pleiger-Kehrl, blieben alle Monopolgesellschaften Reichsgesellschaften, die jedoch nicht, wie Petzina irrtümlich behauptet, Treuhandschaften an interessierte deutsche Konzerne vergaben.[8] In Wirklichkeit waren Pleiger, Kehrl und Keppler »die« Vertreter und »Führer« der Wirtschaft durch die Partei. Die Monopolgesellschaften waren auch nicht berechtigt, Treuhandschaften, sondern lediglich »Patenschaften« zu vergeben. Paten blieben absolut abhängig vom Syndikat – von Pleiger mit seinen Reichswerken.

Aus vorhandenen, allerdings z.T. lückenhaften Unterlagen läßt sich ersehen, in welchem Umfange die Reichswerke direkt Betriebe über die BHO bereits zu einem Zeitpunkt bewirtschafteten, an dem Pleiger noch nicht die gesamte Rohstoffwirtschaft und Industrie beherrschte:

A) Leitstelle Stalino mit Führungsämtern im Bereich Ukraine für:
Arbeitskräfte
Energie
Transport
Industrie
Holzwirtschaft
Steine und Erden

B) Steinkohlenbergbau-Verwaltung Ukraine
Steinkohlenbergbau Donez:
a) Gruppe Stalino

b) Gruppe Grischino
c) Gruppe Gorlowka
d) Gruppe Tschistjakowo

C) Braunkohlenbergbauverwaltung Ukraine, Kriwoi-Rog
a) Alexandrija
b) Kirowograd
c) Jurkowka
d) Terni
e) Kremianez
f) Saxagen
g) Christforowka

D) Erzbergbauverwaltung Ukraine, Kriwoi-Rog
a) Eisenerzbergbau, Kriwoi-Rog
b) Manganerzbergbau, Nikopol

E) Hüttenverwaltung Ukraine, Stalino
Dnjepr-Gebiet:
a) Hütte Kamenskoje
b) Hütte Petrowski
c) Hütte DSMO
d) Hütte Komintern I–III
e) Hütte Karl Liebknecht
f) Hütte Kriwoi
g) Hütte Saporoshje
h) Hütte Ko.schem (?)
Donez-Gebiet:
a) Hütte Makejewka
b) Hütte Kramatorsk
c) Hütte Ordshonikidse
d) Hütte Stalinski
e) Hütte Taganrog
f) Hütte Asowstahl I–II

g) Hütte Konstantinowka
h) Wolkow-Hütte
i) Hütte Woroschilow
j) Hütte Sulinski
k) Röhrenwerk Kujbyschew
l) Sägewerke Orozew

F) Fertigungsbetriebe Ukraine
Dnjepr-Gebiet:
a) Werk Spartak
b) Werk Molotow
c) Werk Artem
d) Werk Krasni-Profintern
e) Werk Woroschilow
f) Werk Lenin
g) Werk Nikopol
h) Werk Nowomoskowsk
i) Maschinenfabrik Bosse
j) Werk Maidacke
k) Munitionsanstalt Saporoshje
l) Dnjepr-Sinter
Donez-Gebiet:
a) Maschinenfabrik Stankostroi
b) Neue Maschinenfabrik
   Kramatorsk
c) Alte Maschinenfabrik Kramatorsk
d) Maschinenfabrik Druschkowa
e) Maschinenfabrik Gorlowka
f) Maschinenfabrik Rutschenkowo
g) Stahlfensterbau Südost
h) Werk Rembasa
i) Gießerei Debalzewo
j) Walzengießerei Lutugino
k) Maschinenfabrik Woroschilow

G) Werke in Ostland
   a) Libauer Eisenwerke
   b) Tillmanns-Werke
   c) Pluto-Werke, Libau

H) Gruppe Mitte
   a) Braunkohle Jarzevo
   b) Werk Mogilew

I) Steine und Erden
   a) Kalk- und Dolomitwerk, Jeljenowka
   b) Kalkwerk Karakub
   c) Zementfabrik Am.rossjewka
   d) Kies- und Schotterwerk, Procborosk
   e) Ziegelei und Kalksandsteinwerk, .olodarski (?)
   f) Ziegelei und Kalksandsteinwerk, Krassnogorska
   g) Ziegelei und Kalksandsteinwerk, Tschesso Yar
   h) Werk 10
   i) Dinaswerk
   j) Tonlagerstätte, Tschesso Yar
   k) Rohkaolin- und Quarzitlagerstätte, …schno.ezk (?)
   l) Quarzitlagerstätten, Werke 3, 11, 16
   m) Quarzitlagerstätten, I.oso..jal (?)

Dieses ist der ungefähre Stand von 1942. Hinzu kamen noch zahlreiche kleinere Werke und Munitionsanstalten. Wie man leicht sehen kann, lag die Wirtschaftsmacht des Ostens bereits in den Händen der Reichswerke.[9]

Die Monopolgesellschaften waren parallel zum Wirtschaftsrüstungsamt gegründet worden. Doch auch hier störte vorerst noch die Zersplitterung der Kompetenzen – hier Wirtschaftsführungsstab Ost und Wirtschaftsstab Ost, Amt Vierjahresplan, Ostministerium, Rüstungsministerium, Generalbevollmächtigter für den Arbeitskräfteeinsatz –, so

daß auch die Macht zumindest der sonstigen Monopolgesellschaften nicht zum erhofften Ergebnis führte.

Göring wollte irgendwie seine zugesagten Wunder er-
füllen. Wo es nicht über geplante Rüstungspolitik ging,
versuchte er über Ausbeutung der besetzten Gebiete zu
kurzfristigen Planerfüllungen zu kommen. Das war weder
Planung noch Vorsorge. Erkannt wurden diese Fehler prak-
tisch seit Kriegsbeginn. Dieses war der wirtschaftliche
Grund, daß für die Reichswerke die Wende eintrat. Deren
Macht verlagerte sich zu Lasten Görings. Und bereits die
Wirtschaftspolitik im besetzten Rußland war beim besten
Willen nicht mehr die Politik des Vierjahresplans.[10]

Gehen wir in diesem Zusammenhang noch einmal auf die
Monopolgesellschaften ein. Bereits am 20. September 1941
forderte Pleiger von General Thomas, nicht etwa von
Sauckel oder Göring, 83 000 russische Kriegsgefangene für
den Mangan- und Kohlebergbau zum Wiederaufbau und
die Förderung. 1941 konnte er bereits in größerem Umfange wieder Lieferungen vornehmen. Göring war hierbei
völlig unbeteiligt und außenstehend.[11] Die übrigen Monopolgesellschaften beschränkten sich vorerst in ihrer Tätigkeit auf das Einsammeln von Lagerbeständen – getreu der
Göringschen Vorgabe. Aus solchen Gründen kam es zur
persönlichen Aussprache im Führerhauptquartier mit Pleiger mit dem Ergebnis, daß Göring Pleiger am 10. Januar
1942 zum Beauftragten für Kohle in den besetzten Gebieten ernennen mußte.

Eigentlich war dieses eine reine Formalität. Die Macht
hatte sich Pleiger bzw. hatten sich die Reichswerke bereits
vorher auf direktem Wege verschafft. Mißstände wurden bei
Nichtbeachtung des Dienstweges einfach aus dem Wege
geräumt – nach Absicherung bei Hitler und Keitel. Man
besaß die Macht über die Kohle, über den gesamten Metall-
und Eisenerzbergbau – und die Macht weitete sich ständig

aus. Ministerien mußten Arbeitsbereiche an die Reichswerke abtreten. Geheim waren Pleigers Auseinandersetzungen mit Speer, Rosenberg und Sauckel, die teils zu Drohungen, mindestens aber zur Mißachtung derer Fehlplanungen
führten. Vom einst so wichtigen Göring wurde nicht mehr
geredet.

Im Zusammenhang mit den Monopolgesellschaften
herrschte die irrige, aus dem Parteiprogramm der NSDAP
abgeleitete Meinung vor, hier wäre ein Übergangsstadium
geschaffen für eine spätere Privatisierung. Es ging vielmehr
darum, bei ausreichender Macht und Kontrolle der Partei
verdienten und zur Leistung fähigen Nazis Patenschaften,
jedoch nicht etwa Eigentum zu verschaffen. Das Eigentum
verblieb beim Volke.

Statt vom gescheiterten Reichsrüstungsrat versprach man
sich eine größere Effektivität von der neuen »Zentralen
Planung«, die ebenfalls ein Ableger des Vierjahresplanes
war und der Speer, Milch, Körner, Pleiger und Sauckel
angehörten. Einen echten Vorsitzenden gab es nicht. Auch
entschieden wurde nicht, sondern geplant. Ein Ersatzstück
für das Planungs-Rüstungsministerium in besserer Besetzung? Wie es auch sei, Pleiger erreichte es bald, den so
wichtigen Bereich der Ostwirtschaft hier auszuklammern.
Speers Versuch, mit Unterstützung Görings, diesen Bereich
als »Zentrale Planung Ost« laufen zu lassen und für sich die
letzte Weisungsbefugnis zu reservieren, scheiterte bereits
kläglich, bevor entsprechende Anweisungen – durchsetzbare
Anweisungen – erfolgt waren. Zwar existiert so etwas mit
Briefkopf des Reichsmarschalls und dessen Unterschrift. Es
existiert allerdings auch gleichzeitig Pleigers Ernennung
zum Generalbevollmächtigten für die Ostwirtschaft mit
Weisungsrechten durch das Führerhauptquartier – nicht
etwa durch Göring oder Speer. Die Macht lag allein im
Führerhauptquartier und wurde dort über die Reichswerke

ausgeübt bzw. zumindest gelenkt. Daher konnte Pleiger sowohl auf ein eigenes Reichsministerium wie auch auf das Wohlwollen gewisser Reichsminister verzichten. Die Zeit, zu der der Staat Inhaber der Macht war, war vorüber. Die Zeit des Faschismus, d.h. des deutschen Faschismus, hatte begonnen. Ministerien waren hier anders als in Italien reine Verwaltungsorgane geworden.

3. Paul Pleigers Ämter- und Machthäufung

Wie und wo Paul Pleiger mit seinem Reichswerkekonzern direkt und indirekt Wirtschaftspolitik treiben und Macht ausüben konnte, läßt sich ganz gut an seiner Ämterhäufung erkennen.

Pleiger, der von Hitler als der überragende Wirtschaftsmanager und treue Vasall anerkannt wurde, den er gern als Rüstungsminister gesehen hätte, war u.a.
– seit 1933 Gauwirtschaftsberater für den Gau Westfalen-Süd, 1933 auf Vorschlag Kepplers
– kurzfristig SS-Untersturmführer. Er lehnte diese niedrige Einstiegscharge gegenüber Himmler ab und wurde anscheinend wieder entlassen. Trotzdem bestand ein enges, freundschaftliches Verhältnis zu Himmler.

Ab 1937 war er Chef der Reichswerke Hermann Göring als Mitbegründer, Vorstandsvorsitzender und/oder bzw. in Personalunion Aufsichtsratsvorsitzender der wichtigsten Reichswerkegesellschaften. Zusätzlich war er in zahlreichen Aufsichtsräten bedeutender Konzerne vertreten.

Am 30. Januar 1938 wurde er neben zahlreichen Mitarbeitern zum Wehrwirtschaftsführer ernannt.

Ab 1941 war er Mitglied des Reichsrüstungsrats und neuer Vorsitzender der Reichsvereinigung Kohle mit umfangreichen Sondervollmachten. Er bestimmte über

Fördermengen und Arbeitseinsatz des gesamten deutschen Kohlebergbaus.

Ab 1941 war er Reichsbeauftragter für Kohle und Leiter der neuen Monopolgesellschaft Berg- und Hüttenwerksgesellschaft Ost mbH mit der Vollmacht, für einzelne russische Hüttenwerke Patenschaften an deutsche Konzerne zu vergeben.

Ab 1942 war er Reichsbeauftragter für Kohle in den besetzten Gebieten und Aufsichtsratsvorsitzender der Kohlewertstoffverbände und hatte dadurch Einfluß auf die Chemische Industrie, außerdem ab 1942 Mitglied der Zentralen Planung, der Planungsstelle für die gesamte Kriegswirtschaft.

Ihr gehörten gleichrangig an: Rüstungsminister Speer, Generalfeldmarschall Milch, Staatssekretär Körner, Reichsbevollmächtigter für Arbeitseinsatz Sauckel, Paul Pleiger, kurzfristig auch Reichswirtschaftsminister Funk. Pleigers Arbeitsbereich umfaßte ursprünglich den Kohlebergbau, wurde jedoch auf den gesamten Grundstoffbereich einschließlich des dafür erforderlichen Arbeitskräfteeinsatzes ausgedehnt. Die drei eigentlichen Programme der Zentralen Planung, Kohle-, Eisen- und Munitionsplan, wurden von ihm und seinen Werken, ohne Einfluß Speers, durchgezogen. Eigentliche direkte Rüstungsprogramme, abgesehen vom Jägerprogramm, wurden hier nicht behandelt. Planungen und Programme für die Landrüstung waren fast ausschließlich Angelegenheit der Beratungen zwischen dem Führerhauptquartier und den Reichswerken. 1942 wurde Pleiger angeboten, eine Zentrale Planung Ost neben bzw. unter Göring oder Speer aufzubauen und zu leiten. Er lehnte die Unterordnung ab und wurde statt dessen Reichsbeauftragter für die gesamte Wirtschaft des Ostens. Diese Verordnung war geheim und durfte nicht veröffentlicht werden. Sie läßt sich lediglich nachvollziehen anhand des vorliegenden Schriftwechsels, aus dem ebenfalls hervorgeht, in welchem Umfange Dienststellen des Reichswirtschaftsministeriums, Reichsfinanzministeriums, Reichsrüstungsministeriums, des Ostministeriums, Sauckels, Dienststellen der Militärgouverneure, sämtliche Monopolgesellschaft u.ä. ihm bzw. den Reichswerken trotz erbitterten Widerstandes unterstellt wurden. Selbst Speer und Sauckel wie Rosenberg hatten trotz telegrafischer Einsprüche beim Führerhauptquartier keinen Erfolg.

1942 wurde er gleichzeitig Reichsbeauftragter für die Wirtschaft in Serbien.

1943 wurde er von Göring zum Preußischen Staatsrat ernannt.

Im gleichen Jahr wurde er Erster Träger des Ritterkreuzes mit Schwertern des Kriegsverdienstkreuzes, der höchsten Auszeichnung für Verdienste um die Kriegswirtschaft.

Für besondere Verdienste um die NSDAP erhielt er 1943 das Goldene Parteiabzeichen.[12]

Er war Treuhänder der Minette und Sonderbeauftragter für Außenhandels-Rohstoff-Fragen.

Selbst im militärischen Bereich wurden Pleigers gute Beziehungen zum Führerhauptquartier genutzt. Hitlers bekannten »Durchhaltebefehlen« mochten sich selbst Armeebefehlshaber trotz guter Gründe nicht widersetzen. Als Manstein, Wagner und Zeitzler eine Frontbegradigung im Dnjepr-Bogen für erforderlich hielten, mußte Pleiger für Hitlers Zustimmung eingeschaltet werden.[13]

Selbst als 1945 das Ende nahte, blieb Pleiger aktiv. Sein Wehrwirtschaftsführer Edmund Geilenberg wurde von Hitler mit uneingeschränkten Sondervollmachten für eine Sondereinheit, die bis zu 360 000 Mann umfaßte, ausgestattet, um Transportwege zu reparieren, die Energiewirtschaft so gut wie möglich zu erhalten und wichtige Produktionen, wie Benzin-Hydrierung, V-2-Produktion u.ä. weiterzuführen.

Am Kriegsende stellte er sich gegen Hitlers Befehl »Verbrannte Erde« durch Behinderung der Auslieferung von Sprengstoff für Sprengungen.[14]

4. Machteinflüsse der Industrie in der Zeit des Nationalsozialismus

Bei der Auseinandersetzung mit der Macht im Staate sind wir hier an einem gefährlichen Punkt angelangt, der leicht mißverstanden werden kann und wo es auch einem Max Weber unterlief, Systemmängel zu übersehen bzw. diese unklar und mißverständlich auszudrücken. Max Webers Begriff von Herrschaft bestand in der Form einer Demokratie mit stark plebiszitären Zügen. Das Parlament sollte nicht regieren, sondern kontrollieren, vor allem aus sich heraus die politischen Führer schaffen, die nach eigenem Willen und eigener Überzeugung so lange herrschen sollten, bis sie versagt hätten oder verbraucht wären. Einen echten Volkswillen gäbe es so wenig in der Demokratie wie in anderen Staatsformen. Politik würde immer von wenigen gemacht. Die Wähler wären die Gefolgschaft, die die Macht des erkorenen Führers trägt. Die gute alte Zeit, in der eine umfangreiche Elite die Politik bestimmte, war für ihn für immer vorbei.

Zwar ist für Max Weber die alte Elite nicht mehr herrschaftsberechtigt. Doch das Problem der Parlamentskontrolle des »Führers« steht unbefriedigend im Raum. Konnte überhaupt eine Parlamentskontrolle bestehen, wenn dieses seine Rechte nicht aufgrund demokratischer Verhältnisse ausübte? Zumindest galt für Weimar der Primat der Wirtschafts-Elite, nicht der Politik. Doch für Weber ist die Demokratie die Notwendigkeit, um den unvermeidlichen kapitalistischen Machtzusammenballungen entgegentreten zu können. Ein Führer ohne Kontrolle bedeutete für ihn Chaos, Willkür und Untergang.

Auch er brauchte für seine Analytik die Elite, nur eine Elite auf anderer Ebene, aus einem anderen Kreis mit anderen Aufgaben.

Auch der deutsche Faschismus verlangte nach »Elite«, die er sich selbst schaffen wollte. Es gibt ein völlig falsches Bild, vom »Hitlerismus« zu sprechen. Goebbels hatte Hitler zwar das Charisma geschaffen, was aber nicht bedeutete, daß das Dritte Reich unbedingt eines Hitlers bedurfte. Das System verlangte lediglich den Führer und die »Elite«, d.h. die Partei!

Maßgeblich war nicht das Prinzip der Gleichschaltung. Gleichschaltung gab es weder in den Parteiorganisationen, der Wehrmacht, der Wirtschaft noch in der Arbeiterschaft. Noch weniger gab es bewußte Kräfteverlagerungen zugunsten der Industrie, wie verschiedentlich in Erinnerung an Weimar mit seinen Arbeitgeber- und Arbeitnehmerverbänden usw. behauptet wird. Hier gab es in dieser Richtung lediglich wenige Versuche, die allesamt kläglich scheiterten.

Selbst der Vierjahresplan mit Anhängseln als Wirtschaftsmacht, wie ihn Göring verstand, also den politischen Inhalt des Vierjahresplanes nicht begriffen hatte, mußte daher scheitern, da ihm die Macht fehlte. Und zu Göring selbst: Während seines Nürnberger Prozesses erklärte er, er sei aus revolutionären Gründen zur NSDAP gegangen, »nicht etwa wegen des ideologischen Krams«.[15] So war es auch – innerhalb der Partei, auf die allmählich die Macht überging, war er ein altes Relikt, das man nicht fallenlassen konnte.

Schon bei seinem Eintritt in die Partei äußerte sich Hitler:

> »Glänzend. Ein berühmter Kampfflieger und sogar Pour-le-mérite-Träger! Hervorragende Propaganda! Außerdem hat er Geld und kostet mich keinen Pfennig! Das ist sehr wichtig.«[16]

Damit hatte er ihn als »Aushängeschild« der Partei charakterisiert, das er auch blieb. In ähnlichem Sinne und ebenfalls mit schrumpfendem Einfluß wurde er von Pleiger und den Reichswerken »Hermann Göring« benutzt.

Wo lag nun grundsätzlich die Macht? Der Staatsrechtler des Faschismus, Carl Schmitt, sah die Dinge klarer, auch wenn einem dabei unheimlich wird. Er sah eine neue Dreigliederung von Partei, Staat und Volk. Die Partei als staatstragendes Element, der Staat war die Verwaltung. Die Partei als staatstragendes Element sollte als Elite Staat und Volk durchdringen.[17]

Die wohl beste Analyse dieser Praktiken findet sich im *Behemoth* von Franz Neumann, der als wesentliches Merkmal des deutschen Faschismus das grundsätzliche Problem in der Antimonie von Staat und Bewegung mit ihrer Tendenz der Zersetzung jeglicher einheitlichen Gewalt sah.[18] Er sah den Dualismus von Partei und Staat aufgehoben und statt dessen eine mehr oder minder organisierte Anarchie. Genauso begriff Neumann das System als einen ständigen Veränderungsprozeß, bei dem Hitler nicht als allesbewegende Kraft und als alleiniger Herrschaftsträger im Mittelpunkt steht.

Zu diesen Veränderungen gehören die Begriffe »Führer« und »Reichskanzler«, aber auch die »Reichswerke« als Wirtschaftskonzern und wirtschaftspolitische NS-Institution.

1919 weigerte sich die Industrie, die Macht über die Wirtschaft an die Politik abzutreten, aber die Industrie zögerte nicht, die ganze wirtschaftliche Macht einem totalitären System zu übergeben.

Denn trotz der mannigfaltigen, sich anscheinend oftmals widersprechenden Eingriffe des Staates, führte der Faschismus letzten Endes zur Diktatur des gesamten Staates, einschließlich der Industrie, zur vollständigen Organisation der Nation.

Die Wirtschaft hatte ein neues Gefüge bekommen. Die Abstufung der Unternehmer zu Betriebsführern und die damit gleichlaufenden Zusammenschlüsse zu Reichsvereinigungen waren der Weg in diesem System, die notwendigen Produktionssteigerungen zu erzwingen. Es war der Weg über autoritäre Organisationen und Institutionen, die den ehemaligen Konzernen ihre ursprüngliche Macht genommen hatten. Es war Zwang der Entwicklung, daß die der Wirtschaft und dem Staat genommene Herrschaft dieser faschistischen »Institution« zufallen mußte.

VI.

EIN SYNDIKAT ERGREIFT
DIE MACHT

1. Die Reichswerke als nationalsozialistisches Führungsorgan

Die Einordnung der Reichswerke in das Führerprinzip
Am 1. Dezember 1933 wurde das Gesetz zur Sicherung von Partei und Staat erlassen. Dadurch wurde die Partei eine Körperschaft des öffentlichen Rechts. Im *Organisationsbuch der NSDAP* von 1936 heißt es, »daß Partei und Staat ein und dasselbe sind, wenn der Staat aus der Gemeinschaft gleichgesinnter Menschen bestünde«. Diese Stilisierung für den »Volksgenossen« war jedoch unrealistisch. Darum hatte die Partei die Aufgabe, als »elitäre Minderheit« ihren Willen auf den Staatsapparat zu übertragen.

Im *Organisationsbuch* erläutert man weiter: In der Übergangsstufe müssen Partei und Staat getrennt bleiben, wobei die Partei die Auslese der Führer für die Machtpositionen zu treffen hat.

Eine institutionelle Einheit auf staatlicher Ebene fand sich häufig auf der Gauleiterebene, wenn diese gleichzeitig Oberpräsident, Reichsstatthalter oder Reichsminister waren.

In der Wirtschaft war eine ähnliche Verklammerung das naheliegende Ziel. Schon den »Betriebsführer« stattete man mit mehr Macht aus als den Eigentümer. Und die Funktion der Wirtschaftsführung sollte nicht mehr von Fachministerien wahrgenommen werden, die abgewertet wurden zu Verwaltern, während die Macht bei der Partei, dem Amt für den Vierjahresplan, zu liegen hatte.

Unglücklicherweise wählte man hierfür als Leiter Hermann Göring, der allerdings niemals »der Wirtschaftler noch der ideologisch durchdrungene Nationalsozialist« war, um die Aufgabe bewältigen zu können. Er wich der Frage und Aufgabe aus, indem er sich für die Leitung genau begrenzter Teilbereiche Generalbevollmächtigte ohne ausreichende Vollmachten und bei fehlender Führung schaffte.

Er hatte nicht verstanden, daß das angestrebte Ziel der Partei sich nicht auf die Beseitigung des Dualismus Staat und Partei beschränkte, sondern daß auch der Dualismus Industrie und Staat keine Lebensberechtigung mehr hatte. Auch hier behielt sich die Partei die Führungsrolle vor, ohne nun dabei die »Verstaatlichung« oder »Verparteilichung« der Unternehmen anzustreben.

»Führen« heißt nicht »herrschen«! Daher bedurfte es auch keiner »Staatsbetriebe« und keiner gesetzlichen Regelungen. Recht war, was der Führer wollte. Pleiger hatte dies begriffen.

Eine solche Führung hat charismatische Züge und muß eindeutig von rationalen oder traditionalen Herrschaftstheorien unterschieden werden. Diese »charismatische Macht« ist dann kein Trugbild, wenn die psychologische Verfassung der Masse gegeben ist und sie ihre gesellschaftliche Funktion ausfüllen kann.

Der funktionalen Herrschaft der Partei war in der Form des Vierjahresplanes kein Glück beschieden. Im Kriege wurde dann durch die Übertragung von funktionalen Machtfunktionen auf die Reichswerke und deren Funktionsträger eine für die Wirtschaft entscheidende Umgestaltung vorgenommen. Die Partei verzichtete nicht zugunsten des Staates auf Macht, übertrug diese daher auch keinem Reichsministerium. Hier liegt mit der Grund dafür, daß sich Pleiger dem Staat nicht unterordnete und auch nicht »Staat«, d.h. Reichsminister sein wollte. Er sah als »Parteielite« seine Aufgabe darin, »Führerbefehle« mit seinem Apparat, den Reichswerken, erfolgreich auszuführen.

Führung und Verwaltung der Kriegswirtschaft
Speer, die Zentrale Planung und die »Revolution der Manager«? Franz Neumann sieht, daß sich insbesondere durch die Entwicklungen während des Krieges die vorgezeichneten Veränderungen der Machtstruktur deutlich beschleunigten. Geherrscht wird von denen, die über die Gewalt, die Wirtschaft und die Verwaltung verfügen. Entsprechend sind es vier Gruppen: die Naziführung, die Wehrmachtsführung, die Wirtschaftsführung und die ministerielle Verwaltung. In einem solchen System konnte die Wirtschaftsmacht niemals eine Macht der Technokraten – wie Speer es vertritt – sein.

Speer läßt sich, um alle Zweifel zu beseitigen, gleich von zwei Historikern sezieren: Er als Technokrat sei weder typisch deutsch noch typisch nationalsozialistisch, er sei halt der Techniker, den es eigentlich in jedem kriegsführenden Staate in dieser Form gebe, um Kriege zu führen und zu gewinnen, gleichgültig für wen. Das »Wie« bleibt ausgeklammert. Dann zitiert er aber zusätzlich für sich Trevor-Roper: »Wenn ich hinter das Geheimnis von Speer komme, habe ich das Geheimnis des Dritten Reiches ergründet!«

Als »Technokrat« verstand man jenen Unternehmer, bei dem die ideologischen Motive hinter dem rücksichtslosen Einsatz aller Mittel, Arbeitskraft wie Maschine, zurückstehen, um die Verwirklichung der von der politischen Führung gesetzten Ziele zu erreichen. Selbstverständlich setzte sich dieser Menschentyp – allerdings nicht Unternehmer im üblichen Sinne – im Laufe dieser Jahre stärker durch, aber er übernahm nicht die Macht. Speers Unternehmer waren Technokraten – Männer des zweiten Gliedes.

Für den Leiter der Reichswerke, Pleiger, galt, daß er in eingeschränktem Maße als Technokrat wirkte, seine

Führung innerhalb und durch die Reichswerke allerdings politisch ausübte. Das ist der entscheidende Punkt.

Doch zu Speer. Wo ist er einzuordnen? Uns interessiert diese Frage, um fähig zu sein, seinen Einfluß auf die Führung der Kriegswirtschaft beurteilen zu können.

Albert Speer, Hitlers begabter Architekt, fiel nicht nur dadurch auf, daß er sich redliche Mühe gab, »der Treueste der Treuen« zu sein, sondern er imponierte auch im Führerhauptquartier durch seine besonders eleganten braunen Uniformen. »Gott, hat ihn Mutti wieder fein gemacht!« war die Art und die Einstufung, die man ihm dort zuordnete. Als Technokrat bzw. als Leiter von Technokraten war er brauchbar. Seine Allround-Dilettanterie im Vergleich zu seinem befähigten Vorgänger Todt hatte dazu geführt, nur dann ins Führerhauptquartier geladen zu werden, wenn es darum ging, neue Parteitempel zu entwerfen oder von Hitler Rüstungsbefehle kritiklos entgegenzunehmen. Er war von Hitlers Charisma befangen, so daß er die »Umwelt« nicht mehr sah und als »Sklave« in diesem Unrechtsstaat unwissend Befehle weiterreichte. So zumindest erklärt er sich und sein Handeln.

Aber er war auch ein braver Mann mit Sinn für Ordnung, Organisation und Herrschen. Zum »Herrscher« des ausführenden Organs des Rüstungsministeriums, der ihm so wichtigen Zentralen Planung, machte er sich selbst. Doch allein deshalb war er beim besten Willen noch nicht das »Steuerungsinstrument«, wie oft unterstellt worden ist. Auf dem Papier, d.h. aufgrund des Gründungserlasses Görings vom 22. April 1942, wurden hier die wichtigsten Kompetenzen des Amtes Vierjahresplan weitergeführt. Gleichzeitig sollte er nach der Speerschen Vorstellung den Generalrat ersetzen, der zwar formell weiterbestand, in Wirklichkeit jedoch spätestens 1941 sanft entschlafen war.

Selbstverständlich kam es ab Anfang 1942 zu einem

erheblichen Anstieg der Rüstungsproduktion. Doch die Ursachen hierfür waren vielfältig. Erst mit Einsetzen des Winters 1941/42 begriff man, daß es sich in Rußland um keinen Blitzkrieg handelte, sondern um einen Materialkrieg. Es handelte sich um eine absolute Fehleinschätzung, die auch dazu beigetragen hatte, daß der verstärkte Einsatz der Rüstungsindustrie für den Fall »Barbarossa« erst wenige Monate vor diesem Kriegsbeginn eintrat. Vorher war man sehr bedacht, die zivile Produktion nicht zu sehr einzuschränken. Der »totale Krieg« sollte vermieden werden mit dem Ergebnis, daß es zwar viele Arbeitskräfte gab – in der Landwirtschaft, in der Produktion für den privaten Konsum, als Dienstmädchen oder in aufgeblähten Partei- und Staatsbürokratien –, in der Rüstungsindustrie fehlten aber andererseits die notwendigen Kräfte. Hier lag der eigentliche Schwachpunkt.

Die Sitzungen der Zentralen Planung dienten weniger der Planung und der Beschlußfassung, sondern eher der Information über Beschlüsse des Führerhauptquartiers und der Diskussion über deren Durchführbarkeit. Speer war nicht bereit, reale Grenzen zu sehen, denn dafür hätte es statt eines Befehlsempfängers eines sachlich-kritischen Mannes bedurft, der er nun wirklich nicht war.

Jeder wußte, daß es einer gewaltigen Steigerung der Rüstungsproduktion bedurfte. Für die Realisierung bedurfte es sachlicher Entscheidungen und der Bereitstellung der Produktionsfaktoren. Dabei kamen keine Wunder zustande, sondern lediglich die Auslastung der vorhandenen Kapazitäten. Neue Werke kamen ab dieser Zeit kaum noch hinzu. Es ging darum, die vorhandenen Werke voll zu nutzen. Dafür brauchte man Arbeitskräfte, Rohstoffe, Energie, Transportraum und die Koordination. Für die Koordination, verbunden mit der Organisation, arbeiteten im Rüstungsministerium wenige, aber sehr befähigte Leute.

Entscheidend und auch unabhängig genug waren insbesondere Hettlage und Kehrl, der als fanatischer Nationalsozialist über die Parteiführung seine Macht besaß. Beide wiederum arbeiteten eng zusammen mit Paul Pleiger, der zwar auch Mitglied der Zentralen Planung war, wichtiger jedoch war er als Chef des Wirtschaftsinstrumentes der Partei – der Reichswerke – und zugleich als der Mann, der im Führerhauptquartier erheblichen Einfluß besaß und hinter dem die Parteiführung stand.

Angenehm war es für Speer bei den Sitzungen der Zentralen Planung nicht, wenn er hier über Pleiger erfuhr, daß berichtigte oder neu gefaßte Führerbefehle die Plandaten überhaupt erst realisierbar machten. Er fühlte sich übergangen, betonte aber geflissentlich, daß Pleiger bei Beratungen im Führerhauptquartier über Rohstoff-Fragen unbedingt stets mitwirken müsse. So war es allerdings auch ohne dessen Hinweis bereits vorher gehandhabt worden. Es ging sogar so weit, daß Führerbefehle zu diesen Fragen erlassen wurden, zu denen die Entwürfe von Pleiger – geschrieben auf der großlettrigen Führerschreibmaschine – stammen.

Für Pleiger waren Führerbefehle genauso verbindlich wie für Speer. Der Unterschied zwischen beiden lag darin, daß Pleiger es nicht bei dem »jawohl« beließ, sondern auch seine Bedenken vortrug bzw. die notwendigen Bedingungen nannte. Das konnte zu Spannungen führen, aber auch für Hitler zählte letzten Endes das Ergebnis.

Speer dagegen sah sich in seiner Eitelkeit als den »Verwirklicher der Revolution der Manager«, der Technologen also, denen es weitgehend gleichgültig war, wer die Befehle erteilte, sondern denen es lediglich darum ging, die Befehle auszuführen. Damit war er selbst – aus seiner Sicht – unpolitisch geworden. Als Beispiel führt er für ein solches Handeln Hermann Brassert an, der als Amerikaner die »Hermann-Göring-Werke« errichten sollte und wollte,

obwohl er kein Nazi war. »Dessen einmalige Forschungs-
kenntnisse als kritiklos arbeitender Techniker hätten es
Hitler erst ermöglicht, einen langen Krieg zu führen.«
Brassert wie ihm wären der Auftrag wichtiger gewesen als
der Auftraggeber. Was für ein einmaliger Unsinn! Mit Bras-
serts »Hermann-Göring-Werken« hätte man nicht einmal
den Polen-Feldzug führen können.

Allerdings ging es zu dem Zeitpunkt, als Speer in der
Kriegswirtschaft tätig wurde, nicht um tiefschürfende
Betrachtungen. Es ging um ziemlich handfeste Dinge: die
vielen und teils sich gegenseitig behindernden Institutionen, nicht etwa Manager oder Betriebsführer, durch eine
faschistische, nicht etwa eine technische Führungsspitze
in den Griff zu bekommen, zur Ordnung zu rufen und
dadurch Leistungssteigerungen zu erreichen.

Diese notwendige zentrale Führung und Organisation erfolgte in gewissen planerischen Vorarbeiten auch innerhalb
des Bereichs, der Speer zur Leitung anvertraut worden war.

Organisiert und geplant wurde auf zwei Ebenen, entschieden dagegen wurde notgedrungen auf etwas umständ-
lichere und kompliziertere Weise:

1. Die eigentliche Planung und Kontrolle erfolgte im
   Rüstungsministerium ziemlich unabhängig und selbständig von Kehrl und Hettlage. Beide waren die führenden
   und entscheidenden Kräfte des Ministeriums.

2. Die Zentrale Planung, gedacht als kriegswirtschaftliches
   Führungszentrum, benutzte Technokraten für Beratungen und Entscheidungsvorbereitungen – womit nicht
   gesagt ist, daß dann die Zentrale Planung diese Entscheidungen tatsächlich traf.

   Sie bestand aus dem Reichsminister Speer, Staatssekretär Körner, Generalfeldmarschall Milch, Generalbevollmächtigten für den Arbeitseinsatz Sauckel und Paul
   Pleiger. Dann war Reichswirtschaftsminister Funk bei

wenigen Sitzungen anwesend. Er war sowohl in diesem Kreise wie auch in der Parteiführung völlig bedeutungslos.

Dieser Fünfer-Kreis traf sich nicht regelmäßig in der gleichen Zusammensetzung. Es gab auch keinen Vorsitzenden. Speer war eigentlich bei allen ca. 60 Sitzungen anwesend, Sauckel ließ sich lieber vertreten, um Angriffen wegen fehlender Arbeitskräfte zu entgehen, Milch interessierte sich für die Luftrüstung und Transportfragen, Körner blieb in der Regel passiv und war Görings Informant, Pleiger fühlte sich zuständig für Rohstoff- und Produktionsfragen, ließ sich teils von seinem Freunde Kehrl oder Vorstandskollegen der Reichswerke vertreten und war der unruhige Geist, der Mißstände anprangerte und Forderungen und auch Warnungen im Zusammenhang mit vorrangigen Führerbefehlen aussprach.

Im Hintergrund standen Hitler, Bormann mit der Partei, der die Gauleiter ausdrücklich anwies, Pleiger und die Reichswerke in ihrer Arbeit und auch in ihren Entscheidungen (!) zu unterstützen, dann Himmler, der sich den Reichswerken verpflichtet und verbunden fühlte, und das OKW mit Keitel.

Auf dieser Ebene konnte Pleiger planen, sich die nötigen Hilfen und Stützen holen, konnte für seine Reichswerke Führerbefehle vorbereiten – Führerbefehle, bei denen selbst Hitler hin und wieder über seinen eigenen Schatten springen mußte. So gibt es Hitlers Entscheidung vom 7. Juli 1943, die erst nach Zögern und Drängen zustande kam. Die Entscheidung in der langen Besprechung zwischen Hitler und Pleiger – Speer war lediglich anwesend – besagte, daß Pleiger gegen alle Widerstände für seinen Kohlebergbau vorrangig 300 000 russische Arbeitskräfte, möglichst Kriegsgefangene, zur Verfügung gestellt bekam. So sollten alle Kriegsgefangenen der seit dem 5. Juli laufenden Offensive zur Verfügung gestellt werden. Hitler hatte sogar der Aufgabe eines wichtigen ideologischen Zieles zugestimmt:

>Die in den Bandenkämpfen des Operationsgebietes, der Heeresgebiete, der Ostkommissariate, des Generalgouvernements und des Balkans gemachten männlichen Gefangenen im Alter von 16 bis 55 Jahren gelten künftig als Kriegsgefangene.«

Vor diesem Befehl hatte man die weiblichen und männlichen Partisanen in der Regel auf der Stelle erschossen oder gehängt. Nun trat der Wandel ein, daß entsprechend Pleigers Anliegen die männlichen Partisanen erst einmal zum Arbeitseinsatz kamen. Daß die Frage der Humanität bei dieser Entscheidung nicht die geringste Rolle spielte, läßt sich am Wortlaut des Befehls eindeutig erkennen.

Speer hatte in dieser Besprechung eine andere Meinung vertreten, konnte sich jedoch gegenüber Pleiger – wie meistens – nicht behaupten.

Dieses ist nur ein Beispiel für die Macht des neuen »Steuerungsinstrumentes der Kriegswirtschaft«, der Zentralen Planung. Es könnte ein Ausnahmefall sein. Doch man wird sehr bald seine Meinung ändern, wenn man andere Fälle zu den verschiedenen Aufgabenbereichen der Zentralen Planung näher ansieht.

Nach Speer hatte die Zentrale Planung folgende Aufgaben für die deutsche Kriegswirtschaft wahrzunehmen:
1. Entscheidungen über Neuplanungen in der Wirtschaft
2. Grundsatzfragen der Rohstoffwirtschaft
3. Verteilung der Rohstoffe
4. Steuerung der Kohle- und Energiewirtschaft
5. Steuerung des Transportwesens
6. Eingliederung des Wehrwirtschafts- und Rüstungsamtes
7. Eingliederung des Marinewirtschaftsamtes

8. Eingliederung des wirtschaftspolitischen Bereichs der Luftwaffe
9. Arbeitskräfterekrutierung und -einsatz.

Trotz dieser zumindest vom Plan her existierenden Aufgabenstellung gab es erhebliche Einschränkungen. Bereits für den Bereich der annektierten Gebiete gab es Kompetenzüberschneidungen. Diese verstärkten sich in den Bereichen Reichsprotektorat und Generalgouvernement. Im Bereich der besetzten Gebiete hatte das Rüstungsministerium als solches kaum Zuständigkeiten, weder in den durch zivile Partei-Reichskommissare noch in den durch Militärgouverneure beherrschten Ländern bzw. Gebieten.

Hinzu kam, daß ein großer Teil der Kriegswirtschaft von den Reichswerken direkt oder auch indirekt gelenkt wurde. In diesen Fällen beschränkte sich der Aufgabenbereich der Zentralen Planung darauf, sich von Pleiger oder seinen Vertretern berichten zu lassen. Wurden hier die Planungen und Entscheidungen der Reichswerkeführung in Zweifel gezogen, nutzte diese das Führerhauptquartier (Hitler oder Keitel), die oberste Parteiführung, (Bormann und die Gauleiter), die Reichsführung SS, (Reichsführer SS Himmler oder SS-Obergruppenführer Pohl), um sich ihren Machtbereich durch Anordnungen oder Befehle bestätigen zu lassen. Wenn hier also von der Reichswerkeführung und nicht allein von Paul Pleiger gesprochen wird, dann soll damit zum Ausdruck gebracht werden, daß auch Mitglieder der Reichswerkeführung, die direkt in das Rüstungsministerium abgeordnet waren, z.B. Hans Kehrl, der für den zentralen Bereich des Rüstungsministeriums zuständig war, oder Edmund Geilenberg für den gesamten Munitionsbereich, später auch für den Bereich Aufrechterhaltung der Treibstoffproduktion und der Energieversorgung sowie des Eisenbahntransportwesens – ausgestattet mit uneingeschränkten direkten Führervollmachten – wirkten. Aber auch Pleigers Vorstandskollege, SS-Gruppenführer Meinberg, die Geschäftsführer der Reichsvereinigung Kohle und der Reichsvereinigung Eisen sowie die Staatssekretäre des Reichswirtschaftsministeriums und des Reichsfinanzministeriums sowie etliche Militärs wirkten mit ihrem Einfluß beratend in der Zentralen Planung im Sinne der Reichswerke. Es ist verständlich, daß die verbliebenen Männer des ehemaligen Göring-Imperiums die Reichswerke-Macht stützten, so auch Dr. Gritzbach von Görings Stabsamt und Generalfeldmarschall Milch.

Damit war der Machtbereich von Speer und der Zentralen Planung in wesentlichem Umfange zugunsten der Reichswerke eingeschränkt. Und im Rüstungsbereich hatten die Vertreter der Partei dort ihren Platz, wo Macht ausgeübt wurde, so auch innerhalb der Reichswerke.

2. Machtbereich und Machtausübung der Reichswerke

Allgemeine Stellungnahme

Die vom Rüstungsministerium bzw. der Zentralen Planung übernommenen Bereiche entsprechen so ziemlich der wirtschaftlichen Aufgabenstellung des Vierjahresplanes, wobei die politische Aussage des Vierjahresplanes ausgeklammert bleibt. Daß der Vierjahresplan nur in Teilbereichen Erfolge ausweisen konnte, ist eine Frage der Effektivität und nicht eine der gestellten Forderungen.[1]

Ab 1941/42 beginnt nach Meinung zweier so extrem gegensätzlicher, aber unbedingt aussagefähiger Personen wie Hjalmar Schacht und Franz Neumann der Weg ins Chaotische. Beide beziehen sich dabei auf das Problem der Bedeutung der Reichswerke und der Reichswerkeführung, weniger auf die Personen Speer oder Göring.[2]

Theoretisch blieb Speer Untergebener des Generalbevollmächtigten für den Vierjahresplan Göring. »Günstling«
Hitlers war er nicht. Im Grunde wurde er gar nicht so gern
im Führerhauptquartier gesehen, wenn es sich nicht gerade
um Architekturfragen handelte, bei denen die Auffassungen
Hitlers und Speers übereinstimmten.[3] Speer war für den
Aufgabenbereich Steuerung der Kriegswirtschaft im Prinzip
eine Notlösung. Das wußte Hitler vor der Ernennung und
auch noch nach zwei Jahren. Am liebsten hätte er ihn nicht
ernannt, doch Göring war für die Aufgaben nicht tragbar
und Dr. Todt tödlich verunglückt. Am liebsten hätte er ihn
durch Pleiger ersetzt. Aber der wollte seine Macht durch
die Partei besitzen, niemals aber diese Macht durch ein
staatliches Instrument »Reichsministerium« ausüben oder
verwalten![4] Für diese Feststellung gibt es eine Reihe von
maßgeblichen Äußerungen und Tatsachen:

Im Nürnberger Wilhelmstraßenprozeß erklärte der Ankläger Kaufmann: Pleigers Karriere verläuft parallel zur
Nazi-economic-Vorbereitung des Krieges. Als 1936 die
konservativen Kräfte, wie Schacht, Einfluß verloren, begann
sein Aufstieg. Er errang höchste Positionen im politischen
und wirtschaftlichen Leben Nazi-Deutschlands. Er war
Görings engster Vertrauter: als dieser durch Speer ersetzt
wurde, wuchs seine Macht weiter und weiter, so daß er in
gewissem Umfange lediglich Hitler unterstand.[5]

Diese Auffassung vertritt genauso der Chefankläger der
Nürnberger Prozesse, Kempner, zur Machtstellung Pleigers
und der Reichswerke.[6] Im Wilhelmstraßenprozeß und im
Flick-Trial äußern sich die Generale Thomas und von Hanneken im gleichen Sinne. Von Hanneken sagte wörtlich aus:

>>Pleiger und die Reichswerke haben praktisch die Aufgaben Kepp-
lers im Vierjahresplan übernommen. Die Reichswerke waren für
diesen das Schlüsselinstrument.<<[7]

Oder Milward vertritt die Auffassung: Die Reichswerke wurden das eigentliche und langlebigste Denkmal des Vierjahresplanes.[8] Unmittelbare aktenmäßig belegbare Äußerungen von Pleiger zu diesen Fragen gibt es nicht. Auch in seinem Prozeß äußerte er sich zu diesem Komplex mehr allgemein. Das ist nicht verwunderlich:

Die Taktik seiner Verteidigung war bei allen Anklagepunkten, möglichst nichts zu wissen und das anhand von unleugbaren Beweisen Nachgewiesene zu bedauern mit Hinweis darauf, daß er bei seinen umfassenden Aufgaben selbstverständlich nicht über alles informiert gewesen sein könne und er innerhalb der Reichswerkeführung für Aufgabenteilung gewesen sei! – Eine Vorstellung, die seine Vorstandskollegen bestimmt nicht teilten.

Doch gewisse Hinweise in Richtung Machtstellung Reichswerke in der Art, wie sie bei Hallgarten zu finden sind: »… die Reichswerke Hermann Göring wurden Kristallisationskern einer neuen Gruppierung von Industrieunternehmen und Banken, die Schrittmacher einer noch engeren Zusammenarbeit von NS-Regierung und Wirtschaft waren«, gibt es auch bei Kehrl in seinen Memoiren und in den Aussagen von Dr. Rasche, Vorstandsmitglied der Dresdner Bank, vom 27. Dezember 1945 und Paul Pleiger vom 27. März 1946.[9]

Petzina sieht die Machtstellung der Reichswerke, aber auch die Macht weiterer großer Konzerne: »Die starke Stellung einzelner Konzerne wurde mit der Unterordnung großer Bereiche der Industrie unter den nationalsozialistischen Parteiapparat bezahlt.«[10] Er wie auch Hallgarten/Radkau übergehen allerdings die Frage, inwieweit die Reichswerke selbst Bestandteil des Parteiapparates waren, so wie es Neumann sieht: »Die Hermann-Göring-Werke stellen den Versuch dar, die Parteiherrschaft mit der wirtschaftlichen Basis zu versehen.« Oder auch: »Wenn wir die Struktur und Bewegung der nationalsozialistischen Wirtschaft analysieren, dürfen wir uns nie mit den gesetzlichen und administrativen Formen begnügen. Sie sagen sehr wenig aus.« »Der Institutionalismus geht von einem anderen Ansatz aus. Nach Renard … ist die Institution ein Organismus, eine juristische Struktur, die dem Gemeinwohl dient. Sie ist mehr als eine einfache Beziehung, sie ist ›Sein‹. Sie ist eine Ganzheit, ›un tout‹, in welche die einzelnen integriert sind.« »Der Einfall der Reichswerke in die Privatwirtschaft ist ein politisches, nicht ein ökonomisches Phänomen.«[11]

Dr. von Carlowitz, ehemaliger Sekretär des Generals von Schleicher und später engster Mitarbeiter Pleigers, nach dem Kriege auf Anordnung der amerikanischen Besatzungsbehörde Kurator für den »Montan-Block«, sagte als Zeuge im Wilhelmstraßenprozeß aus: Pleiger sei von Hitler angetragen worden, die gesamte Kriegswirtschaft (statt Speer) zu leiten. Er lehnte ab. Wenn dagegen Radkau feststellt, »Pleiger hatte die Rolle des großspurigen Imperialisten übernommen«, so ist diese Feststellung zu billig, wenn man seinen Einfluß im NS-Reich und in der Partei und Wirtschaft richtig sieht.[12]

Speer selbst, der sich selbstverständlich als Führungsspitze der Kriegswirtschaft sah, stufte Pleiger zumindest als seinen Vertreter ein. Am 26. Oktober 1943 teilte Speer Pleiger mit: »Zur Ergänzung und Klarstellung stelle ich fest, daß Sie auch meine Vollmachten als Generalbevollmächtigter ausüben.«[13]

Es gibt weitere Äußerungen Speers, aus denen sich auf den Machtbereich Pleigers und der Reichswerke schließen läßt. Im Flick-Trial erläutert er als Zeuge am 8. Oktober 1947 Pleigers Stellung innerhalb der Reichsvereinigung Kohle, einem Teilbereich der Reichswerke-Institution:

»Die Bedeutung der RVK und damit auch von Pleiger lag zuerst einmal darin begründet, daß die gesamte Kohle-

254

industrie vom Staat dirigiert wurde. (...) Notwendig, um dies erreichen zu können, war, daß ihm die Zechen den für die verlangte Förderung notwendigen Personalbedarf mitteilten. Und er fand auch die Wege, damit der Bedarf erfüllt wurde, notfalls unter Einschaltung des Führers. Darüber hinaus legte er die Förderquoten der einzelnen Zechen fest.«

Damit war Pleiger unumschränkter Herr der Kohleindustrie auch nach Aussage Speers, der ihn im übrigen als »Kohlepapst« bezeichnete.[14]

Speer hatte Angst, daß das »Eisenprogramm«, von ihm Hitler gegenüber zugesagt und gleichzeitig von Pleiger gegenüber Hitler angezweifelt, nicht erfüllt werden könne. In den stenografischen Aufzeichnungen der Zentralen Planung heißt es:

> Speer (verzweifelt): »Es bleibt aber dabei, daß uns Pleiger nicht im Stich läßt!«
>
> Pleiger: »Selbstverständlich bleibt es dabei. (...) Ich muß in dieser Zeit zwar gefährlich leben, aber das kann ich! Wir bringen Ordnung in die Eisenproduktion. Der Führer wünscht, alles in Harmonie zu bringen. Schaffen Sie mir nächste Woche über Sauckel die angeforderten Arbeitskräfte!«[15]

Nach dem Fall von Stalingrad, Anfang 1943, kamen nach vorhergegangenen Aussprachen mit Hitler, Goebbels und Himmler über den Zwang zum »totalen Krieg«[16] Pleiger Zweifel an den Führungsqualitäten der Reichsführung und am möglichen Endsieg. In Gesprächen mit seinem alten Freund Kehrl wurden Auswege diskutiert. Beabsichtigt war nicht der Sturz Hitlers, sondern mehr Entscheidungsgewalt in Rüstungs- und Arbeitskräftefragen durch kompetente Leute, d.h. für Pleiger und Kehrl. Diese Entwicklung wurde nicht nur angestrebt, sondern mit Hilfe des Führerhauptquartiers und des OKW auch verwirklicht.[17]

Speer mußte neben anderen Führungsspitzen der Hierarchie weitere Kompetenzen an Pleiger abgeben. Seine Einschätzung des Duos Pleiger/Kehrl war allerdings so, daß er ihnen vertraulich die Frage stellte, wer Nachfolger Hitlers werden könne von den drei großen Paladinen – Göring, Goebbels oder Bormann. Himmler war zu diesem Zeitpunkt noch nicht im Gespräch. Man hielt alle drei Kandidaten für ungeeignet. Daraufhin brachte sich Speer selbst ins Spiel. Aus begreiflichen Gründen stimmte man ihm zu.[18]

Interessant ist auch die Einstellung Görings zu den Machtverhältnissen und der Bedeutung der Reichswerkeführung. Nach Zweifeln an der Erfüllung des »Eisenprogramms« warnte er nicht etwa die eigentlich wenigstens auf dem Papier zuständigen Speer und Röchling, sondern Pleiger.[19] In einer dringend für den 12. August 1942 auf dem Berghof einberufenen Sitzung nahm Hitler Pleiger zur Seite:

> »Ich habe von Göring gehört, daß Sie ein fürchterlicher Dickschädel sind – ich warne Sie!«[20]

Göring war dann sehr ernst und sagte zu Pleiger:

> »In der klaren Form, wie Sie alles ausdrücken, ist es bei Hitler sehr gefährlich, stellen Sie sich diplomatischer ein, lehnen Sie nicht einfach alles ab!«
>
> Pleigers Antwort: »Ich muß die Wahrheit sagen, denn darauf geht doch das ganze Rüstungsprogramm aus, ich muß an meine Pflicht denken. Sauckel wird wieder einmal seine Zusagen nicht einhalten, und damit ist alles geplatzt.«

Göring ging hierauf nicht näher ein, betonte lediglich Speers gute Verbindungen zu Hitler. Gut wäre es, das gute Verhältnis zu Himmler zu pflegen und das schlechte Verhältnis zu Ley zu verbessern.[21]

256

Pleiger und Kehrl arbeiteten, solange sie sich kannten, immer eng zusammen im Sinne der Forderungen der Partei. Pleiger und Kehrl gehörten zur Führungsspitze der Partei und waren und blieben fanatische Nazis. Selbst in den Nürnberger Prozessen bekannte sich Kehrl eindeutig hierzu. Pleiger, gleichgesinnt, war in seiner Verteidigung vorsichtiger.

Mehr über beider innere Einstellung als jedes im Greisenalter gegebene Interview oder als jede im nachhinein als Rechtfertigung geschriebene »Erinnerung« sagt aus, was Hans Kehrl auf die Fragen des Nürnberger Anklägers zu seiner jetzigen Einstellung zur SS und dem Führer im Jahre 1947 antwortete:

»Von der SS hatte ich eine sehr gute Meinung. Ihr Ehrenkodex enthält nur selbstverständliche Tugenden, die ich nicht nur für richtig hielt, sondern es auch für notwendig hielt, diese zu propagieren. Verstehen kann diese Einstellung nur derjenige, der weiß, wie diese Tugenden vor 1933 in Presse, Rundfunk, Poesie, Romanen, bildender Kunst, Zeitungsartikeln als unsinnig, dumm und überholt propagiert wurden. (...) Auf den Führer habe ich den Treueeid geschworen, den ich meiner Meinung nach gehalten habe. (...) Ob ich ihm immer noch treu bin, kann ich nicht beantworten, er ist ja schon tot!«[22]

Innerhalb des Aufgabenbereichs der Zentralen Planung
Neuplanungen
Neuplanungen sowohl der Reichswerke wie der SS wurden weitgehendst selbständig durchgeführt. Pleiger informierte lediglich auf den Sitzungen der Zentralen Planung. Andererseits war der Planungschef des Rüstungsministeriums, Kehrl, praktisch Interessenvertreter der Reichswerke.

Ab Speers Amtszeit gab es relativ wenig Neuplanungen. Oftmals wurden in Bau befindliche Betriebe in ihrer Fertigstellung bis nach Kriegsende zurückgestellt. So äußerte sich Speer z.B. laut stenografischer Aufzeichnung der 21. Sitzung der Zentralen Planung am 29. Oktober 1942:

»Wegen des Arbeitskräftemangels brauchen wir Schwerpunkte und können nicht alle in Planung befindlichen Anlagen (Hydrieranlagen) fertigstellen. Gott sei Dank läuft schon ein Teil in Brüx. Wir können allerdings Blechhammer und Heydebreck vorziehen. (Brüx und Blechhammer blieben unabhängige und auch fertiggestellte Neuplanungen der Reichswerke.) Herr Krauch, wir haben auch noch andere Sorgen als Sie! Wenn wir die Kohleerzeugung nicht höher bringen, sind Ihre neuen Werke ohne jede Existenzmöglichkeit. Sie sollten Ihre Bauvorhaben stillegen.«

Daß die Reichswerke auch auf dem Mineralölsektor selbständig planten, ergibt sich aus Pleigers Bemerkung auf der gleichen Sitzung:

Speer: »Wir haben bei einem Bedarf von 15 Millionen Tonnen Mineralöl eine Erzeugung von 11,7 Millionen Tonnen. Dazu kommt, daß uns die Rumänen erpressen. Sie verlangen Kohle, liefern aber kein Öl.«

Milch: »Der Führer muß sich einschalten. Ich kann mir nicht vorstellen, daß ihnen die Bolschewisten lieber sind als wir!«

Pleiger: »Die Situation ist nicht verfahren. Für den Osten habe ich mit der Wehrmacht den Umbau der Fahrzeuge auf Generatoren festgelegt. In Rußland bauten wir zwei neue Raffinerien in Cherson und Nikolajew. Der Kaukasus wird 200 bis 300 Tausend Tonnen liefern. In der Ostmark gibt es eine gute Entwicklung in Zistersdorf, das etwa 1,4 Millionen Tonnen im nächsten Jahr bringt. Im großdeutschen Machtbereich einschließlich Rumänien (gemeint sind von ihm ausschließlich Reichswerke-Unternehmen, d. Verf.) und Ungarn werden wir 1943 ca. 6,7 Millionen Tonnen Mineralöl fördern.«

Die Unabhängigkeit der Reichswerke in Fragen der Nutzung, des Ausbaus oder des Aufbaus neu hinzukommender Werke zeigt sich besonders deutlich für den industriellen Sektor Rußlands.

Zwar gab es seit Februar 1941 das Wirtschaftsrüstungsamt, das dem Speerschen Rüstungsministerium eingegliedert wurde, doch später durch die unabhängigen Reichswerke ersetzt wurde.

Am 27. Juli 1941 wurden Monopolgesellschaften gegründet mit der Aufgabe, die russische Industrie zu kontrollieren und zu führen. Die zuerst gegründete Monopolgesellschaft, die BHO, Berghütte Ost, war in Treuhänderschaft der Reichswerke. Ihr Wirtschaftsbereich umfaßte den gesamten Kohle-, Eisenerz- und Metallerzbergbau, die Hüttenwerke und Weiterverarbeitungsbetriebe bis hin zu den Munitionsanstalten und den Bereich Steine und Erden. Teils wurden die Werke zerstört oder beschädigt vorgefunden, wurden jedoch in Eile wieder produktionsreif gemacht und mit neuen Betrieben erweitert. Ein Teil der Aufgaben wurde dem SS-Wirtschafts- und Verwaltungs-Hauptamt abgetreten, für einzelne Hüttenwerke und kleinere Weiterverarbeitungsbetriebe wurden andere deutsche Unternehmen, z.B. Krupp, als Paten eingesetzt

Die sonstigen Monopolgesellschaften für Spinnstoffe und Mineralöl wurden zunächst von Kehrl und Keppler geleitet. Hinzu kamen noch die Chemie Ost und die Superphosphat Ost. Auch dieser Teil kam nach kurzer Zeit unter die alleinige Führung der Reichswerke, die auch hier eigenverantwortlich arbeiteten.

Neuplanungen für andere industrielle Bereiche im besetzten Rußland waren ebenfalls ausschließlich Sache der Reichswerke. So führte Hitler am 29. Dezember 1941 im Führerhauptquartier aus, daß man nun mit Hilfe des ungeheuren russischen Menschenmaterials in der Lage sei, die der deutschen Wirtschaft fehlenden Werkzeugmaschinen im Osten zu produzieren. Diese Informationen allerdings können nur von Pleiger und Geilenberg stammen. Wahrscheinlich stammen sie aus der längeren Aussprache zwischen Hitler und Pleiger, die kurz vorher stattgefunden hatte.[23] Auch der Ausbau des Dnjepr-Donez-Kohlebergbaus und des Manganerzbergbaus wurde seitens der Reichswerke mit keinem Reichsministerium, sondern allein mit General Thomas abgesprochen. Hierbei ging es allerdings nur um die Frage, direkt für diese Aufgaben umgehend 83 000 russische Kriegsgefangene zugeteilt zu bekommen.[24]

Hitlers ursprünglicher »Eisenplan« war nicht erfüllt worden. Verantwortlich dafür war sein Vertrauter Hermann Röchling, zur Verantwortung gezogen werden sollte Paul Pleiger. Allerdings vergeblich.

Hierzu gibt es einen Bericht von Dr. Adolf von Carlowitz, dem Pressechef der Reichswerke, über das Treffen mit Hitler in Linz, an dem er teilgenommen hatte:

»Das Problem des Hitlerschen Eisenplanes, für den Pleiger zwar sein Plansoll für Eisen und Stahl bei den Reichswerken übererfüllt hatte, allerdings den Ruhrhütten nicht ausreichend Kokskohle für die Verhüttung der Erze zur Verfügung stellte, sollte zur Sprache gebracht werden.

Durch Telex hatten wir erfahren, daß wir uns an einem Sonntagmorgen Anfang April 1943 in Linz einzufinden hätten, der Führer käme. Am Abend kam dann Hitler in Begleitung Speers mit seinem Sonderzug, aus Sicherheitsgründen gezogen von zwei schweren Lokomotiven. Ein Flakwagen folgte hinterdrein, dann kam Hitlers Salonwagen, dahinter der Befehlswagen, das ›fliegende Hauptquartier‹.

Erst einmal sollten die Linzer Stahlwerke besichtigt werden, die größte Fertigungsstätte für die überschweren Panzer. Wir erwarteten unseren Besuch. General Guderian, Ferdinand Porsche und

Gauleiter Eigruber hatten sich zu uns gesellt. Das Werk liegt nahe der Stadt. Seinerzeit hatte Hitler den Bauplatz selbst ausgesucht.

Teils gingen wir zu Fuß, teils fuhren wir im Auto durch die ausgedehnte Werksanlage, die mit zehn Quadratkilometern die Größe der Essener Krupp-Werke etwa um das Dreifache überschreitet. Wir gingen durch das Walzwerk, besichtigten Stahlgießerei und Stahlwerk. Hitler verfolgte die Fertigstellung der Wannen und Geschütztürme für Panzer. Freundlich erwiderte er die Grüße der Arbeiter und schüttelte ihnen die Hand.

Vom Stahlwerk fuhren wir einige Kilometer östlich zum ›Nibelungenwerk‹, dem größten Panzerproduzenten unserer Rüstungswerke, um uns nach den Fortschritten des siebzig Tonnen schweren ›Tigers‹, der die Wende im Sommerfeldzug 1943 bringen sollte, zu erkunden.

Bei dieser Gelegenheit nahm er sich dann Pleiger zur Seite und erinnerte ihn – immer noch beeindruckt vom Gesehenen – an seine seinerzeitige Zusage zur weiteren Steigerung der Stahlproduktion.

Pleiger versuchte zu erklären, daß die hierfür notwendigen Voraussetzungen, nämlich die Beschaffung der notwendigen Arbeitskräfte, von Sauckel nicht erfüllt worden seien.

Diese Widerrede paßte Hitler nicht, und er ließ sie nicht gelten. Daraufhin drehte sich Pleiger brüsk von uns fort und ließ die weitere Werksbesichtigung von seinem Werksleiter zu Ende führen.«

Nachteilige Folgen für Pleiger hatte dieser Zwischenfall nicht. Für alle Verantwortlichen war es zu offensichtlich, wie wenig Sauckel seine Zusagen auch in der Vergangenheit eingelöst hatte. Zur Klärung erinnerte Speer an den Krach in der Sitzung der Zentralen Planung vom 3.11.1942. In dem Sitzungsprotokoll liest sich dies wie folgt:

»Auf dieser Sitzung verweist Speer unter allgemeiner Heiterkeit darauf, die ›Heiligen Drei Könige‹ (Röchling, Krupp, Sohl) seien wohl wegen Pleiger der Sitzung ferngeblieben und hätten nur ihren Vertreter Rohland geschickt. Er begrüße das und wünsche wie heute eine häufigere Zusammenkunft zwischen Pleiger und Rohland, um zu sachlichen Ergebnissen zu kommen.

Pleiger ergreift dann das Wort: ›Mit großem Entsetzen habe ich festgestellt, daß die Stahlseite von 50 000 angeforderten Leuten 45 000 bekam. Meine dem Führer für die Bereitstellung der zusätzlichen Kohle gegebene Zusage beruht auf 450 000 zusätzlichen Kräften. Ich warte noch immer auf die Erfüllung.‹

Milch: ›Herr Rohland, trotzdem hat Pleiger seine Zusage voll eingelöst, die er dem Führer gab. Ich sehe nicht, wie Sie dem Führer erklären wollen, daß es bei Ihnen nicht geht! Sie haben die geforderten Leute bekommen. Pleiger ist der blasse Neid in die Augen gestiegen! Merken Sie sich: Es gibt viele Leute, die haben ihr Vaterland im Herzen, aber ihren Betrieb trotzdem auch noch im Kopf! Bringen Sie mir mal die verantwortlichen Leute her, ich werde ihnen schon was erzählen!‹

Speer: ›Ich kann Ihnen nur eins sagen, Rohland, ich habe vor einigen Tagen über diese Situation mit dem Führer gesprochen. Der Führer hat in selten eindeutiger Weise gesprochen, er könne sich auf (solches Versagen) nicht einlassen.‹

Pleiger: ›Ich schlage vor, um zu einem brauchbaren Ergebnis zu kommen:

1. Meine russische Kohle nehmen wir für die Wehrmacht und die Bahn.

2. Eine allgemeine Entlastung schaffe ich über die Gruben in Oberschlesien sowohl für Stein- und Braunkohle, d.h. auch für die Hydrierwerke. Allerdings muß ich auch von hier die hohen Ausfuhren nach Rumänien befriedigen, um im Austausch an das notwendige Öl zu kommen.‹

Einwurf Landfried: ›Für entsprechende Verhandlungen mit Rumänien sollten Sie mir eine Kiste Handgranaten mitgeben!›

Speer: ›Nehmen Sie das Auswärtige Amt zu Hilfe, dann geht es vielleicht auch ohne!‹

Landfried: ›Ich habe noch weitere Beispiele: Spanien will uns 1 Million Tonnen hochwertiger Eisenerze gegen Kohle liefern. Und wir können von Rumänien keine drastische Öleinsparung erwarten, wenn wir keine Kohle liefern. Wir haben diese Kohle, wenn Ordnung beim Arbeitseinsatz geschaffen wird.‹

Speer: ›Diese ganzen Entscheidungen sind so schwerwiegend, daß sie nur der Führer treffen kann.‹«

Diese Entscheidungen kamen später tatsächlich zustande direkt zwischen Hitler und Pleiger, allerdings unter Ausschaltung von Speer.

Die von Pleiger in den Sitzungen der Zentralen Planung ständig vorgetragenen Kritiken und Zweifel an der Rüstungspolitik und seine Forderungen als Vorbedingung für verlangte Produktionssteigerungen veranlaßten Speer, daß zur Klärung Konferenzen mit Hitler vom 10. bis 12. August 1942 durchgeführt wurden. Anwesend waren außer Hitler u.a. Speer, Röchling, Rohland, Pleiger und Sauckel.[25] Das Ergebnis dieser Konferenzen und weiterer Gespräche zwischen Hitler, Keitel, Speer und Pleiger war, daß Paul Pleiger als Funktionsträger der Reichswerke als Reichsbeauftragter mit unbeschränkten Vollmachten für den gesamten Wirtschaftsbereich des Ostens und Serbiens eingesetzt wurde. Die bisher auch auf bestimmten Gebieten tätig gewordenen Ministerien und sonstige Institutionen hatten diese Aufgaben an den neuen Reichsbeauftragten zu übertragen. Betroffen waren u.a. Speer, Rosenberg und Sauckel, die sich trotz harter Widerstände nicht behaupten konnten.[26] So versuchte Speer, statt dessen Pleiger als Leiter einer »Zentralen Planung Ost« und als Leiter der »Vereinigung Ostwirtschaft« bei Unterstellung unter ihm vorzuschlagen. Diesen Vorschlag, insbesondere die Unterstellung, lehnte Pleiger ab und informierte hierüber am 17. Dezember 1942 durch Staatsrat Dr. Gritzbach.[27]

In der Zwischenzeit wurde Pleiger bereits Beauftragter für den gesamten Kohlebereich im Deutschen Reich, allen besetzten Gebieten und für den Kohleexport. Lediglich Führerbefehle konnten seine Planungen und Anordnungen abändern. Hinter dieser Beauftragung stand Hitler. Die grundsätzliche Entscheidung fiel bereits Ende 1941. Pleiger berichtet hierüber in seinem Nürnberger Prozeß: »Selten war der Führer so zufrieden wie an jenem Tage (...) Er unterstellte mir die Kohleindustrie Nordfrankreichs und Belgiens.« (...)[28]

Was die Neuplanung bzw. Auslastung der Anlagen der Eisenseite betrifft, ergibt sich die Machtstellung aus den Aufzeichnungen der 19. Sitzung der Zentralen Planung vom 28. Oktober 1942. Hier rechnet Pleiger mit der Reichsvereinigung Eisen und Röchling ab.

»Bei der Kohle haben wir den vorgesehenen Förderungsstand erreicht. Der Werksselbstverbrauch an Kohle kann eingeschränkt werden durch vorhandenen Schrotteinsatz und Einsatz von hochwertigem Erz. Ferner sollte man auch einmal überlegen, nicht nur Blöcke zu gießen, kalt werden zu lassen und dann zur Verarbeitung nach Belgien zu transportieren, nur weil bei uns die Verwalzung nicht klappt. Man muß wissen, was überhaupt gewalzt werden soll, und man kann wohl auch eine Doppelschicht bei den Walzwerken erwarten. Anscheinend geht es nicht, weil man das Produktionsprogramm nicht kennt. (...) Wir haben einen Halbzeugbestand von 1,2 Millionen Tonnen, vor einem halben Jahr von 900 000 Tonnen. Es ist wohl nicht zu vertreten, wenn wir in unserer Situation Halbzeug und Roheisen auf Lager nehmen und gleichzeitig klagen, das ›Eisenprogramm des Führers‹ könne nicht erfüllt werden.«[29]

Im Zusammenhang mit dem Ausbau des Hüttenwerks Braunschweig ließ sich Pleiger von keiner Seite dreinreden. Da durch Lieferschwierigkeiten die Fertigstellung der

Stahl- und Walzwerke immer erneut verzögert wurde, veranlaßte er durch Dr. Rheinländer, den Maschinen- und Gerätebedarf aus russischen Hüttenwerken zu decken. Hierüber berichtet Dr. von Carlowitz:

>»Reise zu den Hüttenwerken im Dnjepr- und Donezbogen vom 20. Juni bis 28. Juni 1943:
> 1. Auftrag: Staatsrat Pleiger beauftragt mit Schreiben vom 17. Juni 1943 die Herren Dr. Rheinländer, Schiegries I und II, Eisfeld, die ukrainischen Hütten daraufhin zu untersuchen, ob Einrichtungen, Maschinen und Betriebsmaterialien zur Verwendung im Altreich, insbesondere in Watenstedt, geeignet sind.
> 2. Durchführung: Folgende Hütten wurden besichtigt: Kriwoi-Rog, Saporoshje, Kamenskoje, Petrowski, Komintern, Karl Liebknecht, Konstantinowska, Kramatorsk, Rykowo, Makejewka, Stalino.
> 3. Ergebnisse: Es wird der Abtransport von Hochöfen, Elektroöfen, Stahlhallen, Gießmaschinen, Kränen, Kokillen usw. vorgeschlagen.«[30]

Aus einem Bericht von Dr. Rheinländer an den Kreisleiter Deinert geht hervor, daß die Demontagearbeiten im Juli 1943 begannen.

In der Zwischenzeit ist auch die Hütte Linz an Maschinen aus russischen Hüttenwerken interessiert, um den schleppenden Ausbau voranzutreiben. So schreibt am 30. August 1943 Dr. Lüth an Dr. Rheinländer: »Lieber Paul, Pleiger hat ja nun außer Euch von der Hütte Braunschweig auch die Hütte Linz zum ›Ausschlachten‹ nach der Ukraine geschickt. (…)«[31] Die Zentrale Planung verliert immer stärker an Einfluß. Es gibt ab 1943 kaum noch Versuche Speers, die unabhängigen Reichswerke in seinen Führungsbereich einzubeziehen. Vielmehr ist es so, daß diese ihre NS-Führungsposition laufend weiter ausbauen.

Die rumänische Schwer-, Rüstungs- und Mineralölwirt-
schaft bleibt unter dem alleinigen Einfluß der Reichswerke.
Am 13. Februar 1943 vereinbaren Antonescu und der ehemalige österreichische Außenminister und nunmehrige Vorstand der Reichswerke Schmidt einen Meistbegünstigungs-
vertrag für alle Geschäfte zwischen Rumänien und dem
Deutschen Reich.[32]

Einen besonderen Fall der Neuplanungen von Rüstungsunternehmen ohne Einschaltung des Rüstungsministeriums
stellt der Auf- und Ausbau der Eisenwerke Oberdonau mit
dem Nibelungenwerk und dem Stahlbau Linz dar. Diese
drei Werke wurden zum größten und bedeutendsten deutschen Panzerhersteller. Gebaut wurden lediglich die schwer-
sten und modernsten Panzer. Die Anordnung kam von Hitler selbst. Bei seinem Besuch am 20. Juni 1942 verlangte er
neben der sonstigen Fertigung die monatliche Produktion
von 200 »Panthern«. Ab Sommer 1943 wurden darüber
hinaus auf Forderung von Hitler »Tiger«, »Königstiger«,
»Elephant« und andere schwerste Panzer gebaut.

Für die erforderlichen Edelstähle hatten die Reichswerke
die notwendigen Produktionsbetriebe. Ende des Krieges
betrug die Fertigungskapazität an Edelstahl allein in diesem
Raum rund 150 000 Jahrestonnen.[33]

Der seit 1941 beträchtlich gestiegene Munitionsbedarf
wurde durch die Neuorganisation von Munitionswerken
erreicht. Auf diesem Sektor gab es überhaupt die größte
Steigerung bei der Produktion von Rüstungsmaterial.
Durchgeführt und geleitet wurde diese Aufgabe vom
Wehrwirtschaftsführer und Betriebsführer der Stahlwerke
Braunschweig, Geilenberg, den Pleiger nebenamtlich dem
Rüstungsministerium zur Verfügung gestellt hatte. Die
notwendigen zusätzlichen Arbeitskräfte kamen in Zusammenarbeit mit Himmler, nicht etwa Speer oder Sauckel,
überwiegend aus den jeweils benachbarten KZ. Auch die ab

1944 erfolgte Einschaltung der Reichswerke in die V-Waffen-Fabrikation erfolgte gemeinsam mit dem SS-WVHA ohne Einschaltung von Speer.[34]

Grundsatzfragen der Rohstoffwirtschaft
Am 29. Dezember 1941 äußerte sich Hitler gegenüber Pleiger und Todt wie folgt:

»Wenn ich an den Aufbau der Wirtschaft des Reiches vor dem Weltkrieg denke: Begonnen hat er mit der Erschließung der Kohle im Ruhrgebiet, darauf folgte das Aufblühen der Stahlindustrie, und angeschlossen hat sich das der Schwerindustrie, mit der die Voraussetzungen für die chemische Industrie und alles andere gegeben waren. Heute ist es in erster Linie ein Menscheneinsatz-Problem; das zweite sind die primären Rohstoffe Kohle und Eisen. Aus Mensch, Kohle und Eisen kann man die Stoffe schaffen, um das Transportproblem zu lösen, und das wiederum ist die Voraussetzung für die Wirtschaft im übrigen. Wie kommen wir dazu, mehr Kohle zu fördern? Wie stellen wir es an, mehr Erz zu haben? Durch die Hereinnahme russischer Menschen. (…)«[35]

Am 2. Februar 1942 äußerte sich Hitler ähnlich zu dem Problem:

»Auf dem Gebiet der Kohle und des Erzes müssen wir eine Leistungssteigerung erreichen. Aus dem wächst dann alles andere heraus. (…) Auf Kohle und Eisen basiert auch unsere Industrie.«[36]

Zu dem Menscheneinsatzproblem meinte Hitler:

»Wenn wir russische Arbeiter einsetzen, wird uns das erlauben, unsere Volksgenossen für andere Aufgaben zu verwenden. (…) Ein Russe ist schließlich nicht so dumm, daß er nicht in einem Bergwerk arbeiten kann.«[37]

Nun ist es bezeichnend, wie man in der nationalsozialistischen Führung zu Erkenntnissen und zu Entscheidungen kam, wenn man weiß, daß gerade diese drei Grundvoraussetzungen für eine Rüstungssteigerung von Paul Pleiger immer wieder verlangt worden waren. Es gab diese Aussprachen direkt mit Hitler – über Göring als Vermittler —, den Führungsgremien des Führerhauptquartiers und der Partei und später auch mit Speer. Ihm, Pleiger, wurde nun von Hitler erläutert, was er seit langem gefordert hatte.

Jedenfalls hatte Pleiger zu diesem Zeitpunkt eines erreicht: Die Probleme wurden erkannt. Es gab dann den Hitlerschen »Kohleplan«, den Hitlerschen »Eisenplan« und den nicht empfohlenen Generalbevollmächtigten für den Arbeitseinsatz Sauckel. Speer, das Rüstungsministerium und die Zentrale Planung waren an dem Zustandekommen dieser Entscheidungen nicht beteiligt.

Der Kohleplan und der Eisenplan wurden letzten Endes vorwiegend durch die Steuerung und zusätzliche Leistung der Reichswerke soweit erfüllt, daß es Belobigungen durch Hitler gab. Die von Pleiger über Hitler verlangten Arbeitskräfte wurden niemals zur Verfügung gestellt, trotz mancher harter Attacken Pleigers gegenüber Speer und Sauckel. Speers einzige Leistung auf diesem Gebiet war, daß er auf Drängen Pleigers gemeinsam mit ihm Hitlers Widerstand überwand, Konzentrationslagerhäftlinge in der Rüstungsindustrie einzusetzen. Zum Eisenplan notierte Speer über die mit Hitler geführte Besprechung:

>»Ich habe den Führer auf den Ernst der Situation hingewiesen. Auch der Führer betonte, daß nur diese Steigerung der Eisenerzeugung es ermöglichen kann, die Rüstungsproduktion auf die erforderlichen Ausmaße zu bringen.«

Der Plan verlangte eine Mehrerzeugung von 560 000

Monatstonnen Stahl. Entsprechend ging es um die Steigerung bei der Kohle- und Erzförderung usw.[38]

Zur Erfüllung verlangte Pleiger allein für die Kohle vorab kurzfristig 45 000 Arbeitskräfte. Weitere Forderungen kamen hinzu. Dann verlangte er eine bessere Effektivität der Eisen- und Stahlwirtschaft. Im Grunde verlangte er bereits zu diesem Zeitpunkt mehr Machtbefugnisse.[39]

Speer war es nicht gewohnt, daß ihm einfach Bedingungen gestellt wurden. In den erwähnten Aussprachen mit Hitler verlangte dann Pleiger für den gesamten, also auch den russischen Bergbau, eine Million zusätzlicher Arbeitskräfte. Der anwesende Sauckel gab ohne Prüfung die Zusage, die Pleiger gegenüber Hitler anzweifelte. Eine Zusage sei für ihn so lange unverbindlich, bis sie erfüllt sei. Er habe in dieser Beziehung seitens Sauckels schlechte Erfahrungen.[40]

Trotzdem protokollierte Speer: »Der Führer verlangt trotz der Feststellungen und Bedenken von Herrn Pleiger von ihm die unbedingte Sicherung der notwendigen Grundlagen und Voraussetzungen für die in Aussicht genommene Eisenproduktion.« Hitler stellte diese Forderung also bezeichnenderweise nicht an Speer. Und Pleiger erklärte in Nürnberg, Speer habe das Protokoll bewußt gefälscht, er sei bei seinen ursprünglichen Bedenken auch Hitler gegenüber geblieben.[41] Die von Pleiger vorhergesagte Pleite beim »Eisenplan« zeichnete sich bereits im Herbst 1942 ab. Die von Sauckel und Röchling gegebenen Zusagen – von Pleiger in Zweifel gezogen – wurden nicht eingehalten. Pleiger verlangte von Speer die Einberufung der 16. Sitzung der Zentralen Planung zur Klärung des Versagens des »Eisenplanes«. Die dem Führer gemachten Zusagen wären weder von Sauckel, Röchling noch von Speer eingehalten worden.

Auf dieser Sitzung drohte Pleiger sowohl Speer[42] wie Sauckel, sie würden nach seiner Auffassung Führerbefehle nicht einhalten. Andererseits deutete er auf der gleichen Sitzung einen möglichen Ausweg an.[43] Zu bemerken ist, Kritik und Ausweg brachten Pleiger Hitlers endgültiges Vertrauen.

Sein Ausweg:

»Ich bin in Kriwoi-Rog gewesen und habe festgestellt, daß das Anfordern Ihrerseits eine sehr leichte Sache ist – andererseits in Kriwoi Rog große Mengen von Kohle gestapelt sind. Ich habe festgestellt, daß in Nikolajewsk 25 000 Tonnen hochwertige Kohle lagern, die mit Waggons von Oberschlesien nach dort transportiert worden sind. Und dann wird noch behauptet, es wäre leichter, die Kohle von Nikolajewsk nach Stalingrad zu bringen als vom Donezbecken. Dabei liegen im Donezbecken 1,2 Millionen Tonnen auf Halde, in Charkow 250 000 Tonnen Anthrazit. Ich verstehe diese Planung nicht. Bisher habe ich es allerdings nicht fertiggebracht, diese Herrschaften zu veranlassen, endlich erst einmal die notwendige Kohle von den Halden zu nehmen.« »Das Nachschieben vom Reich scheint wohl leichter zu sein.« »Aber das ist nicht das Entscheidende. Das Entscheidende ist der Arbeitseinsatz. (…) Es war mir in der Sitzung vom Generalbeauftragten Sauckel zugesagt worden, es sollten angedient werden ca. 120 000 Menschen zum 1. September, glaube ich. (…) Dann wurden die Arbeiter angedient, erschienen im Stalag, hatten glücklicherweise Flecktyphus und mußten in die Quarantäne. Zusätzlich wurden von Ihrer (Speers, d. Verf.) O. T. und der Wehrmacht meinen Werken in Holland und Belgien einfach die Arbeiter weggeholt. (…) Und eine solche Pleitebilanz bekommen Sie jeden Monat von mir, ohne daß Konsequenzen gezogen werden!«

Für gewisse Engpässe habe er schon persönlich Generalfeldmarschall Rundstedt eingeschaltet, der ihm mit seinen Pionieren geholfen habe.

In dieser Sitzung hat Speer endgültig seine Autorität auf dem Kohle- und Eisensektor verloren. Herr im Hause ist allein Pleiger, der eine hohe Karte gereizt und sich und die Reichswerke praktisch in eine Verpflichtung hineinmanövriert hat.

Speer hatte vorher Flick beauftragt, durch eine Schrottaktion zusätzlich zur Erfüllung des Eisenplanes beizutragen. Doch statt der zugesagten 30 000 Tonnen schaffte er kümmerliche 4000 Tonnen. Pleiger erklärte dann selbstherrlich, er werde die Angelegenheit selbst in die Hand nehmen. Kurzfristig schafft er 5000 Waggons russischen Eisenschrott heran.[44]

Wie schwach Speers Stellung auf dem Grundstoffsektor war, geht z.B. daraus hervor, daß Pleiger nach Absprache mit Hitler mit dem italienischen Minister Nobile Kohlelieferungen von jährlich 1 Million Tonnen vereinbarte. Speer und Sauckel wußten von nichts. Und unmittelbar nach dieser 16. Sitzung mußte er zu Verhandlungen zwischen Hitler und Mannerheim. Es ging um Nickellieferungen gegen Pleigersche Kohle. Auch dies war Speer völlig unbekannt. Speer hatte von den tatsächlichen Geschehnissen keine Ahnung.

Auf der Sitzung der Zentralen Planung vom 3. November 1942 informiert Pleiger die Anwesenden über die vereinbarten Kohlelieferungen an Rumänien als Tausch gegen Erdöl. Auch Spanien sei aufgrund seiner Verhandlungen bereit, 1 Million Tonnen hochwertiger Eisenerze gegen Kohle zu liefern. Dies alles würde erheblich zur Erfüllung des Eisenplanes beitragen. »Wir können diese Kohle an Rumänien und Spanien liefern, wenn Ordnung beim Arbeitseinsatz geschaffen wird.« Speer dagegen klagt, er könne diese Probleme nicht lösen. Solche schwerwiegenden Entscheidungen könnten allein vom Führer getroffen werden! Der anwesende Generalfeldmarschall Milch kommentiert Speer: »Bei diesem Durcheinander ist es wohl an der

Zeit, daß wir jemanden haben, der Ordnung schafft.« Er meinte Pleiger. Daraufhin reagiert Hitler und überträgt Pleiger, nicht etwa Speer, diese Aufgabe.[45]

Auf dieser Sitzung interessiert sich Milch für die Versorgung mit Braunkohle. Er möchte die Förderung im November 1942 wissen.

> »Im Reich zwar 22,2 Millionen Tonnen«, ist Pleigers Antwort, »aber Ihre Rechnung ist völlig falsch, wenn Sie glauben, die wären auch angekommen. Aus Mangel an Arbeitskräften konnten hiervon nur 30 Prozent verarbeitet werden.«

Das ist ein weiteres Beispiel für Speers hochgelobtes Organisationstalent.

Am 28. Oktober 1942 finden gleich drei Sitzungen der Zentralen Planung statt, die 17., 18. und 19. Sitzung. Pleiger stellt erneut das Versagen beim Arbeitseinsatz heraus, stellt allerdings zum Kohleplan fest:

> »Ich habe trotz allem die Dinge voll im Griff! Für das erhöhte Eisenprogramm stelle ich insbesondere über die Reichswerke die Kohle zur Verfügung, und zwar aus Oberschlesien. Weiteren Bedarf decke ich mit 360 Tausend Tonnen aus meinen ukrainischen Zechen. Bei der Kohle haben wir den vorgesehenen Förderungsstand erreicht. Gegebenenfalls gibt es kleine Kürzungen beim Export, worüber ich mit dem Führer sprechen muß.«

Im Rahmen des Eisenplanes wird auf Befehl des Führers laut Schreiben des Reichsministers für Bewaffnung und Munition für das vierte Quartal 1942 eine Steigerung der Eisenerzeugung um etwa 650000 Tonnen verlangt.[46] Diese stellen allein die Reichswerke den Ruhrhütten wegen nicht ausreichender eigener Weiterverarbeitungsanlagen zur Verfügung. Bei diesen Mengen handelt es sich um Lieferungen aus dem Salzgittergebiet, dem noch die Weiterverarbeitung fehlt. Die übrigen Reichswerkehütten, die besser mit Weiterverarbeitungsanlagen ausgestattet sind, steigern ihre Produktion zusätzlich erheblich.

Doch die Ruhrindustrie hatte Schwierigkeiten, diese voll ausreichenden Mengen zu übernehmen und zu verarbeiten. Auch hier war es weniger ein Problem der vorhandenen Verarbeitungskapazitäten, sondern es war das Problem der Organisation, das für die Ruhrhütten das Problem Speers und Röchlings war. Daher erklärt sich Pleiger bereit, das angestrebte Sofortprogramm I und II der Reichsvereinigung Eisen durch die Reichswerke allein zu bestreiten.[47] Allerdings läßt er sich in diesem Zusammenhang weder von Speer noch von Röchling dreinreden.

Es kommt zu einem letzten Versuch, die Macht des Rüstungsministeriums und der Reichsvereinigung zu demonstrieren. Man verlangt von Pleiger, daß die Reichswerke verstärkt Minette-Erz an die Ruhrhütten liefern und in ihren Lothringer Hüttenwerken die Produktion steigern. Pleiger läßt daraufhin sowohl Speer wie Röchling auflaufen und weist ihnen Fehlplanungen nach. Für den Minette-Bereich stehe lediglich Fettkohle zur Verfügung, die nur schwierig für die Verhüttung zu nutzen sei. Röchling habe selbst Versuche angestellt und sei kläglich gescheitert. Er lehne daher das Vorhaben als unsinnig ab. Am 3. September 1942 läßt Pleiger dann Speer mitteilen (selbst zu schreiben hält er zu diesem Zeitpunkt für Zeitverschwendung):

»Zum 1. September 1942 wurden den Ruhrhütten 983 000 Tonnen Roheisen, Schrott usw. zur Verfügung gestellt. Trotzdem gibt es erhebliche Abnahmebeschränkungen:

Peine: größere Mengen können nicht verarbeitet werden.

Klöckner: keine Auslieferung erfolgt, weil angelieferte Probemenge bisher nicht verwalzt wurde.

Krupp: keine zusätzlichen Vorblöcke wegen Walz- und Arbeitskräftemangel.

Mannesmann: Versand von SM-Blöcken muß wegen Kran-
defekt bei Mannesmann eingestellt werden.

Henningdorf: können täglich höchstens 50 bis 60 Tonnen
abfertigen.

Walzeisenkontor: Überfüllung der Lagerplätze, daher Versand
nicht möglich.

Thyssen: Lieferungen von Lagerhalbzeug sind sofort zu
stoppen, da die Lagerplätze überfüllt sind und Walzung infolge
Gasmangels unmöglich ist.

gez. Scheer-Hennings«[48]

Durch Steigerung der Arbeitsleistungen der Zwangsarbeiter
und KZ-Häftlinge bei Inkaufnahme einer höheren Ausfallquote, d.h. Todesrate, schaffen es die Reichswerke, sowohl
die Eisen- und Stahlproduktion wie die Kohleförderung für
1942 und 1943 derartig zu steigern, daß über ihre Unternehmen die Eisen- und Kohlepläne trotz Erhöhung der
ursprünglichen Planzahlen erfüllt werden. Hitler dankt
dafür Pleiger – und nicht Speer – persönlich, läßt aber
diesen Dank auch von Speer und Göring zusätzlich in
seinem Namen aussprechen. So schreibt Speer am 20. Dezember 1943:

»Lieber Parteigenosse Pleiger! Der Führer hat seine Anmerkungen über die ausgezeichnete Steigerung der Kohleerzeugung
geäußert und mich gebeten, dieses Ihnen und Ihren Mitarbeitern
mitzuteilen. Die Leistungen, die der Kohlebergbau als wichtigste
Grundlage der gesamten Rüstung vollbringt, sind um so höher zu
bewerten, da sie trotz Fliegerangriffen und schwerster Lebensbedingungen erreicht worden sind.

Heil Hitler
Ihr Speer«[49]

274

Knapp ein Jahr später, am 28. September 1944, übermittelt Göring Pleiger seine Glückwünsche und äußert die Erwartung,

>»daß Sie die Ihnen und mir vom Führer übertragenen hohen Aufgaben in bewährter Meisterschaft weiterführen und vollenden. Um Ihnen eine Freude zu bereiten und um Ihre hohen Verdienste für die Rüstungswirtschaft und den Aufbau und den Ausbau der Reichswerke ›Hermann Göring‹ zu würdigen, habe ich heute verfügt, daß die Hütte Watenstedt fortan den Namen ›Paul-Pleiger-Hütte‹ trägt. In aufrichtiger Verbundenheit und freundschaftlicher Gesinnung bin ich mit Heil Hitler Ihr Hermann Göring.«[50]

Im Laufe der Zeit war der gesamte Eisenerzbereich sowieso als Eigentum bzw. Treuhandschaft in den Einflußbereich der Reichswerke gelangt. Beim Metallerzbergbau und den Metallhütten sah es so aus, daß die Unternehmen der annektierten und besetzten Gebiete fast ausnahmslos bei den Reichswerken gelandet waren. So betrieb man Bergbau und Verhüttung für Kupfer, Chrom, Radium, Gold und andere Edelmetalle, Wolfram, Mangan, Hämatit, Limonit, Nickel usw. Knappe Metallerze wurden über den Außenhandel der Reichswerke besorgt, z.B. Nickel aus Finnland oder andere knappe Metallerze, in geringem Umfange selbst Uran, allerdings auch Kautschuk, aus Brasilien.[51] Die Rohstoffe für die Leichtmetallindustrie lieferten vorwiegend die Reichswerke, in kleinerem Umfange die Betriebe des SS-WVHA.[52]

Kennzeichnend für die Macht- und Führungsfragen innerhalb der Rohstoffwirtschaft ist folgendes, im Grunde unbedeutendes Beispiel: Beim Streit um die Steigerung der Eisenproduktion teilte Speer mit Schreiben vom 30. April 1943 mit, daß er der Inbetriebnahme des Hochofens 9 in Watenstedt nicht zustimme. Erst am 28. Mai 1943 läßt

Pleiger, ohne überhaupt auf das Verbot einzugehen, Speer mitteilen, daß dieser Hochofen in der zweiten Juni-Hälfte durch den Reichsmarschall angeblasen würde. Den Hochofen 10 wolle der Reichsführer SS Himmler anblasen.[53]

Fragen der Verteilung und der Zuteilung
Während der Zeit der Blitzkriege wurden weder die Rüstungsproduktion noch die Lagervorräte sonderlich beansprucht. Infolge der Annexionen wurden die Lagervorräte erheblich erhöht, und zwar bei den Reichswerken.[54]

Produktionskapazitäten waren ebenfalls ausreichend vorhanden und erweiterten sich in den ersten Kriegsjahren zugunsten der Reichswerke erheblich.[55] Eine Nutzung der vorhandenen Kapazitäten ist niemals eingetreten.[56] Die Frage der Rüstungssteigerung war von dieser Seite her kein Problem. Probleme entstanden dadurch, daß die Organisation nicht funktionierte, oft improvisiert werden mußte, und daß durch das Zuteilungssystem Vorräte gehortet wurden, die anderswo fehlten.

Bis zum Herbst 1942 galt das Kontingentsystem, das zu diesen Mißbräuchen verführte. Erst ab dann gelang es, Kontingentüberziehungen ohne nachweisbare Produktion zu vermeiden.[57] Ein böses Beispiel für die Organisation im Rüstungsministerium ist, daß selbst in den ersten drei Quartalen 1942 30 Prozent des dem Generalbeauftragten Chemie, Krauch, zugeteilten Maschineneisens verfielen. Diese Mengen fehlten anderswo![58]

Ab Herbst 1942 entsprachen die Zuteilungen in etwa dem Bedarf. Ausnahmen gab es nur noch für Sonderprogramme, die überwiegend von den Reichswerken durchgezogen wurden, z.B. das »Panther-Programm, das Verkehrs- und Brückenbauprogramm Ost, das Bergbauprogramm.

Hier handelte es sich um Programme aufgrund von Führerbefehlen, und dann galten keine festgelegten Rege-

276

lungen. Und solche Führerbefehle hatten normalerweise Beratungen zwischen Hitler und Pleiger als Ursprung.[59]

Sonstige Bereiche
Transportbereich:
Die Transporte auf dem Wasserwege liefen für die Reichswerke aufgrund der eigenen großen Flotte bis Ende 1944 reibungslos.

Ein völliges Versagen trotz Rüstungsministeriums gab es häufig bei den Reichsbahntransporten, auf die die Reichswerke nur in kritischen Situationen Einfluß nehmen konnten.[60] Die Transportprobleme im Ostraum waren katastrophal. Dieses war der Grund, diese Aufgaben aus dem Rüstungsministerium herauszulösen und den Reichswerken zu übertragen. Durch den Ausbau der Brücken- und Bahnanlagen trat eine gewisse Besserung ein.[61]

Panzerbereich:
Entscheidungen über den Bau der verschiedenen Panzertypen liefen ausschließlich über das Führerhauptquartier, wobei sich Hitler selbst die letzte Entscheidung vorbehielt.[62]

Die Reichswerke beteiligten sich erst ab 1939 an der Panzerfertigung in Werken außerhalb der Grenzen des Deutschen Reiches. Die bedeutendste Panzerproduktion überhaupt erfolgte über die Reichswerke in Österreich im Nibelungenwerk/Eisenwerk Oberdonau. Beispielsweise wurden hier 1944 14 300 schwere und schwerste Panzer produziert.[63]

Munitionsbereich:
Das für Dr. Todt geschaffene Rüstungsministerium hatte ursprünglich die Hauptaufgabe, die Munitionsproduktion im erforderlichen Umfange zu steigern. Ein Problem war, daß die Steuerung der chemischen Vorprodukte Krauch von

den IG Farben unterstand und Todts Arbeitsbereich sich auf die Endfertigung in den Munitionsanstalten beschränkte. Wegen mangelhafter Koordination traten Schwierigkeiten auf.[64]

Eine Änderung gab es ab 1942. Der Betriebsführer der Reichswerke, Edmund Geilenberg, wurde nebenamtlich als Reichskommissar und Leiter des Hauptausschusses Munition in das Rüstungsministerium gesetzt. Ihm unterstand die Munitionsfertigung in allen Stufen. Er erhöhte die Kapazitäten, führte Mehrschichtenbetriebe ein und setzte den Einsatz von KZ-Häftlingen und Ostarbeitern durch. Er war berüchtigt für seine brutalen und rücksichtslosen Methoden und brachte überdurchschnittliche Steigerungs- raten. Munitionsengpässe traten seit seiner Ernennung nicht mehr auf.

Die Steigerungsquote der Munitionsfertigung war das Aushängeschild des Rüstungsministeriums, das im Grunde mit den Dingen direkt nichts zu tun hatte.[65]

Raketenwaffen kamen erst später hinzu. Rheinmetall- Borsig war hier für die Reichswerke tätig. Die Fertigung der V-Waffen lag im größeren Umfang bei den befreundeten Linke-Hoffmann-Busch-Werken, die ihre Produktion in den unterirdischen Dora-Bau bei Nordhausen verlegten. Hier gab es eine gewisse Zusammenarbeit mit der Geilen- berg-Sondereinheit und direkten SS-KZ-Häftlingsein- heiten.[66]

Die Machtfunktion des Generalbeauftragten für den Arbeitseinsatz Fritz Sauckel

Es beruht auf Mißverständnissen, in Sauckel einen Wei- sungsempfänger des Rüstungsministeriums zu sehen. Daran ändert selbst der Aufgabenplan der Zentralen Planung, von Speer aufgestellt, nichts.

Zwar ergibt sich aus Speerschen Protokollen manchmal ein etwas anderes Bild, das aber erheblich durch die stenographischen Aufzeichnungen der Sitzungen der Zentralen Planung, die Akten bzw. Handakten der Reichswerke respektive Pleigers und der Reichsvereinigung Kohle berichtigt wird.

Weiter muß auch berücksichtigt werden, daß sein Arbeitsbereich zusätzlich eingeschränkt war, da er über den Arbeitseinsatz der KZ-Häftlinge und der Kriegsgefangenen nicht verfügen durfte. Und für die Ostarbeiterrekrutierung wurden ihm zugunsten Pleigers seine Kompetenzen genommen.[67]

Pleiger nutzte seinen Einfluß auf Hitler, um zu Entscheidungen für die Reichswerke gegen Sauckels Planungen zu kommen. Allmählich entstand so eine Abhängigkeit Sauckels von Pleiger: Er hatte dessen Anforderungen, die durch Führerbefehle abgesichert waren, auszuführen. Von Zeit zu Zeit erinnerte Pleiger ihn daran, daß erlassene Führerbefehle einzuhalten seien.

Da Pleiger Sauckels Methoden als nicht wirksam genug erschienen, verlangte er, soweit wie möglich auf sowjetische Kriegsgefangene auszuweichen, da Sauckels Transporte zur Hälfte aus Frauen und Kindern bestünden, die nicht die erforderliche Arbeitsleistung bringen würden.[68]

Auf der 11. Sitzung der Zentralen Planung erzwang Pleiger dann diese Regelung für den Bergbau. Er betonte, er benötigte reichlich sowjetische Kriegsgefangene, da die Ausfallquote ungefähr bei 50 Prozent liege.[69] Zur Erfüllung des Hitlerschen Eisenplanes stellte Pleiger sowohl Speer als auch Sauckel die Bedingung, 45 000 zusätzliche Zwangsarbeiter zur Verfügung zu stellen.[70] Da dieses nicht gelang, Pleiger aber ohne die sonstige Eisenindustrie trotzdem den Plan erfüllte, zog Hitler hieraus Konsequenzen zu Lasten Speers und Sauckels.

Pleigers harte Kritiken im Zusammenhang mit dem Eisenplan – er betonte gegenüber Hitler und Speer, Sauckel mache jede Zusage, halte sie aber nie ein –, führten zu den Konferenzen vom 10. bis 12. August 1942 mit Hitler. Hitler erreichte schließlich, daß Sauckel sogar 1 Million zusätzlicher Arbeitskräfte anbot. Gehalten wurde diese Zusage allerdings nie.[71]

Um sich aus dem schlimmsten Dilemma zu retten, versuchte Sauckel, Arbeitskräfte aus dem Donezgebiet herauszuziehen.

Speer mußte ihm mit Rücksicht auf Pleiger diese Rekrutierung, die zu Lasten von Pleigers Donezgruben gegangen wäre, untersagen.[72]

Auf der Sitzung der Zentralen Planung vom 3. November 1942 verlangte dann Pleiger von Speer, er möge dafür sorgen, daß Sauckel die immer noch fehlenden Arbeitskräfte innerhalb der nächsten Woche zur Verfügung stellen müsse, um Konsequenzen zu vermeiden.[73]

Gleichzeitig forderte Pleiger vom »Sehr geehrten Parteigenossen Sauckel« weitere Arbeitskräfte an und äußerte gleichzeitig seine Zweifel, daß er die ihm auf der Sitzung der Zentralen Planung gemachte Zusage über weitere 120 000 Mann einhalten würde.[74] Bei anderen Gelegenheiten wird Pleiger gegenüber Sauckel noch deutlicher und erinnert ihn daran, daß auch für ihn Führerbefehle gültig und verbindlich seien.[75]

Um nun zu besseren Leistungen bei den vorhandenen Zwangsarbeitern und Kriegsgefangenen zu kommen, verfällt Pleiger – nicht etwa Sauckel – auf die Idee, die Verpflegung abhängig von der Leistung zu machen, und schafft drei unterschiedliche Verpflegungsstufen.[76] Der Erfolg ist, daß die Todesraten steigen und sich selbst der KZ-Inspekteur Gruppenführer Glücks und auch Sauckel über die hohen Ausfallraten beschweren.[77]

Einen großen Eindruck scheinen diese Beanstandungen auf Pleiger nicht gemacht zu haben. Er empfiehlt vielmehr Himmler, Kaltenbrunner und auch Sauckel, dafür zu sorgen, daß »arbeitsunwillige« Zwangsarbeiter ins KZ überführt würden. Für die Reichswerke habe er eine entsprechende Regelung bereits getroffen.[78]

Er erreicht auch – erst einmal für seine Werke in Brüx –, daß auch französische Kriegsgefangene geschlagen werden dürfen! In dem IG-Farben-Prozeß wurde dieses fälschlich der IG angelastet.[79]

Es gibt viele Beispiele für die Brutalität und Macht Pleigers in Fragen des Arbeitseinsatzes. Auf die Fragen, daß er sich für seine russischen Werke die Arbeitskräfte direkt über SS-Einsatzkommandos bzw. die örtlichen Militärbefehlshaber besorgte, wurde bereits hingewiesen.

Ein Fall ist letztlich deshalb interessant, weil es sich um einen den Pleigerschen entgegenstehenden Führerbefehl handelte. Hitler hatte angeordnet, für die Küstenbefestigung Norwegens 33 000 Russen abzustellen. Nach Verhandlungen erreichte dann Pleiger, daß die Reichswerke diese Leute erhielten.[80]

Die Zusammenarbeit zwischen den Reichswerken und der SS
Der Reichsführer SS Himmler schrieb Pleiger im Zusammenhang mit der gemeinsamen Gründung des Schlackenwerks Linz im Oktober 1942:

> »Lieber PG Pleiger! (...) Seien Sie doch so nett und weisen Ihre Leute an, daß für alle Unternehmen Pleiger – SS Fifty-Fifty das heilige Grundgesetz ist. (...)
> Heil Hitler! Herzlichst Ihr H. Himmler.«[81]

Ein ähnlich herzlicher und vertrauensvoller Ton ist im gesamten Briefwechsel zwischen Himmler und Pleiger zu bemerken. Wenn auch die bürokratischen Verhandlungen zwischen anderen Dienststellen abgewickelt wurden, wurde dann der direkte Kontakt gepflegt, um Dinge beschleunigt zu erledigen.[82]

Wenn sich auch Pleiger im Nürnberger Prozeß kaum an diese Kontakte erinnern konnte – mit Himmler wäre er nur rein zufälligerweise zusammengekommen, von einer Zusammenarbeit wisse er persönlich nichts und genauso wenig von Konzentrationslagern der Reichswerke, und wenn dies geschehen sei, so hätten dies seine Untergebenen selbständig abgewickelt, für den Bergbaubereich Dr. Konrad Ende, für die Vertragsgestaltungen Dr. Strickrodt –, so sagen die Akten genau das Gegenteil aus.[83]

Der Anfang der Zusammenarbeit hängt mit der Waffenausrüstung der Waffen-SS-Divisionen zusammen. Zwar hatte Himmler befohlen, die Totenkopfregimenter so auszurüsten wie reguläre Infanterieregimenter. Doch dem widersetzte sich das OKH mit General Fromm, der einer voll ausgerüsteten SS-Armee mißtraute. Trotz Erlaß des Führers vom 18. Mai 1939, aufgrund dessen der zuständige SS-Oberführer Gärtner 84 leichte Infanteriegeschütze und 126 Pak anforderte, reagierte das OKH überhaupt nicht.[84] Pleiger dagegen scherte sich wenig um die Bedenken des OKH. Es gab zwar eine anhaltende Verstimmung mit Fromm, aber er lieferte aus Beständen der Skoda-Werke und stattete bald darauf SS-Felddivisionen mit schweren motorisierten Geschützen aus. Keitel stimmte dann diesen Lieferungen am 26. März 1940 zu, zwar verärgert, aber er konnte nichts mehr ändern.[85] Im Laufe des Krieges wurden die SS-Panzerdivisionen fast ausschließlich mit den jeweils modernsten Panzern aus der Reichswerkeproduktion beliefert. Auf dem Munitionssektor gab es eine enge Zusammenarbeit, indem der SS Munitionanstalten der Reichswerke überlassen wurden.

282

Die Gegenleistung Himmlers für dieses Entgegenkommen bestand darin, daß er den Rüstungsbetrieben der Reichswerke frühzeitig – vor allen anderen Konzernen und weit vor Speers Erlaß von 1942 über den erlaubten Einsatz von KZ-Häftlingen in Rüstungswerken – Arbeitskräfte aus den Konzentrationslagern überließ. So wurden bei den Reichswerken für Erzbergbau und Eisenhütten laut Rheinländerschem Sitzungsprotokoll vom 13. März 1941 bereits 2000 Häftlinge eingeplant.[86]

Für den Einsatz von KZ-Häftlingen in den Reichswerken liefen die Kontakte über SS-Obergruppenführer Pohl, SS-Obergruppenführer Wolff, SS-Brigadeführer Glücks, dem für den Arbeitseinsatz zuständigen SS-Standartenführer Maurer, SS-Obergruppenführer Kaltenbrunner und SS-Obergruppenführer Dr. Kammler. Aufgrund von Bemühungen von Pleiger und Kehrl wird auch laut Protokoll von Eichmann[87] erreicht, daß 200 000 ungarische arbeitsfähige Juden aussortiert wurden, die überwiegend in den Reichswerken und den gemeinsam betriebenen SS-Unternehmen zum Einsatz kamen.

Nicht näher eingegangen wurde bisher auf die enge Zusammenarbeit mit SS-Obergruppenführer Dr. Kammler, der für seine SS-Betriebe ausnahmsweise nicht Pohl vom SS-WVHA, sondern direkt Himmler unterstellt war. Bei dem Sonderstab Kammler ging es ausschließlich um dringendste Bau- und Rüstungsvorhaben, z.B. um die schnellste Verlagerung von wichtigen Rüstungsbetrieben. Eines der Hauptprojekte war das Unternehmen Mittelbau »Dora«, wobei es um den unterirdischen Ausbau von Hallen im Südharz für die Produktion von V-Waffen und Flugzeugen ging. Kammler setzte hier Zehntausende von KZ-Häftlingen ein.[88]

Eine Zusammenarbeit mit den Reichswerken ergab sich aufgrund der V-Waffen-Fertigung von Linke-Hoffmann-

Busch, zu denen bereits vorher enge Kontakte bestanden. (Nach dem Kriege wurden die Linke-Hoffmann-Busch-Werke den neu gegründeten Reichswerken endgültig einverleibt.) Dann gab es die Reichswerke-Sondereinheit Geilenberg mit bis zu 350 000 Arbeitskräften als Eingreifreserve für Notfälle. Neben ihren sonstigen Aufgaben diente sie auch dazu, die Transportverbindungen für »Dora« aufrechtzuerhalten und den Tunnelbau voranzutreiben.

Die »Zentrale Planung Ost« und der Reichskommissar für die Wirtschaft der Ostgebiete

Hier findet sich eines der unbekanntesten Kapitel zum Führungsanspruch der Reichswerke. Selbst in den Nürnberger Prozessen von Speer, Rosenberg, Sauckel und Pleiger wurden diese Fragen nicht korrekt angesprochen und geklärt. Dies mag daran liegen, daß den Anklägern die Führungsstruktur in der NS-Hierarchie nicht genügend vertraut war und die Machtposition eines Reichsministers automatisch überschätzt wurde.

Es war Pleigers Glück, daß alle anderen Betroffenen auch für Verbrechen verurteilt wurden, die in die Machtbereiche fielen, die sie aufgrund eines Führerbefehls gegen ihren Widerstand an die Reichswerke bzw. Paul Pleiger hatten abgeben müssen.

Auch im Pleiger-Prozeß wurden diese Fragen ausgeklammert. Ein Grund dafür mag sein, daß diese Ermächtigung geheim war, vielleicht auch, daß für Pleiger lediglich amerikanische Ankläger tätig waren. Die Beauftragung Pleigers als Reichskommissar für die Wirtschaft der besetzten Ostgebiete geht auf den Erlaß des Führers vom 17. Juli 1941 über die Verwaltung der neu besetzten Ostgebiete und den ergänzenden Führererlaß vom 9. Juni 1942 über den Einsatz der Technik in den neu besetzten Ostgebieten[89] zurück.

Zu beiden Zeitpunkten war noch nicht offiziell festgelegt, daß Pleiger diese Aufgabe übernehmen sollte. Eine Ernennung zu diesem frühen Zeitpunkt hätte schwerwiegende Differenzen mit Reichsministern und Reichsleitern zur Folge gehabt, deren Machtbefugnisse beschnitten werden sollten. Inoffiziell wurde Pleiger zwar so weit wie möglich hier in der geplanten Form tätig, obwohl Speer 1942 noch durchaus davon überzeugt war, daß er zumindest ihm unterstellt sein müsse.[90]

Pleiger vertiefte sein besonderes Verhältnis zu Hitler in dem Ausmaße, wie dessen kritische Haltung gegenüber Speer zunahm.

Speer legte die beiden erwähnten Führerbefehle anders aus und benutzte sie, um einen Organisationsplan der Wirtschaft im Osten auszuarbeiten, in dem er einen »Generalbevollmächtigten für die Wirtschaft in den besetzten Ostgebieten« vorsah. Dieses Amt sollte Pleiger ausüben. Unterstellt sein sollte er laut Plan Speer als »Leiter« der Zentralen Planung. Doch die Zentrale Planung hatte keinen Leiter – Speer war lediglich geschäftsführend tätig. Und die Mitglieder der Zentralen Planung, einschließlich Pleiger, waren gleichberechtigt. Nach Plan sollte er jedoch dem Stab der Wehrmacht seitens des OKW und der Zivilverwaltung seitens des Rosenbergschen Ostministeriums[91] übergeordnet sein. Komplizierend kam hinzu, daß die letzteren Bereiche parallel dem OKW und verschiedenen anderen Reichsministerien unterstellt waren. Eine klare Linie war nicht zu erkennen.

Am 30. Januar 1942 besprach Speer mit Pleiger seinen Entwurf. Diesem war der Plan viel zu kompliziert, darüber hinaus lehnte er jegliche Unterstellung ab. Die Reichswerke hatten einen eigenen Entwurf ausgearbeitet, dem Speer grundsätzlich zustimmte[92] und der Professor Hettlage zur endgültigen Überarbeitung übergeben wurde. Auch dieser

Entwurf liegt heute noch vor, sagt aber über die endgültige Regelung nicht viel aus, da Pleiger nach Rücksprache mit dem Führer seine Forderungen anhob. Die Realisierung läßt sich lediglich aus dem vorliegenden Briefwechsel der verschiedenen Dienststellen rekonstruieren.

So bittet Pleiger Göring über Dr. Gritzbach, nachdem er die sogenannte »Zentrale Planung Ost« endgültig abgelehnt hatte, daß er vom Reichsmarschall ernannt werden möchte und andererseits auf klaren Befehlsverhältnissen bestehe.[93]

Pleiger setzte sich schnell gegenüber Speer und den anderen Reichsministern und Dienststellen durch. Es gibt laut Schreiben von Flottmann, Pleigers Geschäftsführer der Reichsvereinigung Kohle, an Professor Hettlage vom Rüstungsministerium lediglich noch das Problem, daß auch Rosenberg Teile des Ostministeriums, und zwar die Hauptabteilung Wirtschaft, auf ihn überträgt. Hierauf will Pleiger nicht verzichten und bittet um eine Führerentscheidung, die dann auch kommt.[94]

Zwar versucht Rosenberg über Speer, diese Entmachtung zu bremsen,[95] zumindest zu beschränken durch ein Mitspracherecht. In einem undatierten Brief an Pleiger tritt er dann allerdings doch seine Hauptabteilung Wirtschaft mit den nachgeordneten Dienststellen ab. Er mußte einsehen, daß ihm die Macht fehlte, um sich gegenüber den Reichswerken behaupten zu können.[96]

Ähnlich erging es dem mitbetroffenen Generalbevollmächtigten für den Arbeitseinsatz Sauckel, der die Ernennung Pleigers und die Beschränkung seiner Zuständigkeiten mit aller Gewalt verhindern wollte. Er alarmierte per kriegswichtigem Fernschreiben Staatssekretär Körner und die Gauleiter und führte ergebnislose Gespräche mit Hitler und Göring.[97] Seine Aktivitäten, obwohl mehr als dringend gemacht, führten zu nichts. So schrieb er u.a. am 11.9.1943:

»Wie mir Reichsminister Speer mitteilt, soll Parteigenosse Pleiger die Führung der gewerblichen Wirtschaft für das Ostgebiet übertragen bekommen. (...) Ich habe den Führer und den Reichsmarschall gebeten, daß dessen ungeachtet meine Zuständigkeiten und Vollmachten für den Arbeitseinsatz nicht berührt werden, da sonst eine Gesamtplanung für mein Arbeitsgebiet für die Zukunft unmöglich gemacht wird.«

Über das Gespräch Pleiger–Speer berichtet Ministerialdirektor Dr. Flottmann in einem Aktenvermerk vom 15. September 1943 und über seine Informationen seitens Professor Hettlages, der Ohrenzeuge war. Speer sei mit ihm der Auffassung, Pleigers Forderungen seien berechtigt. In diesem Sinne werde er mit Sauckel sprechen. Der Arbeitseinsatz in den Ostgebieten und der Ostarbeiter sei nicht im Sinne der Rüstungsindustrie geschehen.

Allerdings war Speer nicht glücklich darüber, daß auch die Aufgaben der Organisation Todt, für die er zuständig war, ebenfalls Pleiger übertragen werden sollten.

Eine Einigung kam insofern zustande, daß der Erlaß für die Ernennung Pleigers nicht veröffentlicht werden dürfe, um das Gesicht zu wahren. Dies mag der Grund sein, daß hierüber so wenig bekannt wurde.[98]

In dem Schreiben von Ministerialdirektor Dr. Flottmann an Ministerialdirektor Gramsch vom Staatsministerium vom 17. September 1943 gibt es dann die Information, daß Pleiger aus Rücksichtnahme auf die betroffenen Reichsminister damit einverstanden ist, daß die Übertragung der Machtbefugnisse unter der Bedingung aus dem Erlaß herausgenommen wird, daß die Ermächtigung aufgrund des Führererlasses vom 2. September 1943 uneingeschränkt bestehen bleibe. Damit käme man zum gleichen Ergebnis. Pleiger habe mit Rücksicht auf Speer vorgeschlagen, dem Erlaß voranzustellen:

»»Auf Vorschlag des Reichsministers für Rüstung und Kriegsproduktion und des Reichsministers für die besetzten Ostgebiete bestimme ich: ...‹ Dann könne der Erlaß im Reichsgesetzblatt unter Sperrung für die Presse veröffentlicht werden, was Herr Pleiger wohl mit Recht für erwünscht erachtet.«[99]

Dieser Erlaß des Führers wurde dann mit der Pleigerschen Präambel am 2. Oktober 1943 von Göring als Beauftragtem für den Vierjahresplan verfügt.[100]

Welche Machtbefugnisse hiermit auf Pleiger übergingen und wie die praktische Handhabung aussah, kann man in etwa aus dem Schreiben von Ministerialdirektor Dr. Flottmann an Pleiger vom 7. November 1943 erkennen – allerdings auch, in welchem Umfange die Sitzungen der Zentralen Planung schrumpften und bedeutungsloser wurden, Speer dann für längere Zeit durch Krankheit für die Dienstgeschäfte ausfiel und darüber hinaus Hitler versuchte, Pleiger überhaupt als Nachfolger Speers zu gewinnen.

Flottmann schrieb u.a.:

»Den gestrigen Besuch von General Stapf bei mir habe ich dazu benutzt, auch die Frage zu erörtern, ob es notwendig ist, daß der Bevollmächtigte für die gewerbliche Wirtschaft in den besetzten Ostgebieten nunmehr aktiv in Erscheinung tritt. Herr General Stapf ist mit mir der Meinung, daß eine solche Notwendigkeit nicht gegeben ist. (...) Bei der engen Zusammenarbeit zwischen Ihnen und General Stapf können Pannen nicht passieren. Zu überlegen wäre lediglich, ob Sie von der Tatsache Ihrer Bestellung und der Übertragung der Vollmachten des Minister Speer auf Sie den Stellen, die darüber unterrichtet sein müssen (Wirtschaftsminister, Ernährungsminister, Preiskommissar, den Reichskommissaren in den besetzten Ostgebieten usw.), offiziell Nachricht geben, und ob Sie sich von den leitenden Männern der wichtigsten Ostgesellschaften (Ostöl, Baltenöl, Ostfaser usw.) über den Stand ihrer Arbeiten Vortrag halten lassen. (…) Ich bitte um Weisung. (…) Im übrigen bin ich nach wie vor der Meinung, daß es an der Zeit ist, die gewerbliche Wirtschaft in allen besetzten Gebieten von einer Stelle aus einheitlich auszurichten und zu steuern. Auch diese Frage habe ich mit General Stapf besprochen, der mir auch in dem Punkte voll beigetreten ist.«[101]

VII.

DAS »VORLÄUFIGE« ENDE

Obwohl die Reichswerke durch den Vormarsch der Alliierten manche Rohstofflager und manche Unternehmen verloren, konnte trotzdem, wenn auch eingeschränkt, produziert werden. Bei der Vielzahl der Unternehmen waren Verlagerungen der wichtigsten Produktionen möglich.

Auswirkungen negativer Art gab es auf dem Arbeitssektor: Die Anzahl der Zwangsarbeiter oder KZ-Häftlinge, die man verhungern ließ oder umbrachte, fehlte jetzt für die Arbeit. Diese Einsicht hatte Pleiger frühzeitig gehabt, aber jetzt dämmerte es auch den sonstigen NS-Größen. Vernichtung durch Arbeit ja, aber Vergasung ohne vorhergegangene mögliche Arbeitsleistung rächte sich nun.[1]

Am 20. Juli 1944 war es zum Anschlag auf Hitler gekommen. Selbst Speer hatte sich dann nach 1945 als angeblichen Widerständler entdeckt. Man sollte trotz allen Respekts nicht vergessen, daß es am 20. Juli um die Ausschaltung Hitlers, nicht jedoch unbedingt um die Beseitigung der NSDAP[2] ging. Und das Problem des deutschen Faschismus beschränkte sich nicht allein auf die Person Hitlers.

Der verschärfte Luftkrieg wirkte sich nur bedingt auf die Rüstungsproduktion aus. Echte Engpässe, die Probleme mit sich brachten, gab es in den letzten Monaten des Jahres 1944 eigentlich nur auf drei Gebieten.

1. Die Bombardierungen der Verkehrsanlagen behinderten die Transporte.
2. Durch Bombardierung wichtiger Kraftwerke gab es erhebliche Energieausfälle.

3. Durch den Verlust der russischen und rumänischen Erd-
   ölquellen wurde die Benzinversorgung trotz eines gewissen Vorrates schwierig, und durch die Bombardierung
   der hochmodernen Hydrieranlagen wurde die Versorgung katastrophal.

Hitler und Pleiger versuchten, bei diesen drei Engpässen so
gut wie möglich zu improvisieren. Pleiger stellte seinen
Mitarbeiter Geilenberg ab, der von Hitler mit einer Generalvollmacht versehen wurde, um Arbeitstrupps – gleichgültig ob aus Pioniereinheiten, O.T.-Angehörigen, Fremdarbeitern, Zivilisten usw. – für solche Reparaturarbeiten zu
verpflichten. So gelang manches: Zum Beispiel gingen die
Bomberkommandos davon aus, daß ein zerstörtes Hydrierwerk lange Reparaturarbeiten bis zur erneuten Inbetriebnahme benötige. Bei Geilenberg ging es schneller, die volle
Produktion für einige Wochen zu schaffen, um dann den
einkalkulierten nächsten Angriff abzuwarten, für den die
Reparaturkolonnen schon bereitstanden. Teils erfolgten die
Aufräumarbeiten bereits während der Angriffe – allerdings
bei hohen Menschenverlusten.[3]
Während die Rüstungsindustrie durch die alliierten Luftangriffe in diesen Jahren doch erhebliche Zerstörungen
trotz aller Schutzmaßnahmen hinnehmen mußte, überrascht, daß die Reichswerke ziemlich unbehelligt davon-
kamen.
Die Stammwerke lagen im Salzgittergebiet, d.h. direkt in
der Einflugschneise nach Berlin. Die Bomberkommandos
nahmen vorwiegend ihren Kurs über diese Werke, ohne daß
es zu nennenswerten Angriffen kam.
Zwar gab es, allerdings nur so wie auch anderswo, abseits
eine Scheinanlage, es gab Einnebelungen und eine beschei-
dene Luftabwehr. Andere Rüstungsstandorte waren weitaus
besser geschützt.

Die wenigen Bombenwürfe, vorwiegend Notwürfe, verursachten zwar etliche Todesopfer – bedingt dadurch, daß bestimmte Betriebe auch bei Luftalarm uneingeschränkt arbeiten mußten und die Schutzräume nicht aufgesucht werden durften – dagegen keine nennenswerte Produktionsbeeinträchtigung. Diese gab es nur ein einziges Mal, als bei Duisburg der Mittellandkanal Bombentreffer erhielt und für kürzere Zeit nicht für die Kohletransporte zur Verfügung stand.

Im nachhinein gibt es viele Spekulationen darüber, warum das Rüstungszentrum Salzgitter bei der Vernichtung ausgespart blieb. Dabei gab es hier die bedeutendsten Produzenten für Bomben, Granaten und Geschützrohre, daneben arbeitete man im Raketenprogramm, besonders für die »V 2«, und als Zubringer für den Panzerbau und die neuen Rammjäger.

Es gab so überzogene Überlegungen, daß die Alliierten das »Meisterstück« des Amerikaners Herman Brassert, die »Paul-Pleiger-Hütte«, für die Nachkriegszeit erhalten wollten. Realistischer ist dagegen, daß ihnen die kriegswirtschaftliche Bedeutung dieses Gebietes völlig unbekannt war.

Anders sah es dagegen bei den österreichischen Werken aus, die überaus heftige Bombardierungen mit großen Zerstörungen hinnehmen mußten.

In der ehemaligen Tschechoslowakei, dem Reichsprotektorat, gab es bedeutende Rüstungsbetriebe der Reichswerke. Vor allem waren es die Brünner Waffenwerke mit ihren Tochtergesellschaften, z.B. den bekannten Skodawerken. Diese alten, 1938 von den Reichswerken übernommenen Betriebe erlitten keine Luftangriffe, die ohne weiteres möglich gewesen wären. Dagegen wurden die neu errichteten Hydrieranlagen für Flugbenzin mehrfach zerstört.

Des Rätsels Lösung scheint J. S. Agoston vom britischen Intelligence Service gefunden zu haben. In seiner unveröffentlichen Untersuchung stellt er fest, daß es geheime Absprachen mit dem Leiter der Brünner Waffenwerke, Pleigers Vorstandskollegen Dr. Voß, gegeben habe, um diesen ehemals britisch-amerikanischen Besitz zu schonen.

Lassen wir dieses so im Raum stehen. Tatsache allerdings ist, daß gegen Dr. Voß trotz ausreichender Gründe kein Kriegsverbrecherprozeß angestrengt wurde und daß die Brünner Waffenwerke bereits vor Kriegsende reprivatisiert wurden.

Während der ersten Monate des Jahres 1945 widmeten sich Speer und Pleiger gemeinsam der Aufgabe, den Befehl »Verbrannte Erde« so gut wie möglich zu sabotieren. Man hielt sich nicht länger in den Berliner Zentralen auf, sondern war vorwiegend bei den Unternehmen im Westen. Man glaubte an eine Nachkriegszeit und wollte alles tun, um zumindest einen Teil der Gruben und Werke zu retten. Am 22. März 1945 trafen sich Pleiger, Speer von der Zentralen Planung, Sögemeier und Steinbrinck von der Reichsvereinigung Kohle und die Generale Guderian, von Throta, Gundlach, Jacob, Thomas und Oberst Poleck, um Sprengungen der Kohlegruben durch die Pioniere zu verhindern.[4]

Eine amerikanische Panzerdivision besetzte Salzgitter. Die meisten anderen Reichswerke-Unternehmen waren bereits vorher verlorengegangen. Vom Reichswerke-Vorstand, der sich zum großen Teil nach Salzgitter zurückgezogen hatte, wurden Paul Pleiger, Wilhelm Meinberg und Dr. Paul Rheinländer vorläufig verhaftet. Für kurze Zeit wurde Pleiger wieder freigelassen und als kommissarischer Leiter für die Betriebe im Salzgittergebiet eingesetzt.[5]

In seinem Nürnberger Wilhelmstraßenprozeß wurde Paul Pleiger in 6 Punkten angeklagt und verurteilt:

1. Er habe wichtige Aufgaben bei der Beschaffung, beim Einsatz und bei der Behandlung von Zwangsarbeitern ausgeübt.

2. Er sei Hauptbeteiligter bei der Aufstellung von Richtlinien zur Beschaffung und Ausbeutung der Zwangsarbeiter gewesen.
3. Über die Zentrale Planung und über den »Führer« habe
er Forderungen zur Zwangsarbeiterbeschaffung durchgesetzt, die Sauckel zu erfüllen hatte.
4. Mit Hilfe von Regierungsstellen, der Wehrmacht, SS und
SD-Einsatzgruppen habe er Kriegsgefangene und KZ-
Häftlinge rekrutiert und durch seine Werksärzte und
sonstiges Reichswerkepersonal auf Arbeitsfähigkeit in den
Lagern auswählen lassen.
5. Er habe bei den »Hermann-Göring-Werken« eine un-
menschliche Ausbeutung der Zwangsarbeiter betrieben.
6. Gemeinsam mit der SS und den Konzentrationslagern
habe er die verschiedensten Unternehmen zu verbreche-
rischen Bedingungen betrieben.

Meinberg starb später in russischer Haft. Dr. Rheinländer
kam vorübergehend in ein Internierungslager. Pleiger
wurde im Nürnberger Wilhelmstraßenprozeß zu 15 Jahren
Haft verurteilt, 1951 allerdings bereits wieder entlassen.

Sauckel wurde zum Tode verurteilt und 1946 gehängt,
Speer erhielt 20 Jahre Freiheitsstrafe. In welchem Umfange
sie für die Greueltaten, die besonders die Jahre nach
1941/42 betrafen, verantwortlich waren, oder ob ab diesem
Zeitpunkt die Verantwortung in großem Umfange auf
Pleiger übergegangen war, wurde nicht näher untersucht.

Pleigers Chefjustitiar, Dr. Strickrodt, u.a. auch zuständig
für die Vertragsgestaltung beim Einsatz von KZ-Häftlingen,
wurde von den Briten, die den Amerikanern als Besatzer
folgten, als Custodian für Salzgitter eingesetzt. Die Amerikaner machten die Ernennung für kurze Zeit wieder rück-
gängig – sie nahmen vom 10. Mai bis 5. Juni 1945 den ehemaligen Brassert-Mitarbeiter Weinel als Chef des Ganzen.

Für die Berliner Reichswerke-Zentrale wurde Dr. Adolf von Carlowitz, unbelastet als ehemaliger engster Mitarbeiter Schleichers, später Pleigers engster Mitarbeiter, von den Amerikanern mit der Leitung betraut.

Schließlich führte Ministerialdirigent Steinboeck im Einvernehmen und mit Zustimmung des Alliierten Kontrollrates seine Geschäfte als Stellvertretender Aufsichtsratsvorsitzender der Reichswerke AG für Binnenschiffahrt sowie der Alpine Montan AG für den inhaftierten Pleiger von Bad Gastein aus weiter, zeitweise mit Beratung durch den ehemaligen Reichswerkevorstand und ehemaligen österreichischen Außenminister Schmidt.

Ab 1948 hatte dann der Restkonzern wieder einen Beirat, ab 15. Mai 1950 einen von der Militärregierung eingesetzten Aufsichtsrat. Diesem empfahl Pleiger aus seiner Nürnberger Haft seinen ehemaligen Vorstandskollegen Dr. Konrad Ende als neuen Vorstandsvorsitzenden. So sorgte man für eine gewisse Kontinuität in der Reichswerkeführung.[6]

VIII.

1944 – DIE NACHKRIEGSZEIT
WIRD VORBEREITET

Anfang 1944, als mit verzweifelten Anstrengungen die letzten Kräfte mobilisiert wurden, um unter den Schlägen der alliierten Bomber und innerhalb eines sich rapide verkleinernden Wirtschaftsraumes noch einmal den Ausstoß an Kriegsmaterial zu steigern, hatte Speer schon endgültig seine Bedeutung verloren sowohl innerhalb der NS-Führung wie auch für die Wirtschaft. Der Einfluß der Industrie, der Generalbevollmächtigten, besonders der von Pleiger und seinen Vertrauten, blieb aber erhalten, ja vergrößerte sich eher noch. Die zentrale Lenkung der Wirtschaft wurde nämlich gelockert, die einzelnen Regionen sich selbst überlassen und durch Bevollmächtigte und Einsatzstäbe verwaltet. Das war auch die Zeit, wie ein Betriebsführer der Reichswerke, Edmund Geilenberg, durch Führervollmacht völlig losgelöst von Speer und dessen Rüstungsministerium seine »Arbeiterarmee« von bis zu 500 000 Mann bekam, um damit unabhängig als »Feuerwehr« Wunder zu vollbringen und dringendste Lösungen für den Erhalt unverzichtbarer Industrien zu improvisieren.

Die Industriellen und Wirtschaftsführer hatten sich auf den verlorenen Krieg schon seit Monaten vorbereitet. Auch die NS-Führer – Göring, Bormann, Himmler, Speer – versuchten nun, über Auslandskontakte ihren Kopf aus der Schlinge zu ziehen.

Für die Industrie ging es nun um die Lösung des Problems, die Kriegswirtschaft in eine Friedenswirtschaft zu führen. Es ging darum, Lösungen zu finden, um jeden abrupten Bruch zu vermeiden und das Abkoppeln vom Nationalsozialismus langsam zu vollziehen. Es galt, die wirtschaftlichen Probleme nach Kriegsende rasch in den Griff zu bekommen.

Überall stießen die Planer, unter ihnen auch Ludwig Erhard, der spätere Vater des »Wirtschaftswunders«, auf die dominante Rolle der USA.

Der Morgenthau-Plan, Deutschland in ein reines Agrarland zu verwandeln, war bei den unterschiedlichen Interessenlagen der Alliierten nur bedingt ernst zu nehmen. Allerdings war damit zu rechnen, daß sich die UdSSR einen Anteil an der politisch-wirtschaftlichen Neuordnung Deutschlands sichern würde, waren doch die materiellen Voraussetzungen für ein Überleben nicht ungünstig.

Der Rüstungsboom hatte die deutsche Wirtschaft in einen enormen Modernisierungs- und Konzentrationsschub getrieben. Zukunftsorientierte Branchen wie die Elektrotechnik und die Chemie hatten sich hervorragend entwickeln können. Rationelle Fertigungsmethoden hatten sich durchgesetzt. Trotz des Bombenkriegs war die Wirtschaft auch hinsichtlich ihrer Leistungsfähigkeit lediglich auf den Stand von 1939 zurückgeworfen worden. Schwerer getroffen hatte es die anderen europäischen Industrien, soweit sie unter deutscher Herrschaft gestanden hatten und durch Zerstörungen und Ausschlachtungen vernichtet waren.

Damit konnte die Überlegenheit der deutschen Industrie als gefestigt in die Nachkriegsplanungen einkalkuliert werden.

Wenn es gelang, eine Partnerschaft mit den USA zu erreichen, boten sich also günstige Aussichten. Die Feindschaft zur Sowjetunion dagegen war in den Nachkriegsplänen bereits vorweggenommen. Ökonomisch sollte sich Deutschland ausschließlich nach dem Westen orientieren unter Verzicht auf die bisherigen Großraumziele. Mit einer breit angelegten Europa-Propaganda versuchte man, die wirtschaftlichen Führungseliten in den Staaten des Kontinents für eine zukünftige entsprechende Zusammenarbeit zu gewinnen.

Mochte der »Führer« auch entschlossen gewesen sein, Deutschland als »verbrannte Erde« zu hinterlassen, weil die Deutschen versagt und kein Recht aufs Überleben hatten, so war das gesamte Volk vielmehr daran interessiert, für ein Überleben Sorge zu tragen. Für die Wirtschaft war dies weder Eigennutz noch Verantwortungsbewußtsein. Doch so hatte sie die Möglichkeit, sich aus dem drohenden Inferno herauszumogeln.

Es gab keine andere Führungselite, die das Jahr 1945 mit so geringen Machteinbußen überstand wie die Industrie. Inwieweit den Deutschen deren Mitverantwortung für die Etablierung und Funktionsfähigkeit des NS-Systems bewußt war, ist umstritten. Und es war durchaus nicht sicher, daß die Siegermächte Nachkriegsdeutschland als Wirtschaftspartner akzeptieren würden, wo doch bis vor kurzem die Deutschen gemeinsam mit den Nazis führende Wirtschaftsmacht der Welt werden wollten. Es gab genügend Kräfte bei den Siegern, die nicht allein den besonders exponierten Paul Pleiger, sondern alle herausragenden Wirtschaftsbosse als Kriegsverbrecher verurteilt sehen wollten. Im Kilgore-Senatsausschuß heißt es zu 42 Großindustriellen und Bankiers: »Die Tatsachen machen diese Industriellen einwandfrei mitschuldig an den von den Nationalsozialisten in ihrer Sucht nach Weltherrschaft gegen die Völker der Erde verübten Verbrechen.«

Eine ähnliche Meinung findet sich allerdings auch im Ahlener Programm der CDU und in einer Denkschrift des DGB vom Juni 1948: »Die Konzerne der deutschen Schwerindustrie trugen eine historische Schuld für das Aufkommen des Nationalsozialismus und damit für den

Zweiten Weltkrieg. Es entspricht nicht dem Willen der deutschen Arbeiterschaft, wenn die Konzerne und ihre Machthaber ihre wirtschaftliche und damit auch politische Schlüsselstellung behalten.« Ähnliches läßt sich auch im Grundgesetz und in den Länderverfassungen nachlesen.

1947 gab es die ersten Prozesse, vorab wurde Paul Pleiger im Wilhelmstraßenprozeß verurteilt. Aber außer ihm waren es dann anschließend nur noch Flick, Krupp und Krauch, die belangt wurden.

Für die Ostwirtschaft, die von Paul Pleiger zusätzlich zu seinen zahlreichen weiteren Aufgaben geführt worden war, kam er rasch aus dem Schneider, weil Göring im Hauptkriegsverbrecherprozeß die volle Verantwortung für die Wirtschaftspolitik im Osten übernommen hatte. So konnte er sich in seiner Verteidigung durch Dr. Servatius darauf zurückziehen, er selbst habe von nichts gewußt, für den Bergbaubereich trage sein Vertreter Dr. Konrad Ende die Verantwortung, im übrigen habe er nur stets seine Pflicht erfüllt und habe den Befehlen, in der Regel waren es von ihm gewünschte Führerbefehle, Folge geleistet. Ein Unrechtsbewußtsein kannte er nicht.

Der Ankläger Telford Taylor bezeichnete diese Taktik als den Versuch, »die verkehrte Welt des Dritten Reiches« in »wir« und »sie« zu teilen. »Sie« sind die bösen Leute, eine Gruppe von Personen, deren Zusammensetzung sich dauernd ändert, je nach dem Anklagepunkt, um den es sich handelt. Mitunter bleiben »sie« namenlos, mitunter sind »sie« Himmler oder Göring, mitunter sind »sie« Pleiger. Wer »sie« auch immer sein mögen, »sie« sind Ursprung und Wurzel allen Übels im Dritten Reich. »Wir« dagegen, so sagen die Angeklagten, hatten keine bösen Absichten. »Wir« lebten in ständiger Furcht. Um »sie« ruhig zu halten, mußten »wir« uns gut mit »ihnen« stellen. »Wir« gaben Göring erhebliche Geldsummen und handelten lediglich als sein Vertreter, »wir« erwarben mit Bedauern Eigentum, das Göring und Pleiger bei unglücklichen Juden und Franzosen beschlagnahmt hatten; »wir« waren entsetzt, als »wir« uns klar darüber wurden, daß »wir« gezwungen waren, Tausende von Ausländern zu beschäftigen, die »sie« zu Sklaven gemacht hatten im Interesse der Aufrechterhaltung unseres Geschäfts. Es war alles höchst bedauerlich, aber was hätten »wir« tun können?

Bald wendete sich das Blatt. Es kam der Kalte Krieg und damit das Verlangen des Pentagon, die angeklagten Industriellen aus der Schußlinie zu ziehen. Der amerikanische Hauptankläger schloß sich dieser Linie an: »Ich bin gegen weitere derartige Prozesse und kann sie der Regierung der USA nicht empfehlen. Ich hege die Befürchtung, daß eine sich über lange Zeit erstreckende öffentliche Debatte gegen die Privatindustrie den Industriekartellen den Mut nehmen würde, weiterhin mit unserer Regierung im Rahmen der Rüstungsmaßnahmen, die im Interesse unserer Verteidigung getroffen werden müssen, zusammenzuarbeiten.«

Was blieb von den Prozessen? Einige Gefängnisstrafen mußten nur symbolisch angetreten werden. Der Korea-Krieg brachte die endgültige Wende. Nun hielten es die USA für angebracht, die NS-Generäle und die Wehrmacht zu rehabilitieren, aber auch die Industrie erhielt ihren Dispens. Die Verurteilten wurden aus den Gefängnissen entlassen. Wer wollte da noch etwas von deren Verbrechen hören, wenn selbst die Siegermächte mit ihnen Frieden geschlossen hatten?

Paul Pleiger, der Hauptbelastete und Schuldige in diesen Industriellen-Prozessen, hatte zwar in Nürnberg sein Urteil bekommen, war jedoch wenig während seiner Haft in Spandau in seinem Wirken für das Wohl seiner Reichswerke beeinträchtigt.

Die »Führungselite« der Reichswerke existierte mit

wenigen Ausnahmen nach wie vor. Geschrumpft war lediglich der Konzern durch den Verlust zahlreicher Auslandsbetriebe und der Unternehmen im sowjetischen Machtbereich. Doch am Umbau und Neuaufbau der Reichswerke wurde bereits kurz nach Kriegsende gearbeitet.

Um die Werkseinbußen zu mildern, wurden dann mit Bonner Hilfe zusätzliche Bundesunternehmen eingegliedert, so beispielsweise die Howaldtswerke Kiel, die maßgeblich wurden für die Entwicklung und den Bau einer neuen U-Boot-Generation.

Mit den früheren österreichischen Werken konnte es nur zur Pflege der Tradition und für die Zusammenarbeit im Stahlgeschäft engste Kontaktpflege geben. Die freundschaftlichen Kontakte zu Argentinien und Brasilien waren erhalten geblieben und wirkten sich für den Außenhandel sehr positiv aus. Auch in Indien erinnerte man sich. Erst einmal leistete man Entwicklungshilfe für den Bau von Stahlwerken, dann benutzte man diese neuen Betriebe für den Bau der für die BRD noch nicht erlaubten Porsche-Leopard-Panzer.

Wer nun bewerkstelligte all dies unmittelbar nach dem verlorenen Krieg und dazu dann auch noch durch den ehemaligen führenden NS-Konzern?

Dr. Strickrodt, enger Vertrauter von Paul Pleiger, Heinrich Himmler und SS-Obergruppenführer Pohl vom SS-WVHA, späterer Finanzminister von Niedersachsen und Jura-Professor an der Universität Darmstadt, äußerte sich fünfundzwanzig Jahre nach Kriegsende unbefangen zu dieser Frage:

»Die Lenkungsaufgaben (für den Nachkriegskonzern) waren vorsorglich geregelt worden. Im Rückgriff auf Männer der zweiten Linie konnte Rat geschaffen werden und den Ambitionen von Günstlingen der Militärregierung begegnet werden.«

»Männer der zweiten Linie« mag Gültigkeit gehabt haben
für die allerersten Nachkriegsjahre. Nach seiner Verurtei-
lung wurde Paul Pleiger aus seiner Spandauer Gefängnis-
zelle wieder aktiv und sorgte für die richtige Verteilung der
Vorstandsposten an die ehemalige »Elite«. Gab es wegen
der Vergangenheit gewisse Bedenken, erfolgte deren Berufung für eine neue, andere Konzerngesellschaft. Und dazu
hatte man auch noch die belasteten »arbeitslosen Betriebsführer« der Ost-Gesellschaften im Konzern oder in Bonner
Ministerien unterzubringen.

Nach 1951 wurde weniger geheimnisvoll operiert. Ähnlich wie es in der Weimarer Zeit den »Keppler-Kreis« zur
Förderung der NSDAP durch die Wirtschaft, nach 1933
ersatzweise den »Freundeskreis Himmler« für die Förderung der SS durch die Industrie und die Banken gegeben
hatte, so schuf man nun zum Wohle der ehemaligen Reichswerke »Hermann Göring« den »Pleiger-Kreis«. Regelmäßig traf man sich im »Gästehaus« zu internen Beratungen. Da trafen sich dann Pleiger, Dr. Konrad Ende,
Dr. Paul Rheinländer, Edmund Geilenberg, Adolf von
Carlowitz, Beckenbauer, Flick, Blessing, Abs, Quandt,
Schickedanz, Bertold Beitz u.a., aber auch ehemalige wieder
aktive Ministerialbeamte, die von Berlin nach Bonn umge-
zogen waren.

Da Pleiger und Ende den Vorsitz ausübten und beide
stolz auf ihre Bergbau-Vergangenheit waren, klangen diese
Treffen dann nächtens aus mit Doornkaat, dem »Berg-
mannslied« und zum Schluß weihevoll:

»Wenn alle untreu werden, so bleiben wir doch treu …«

Seitens der ehemaligen Zwangsarbeiter gab es die ersten
Forderungen nach einer Wiedergutmachung. Am 28. März
1950 machte die Londoner Vertretung polnischer Dis-

placed Persons Wiedergutmachungsansprüche gegenüber der Bundesrepublik als Eigentümerin der »Reichswerke« geltend.

Das Bundesfinanzministerium zog die Sache an sich und ließ sich ein Rechtsgutachten von dem Kölner Völkerrechtler Professor Dr. Ulrich Scheuner erstellen. Der Entwurf dieses Gutachtens wurde auf dem Papier des Bundesfinanzministeriums mit dessen Briefkopf geschrieben, was auch einiges aussagen mag.

Wie zu erwarten, widersprach das Gutachten dem Verlangen der Londoner »Relief Society for Poles«. Man berief sich darauf, daß nach geltendem Völkerrecht solche Forderungen nur vom Staat erhoben werden können, dem der betroffene Kläger angehört, nicht dagegen vom Kläger selbst. Das Gutachten folgerte weiter, daß rechtsverbindliche Forderungen nicht zu gegenwärtigen seien, da ja die Kläger durch Verweigerung der Rückkehr in die (nun sowjetische) Heimat das Band zwischen sich und ihrem Heimatstaat zerschnitten hätten.

Auf einer interministeriellen Besprechung äußerte sich Professor Scheuner eindeutig, »daß es politisch kaum zu verantworten sei, Wiedergutmachungsansprüche von Angehörigen solcher Staaten anzunehmen, die selbst durch Ausraubung und Austreibung das Völkerrecht schwer verletzt hätten«.[1]

IX.

»IDENTITÄTSBEWAHRUNG« – ANSTELLE EINES NACHWORTS

Die Reichswerke als solche überlebten 1945 nicht. Die eigentliche Führung der Reichswerke, von wenigen Ausnahmen abgesehen, behielt die Leitung und baute den Konzern mit Dr. Konrad Ende als Vorstandsvorsitzendem wieder neu auf.

Professor Dr. Georg Strickrodt, engster Mitarbeiter Pleigers im Amt Vierjahresplan und innerhalb der Reichswerke, Initiator der »Ermächtigungsnovelle zum Berggesetz«, Verhandlungspartner zum SS-Wirtschafts- und Verwaltungs-Hauptamt, schreibt 1980 über seine »Identitätswahrung im Umbruch der Systeme« zu dieser besonderen Vergangenheitsbewältigung:

> »Es mag verwundern und befremden, daß mehr als ein Menschenalter ... vorübergehen mußte, ehe nun über ... Ereignisse wie die des Jahres 1945 ... berichtet werden kann. Eine erste Antwort ... kann dahingehend gegeben werden, daß es zu den auf eine solche ... Selbstfindungsperiode folgenden Aufbau- und Umbauleistungen – vor allem, wenn diese schon unter der Verantwortung einer neuen *Elite* standen – keine für diese beachtenswerte Vorgeschichte geben konnte.«

Die neue Elite sah nach ihm wie folgt aus:

> »Der in Salzgitter-Drütte versammelte Reichswerkevorstand wurde gemäß einem sofort wirksam werdenden Arrest de facto abgesetzt und in ein Militärregierungslager verbracht. Die Verantwortung für die Werkseinheiten und ihren Betrieb fiel damit an die

verbleibenden Träger ihrer Eigenorganisationen. Diese Lenkungsaufgaben waren für den Notfall unternehmensseitig vorsorglich geregelt. Die vorhandenen politischen Strukturen wurden im Augenblick der militärischen Besetzung hinfällig, neue traten zunächst im organisatorischen Innenverhältnis der Werke nicht in Erscheinung. Von einem Null-Punkt ist für die Reichswerke-Unternehmen im Salzgitter-Gebiet demnach nur in dem Sinne zu sprechen, daß die Funktion des Kapitaleigners mit der Ausschaltung der Reichsregierung entfallen war und auf lange Zeit hin nur noch von deren treuhänderischer Wahrnehmung gesprochen werden konnte. (…) So konnte im Rückgriff auf die Männer der früheren zweiten Linie fast überall Rat geschaffen werden und eigenen Ambitionen von Günstlingen der Militärregierung begegnet werden, womit auch in dieser Hinsicht die Identität gewahrt wurde.«

Über die persönliche politische Neuorientierung berichtet er weiter:

»Im Ende 1945 – durch Ernennung von seiten der Militärregierung – berufenen Landtag des Landes Braunschweig … wurde Strickrodt Landtagssprecher und am 7. Mai 1946 zum Wirtschaftsminister berufen. (…) Damit war eine Überleitung zu den Kompetenzen der Regierung des im Herbst 1946 gegründeten Landes Niedersachsen gegeben, in der Strickrodt als Finanzminister ressortmäßig die Verwaltung des Staatsvermögens zu übernehmen hatte.«

Und zu seiner zeitgeschichtlichen Erfahrung in Wirtschaft und Politik deutet er:

»Tritt von einem Nullpunkt der Geschehnisse her der einzelne Verantwortungsträger … in den Entscheidungsverlauf ein, dann kann er sich dabei auch nur mit jeweils hierfür eigenbestimmt erwählten ... Gefährten verbinden. (...) Dazu bedarf es dann immer noch einer politischen, aber auch wirtschaftlichen und sozialen Sphäre der Selbstgestaltung und Elitebildung in engeren und weiteren Kreisen. (...)«

Eine Kommentierung einer solchen »Identitätsbewahrung« der seinerzeitigen »Elite« kann aufgrund dieser klaren Ausführungen sicherlich unterbleiben.[1]

X.
ANHANG

1. Konzernaufbau

Otto Ohlendoff, Unterstaatssekretär im Reichswirtschaftsministerium, SS-Gruppenführer, Chef des Inland-SD,
wegen seiner vorübergehenden Tätigkeit als Leiter der Einsatzgruppe D in Südrußland 1951 hingerichtet, sollte im
Interesse des Reichsführers SS im Aufsichtsrat der Reichswerke mitwirken und Einfluß ausüben.

Bei seinen Ermittlungen im Sommer 1944 durch Dr.
van Hees stellte sich heraus, daß seitens der Verwaltung
der Reichswerke keine verbindlichen Aussagen gemacht
werden konnten sowohl über Zahl und Besetzung der
Aufsichtsräte als auch über den Umfang der zum Reichswerkekomplex gehörenden Unternehmen. Darüber hinaus
stellte er fest, Pleigers andauernde Doppelfunktion als
Aufsichtsratsvorsitzender und Vorstandsvorsitzender sei ge-
setzwidrig.

Selbst im Nürnberger Wilhelmstraßenprozeß war es
sowohl der Anklage, der Verteidigung wie auch dem Angeklagten Paul Pleiger nicht möglich, über diese Fragen
verbindliche Klarheit zu schaffen.

Es wurde mit den unterschiedlichsten Aufstellungen operiert, die trotz mehrfacher Berichtigungen nicht korrekt
waren.

Die hier folgenden Aufstellungen sind anhand der verfügbaren Reichswerke-Statistiken, Treuarbeits- und Revi-
sionsberichte sowie Angaben des Statistischen Reichsamtes
zusammengestellt und den Umständen nach die vollständig-
sten vorhandenen Angaben.

Trotzdem sind gewisse Verflechtungen vorwiegend in
Rußland, die neben der BHO liefen, und bei der ARBED,
Luxemburg, nicht restlos zu klären.

Die Reprivatisierung des Waffenblocks, der aus dem
Reichswerkekomplex Ende des Krieges herausgelöst wurde,
hatten für die Führung der Gesellschaften keine praktischen

Auswirkungen. Die Personen blieben, geändert wurden lediglich Eigentumsrechte, ohne daß hieraus Macht oder Einfluß erwuchs.

Unter Berücksichtigung der verschiedenen Aufstellungen und bei Beachtung der jeweiligen Glaubwürdigkeit setzte sich der Reichswerkekomplex zum 31. März 1944 wie folgt zusammen:

Reichswerke AG für Berg-
  und Hüttenbetriebe
  »Hermann Göring«   297 Unternehmen

Reichswerke AG für
  Binnenschiffahrt
  »Hermann Göring«   19 Unternehmen

Reichswerke AG für Waffen-
  und Maschinenbau
  »Hermann Göring«
  (in der Reprivatisierung
  begriffen, ohne daß die
  entscheidende Einflußnahme
  auf den Produktionsbetrieb
  verloren ging)   94 Unternehmen

Zu beachten ist ferner, daß durch die Ämter Paul Pleigers als
  Vorsitzender der Reichsvereinigung Kohle,
  Reichsbeauftragter für Kohle,
  Treuhänder für das Erzgebiet Lothringen/Luxemburg,
  Leiter der Berg- und Hüttenwerkgesellschaft Ost mbH
  mit Vollmachten für die Verteilung von Patenschaften,
  Reichsbeauftragter für die gesamte Wirtschaft des Ostens
  mit unbeschränkten Vollmachten,

Reichsbeauftragter für die Wirtschaft in Serbien mit
Sondervollmachten,
Mitglied der Zentralen Planung mit der Möglichkeit,
»Führerbefehle« zu beeinflussen,

der Einfluß der Reichswerke auf die Produktion und den
Arbeitskräfteeinsatz einen wesentlich größeren Umfang
hatte, allerdings unterschiedlich und entsprechend der jeweiligen Kriegslage.

Konzernaufbau 1937
Gründung der
Reichswerke AG für Erzbergbau und Eisenhütten »Her-
mann Göring«, Berlin, am 15. Juli 1937.

Kapital: RM 5 Mio.

Gründer: 1. Fabrikant Paul Pleiger, Buchholz/Westf.
für sich

2. Direktor Dr. Wilhelm Voss, Berlin, für die
Deutsche Revisions- und Treuhand-Aktiengesellschaft

3. Direktor Dr. Ernst Helmut Vits, Berlin,
für die Garantie-Abwicklungsgesellschaft
Die Gründer übernahmen das Grundkapital
für sich bzw. für die von ihnen vertretenen
Gesellschaften.

Gründungs- Ausnutzung einheimischer Erzlagerstätten und
zweck: Verhüttung und Verarbeitung der Erze an Ort
und Stelle. Die Planung umfaßte Erzbergbau,
Erzaufbereitung, Verhüttung der Erze sowohl
im Salzgittergebiet und in Franken.

Beteiligungen:
Bergbau AG, Salzgitter
   (Auffanggesellschaft der Anton Raky Tiefbau AG, Salz-
   gitter)
   17. August 1937
   Kapital: RM 500 Tsd. 100 Prozent
   Firmenzweck: Ausführung bergbaulicher Arbeiten, auch
   Ölbohrungen.
Wohnungsaktiengesellschaft der Reichswerke »Hermann
Göring«, Braunschweig
   Kapital: RM 1 Mio. 100 Prozent
   Firmenzweck: Wohnungsbau im Salzgitter-Gebiet
Studiengesellschaft für Doggererze, München
   Gründung: 1920
   Beteiligung: 1937
   Firmenzweck: Versuche zur Aufbereitung von Doggerer-
   zen.
Erzstudiengesellschaft, Dortmund
   Gründung: 1919 durch Ruhrhütten
   Beteiligung: 1937
   Firmenzweck: Untersuchung vorhandener und Aufschluß
   neuer heimischer Erzlagerstätten.

Konzernaufbau 1938
*Reichswerke AG für Erzbergbau und Eisenhütten »Hermann
Göring«, Berlin*
   Auf der außerordentlichen Hauptversammlung am 14.
April 1938 wird die erforderlich gewordene Nachgründung
beschlossen.
   Kapital: RM 400 Mio.
   Finanzierung durch:
   Stammaktien: RM 270 Mio./in Prozenten

91 Prozent Reichsfiskus
7,4 Prozent Schwerindustrie
1,6 Prozent kleinere Gruppen einschl.
Gründer
Vorzugsaktien mit Möglichkeit des Umtauschs in
Stammaktien: RM 130 Mio. in Prozenten
7,7 Prozent Reichsstand des deutschen
Handwerks
73,1 Prozent interessierte Wirtschafts-
gruppen (Eisenverarbeitung und Zement-
industrie)
19,2 Prozent zur freien Zeichnung

Beteiligungen: Stand 15. September 1938

	Kapital			Betlg. in Prozent
A) ALTREICH				
1. Rheinmetall Borsig AG, Berlin	RM	50	Mio.	53
a) Patronen-, Zündhütchen- und Metallwarenfabrik AG, Schönebeck	RM	1,2	Mio.	40
b) Waffenfabrik Solothurn AG, Solothurn	sfrs	2	Mio.	100
c) Rheinmetall-Solothurner-Vertriebs- gesellschaft mbH, Berlin	RM	50	Tsd.	100
d) Grafenberger Werkshandelsges. mbH, Grafenberg	RM	20	Tsd.	45
e) Hydraulik GmbH, Duisburg	RM	600	Tsd.	50
f) Gemeinnütziger Bauverein »Volkswohl« eGmbH.				
g) Gemeinnützige Wohnungs- und Siedlungsgesellschaft Rheinmetall- Borsigscher Werksangehöriger				
h) Aceros y Metales, Barcelona	Ptas.	250	Tsd.	
i) Borsig Maquinas Industriales				

Sociedad de Responsabilidad Ltda., Buenos Aires	Pes.	50	Tsd.	100
k) Alkett, Altmärkisches Kettenwerk GmbH	RM	50	Tsd.	100
l) verschiedene kleinere Beteiligungen				
2. Wohnungsaktiengesellschaft der Reichswerke »Hermann Göring«, Braunschweig	RM	1	Mio.	100
3. Vereinigte Gewerkschaft Schmidgaden-Schwarzenfeld	Kuxe	100		52
4. Bergbau AG, Salzgitter	RM	500	Tsd.	100
5. Vertriebsgesellschaft mbH der Reichswerke »Hermann Göring«, Berlin	RM	100	Tsd.	100
a) Ostmärkische Eisenhandels-gesellschaft mbH	RM	20	Tsd.	100
6. verschiedene kleinere Beteiligungen				

B) OSTMARK

7. Pauker-Werke AG, Wien	S	1	Mio.	100
8. Maschinen- und Waggonbau-Fabriks AG Simmering, Wien	S	4,6	Mio.	53
a) Topham & Co. GmbH, Werk-stätten für Eisenkonstruktion, Wien	S	20	Tsd.	100
b) Wahlberg GmbH, Wien	Kr.	500	Tsd.	100
c) Grazer Waggonbau- und Maschinenfabriks-AG., Graz	S	1,6	Mio.	90
9. Steirische Gußstahlwerke AG, Judenburg	S	5	Mio.	100
a) Steel and Machinery Supplies Ltd., Johannesburg				
b) Styria Stahl AG, Zürich	sfrs	50	Tsd.	100
c) Schießl & Co., Wien				100
d) Industrijsko i Trgoyacko, Belgrad	Din	500	Tsd.	100

e) Obchodni Soolecnost pceli »Ocel Styria« GmbH, Mährisch-Ostrau			
f) Accial Styria SA, Mailand	Lire	25 Tsd.	100
g) Styria Stomana, Sofia	Lewa	40 Tsd.	100
h) Aceros Styria Sociedad de Responsabilitad Ltda., Buenos Aires	Pes.	60 Tsd.	100
i) Acos Styria Ltd., Rio de Janeiro	Milreis	100 Tsd.	100
k) Aceros Styria Soc. de Responsabilitad Ltda., Montevideo	urug. Pes.	5 Tsd.	100
10. Steyr-Daimler-Puch AG, Wien	S	17,6 Mio.	78
a) Austro-Daimler-Steyr-Vertriebsges. mbH, Berlin	RM	50 Tsd.	100
b) Grundstücks-Erwerbsgesellschaft, Berlin	RM	20 Tsd.	100
c) Steyr-Austro-Daimler-Puch-Werke, ung. Handels-AG, Budapest	Pengö	490 Tsd.	98
d) Warschauer Verkaufsstelle, Warschau	Zl.	145 Tsd.	81
e) Steyr-Solothurn-Waffen-AG, Zürich	sfrs	200 Tsd.	100
f) Autoplast AG, Linz	S	200 Tsd.	100
g) Vertr. AG d. Steyr-Daimler-Puch Werke AG, Zürich	sfrs	100 Tsd.	100
h) Jugoslavenske Steyr, Zagreb	Din	1 Mio.	100
k) Kromag AG, Hirtenberg	S	600 Tsd.	100
11. Reichswerke AG für Erzbergbau und Eisenhütten »Hermann Göring«, Linz	RM	5 Mio.	100
a) Wohnungsbau AG der Reichswerke »Hermann Göring«, Linz	RM	1 Mio.	100

b) Stahlbau GmbH der Reichswerke »Hermann Göring«, Linz	RM	500 Tsd.	100
12. Alpine Montan AG, Wien			4
13. Graz-Köflacher Eisenbahn- und Bergbau-Gesellschaft, Graz	RM	4,5 Mio.	
(wird vorübergehend bei Alpin eingegliedert, obwohl als Tochter der Alpine Linz die Muttergesellschaft noch nicht beherrscht wurde)			80
a) AG Harter Kohlenwerke, Wien (Braunkohle)			
14. Kärntnerische Eisen- und Stahlwerks-Gesellschaft, Ferlach/Kärnten			100
15. Grazer Waggon- und Maschinen-fabriks AG, vorm. Joh. Weitzer, Wien			100

Im Auftrage und für Rechnung des Reiches wurden erworben:

1. Alpine Montan AG »Hermann Göring«, Wien	56
2. Erste Donau-Dampfschiffahrts-Gesellschaft, Wien	48
(Diese Pakete wurden treuhänderisch für das Reich verwaltet)	

Konzernaufbau 1942
Reichswerke AG für Berg- und Hüttenbetriebe
»Hermann Göring«
Stand: 31. Januar 1942 laut geheimer Beteiligungsliste der Reichswerke AG für Berg und Hüttenbetriebe »Hermann Göring«, Berlin; Kapital RM 560 Mio.

		Kapital		Betlg. in Prozent
I.	Reichswerke AG für Erzbergbau und Eisenhütten »Hermann Göring«, Salzgitter	RM	400 Mio.	93
1.	AG für Bergbau- und Hüttenbedarf, Salzgitter	RM	500 Tsd.	100
2.	Bergbau AG Ewald-König Ludwig, Herten	RM	40 Mio.	82
a)	AG Eisenhütte Prinz Rudolph, Dülmen	RM	400 Tsd.	100
b)	Gerh. Engels & Cie. GmbH, Herten	RM	200 Tsd.	100
	aa) Wilh. Look, GmbH, Düsseldorf	RM	30 Tsd.	100
	bb) Herm. Kahlenberg GmbH, Neuwied	RM	60 Tsd.	75
c)	Gewerkschaft des Steinkohlen- bergwerks Haus Aden, Herten	Kuxe	1 Tsd.	100
d)	Gewerkschaft des Steinkohlen- bergwerks Haus Aden Forts., Herten	Kuxe	1 Tsd.	100
e)	Gebr. Haldy Kohlenhandels- gesellschaft mbH, Saarbrücken	RM	400 Tsd.	100
	aa) Gebr. Haldy Kohlenhandelsges. mbH, Frankfurt/Main	RM	300 Tsd.	100
	bb) Josef Dieth GmbH, Frankfurt/M.	RM	22 Tsd.	100
	cc) Ad. Jahn GmbH, Esslingen	RM	25 Tsd.	100
	dd) Kohlen-Konsum. J. Genss GmbH, Wiesbaden	RM	30 Tsd.	100
	ee) A. Plager GmbH, Bad Kreuznach	RM	40 Tsd.	100
f)	Ad. Thomae GmbH, Duisburg- Ruhrort	RM	300 Tsd.	100
g)	Winschermann GmbH, Duisburg- Ruhrort	RM	3 Mio.	100
	aa) N. V. Handel en Expeditie Maatschappij »Atlas«, Rotterdam	hfl	20 Tsd.	100

bb)	Niederrhein. Schiffswerft, Maschinenfabr. u. Gießerei GmbH, Duisburg-Ruhrort	RM 300 Tsd.	100
cc)	»Kraft« Ges. f. Kraftfahrzeug-handel mbH, Duisb.-Ruhrort	RM 20 Tsd.	100
dd)	Winschermann GmbH, Frankfurt/M.	RM 120 Tsd.	100
ee)	Winschermann GmbH, Offenb.	RM 200 Tsd.	100
ff)	Winschermann GmbH, Karlsruhe	RM 1 Mio.	100
gg)	Winschermann GmbH, Aschaffenburg	RM 175 Tsd.	100
hh)	Württ. Kohlengeschäft GmbH, Stuttgart	RM 800 Tsd.	100
ii)	Allg. Transportges. vorm. Gondrand & Mangili mbH, Stuttgart	RM 125 Tsd.	100
kk)	Gmünder Kohlengeschäft GmbH, Schwäbisch-Gmünd	RM 50 Tsd.	100
ll)	Ad. Epting GmbH, Stuttgart	RM 150 Tsd.	100
mm)	Wilh. Kallenberger GmbH, Ludwigsburg	RM 50 Tsd.	100
nn)	J. Leypoldt's Nachf. Gebrüder Gerlach GmbH, Stuttgart	RM 20 Tsd.	100
oo)	Kohlenhandelsgesellschaft mbH, Recklinghausen	RM 60 Tsd.	100
pp)	Winschermann GmbH, Krefeld	RM 100 Tsd.	100
qq)	Winschermann GmbH, Neuss	RM 100 Tsd.	100
rr)	Hugo Hobert KG, Duisb.-Ruhrort	RM 95 Tsd.	100
ss)	W. Randebrock Wwe., Münster	RM 267 Tsd.	100
tt)	Gustaf Fix GmbH, Erfurt	RM 60 Tsd.	43
3.	Braunkohle-AG »Vereinsglück«, Meuselwitz/Th.	RM 1 Mio.	ca. 100
4.	Egerländer Erzbergbau GmbH, Schlagenwald	RM 60 Tsd.	50

5. Erzbergbau Salzgitter GmbH der Reichswerke »Hermann Göring«, Ringelheim	RM	10 Mio.	100
6. Ferngasges. mbH der Reichswerke »Hermann Göring«, Berlin	RM	1 Mio.	100
7. Gewerkschaft Eisensteinzeche »Kl. Johannes«, Pegnitz	Kuxe 100		100
8. Gesellsch. f. Elektrometallurgie D. Heinz Gehm, Berlin, und Walter Voos, Letmathe Gewinn- u. Vermögensgem.			
9. Großdeutsche Schachtbau- und Tiefbohr-Ges. mbH, Mülheim	RM	6 Mio.	100
a) Beskiden Erdölgewinnungsges. mbH, Berlin	RM	250 Tsd.	20
b) Ges. f. nautische u tiefbohrtechn. Instrumente GmbH, Kiel	RM	45 Tsd.	50
10. Großdeutsche Umsiedlungsgesellsch. mbH, Berlin	RM	20 Tsd.	100
11. Jugo-KromAG, Belgrad	Din.	2 Mio.	50
12. Isteg Stahl GmbH, Wien	RM	100 Tsd.	100
13. Isteg Steel Corp. S.A., Luxemburg	lfs.	1 Mio.	93
14. Kraftverkehrsges.mbH, Braunschweig	RM	2 Mio.	51
15. Rudna Glava AG, Belgrad	Din.	4 Mio.	50
16. Stahlwerke Braunschweig GmbH, Berlin	RM	400 Tsd.	100
17. Steinkohlengewerkschaft der Reichswerke »Hermann Göring«, Heessen	Kuxe	1 Tsd.	100
a) Gemeinn. Bauverein GmbH, Heessen	RM	55 Tsd.	37
b) Gewerkschaft Sachsen III, Heessen	Kuxe 100		100
c) Gewerkschaft »Die Lippe«, Heessen	Kuxe 100		100

d) Gewerkschaft Sachsen IV, Heess.	Kuxe	100		100
e) Gewerkschaft Prinz Schönaich, Heessen	Kuxe	100		100
f) Gewerkschaft Viktoria-Fortsetzung, Lünen	Kuxe	100		100
18. Thomasphosphatfabriken GmbH, Bln.	RM	100	Tsd.	18
19. Wasser- und Energieversorgungsges. mbH, »Göringwerke«, Watenstedt	RM	1	Mio.	60
II. Reichswerke AG Alpine Montan-betriebe »Hermann Göring«, Linz	RM	180	Mio.	95
1. Alcydor Kohlenveredelungs-AG, Vaduz	sfr	50	Tsd.	31
2. Alcydor Kohlenveredelungs-AG, Wien	RM	40	Tsd.	50
3. Alpine Edelstahl GmbH, Aussig	RM	25	Tsd.	100
4. Alpine Stahlexport GmbH, Wien	RM	20	Tsd.	100
5. Alpine Stahlverkaufsg. mbH, Prag	RM	20	Tsd.	100
6. Eisenwerke AG, Krieglach	RM	500	Tsd.	90
7. Eisenwerke Oberdonau GmbH, Linz	RM	10	Mio.	100
a) Maschinen- u. Werkzeugfabrik GmbH, Danzig	RM	150	Tsd.	33
8. Eisenhandels- u. Industrie-AG Greinitz, Graz	RM	1,8	Mio.	67
a) Alpenländische Eisengroßhandels GmbH, Graz	RM	40	Tsd.	100
b) S. Ehrenletzberger Eisengroß-handels-AG, Linz	RM	500	Tsd.	52
c) Joh. Einicher Eisenhandel-AG, Klagenfurt	RM	500	Tsd.	72
aa) Klein und Lang Eisenhandlung GmbH, Villach	RM	160	Tsd.	50
bb) H. Stabenig Eisenhandels GmbH, Klagenfurt	RM	26	Tsd.	100
d) Klein und Lang Eisenhandlung GmbH,				

Villach	RM	160	Tsd.	50
9. Eisen- und Stahl-AG, Wien	RM	700	Tsd.	75
a) Henhapel-Heine Eisen- u. Eisen-				
warengroßhandel AG, Wien	RM	400	Tsd.	100
b) Wiener Eisen- u. Metall-				
verwertungs AG, Wien	RM	200	Tsd.	100
10. Graz-Köflacher Eisenbahn- u.				
Bergbaugesellschaft, Graz	RM	4,5	Mio.	84
a) AG Harter Kohlenwerke, Wien	RM	250	Tsd.	100
b) Sulmtalbahn AG, Graz	RM	106	Tsd.	93
c) Steir. Industrieversicherungsverein				
a.G., Graz				–
11. Montan-Syndikat AG, Agram	Din.	750	Tsd.	100
12. Hotelgesellschaft mbH, Linz	RM	6	Mio.	13
13. Kärntnerische Eisen- u.				
Stahlwerks-AG, Ferlach	RM	1	Mio.	100
14. Societa Anonima Italiana				
»Acciai Alpine«, Mailand	Lire	300	Tsd.	100
15. Stahlbau GmbH, Linz	RM	500	Tsd.	100
16. Stahl- und Temperguß-AG vorm.				
Fischer-Traisen, Wien	RM	2,5	Mio.	95
17. Steirische Gußstahlwerke AG, Wien	RM	5	Mio.	100
a) »Acciai« Acciai Styria S.A.J.A.,				
Mailand	RM	25	Tsd.	100
b) Aceros Styria Soc. d. Responsa-				
bilidad Ltda, Buenos Aires	Pes.	60	Tsd.	100
c) Acos Styria Limitada, Rio de Janeiro	Reis	100	Tsd.	100
d) Aceros Styria Soc. d. Resp. Ltda.,				
Montevideo	Pes.	5	Tsd.	100
e) Industrijsko i Trgovacko d. d.,				
Beograd	Din.	500	Tsd.	100
f) Schiessl & Co. GmbH, Wien	RM	65	Tsd.	100
g) Stahlhandelsgesellschaft »Styriastahl«				
GmbH, Prag	Kr.	200	Tsd.	100

h) Styriastahl AG, Zürich	sfr	50	Tsd.	100
i) »Styria Stomana« Handels- und Industrie-AG, Sofia	Lewa	400	Tsd.	100
k) Steel & Machinery Supplies (Pty) Ltd., Johannesburg	Pfund	1	Tsd.	100
18. Johann Stocker GmbH, Linz	RM	55	Tsd.	100
19. Vas és Acel, Reszvenytarsagag, Budapest	Pengö	100	Tsd.	100
III. Bau-Aktiengesellschaft »Negrelli«, Wien	RM	3	Mio.	100
IV. Bergwerksverwaltung Kleinrosseln GmbH, Reichswerke »Hermann Göring«, Saarbrücken	RM	300	Tsd.	100
V. Bergwerksverwaltung Oberschlesien GmbH, Reichswerke »Hermann Göring«, Kattowitz	RM	200	Mio.	100
1. Bergbau-Elektrizitäts-AG Oberschlesien, Kattowitz	RM	1	Mio.	26
2. Erzbergbau Ost GmbH, Kattowitz	RM	50	Tsd.	100
3. Lignose GmbH, Berlin	RM	7,5	Mio.	20
4. Sprengstoffwerke Oberschlesien GmbH, Kattowitz	RM	6	Mio.	22
VI. Deutsche Bergwerks- und Hüttenbau GmbH, Berlin	RM	400	Tsd.	100
VII. Deutsche Kohlenhandelsges.mbH, Berlin	RM	4	Mio.	100
A) Kohlenabsatz:				
1. Alpenkohle GmbH, Graz	RM	75	Tsd.	100
2. August Burg KG, Berlin	RM	100	Tsd.	100
a) Berger, Kulp, Röchling, Berlin	RM	500	Tsd.	32
b) Kohlen- und Koksges.mbH, Berlin	RM	6	Tsd.	33
3. Dahlmann & Co. GmbH, Berlin	RM	5	Tsd.	100
4. Kohlenhof Breslau GmbH, Breslau	RM	100	Tsd.	100

324

5. Kohlen- u. Brikettkontor GmbH, Fürstenberg/O.	RM	200	Tsd.	100
6. Kohlen- und Kokshandelsgesellschaft, GmbH, Berlin	RM	25	Tsd.	25
7. Litzmannstädter Kohlenhandelsges. mbH, Litzmannstadt	RM	100	Tsd.	100
8. Montan Kohlen- und Kokshandelsges., Prag	RM	2	Mio.	83
a) Bratislavaer Kohlengesellschaft mbH, Pressburg	Kr.	200	Tsd.	49
9. Montan-Union Kohlenhandelsges. mbH, Wien	RM	210	Tsd.	100
a) Rud. Ott Kohlenhandelsges. mbH, Graz	RM	20	Tsd.	25
10. Montan Handels-AG, Zagreb	Kuna	500	Tsd.	50
11. Rud. Ott Kohlenhandelsges. mbH, Graz	RM	20	Tsd.	75
12. Pommersches Kohlenkontor GmbH, Stettin	RM	100	Tsd.	100
13. Posener Kohlenhandelsges. mbH, Posen	RM	50	Tsd.	100
14. Preußische Kohlenhandelsges. mbH, Königsberg	RM	100	Tsd.	100
15. M. Rast & Sohn, München	RM	810	Tsd.	22
16. Schlesische Kohlenhandelsges. mbH, München	RM	50	Tsd.	100
17. Vereinigte Berliner Kohlenhändler GmbH, Berlin	RM		1,2 Mio.	25
18. Weichsel Kohlenhandelsges. mbH, Warschau	Zl.	200	Tsd.	51
19. Westpreußische Kohlenhandelsges. mbH; Danzig	RM	100	Tsd.	100
B) *Grundstücksgesellschaften:*				
20. Grundstücksgesellschaft Bunsenstr. 2 GmbH, Berlin	RM	150	Tsd.	50

21. Grundstücks-AG »Transgea«, Berlin	RM 200 Tsd.	100
22. Handelsgesellschaft f. deutsch-böhm. Kohlen mbH, Berlin	RM 10 Tsd.	100
23. »Königshof« Grundstückserwerbs- und Verwaltungsges. mbH, Berlin	RM 100 Tsd.	100
a) »Roland« Grundstückserwerbsges. mbH, Berlin	RM 50 Tsd.	60
24. »Roland« Grundstückserwerbs- gesellschaft mbH, Berlin	RM 50 Tsd.	40
a) Frankfurter Gesellschaft f. Verkehrs- u. Industrieunternehmungen mbH, Frankfurt/Main	RM 100 Tsd.	100
25. Reichenhaller Holz- und Kohlenhof GmbH, Reichenhall	RM 10 Tsd.	100
C) Sonstige:		
26. Kalk- und Schotterwerk Neustift mbH, Graz	RM 100 Tsd.	100
VIII. Ferdinands Nordbahn, Prag	Kr. 92 Mio.	
IX. Gesellschaft für industrielle Beteiligung mbH, Berlin	RM 100 Tsd.	100
1. Deutsche Erz- und Metall-Union GmbH, Berlin	RM 1 Mio.	100
2. Deutsch-Bulgarische Chromerz- bergbau AG, Sofia	Lewa 10 Mio.	50
X. Hüttenverwaltung Westmark GmbH der Reichswerke »Hermann Göring«, Berlin/Hayingen	RM 1 Mio.	100
XI. Poldihütte, Prag	Kr. 250 Mio.	37
1. Ajax AG, Prag	Kr. 8 Mio.	100
2. Böhm.-Mährische Schrottvereinigung GmbH, Prag	Kr. 500 Tsd.	20
3. Eisen- und Stahlwerke zu Prakovce AG, Preßburg	Kr. 6 Mio.	100
4. Erzhütte AG, Wien	RM 600 Tsd.	33

a) Limberger Industrie- und Bergbau AG, Wien	RM	220	Tsd.	50
b) Metallhütte GmbH, Prag	Kr.	300	Tsd.	33
5. Forja Poldi J.A.R. S.A.R., Bukarest	Lei	50	Mio.	60
6. Ing. B. Hruska GmbH, Aurschinewes	Kr.	3	Mio.	50
7. Lana-Rakonitzer Steinkohlen-AG, Prag	Kr.	36	Mio.	100
8. Prager Feilenfabrik AG, Prag	Kr.	1	Mio.	100
9. Teplitzer Maschinenfabrik AG, Teplitz	RM	36	Tsd.	100
10. Tschenkauer Eisen- und Stahlwaren-fabriken AG, Prag	Kr.	12	Mio.	100

Verkaufsgesellschaften:

11. Aciéries Poldi S.A. Belge, Lüttich	bfr	250	Tsd.	100
12. Fundiciones de Aceros Poldi, Barcelona	Psts.	1	Mio.	100
13. Poldi Steel Comp. England Ltd., London	£	20	Tsd.	100
14. Poldi Steel Comp. Inc., Chicago	$	10	Tsd.	100
15. Poldi Steel Comp., Sidney	£	20	Tsd.	100
16. Poldicelik a. d., Belgrad	Din	970	Tsd.	100
17. S.A.Jt. Acciaierie Poldi, Mailand	Lire	950	Tsd.	100
a) S.A. Ghizetti Ettore, Mailand	Lire	100	Tsd.	45
XII. Sudetenländische Bergbau AG, Brüx	RM	80	Mio.	75
1. AG für die Erzeugung von Radium u.a. Metallen, Prag	Kr.	500	Tsd.	100
2. Bergreichensteiner Goldbergbau-Gewerkschaft, Prag	Kuxe	128		100
3. Joachimstaler Gewerkschaft, Prag	Kuxe	128		100
4. Wernersdoffer Kupfergruben AG, Prag	Kr.	7,5	Mio.	100
5. Westböhmischer Bergbau-Aktien-Verein, Zwug	Kr.	15	Mio.	57

a) Gesellschaft für die Verwertung von Kohlenfeldern GmbH, Berlin	RM	10 Tsd.	55
XIII. Sudetenländische Treibstoffwerke AG, Oberleutensdorf	RM	200 Mio.	100
XIV. Vertriebsgesellschaft der Reichswerke »Hermann Göring« mbH, Berlin	RM	100 Tsd.	100
XV. Witkowitzer Bergbau- und Eisenhütten-Gewerkschaft, Mährisch-Ostrau (*nur Abwesenheitspflegsch.)	Kuxe 100*		
XVI. Wohnungsaktiengesellschaft der Reichswerke »Hermann Göring«, Braunschweig	RM	20 Mio.	100

Der Stand zum 31. Januar 1942 ist durch den Stand zum 31. März 1944 laut Statistischem Reichsamt, Berlin, wie folgt zu ergänzen:
(laut Nürnberger Wilhelmstraßenprozeß SAG 06/1/12)

	Kapital		Btlg. in Prozent
Dnjeprstahlgesellschaft, Berlin	RM	50 Tsd.	50
RM Hüttenwerke Kriwoi-Rog GmbH, Dortmund	RM	50 Tsd.	50
zusätzlich zu Großdeutsche Schachtbau:	RM	6 Mio.	100
Kohle-Öl-Union KG, Berlin	RM	2 Mio.	40
Steine und Erden GmbH, Goslar	RM	6 Mio.	100
1) Buchtal AG, Oeslau	RM	3,2 Mio.	52
2) Fels Zementwerke AG, Schakowa	RM	3,5 Mio.	34
3) Gewerkschaft Kohlen und Tonwerke, Neurode	Kuxe	1 Tsd.	20
4) Vereinigte Wildstein-Neudorfer Tonwerke AG, Eger	RM	1,8 Mio.	52

5) –			
6) Wildsteiner Ton- und Schamottefabrik AG, Eger	RM	1 Mio.	52
a) Nicheleber Tonwerke GmbH, Eger	RM	51 Tsd.	59
b) Oberpfalz Tongruben AG, Eger	RM	50 Tsd.	100
c) Pegantit Bergbau AG, Eger	RM	50 Tsd.	100
d) Wildsteiner Ton GmbH, Eger	RM	24,5 Tsd.	50

zusätzlich zu Alpine Montan

Steirische Bergbau GmbH, Leoben	RM	6 Mio.	100

zusätzlich zu Bergwerksverwaltung
Oberschlesien:

1) Gewerkschaft Loslauer Steinkohlengruben, Loslau	Kuxe	1 Tsd.	
2) Oberschlesische Hydrierwerke AG, Blechhammer	RM	250 Mio.	100
3) Kokerei-Vereinigung GmbH, Kattowitz	RM	3,5 Mio.	100
4) Schlesische Elektrizitäts- und Gaswerke AG, Gleiwitz	RM	40 Mio.	26
5) Schlesisch-Sandomirsche Schiffahrts-GmbH, Krakau	RM	250 Tsd.	50
6) Vereinigte Holzindustrie Ost GmbH, Krakau	RM	1 Mio.	100

zusätzlich zu Deutsche Erz- und Metallunion:

U. V. Metaalcamee, Utrecht	RM	300 Tsd.	100

sonstige Gesellschaften:

Erdövideki Banya R. T.	Pengö	1 Mio.	29
N. V. Nederlandsche Steenkohlen-Handelsg., Amsterdam	hfl.	100 Tsd.	100

Schlesische Sandomirsche Schiffahrts-GmbH, Krakau (restl. 50%)	RM	250	Tsd.	50

zusätzlich zu Ferdinands Nordbahn:

1.	Kohlenverkaufs GmbH, Prag	Kr.	400	Tsd.	95
2.	Neustaedter Kalkwerke und Stein-brüche GmbH, Neustadt/Slowakei	Kr.	600	Tsd.	100
3.	Strasberger Kalkwerke, Strasberg	RM	132	Tsd.	98
4.	Ziegelwerke AG, Mähr.-Ostrau	Kr.		1,7 Mio.	99

zusätzlich zu Gesellschaft für industrielle Beteiligungen mbH, Berlin

1.	Eisenbahn AG, Stauding	RM		3,4 Mio.	100
2.	Eisenbahnsignal-Bauanstalt AG, Krakau	RM	453	Tsd.	34
3.	Erzbergbau Ost GmbH, Oderberg	RM	50	Tsd.	100
4.	Kontinentale Eisenhandelsgesellschaft mit Tochtergesellschaften (genaue Kapitalhöhe wegen unter-schiedlicher Währungen nicht bestimmbar)				14
5.	Mars Eisen- und Stahlwerke GmbH, Warschau	RM		25,1 Mio.	100
6.	Oderberger Eisen- und Stahlwerke GmbH, Oderberg	RM	7	Mio.	100
7.	Ostrak AG, Prag	Kr.	4	Mio.	100
8.	Strasberg-Witkowitzer Zementwerke AG, Strasberg	RM	4	Mio.	100
9.	Tonindustrie ZL GmbH, Ostrowice	RM	60	Tsd.	67
	Hüttenwerk Kriwoi-Rog GmbH, Dortmund (zusätzlich)	RM	60	Tsd.	50

zusätzlich zu Poldi AG:
entfällt durch Zusammenlegung:

Teplitzer Maschinenfabrik AG, Teplitz	RM	36	Tsd.	100

Europairol SAR, Bukarest	Lei	4 Mio.	43
KN. Kovar & Co., Prag	Kr.	1,5 Mio.	75
Edelstahlverkaufsgesellsch., Krakau	Zl.	100 Tsd.	100
Stahlring Export GmbH, Berlin	RM	1 Mio.	40
(Rest liegt bei Vertriebsgesellschaft)			

zusätzlich zu Sudetenl. Bergbau AG:
entfällt durch Zusammenlegung:
Joachimsthaler Gewerkschaft, Prag
Wernersdoffer Kupfergruben AG, Prag
(Stand hier: 31. Dezember 42)

Mähr.-Ostrauer chemische Werke GmbH, Mährisch-Ostrau	Kr.	2 Mio.	100
Tiefbohr AG, Mährisch-Ostrau	Kr.	500 Tsd.	100
Adler GmbH, Prag	Kr.	50 Tsd.	100
Oppelner Verlade- u. Lagerhausges., Oppeln	Kr.	255 Tsd.	51
Ostreederei, Stettin	Kr.	351 Tsd.	100
Kalkwerke GmbH, Standing	Kr.	100 Tsd.	100
Krilam & Co. KG, Wall	Kr.	2 Mio.	57
Mähr.-Ostr.-chem. Werke GmbH & Co. KG, Mährisch-Ostrau	Kr.	2 Mio.	97
Orlit Baustoff KG, Prag	Kr.	500 Tsd.	100
Bergwerk A/B Freja, Stockholm	sKr	2,6 Mio.	50
Ruda Bergbau- und Hüttenbetriebe, Preßburg	Kr.	25 Mio.	100
Krompscher Kupferwerk AG, Krompsch	Kr.	10,8 Tsd.	1
Ferra AG, Prag	Kr.	36 Mio.	30
Böhm.-Mähr. Oderschiffahrt AG, Prag	Kr.	10 Mio.	13
Böhm.-Mähr. Stickstoffwerke AG, Prag	Kr.	65 Mio.	17
Oberschlesische Hydrierwerke, Blechhammer	RM	10,5 Mio.	6
J. Rütgers KG, Mähr.-Ostrau	Kr.	54 Mio.	33

zuzüglich 41 kleinere Beteiligungen für den Handelsbereich.

Julius Ruetgers KG, Mährisch-Ostrau (möglicherweise identisch mit Tochter Witkowitz, jedoch zusätzlich ausgewiesen)	Kr.	54	Mio.	33
a) Hrvatska industrija Katrana, Zagreb	Kuna	6	Mio.	91
b) Ruetgers & Thun, Hohenstein	Kr.	914	Tsd.	50
c) Posnansky u. Strelitz, Mährisch-Ostrau	Kr.	400	Tsd.	100
d) Jul. Ruetgers AG, Silisien	Kr.	10	Mio.	100
e) Brodecker Imprägnier- u. Chem. Werke AG, Brodeck	Kr.	3	Mio.	32
Teer AG, Prag	Kr.	9,5	Mio.	31
Tiefbohr AG, Mährisch-Ostrau	Kr.	500	Tsd.	100
Verkaufskontor der Kaltwalzwerke GmbH, Prag	Kr.	200	Tsd.	73
Syndikat der Ostrauer Steinkohlen-bergwerke GmbH, Prag	Kr.	1	Mio.	30
Edelstahlwerk Stalowa Wola, Stalowa-Wola	(verwaltet durch Poldihütte)			
Edelstahlwerk Starachowice, Starachowice	(verwaltet d. Witkowitz)			
Ostrowicer Hochöfen	(verwaltet d. Witkowitz)			

Die BHO (Berghütte Ost) hatte einen Sonderstatus. Zu ihr gehörten zahlreiche russische Berg- und Hüttenwerke. Paul Pleiger hatte die Leitung und Verantwortung, geführt und verwaltet wurde sie von den Reichswerken. Patenschaften für die einzelnen Unternehmen wurden von hier vergeben.
Diese Gesellschaft fehlt wegen fehlender Eigentumsübertragung in den Reichswerkestatistiken.

Reichswerke Aktiengesellschaft für Waffen- und Maschinenbau
»Hermann Göring«
Stand 1. November 1941

	Kapital			Betlg. in Prozent
1. AG vorm. Skodawerke, Pilsen	Kr.	687	Mio.	9*
*(Erhöhung a. etwa 55 Prozent)				
ABAG, Afghan. Bauges., Kabul	£	25	Tsd.	50
AVIA AG, Prag	Kr.	30	Mio.	100
Böhmische Kontaktwerke AG, Komotau	RM	420	Tsd.	100
Böhm.-Mähr. Schrottvereinigung, Prag	Kr.	500	Tsd.	20
Götzl & Schmidt GmbH, Prag	Kr.	200	Tsd.	100
SKODA AD., Belgrad	Din	10	Mio.	100
KABLO AG, Kabelfabrik, Prag	Kr.	8,5	Mio.	44
Konstruktiva Bau AG Steyr-Skoda,				
Bulg. Autohandels-AG, Sofia	Lewa	450	Tsd.	50
Novak & Jahn, Brückenbau, Prag	Kr.	14	Mio.	92
OMNIPOL AG, Prag	Kr.	10	Mio.	99
OMNIPOL AG, Wien	RM	1	Mio.	100
OMNIPOL TRADING & SHIPPING				
CO., Ltd., London	£	25	Tsd.	100
Oy Skoda VB, Helsingfors	Fmk.	300	Tsd.	100
Polnische Ges. d. Skodawerke GmbH,				
Warschau	Zl.	300	Tsd.	97
Sarex, SA, Bukarest	Lei	25	Mio.	100
Skoda Brasileira SA, Rio de Janeiro	MRs.	1	Mio.	100
Skoda India Ltd., Bombay	Rps.	40	Tsd.	100
Skoda Industriale Romana, Bukarest	Lei	5	Mio.	100
Skoda Malaya Ltd., Singapore	Str.	810	Tsd.	100
Skodaworks of South Africa Ltd.,				
Johannesburg	£	1	Tsd.	100
SA Skoda Platense, Buenos Aires	A.Pes.	40	Tsd.	100
Soc. A. Ind. Italiana, Rom	Lire	100	Tsd.	100
Soc. Ir. Skoda, Teheran	Rls	2	Mio.	100

Tschechische Luftverkehrsgesellschaft AG, Prag	Kr.	8	Mio.	100
Unizele de Fier, Bukarest	Lei	1	Mrd.	2
Unizele Metalurgice, Bukarest	Lei	430	Mio.	25
Unizele Metalurgice Ploesti, Bukarest	Lei	10	Mio.	67
Waffenwerke Brünn AG	Kr.	300	Mio.	64
2. Erste Brünner Maschinen-Fabriks-Gesellschaft, Brünn	Kr.	65	Mio.	53
Brünn-Königsfelder Maschinen- u. Waggonfabriks-AG, Brünn	Kr.	20	Mio.	99
Bruna Maschinenbau Ges. mbH, Brünn	Kr.	5	Mio.	75
Gefia AG f. industr. Anlagen, Prag	Kr.	1	Mio.	99
3. Ostmärkische Eisenhandelsges. mbH, Wien	RM	20	Tsd.	100
4. Rheinmetall-Borsig AG, Berlin	RM	75	Mio.	54
Aceros y Metales S.A., Barcelona	Pts.	250	Tsd.	100
Alkett GmbH, Berlin	RM	50	Tsd.	100
Busch-Jaeger-Lüdenscheider Metallwerke AG, Lüdenscheid	RM	3,5	Mio.	58
Eisen- und Metall AG, Essen	RM	2,7	Mio.	33
Gemeinn. Bauverein »Volkswohl«, Sömmerda	RM	1,1	Mio.	81
Gemeinn. Wohnungs- u. Siedlungs-gesellschaft, Bln.-Tegel	RM	950	Tsd.	100
Grafenberger Werkshandelsges. mbH., Berlin	RM	20	Tsd.	45
Hydraulik GmbH, Duisburg	RM	600	Tsd.	50
Patronen, Zündhütchen und Metall-warenfabrik AG, Schönebeck	RM	1,2	Mio.	40
Rheinmetall-Borsig Cia, Buenos Aires	Pes.	100	Tsd.	100
Rheinmetall-Borsig Handelsges. mbH., Berlin	RM	50	Tsd	49
Rheinmetall-Borsig S.A., Rom	Lire	100	Tsd.	25

Rheinmetall-Solo Vertriebs GmbH, Berlin	RM	50 Tsd.	49
Rheinwohnungsbau AG, Düsseldorf	RM	1 Mio.	30
Agrara AG, Bukarest	Lei	6 Mio.	1
Bankhaus Simons & Co. KG, Düsseld.	RM	1,5 Mio.	2
N.V. Comprimo, Amsterdam	hfl	290 Tsd.	10
Düsseld. Spar- u. Bauverein, Düsseldorf	RM	1,3 Mio.	-
Gemeinschaft Bremerhaven (Abwrackbetrieb)	Konsortialgesch.		20
Industriefinanzierungs AG Ost, Berlin	RM	1,5 Mio	2
Schiffsverkaufsges. mbH, Berlin	RM	50 Tsd.	20
Thüringische Zellwolle AG, Schwarza	RM	16 Mio.	1
Tornescher Holzzuckerverwertg. und Studien GmbH, Tornesch	RM	365 Tsd.	10
Werkspoor N.V., Amsterdam	hfl.	7,5 Mio.	15
5. Simmering-Graz-Pauker AG für Maschinen-, Kessel- und Waggonbau, Wien	RM	13 Mio.	93
Galzigbahn AG (gegründet durch Fusion von Simmeringer, Grazer u. Paukerwerke)	RM	1,1 Mio.	4
6. Steyr-Daimler-Puch AG, Wien	RM	30 Mio.	93
Steyr-Skoda-Bulg. Autohandels AG, Sofia	Lewa 450 Tsd.		50 Rest Skoda
Gemeinn. Wohnungsges. »Steyr-Daimler-Puch« GmbH	RM	100 Tsd.	90 Rest Kromag AG
Bauges. f. Arbeiter-Wohnhäuser Wiener-Neustadt, W-Neustadt	RM	150 Tsd.	85
Kromag AG f. Werkzeug- u. Metallindustrie, Hirtenberg	RM	800 Tsd.	100
Nibelungenwerk GmbH, St. Valentin	RM	100 Tsd.	100
Romano Germana SAR, Bukarest	Lei	4 Mio.	100
Steyr-Austro-Daimler-Puchwerke			

Ungar. Handels AG, Budapest	Pgö.	500 Tsd.	98
Steyr-Daimler-Puch Handelsges., Zagreb	Din	1 Mio.	100
Steyr-Daimler-Puch Vertr. AG, Krakau	Zl.	160 Tsd.	90
Steyr-Solothurn Waffen-AG, Zürich	sfr	200 Tsd.	100
Vertriebs-AG d. Steyr-Daimler-Puch AG, Zürich	sfr	100 Tsd.	100
7. Waffenwerke Brünn AG, Brünn *(Reichsw. ges. ca. 77 Prozent)	Kr.	300 Mio.	44*
Optikotechna GmbH, Prerau	Kr.	20 Mio.	100
Patronenhülsen- u. Metallwarenfabrik AG, Rokytzan	Kr.	5 Mio.	99
AG vorm. Skodawerke, Pilsen *(Reichsw. ges. ca. 55 Prozent)	Kr.	687,5 Mio.	30*
Eisenwerke Podbrezova	Kr.	50 Mio.	100
Explosia AG	Kr.	120 Mio.	30
Farola rum. Fabr. f. gezog. Stahl AG, Bukarest	Lei	75 Mio.	50
Magneton GmbH, Kremsier	Kr.	2 Mio.	96
Detona GmbH, Prag	Kr.	1 Mio.	75
Metrom 1. rum. Metallw. Fabrik, Bukarest	Lei	120 Mio.	50
Montania Berg- u. Hütten AG, Preßburg	Kr.	2 Mio.	99
Radioslovia AG, Prag	Kr.	500 Tsd.	38
Rudnica A.D., Belgrad	Din.	2 Mio.	100
Sandrik Silber- u. Metallwaren AG, Prag	Kr.	1 Mio.	31
Sandrik Silber- u. Metallwaren AG, Dolnie Hamry	Kr.	3 Mio.	31
Stadion Fahrradfabrik AG, Prag	Kr.	2 Mio.	100
Synthesia Chem. Werke AG, Prag	Kr.	30 Mio.	30

UMA Kunststofferzeugung AG, Prag	Kr.	2 Mio.	50*
*(Reichsw. 100 Proz.)			
Z.A.M., Bukarest	Lei	5 Mio.	100
8. Wankel Entwicklungswerk der Reichswerke AG für Waffen- und Maschinenbau »Hermann Göring«	RM	400 Tsd.	50

Reichswerke Aktiengesellschaft für Binnenschiffahrt »Hermann Göring«
Stand 1. November 1941

	Kapital		Betlg. in Prozent
1. Kroatische Flußschiffahrts AG, Agram	Kuna	100 Mio.	40
2. Südost Reederei GmbH, Wien	RM	100 Tsd.	100
3. Bayerischer Lloyd Schiff. AG, Regensburg	RM	4,6 Mio.	31
4. Continentale Motor-Scheepvaart, Amsterdam/Wien	hfl	1,3 Tsd.	100
Continentale Motorschiffahrtsges. AG, Wien	RM	6,5 Mio.	100
5. Erste Donau Dampfschifffahrts-gesellschaft, Wien	RM	16 Mio.	100
Donau Kortpropeller Lizenz Vertriebs-GmbH, Wien	RM	15 Tsd.	40
Dunav Kgl. Bulg. Schiffahrts AG, Sofia	Lewa	4 Mio.	50
Schiffswerft Linz AG, Linz	RM	2,2 Mio.	97
6. Schlesische Dampfercompagnie Berliner Lloyd AG, Hamburg	RM	5,4 Mio.	78
Mittelelbe Verkehrs GmbH, Magdeburg	RM	300 Tsd.	67
Emder Verkehrsges. AG, Emden	RM	300 Tsd	100
Getreidesilo GmbH, Halle	RM	100 Tsd.	50

Oppelner Hafen AG, Oppeln	RM	600 Tsd.	25
Ottenser Eisenwerke AG, Hamburg-Altona	RM	1,5 Mio.	33
Saale Mitteldeutsche Schiffahrtsges., Halle	RM	100 Tsd.	100
Saale Union Verfrachter, Bernburg	RM	25 Tsd.	4
Transport-Actienges. vorm. J. Hevecke, Hamburg	RM	900 Tsd.	63
Wachsschiffges. der Ewerführer Baase des Hafens Hamburg mbH, Hamburg	RM	20 Tsd.	4

2. Gründer, Aufsichtsräte und Vorstände
Die Reichswerke AG für Erzbergbau und Eisenhütten
»Hermann Göring« 1937–April 1945

Gründer   PLEIGER, Paul, Buchholz/W.
VOSS, Dr. Wilhelm, Berlin,
für Deutsche Revisions- u.
Treuhand-Aktiengesellschaft
VITS, Dr. Ernst Helmut, Berlin,
für die Garantie-Abwicklungsgesellschaft

Aufsichtsräte   KÖRNER, Paul, Staatssekretär,
AR-Vorsitzender
v. 15.7.37 b. 1.5.42
VOSS, Dr. Wilhelm,
stell-vertr. AR-Vorsitzender
v. 15.7.37 b. 1.7.38
HANNEKEN, Hermann von, Generalmajor,
Unterstaatssekretär
v. 22.12.37 b. 17.1.41
KEPPLER, Wilhelm, Staats-
sekretär, Leiter Zentralstelle d.
wirtschaftspolit. Org. d. NSDAP,
Staatssekretär, Generalsachverständ. f.
deutsche Roh- u. Werkst.
v. 15.7.37 b.–April 1945
KLAGGES, Dietrich, Min. Präs.
Braunschweig
v. 15.7.37 b. 4.3.43
LANGE, Kurt,
Min.Dirigent u. Vizepräs.
Dt. Reichsbank
v. 15.7.37 b. 17.1.41

NASSE, Arthur, Min.Dirig.
Reichs-Fi-Min.
v. 15.7.37 b. April 45
ROEHNERT, Helmut,
Gen.Dir. Rheinmet.-Borsig
v. 15.7.37 b.–1.5.42
BRINKMANN, Rudolf
Staatssekretär
v. 14.4.38 b. 7.7.39

Vorstand   PLEIGER, Paul
Alleinvorstand
v. 15.7.37 b. 1.7.38
Vorstandsvorsitzender
v. 1.7.38 b. 3.6.42
Vorstandsvors. a.d. AR-Rat
delegiert v. 3.6.42 b. April 45
MEINBERG, Wilhelm
v. 1.7.38 b. April 45
VOSS, Dr. Wilhelm
v. 1.7.38 b. 7.7.39
DELIUS, Dr. Hans-Conrad,
stellv. Vorstandsmitglied
v. 1.7.38 b. 17.1.41
WERTHMANN, Fritz,
stellv. Vorstandsmitglied
v. 8.4.38 b. 1.4.39

Aufsichtsräte und Vorstände der Reichswerke AG für Erzbergbau und Eisenhütten »Hermann Göring«, 1945

Aufsichtsräte	PLEIGER, Paul AR-Vorsitzender STEINBÖCK, Dr. Georg stellv. Aufsichtsratsvorsitzender KEHRL, Hans Generalreferent KLINKENBERG, Dr. Ing. h. c. Generaldirektor NASSE, Arthur Min. Dirigent ROEHNERT, Helmut Generaldirektor
Vorstand	PLEIGER, Paul Vorstandsvorsitzender MEINBERG, Wilhelm RHEINLÄNDER, Dr. Paul SCHIRP, Bruno stellvertr. Vorstandsmitglied

Aufsichtsräte und Vorstände der Reichswerke AG für Erzbergbau und Eisenhütten, 1945/1946

Aufsichtsrat	Mit der Besetzung des Gebiets durch amerikanische Truppen am 11. April 1945 beendete der Aufsichtsrat faktisch seine Tätigkeit. Nach der Besetzung durch die Engländer wurden neue Aufsichtsorgane eingesetzt bzw. beauftragt. Ab 5. Juni 45 Vermögensaufsicht durch die britische Militärregierung für die Brit. Zone, sonst. Vermögensaufsicht durch Amer. und Sowj. Militärregierungen.

Ab 20. August 46:
Lt. Gesetz 52 unterstellte die brit. Militärregierung Hannover die Reichswerke innerhalb der Region Hannover der RD and R Branch Control (Reparations Delivery and Restitution).

Sept./Okt. 46:
brit. Militärregierung richtete den »Board of Control for RW« ein, dem mehrere Abteilungen der Militärreg. Hannover angehörten.

Vorstand   Am 15. April 1945 wurden die Vorstandsmitglieder Pleiger, Meinberg und Dr. Rheinländer verhaftet.
Vorher hatte Dr. Rheinländer den Leiter der Zentralstelle Salzgitter-Gebiet Dr. Georg Strickrodt mit der Leitung der im Salzgitter-Gebiet liegenden Betriebe beauftragt.

Ab 9. Juni 45 wurde Dr. Georg STRICKRODT von der brit. Militärregierung als »acting general manager« der RW für die im Gebiet Watenstedt-Salzgitter liegenden Betriebe ernannt.
Er übte diese Funktion bis 20. August 46 aus, war danach Custodian der brit. Militärregierung von 20. August 46 bis 14. August 47.
Über Treuhänder für die RW-Betriebe außerhalb der Britischen Besatzungszone gibt es keine verbindlichen Unterlagen.

Aufsichtsräte und Vorstände der AG Reichswerke
»Hermann Göring«, 1939

Aufsichtsräte   KÖRNER, Paul
Staatssekretär
AR-Vorsitzender
v. 7. Juli 39 b. 29. Dezember 42
LANDFRIED, Dr. Friedrich Walter,
Staatssekretär
stellv. AR-Vorsitzender v.
7. Juli 39 b. 17. Januar 41
v. 7. Juli 39 b. 29. Dezember 42
KEHRL, Hans
Präs. Reichs-Wi-Min.
v. 7. Juli 39 b. 29. Dezember 42
LANGE, Kurt
Vizepräs. Dt. Reichsbank
v. 7. Juli 39 b. 29. Dezember 42
MAROTZKE, Wilhelm
Min. Dirigent Vierjahresplan
v. 7. Juli 39 b. 29. Dezember 42
NASSE, Arthur
Min. Dirigent Reichs-Fi.-Min.
v. 7. Juli b. 29. Dezember 42

Vorstand   PLEIGER, Paul
Vorstandsmitglied
v. 7. Juli 39 b. 17. Januar 41
ROEHNERT, Helmuth
Vorstandsmitglied
v. 7. Juli 39 b. 29. Dezember 42
VOSS, Dr. Wilhelm
Vorstandsmitglied
v. 7. Juli 39 b. 17. Januar 41

Aufsichtsräte KÖRNER, Paul
Staatssekretär
AR-Vorsitzender
LANDFRIED, Dr. Friedrich Walter
Staatssekretär, stellv. Aufsichtsratsvors.
b. 17. Januar 41
1. stellv. Aufsichtsratsvors.
v. 17. Januar 41 b. 29. Dezember 42
REINHARDT, Fritz
Staatssekretär Reichs-Fi-Min.
v. 17. Januar 41 b. 29. Dezember 42
2. stellv. Aufsichtsratsvors.
v. 17. Januar 41 b. 29. Dezember 42
BRECKENFELD, Hermann
Staatsfinanzrat
v. 17. Januar 41 b. 29. Dezember 42
KEHRL, Hans
Präs. Reichs-Wi-Min.
bis 29. Dezember 42
LANGE, Kurt
Vizepräs. Dt. Reichsbank
bis 29. Dezember 42
MAROTZKE, Wilhelm
Min. Dirigent »Vierjahresplan«
bis 29. Dezember 42
NASSE, Arthur
Min. Dirigent Reichs-Fi-Min.
bis 29. Dezember 42
OLSCHER
Min.-Direktor z.D.
v. 17. Januar 41 b. 29. Dezember 42

THOMAS, Georg
General der Artillerie
v. 17. Januar 41 b. 29. Dezember 42

Vorstand ROEHNERT, Helmuth
Vorstandsvorsitzender
v. 17. Januar 41 b. 29. Dezember 42
SCHMIDT, Dr. Guido
Vorstandsmitglied
v. 17. Januar 41 b. 29. Dezember 42

Die AG Reichswerke »Hermann Göring« wird am 29. Dezember 1942 mit der am 17. Januar 1941 gegründeten Reichswerke AG für Waffen- und Maschinenbau »Hermann Göring«, Berlin, verschmolzen.

Aufsichtsräte und Vorstände der Reichswerke AG für Berg- und Hüttenbetriebe »Hermann Göring«, 1941/1942

Aufsichtsräte KÖRNER, Paul
Staatssekretär
AR-Vorsitzender
v. 17. Januar 41 b. 30. April 42
PLEIGER, Paul
Generaldirektor
AR-Vorsitzender
v. 30. April 42 b. Mai 45
ROEHNERT, Helmuth
Generaldirektor
stellv. AR-Vorsitzender
v. 17. Januar 41 b. 30. April 42
STEINBÖCK, Dr. Georg
Staatssekretär, stellv. AR-Vorsitzender
v. 30. April 42 b. Mai 45

BRECKENFELD, Hermann
Staatsfinanzrat
v. 17. Januar 41 b. Mai 1945
HANNEKEN, Hermann von
Unterstaatssekretär
v. 17. Januar 41 b. 1. Oktober 42
KEHRL, Hans
Präs. Reichs-Wi-Min.
v. 17. Januar 41 b. Mai 1945
KLINKENBERG, Dr. Dr. Adolf
Vors. Vorst. Dortm. Hoerder Hüttenverein
v. 17. Januar 41 b. Mai 1945
MAROTZKE, Wilhelm
Min. Dirigent Vierjahresplan
v. 17. Januar 41 b. 30. April 42
NASSE, Arthur
Min. Dirigent Reichs-Fi-Min.
v. 17. Januar 41 b. Mai 1945
SCHMIDT, Dr. Guido
ehem. österr. Außenmin.
v. 17. Januar 41 b. 30. April 42
WISSELMANN, Heinrich
Bergassessor a. D.
v. 17. Januar 41 b. 30. April 42

Vorstand   PLEIGER, Paul
Vorstandsvorsitzender
v. 17. Januar 41 b. Mai 45
ab 30. April 42 vom AR in den
Vorstand delegiert
DELIUS, Dr. Hans-Conrad
v. 17. Januar 41 b. Mai 45
MEINBERG, Wilhelm
v. 17. Januar 41 b. Mai 45

RAABE, Paul
v. 17. Januar 41 b. Mai 45
SCHEER-HENNINGS, Dr. Rudolf
stellvertr. Vorstandsmitglied
v. 28. Mai 42 b. Juli 44
ab dann Vorstandsmitglied

*Aufsichtsräte und Vorstände der Reichswerke AG für Berg-
und Hüttenbetriebe »Hermann Göring«, bis Mai 1945*

Aufsichtsräte   PLEIGER, Paul, AR-Vorsitzender
STEINBÖCK, Dr. Georg, stellv. AR-Vorsitzender
BRECKENFELD, Hermann
KEHRL, Hans
KLINKENBERG. Dr. Dr. Adolf
NASSE, Arthur
WISSELMANN, Heinrich

Vorstand   PLEIGER, Paul, Vorstandsvorsitzender
DELIUS, Dr. Hans-Conrad
ENDE, Dr. Konrad
MEINBERG, Wilhelm
RAABE, Paul
SCHEER-HENNINGS, Dr. Rudolf
SCHMIDT, Dr. Guido
KNOTT, Dr. Hermann, stellvertr. Vorstandsmitglied

*Aufsichtsräte und Vorstände der Reichswerke AG
für Waffen- und Maschinenbau »Hermann Göring«
Stand 1. November 1941*

Aufsichtsräte   ROEHNERT Hellmuth, Vorsitzender des Vorstandes
der AG Reichswerke »Hermann Göring«,
Aufsichtsratsvorsitzender

347

KEHRL Hans, Präsident und Generalreferent im
Reichswirtschaftsministerium
stellvertretender Vorsitzender
BREKENFELD Hermann, Staatsfinanzrat bei der
Preussischen Staatsbank
LEEB Emil, General der Artillerie, Chef des
Heereswaffenamtes
MAROTZKE Wilhelm, Ministerialdirigent beim
Beauftragten für den Vierjahresplan
MÜLLER Dr. Paul, Generaldirektor Dynamit AG
vorm. Nobel
NASSE Arthur, Ministerialdirigent im Reichsfinanz-
ministerium
SCHMIDT Dr. Guido, Vorstand AG Reichswerke
»Hermann Göring«
WESSIG Max, Geh. Regierungsrat, Aufsichtsrats-
vorsitzender der Rheinmetall-Borsig AG.

Vorstand   VOSS Dr. Wilhelm, Generaldirektor

Aufsichtsräte und Vorstände der Reichswerke AG
für Binnenschiffahrt »Hermann Göring«
Stand 1. November 1941

Aufsichtsräte   ROEHNERT Hellmuth, Vorsitzender des Vorstandes
der AG Reichswerke »Hermann Göring« Aufsichts-
ratsvorsitzender
BERGER Dr. Hugo Fr., Ministerialdirektor im
Reichsfinanzministerium
stellvertretender Vorsitzender
BREKENFELD Hermann, Staatsfinanzrat in der
Preussischen Staatsbank
MAROTZKE Wilhelm, Ministerialdirigent beim
Beauftragten für den Vierjahresplan
SIEBERT Ludwig, bayrischer Ministerpräsident

348

WALDECK Max, Geheimrat, Ministerialdirektor im
Reichsverkehrsministerium

Vorstand   SCHMIDT Dr. Guido, Generaldirektor

*Aufsichtsräte und Vorstände 1942–1945 der größeren
Tochtergesellschaften der Reichswerke AG für Berg- und
Hüttenbetriebe »Hermann Göring«, Berlin*
nach Aufzeichnungen Paul Pleigers aus dem Jahre 1946. (Die jeweiligen Aufsichtsrats- bzw. Vorstandsvorsitzenden sind hervorgehoben.)

	Aufsichtsrat	Vorstand
1. Reichswerke AG für Erzbergbau	**Pleiger**	**Pleiger**
und Eisenhütten »H.G.«,	Steinböck	Klinkenberg
Salzgitter	Kehrl	Meinberg
	Nasse	Dr. Rheinländer
	Klagges bis	Schirp
	4. März 43	
	Keppler bis	
	4. März 43	
	u.a.	
a) Stahlwerke Braunschweig	**Pleiger**	Dr. Würtz bis
GmbH, Berlin	Raabe	8. September 43
	Rheinländer	Geilenberg
	Pollert	Dr. Rheinländer
	Zeidelhack	(zeitweise)
	u.a.	Tappert ab
		18. Okt. 43
b) AG für Bergbau- und	**Pleiger**	Eisfeld
Hüttenbedarf, Salzgitter		Beckenbauer
	u.a.	
c) Erzbergbau Salzgitter GmbH,	**Pleiger**	Beckenbauer
Ringelheim	Rheinländer	Meyer
	Ende	Haitsch
	u.a.	

d) Bergbau AG Ewald-König Ludwig, Herten	**Pleiger** Delius Kimmich u.a.	
e) Steinkohlengewerkschaft d. RW »H.G.«, Heessen	**Pleiger** Meinberg Delius u.a.	Flothow Wimmelmann bis 30. April 42 Hofmann ab 1. Juli 42
2. Reichswerke AG Alpine Montan-betriebe »H.G.«, Linz	**Pleiger** Meinberg Steinböck Delius Kehrl bis 4. März 43 Eigruber bis 15. April 42 Uiberreither bis 31. August 42 Sieberl bis 1. Dez. 42 Nasse ab Oktober 43 Sprick ab Oktober 43 u.a.	**Pleiger** Schilken Martetschläger Schürer
a) Eisenwerke Oberdonau GmbH, Linz	**Klinkenberg** Pleiger Geilenberg u.a.	Röser Reuter

b) Stahlbau GmbH, Linz	**Pleiger**	Bücking
	Klinkenberg	u.a.
	Strasser	
	Bierett	
	u.a.	
c) Stahl- u. Temperguß AG, Wien	**Pleiger**	Böcker
	Delius	Walter
	Bierett	Malzacher
	u.a.	
d) Graz-Köflacher Eisenbahn- u.	**Pleiger**	Schramm
Bergbau-AG, Graz	Ende	Kehrl
	u.a.	v. April 43
		b. Juni 44
		Bornitz ab
		Juni 44
3. Bergwerksverwaltung Ober-		
schlesien GmbH, Kattowitz	**Pleiger**	Knott
	Delius	v. Dewall
	u.a.	Gutacker ab
		Januar 43
4. Deutsche Bergwerks- und		
Hüttenbau-GmbH, Berlin	**Pleiger**	Kocks
	u.a.	Rudhart
		u.a.
5. Deutsche Kohlenhandels-	**Pleiger**	Herbst
gesellschaft mbH, Berlin	u.a.	Moser
		Haegert ab
		7. Mai 43
6. Wohnungs-AG der RW »H.G.«,		
Braunschweig	**Pleiger**	Meinberg
	u.a.	Schmitt
		Wiegand
		ab
		15. Nov. 44

7. Sudetenländische Bergbau AG, Brüx	**Pleiger** Kehrl u.a.	**Nathow** Windmöller Kliebhan Arauner ab Oktober 43 Schwarz bis Oktober 43?
8. Sudetenländische Treibstoffwerke AG, Oberleutensdorf	**Pleiger** v. Hanneken bis 1. Okt. 42 Kehrl u.a.	Damm Nathow Ottens Amonn Möhlen
9. Hüttenverwaltung Westmark GmbH, RW »H.G.«, Hayingen	–	**Pleiger** Cordes b. November 43 Sprick Monden ab 25. Januar 44
10. Ferdinands Nordbahn, Prag	V-Rat: **Pleiger** Ende u.a.	Gold Hedrich Panzner Kudinck
11. Poldihütte, Prag	V-Rat: **Rasche** b. Januar 44 **Pleiger** ab Januar 44	Hummelsberger u.a.
12. Witzkowitzer Bergbau	**Pleiger** Raabe Raschke u.a.	**Kuchinka** u.a.

Aufsichtsräte und Vorstände der größeren Tochtergesellschaften der Reichswerke AG für Waffen- und Maschinenbau »Hermann Göring«, Berlin
(die jeweiligen Aufsichtsratsvorsitzenden und Vorstandsvorsitzer sind hervorgehoben)

	Aufsichtsrat	Vorstand
1. Aktiengesellschaft vorm. SKODAWERKE, Pilsen	**Dr. Wilh. Voss** REICHSWERKE Ferdinand Klindera Dr. Rud. Schicketanz Anton Hödl Max Egon Prinz zu Hohenlohe Walter Bertsch Bohuslav Kucera Vladimir List, Prof. Frhr. v. Lüdinghausen Wilh. Pospisil, Minister a. D. Dr. K. Rasche, Dresd. Bank General Bodenschatz Frhr. v. Ringhoffer Generalleutn. Weigand Dr. Rud. Hotowoth, Minister a. D. u.a.	**Adolf Vamberski** Jaroslav Pökorny
a) ABAG, Kabul	**Sardar**, Mohamed Attik Kabul u.a.	**Hadji**, Moh. Kassim Khan Mika, Ludvik

b) AVIA AG für Flugzeug- industrie, Prag	**Dr. Wilh. Voß,** Berlin Bernh. Alpers u.a.	**Jan Novak** Jaroslav Haas
c) ASAP AG für Auto- industrie, Prag	**Ad. Vambersky,** Pilsen Emil Miricka, Prag Karel Prokop, Prag u.a.	**Bleeker-** **Kohlsaat,** prov. Leiter E. Gropp Jaroslav Zimak
d) Böhm. Kontaktwerke AG, Komotau	**Ad. Vambersky,** Pilsen Karl Novotny u.a.	**Dr. F. Lehmann** Gustav Krischke
e) Skoda AD, Belgrad	**Dr. Wilh. Voss,** Berlin Walter Krieg, Generalkonsulat Belgrad Georg Saal, Bank- verein, Belgrad u.a.	**W. Ott**
f) Dunavsko Brodo- gradiliste AD, Belgrad, Schiffswerft	**Dr. M. Glomazic** Oberst Drag. Gjurovic Nicola Koda u.a.	**Miroslav Tusl**
g) KABLO AG, Prag	**Josef Krch,** Verkehrsmin., Prag Vladimir Fiala u.a.	**Gust. Palous** Georg Smid
h) Böhm.-Mähr. Fern- meldekabel GmbH, Prag	**Johann Stowasser,** Verkehrs- ministerium	**Rudolf Rod** Anton Blümel Karel Zampach

		Dr. Fritz Lüschen, Siemens & Halske u.a.	
i)	OMNIPOL AG, Prag mit 13 Töchtern in aller Welt	**Dr. Wilh. Voss,** Berlin Ad. Vambersky, Pilsen Walter Bertsch, Prag, Reichsprotektorat Eugène Lapebie, Européene Industrielle & Financière Aimé Lepercq, Europ. Industr. & Financ. C.P. Ossbahr, Ges. für Deutsch-schwed. Gegenseitigkeit Earl of Carlisle, London u.a.	**Dr. H. Febrans**
j)	Tschech. Luftverkehrs- AG, Prag	**Eugen Syrovatka** Ad. Vambersky u.a.	**Karl Hupner**
2.	Erste Brünner Maschinen-Fabriks- Gesellschaft, Brünn	**Dr. Wilh. Voss,** Berlin Gust. Overbeck, Dresdn. Bank Frh. v. Lüdinghausen, Escompte-Bank Wolfg. Richter, Gauwirtschaftsber. u.a.	**Anton Hödl**

3.	Rheinmetall-Borsig AG, Berlin	**Max Wessig,** Geh. Regierungsrat Dr. Wilh. Voss, Reichsw. Dr. Fritz Berger, RFM Dr. v. Borsig Dr. Kimmich, Dt. Bank Dr. Müller, Nobel AG Dr. Rasche, Dresdn. Bank Herzog C. E. v. Sachsen-Coburg u. Gotha General Thomas Dr. E. Trendelenburg, AR-Vors. VIAG	**Helm. Roehnert** Eberh. Breuninger Willib. Spielvogel
a)	ALKETT GmbH, Berlin	**Max Wessig** Dr. Zeidelhack, OKW u.a.	**Adolf Freyberg** u.a.
b)	Busch-Jäger-Lüdensch. Metallwerke AG, Lüdenscheid	**Hans Harney,** Bankier Dr. Günter Quandt, Berlin Fritz Kranefuß, Ltr. Freundeskreis Himmler, Berlin u.a.	**Hel. Roehnert** Heinr. Busch u.a.
c)	Eisen u. Metall AG, Essen	**Dr. H. Winkhaus,** Mannesm. Dr. C. Lipp, Hoesch E. Tegahrt, Hoesch	Fritz Lehr u.a.

d)	Hydraulik GmbH Duisburg	**Helmuth Roehnert,** RW Wilh. Böhmer Küppersbusch Hans Reuter, Demag u.a.	**C. v. Alt-Stutterheim** u.a.
e)	Patronen-Zündhütchen- u. Metallwarenfabr., AG, Schönebeck	**Dr. P. Müller,** Dynamit-Nobel AG Max Wessig, Borsig Helmuth Roenert, RW Herzog C. E. v. Sachsen-Coburg u. Gotha u.a.	**A. von Vollardbockelbe** Franz Voss, R.-W.-Sprengstoff AG
4.	Simmering-Graz-Pauker AG, Wien	**Dr. Wilhl. Voss,** Reichsw. Anton Hödl, Brünner Maschinenfabrik Dr. Jul. Hochapfl, Österr. Industriekreditbank u.a.	**Hans Schuster** Ludwig Franz Ernst Körting u.a.
5.	Steyr-Daimler-Puch AG, Steyr	**Dr. Wilh. Voss,** RW August Eigruber, Gauleiter Dr. H. Fischböck, Minister a. D.	**Dr. Georg Meindl** Richard Ryznar Oskar Hacker Ernst Rausch
a)	Nibelungen Werk-GmbH,	Wilh. Keppler, Staatssekretär	

	St. Valentin	Dr. Siegfr. Uiberreither, Gauleiter u.a.	
		Dr. Georg Meindl u.a.	Dr. Otto Judtmann Josef Mokry
b)	Steyr-Skoda AG, Sofia	**Albert Göring**, Skoda Todar Nedkoff u.a.	
6.	Waffenwerke Brünn AG, Brünn	**Dr. Vojtech Mastny**, Minister a. D Frh. v. Lüdinghausen, Escomptebank Antonin Alas, Explosia AG General Bodenschatz Prinz Max Egon zu Hohenlohe-Langenburg Dr. Vilem Pospisil, Minister a. D. Bohuslav Kucera, Prager Kreditbank u.a.	**Dr. Wilh. Voss** Karl Staller
a)	Eisenwerke Podbrezova AG, Preßburg	**Dr. Wilh. Voss**, RW u.a.	**Dr. Wilh. Voss**, RW
b)	Explosia AG Prag	**J. Dvoracek**, Gewerbebank Prag Frh. v. Lüdinghausen Oskar Indra, Skoda u.a.	**A. Ales** Dr. I. Sedivy

c) Detona GmbH, Prag	**Dipl.-Ing. Ales**, Explosia AG Zeidelhack, OKW Oberst Schmager, OKW u.a.	**Nicol. v. Essen** u.a.
d) Farola, Bukarest	**N.N. Murgasianu** J. Moravék Albert Göring Dr. Guido Schmidt, RW u.a.	**G. Sorescu**
e) Metrom Bukarest	**Illie Partenie**, General Albert Göring, Skoda O. Ambrus Dr. Guido Schmidt, RW u.a.	G. Sorescu u.a.
f) Patronenhülsen-Metallwarenfabrik AG, Rokytzan	**Rudolf Musel**, Waffenw. Brünn Oscar Indra, Skoda u.a.	**Dr. J. Heinrich** u.a.
g) Radioslavia AG, Prag	**Jos. Kocandrle** u.a.	P. Hájek Dipl.-Ing. Einbeck
h) Rudnica A.D., Beograd	**Tomo Vadstrcil** u.a.	I. Melvard
i) Synthesia Chemische Werke AG, Prag	**Dr. Vaclav Kubr** Dr. Wilh. Voss, RW Klement Florian, Böhm. Ind. Bank u.a.	**Ing. Ales** u.a.

j) Uma Kunststofferzeugung AG, Prag	**Dr. A. v. Mosch,** Waffenw. Brünn Hans Sedivy, Explosia u.a.	Dr. J. Mécif
k) Z. A. M., Bukarest	**I. Partenie, General** Albert Göring, Skoda	I. Moravek
7. Wankel Entwicklungswerk der Reichswerke AG für Waffen- und Maschinenbau »H.G.«, Lindau	**Obersting, Eiselohr** Wilh. Keppler, Staatssekr. **Dr. Wilh. Voss**, RW u.a.	Felix Wankel

Aufsichtsräte und Vorstände der größeren Tochtergesellschaften der Reichswerke AG für Binnenschiffahrt »Hermann Göring«, Berlin (Stichtag 1. November 1941)

(die jeweiligen Aufsichtsratsvorsitzenden und Vorstandsvorsitzer sind hervorgehoben)

	Aufsichtsrat	Vorstand
1. Bayerischer Lloyd Schiffahrts AG, Regensburg	**Ludwig Sieber**, bayer. Ministerpräs. Dr. Guido Schmidt, RW Emil G. v. Strauß, Vizepräs. d. Reichstags	**Dr. A. Schlegel** H. v. Graevenitz
2. Continentale Motorschiffahrtsges. AG, Amsterdam/Wien	**Dr. Guido Schmidt**, RW E. v. Nicolai, Bankier Dr. Berger, RFM Geheimrat Waldeck, RVM u.a.	**Josef Bauer** u.a.

3.	Erste Donau-Dampf-schiffahrts-Gesellschaft, Wien	**Dr. Guido Schmidt**, RW Dr. Franz Brandl, Polizeipräsident Dr. Kajetan Mühlen, Staatssekretär Generalmajor v. Glaise-Horstenau Dr. Hugo Jury, Gaul. u. Reichsstatthalter Dr. G. v. Strauß, Vizepräs. des Reichstages Max Waldeck, RVM u.a.	**Hermann Dilg** Josef Bauer Dr. Rob de Verrette
a)	Dunav Königlich Bulgarische Schiff-fahrts-AG, Sofia	**Herman Dilg, DDG** Dr. Bela Szeghö, Königl. Ung. Fluß- u. Seeschiffahrts-Ges. Baron Paul Kornfeld u.a.	–
b)	SCHIFFSWERFT LINZ AG, Linz	**Curt Just**, Min. Dir. OKM u.a.	Alfred König
4.	Schlesische Dampfer-Compagnie-Berliner Lloyd AG, Hamburg	**Dr. Guido Schmidt**, RW Dr. K. Deters, Hapag Dr. W. Hoffmann, Hapag Dr. G. Steinböck, RVM Dr. Otto Wolff, Gauwirtschaftsberater u.a.	**J. B. Lassalle** Hans Kreuschner Paul Hajduk u.a.

a)	Emder Verkehrsges. AG, Emden	**Dr. Karl Deters** C. G. Holthausen, Hapag Ernst Godeffroy, Levantelinie Dr. H. Wenzel, Verein. Stahlw. u.a.	Wilhelm Brunner Claudius Hinz
b)	Mittelelbe Verkehrs AG, Magdeburg	**Hans Kreuschner,** Schles. Dampfer-C. Dr. Jander, Gauwirtschaftsber. Dr. Karl Deters Dr. W. Hoffmann, Hapag u.a.	Paul Hajduk
c)	Ottenser Eisenwerk AG, Hamburg	**Theodor Bayer** Dr. Karl Deters Admiral J. v. Karpf Max Ayer, Oberst d. Sch.	**Paul Schutte** Joh. Flach Hubert Kusch
d)	Transport-AG vorm. J. Hevecke, Hamburg	**Dr. Karl Deters** Claus-Gottfried Holthuser Holthusen, Hapag Hermann Willing, Deutsche Bank	Georg Blunk Friedr. Nicolai

Aufsichtsräte und Vorstände ab 1945:
In der Übergangszeit nach 1945 gingen die Aufsichts- und Weisungsrechte auf die Besatzungsmächte über, wobei die Unterteilung nach Einzelunternehmen nicht von Entscheidung war. Es wurden vielmehr die Unternehmen und Betriebe innerhalb der jeweiligen Besatzungszonen – von Ausnahmen abgesehen – zusammengefaßt. Unterlagen über das Salzgittergebiet innerhalb der britischen Besatzungszone sind einigermaßen aussagefähig, Unterlagen über die Hauptverwaltung in Berlin sind einigermaßen brauchbar, Unterlagen über die westfälischen Bergbaubetriebe und Betriebe innerhalb der französischen und russischen Besatzungszone fehlen. Es fehlen für diese Zeit auch jegliche Unterlagen über Auslandsbesitz.

Am 9. Juni 1945 wurde Dr. Georg Strickrodt, vormals Chefjustitiar und Leiter der Zentralstelle, von der britischen Militärregierung in Hannover als General-Manager für alle im Salzgitter-Gebiet befindlichen Betriebe eingesetzt. Von Strickrodt wurde dann anschließend Dr. Wolff, nach seinem Ausscheiden Andreas Holst zum kommissarischen Leiter des Montanblocks ernannt.

Mit Gültigkeit vom 3. Mai bzw. 14. August 1947 wurde dann der Ministerpräsident von Niedersachsen als Treuhänder eingesetzt, der wiederum den niedersächsischen Minister der Finanzen mit den entsprechenden Aufgaben und Funktionen betraute. Vom letzteren wurde Andreas Holst als kommissarischer Leiter des Montanblocks bestätigt.

Hierbei ergab sich ein juristisches Problem, das von den Beteiligten übersehen worden war. Sitz des Montanblocks war nach wie vor Berlin, und dort galten andere Besatzungsrechte und arbeiteten andere Gerichte als in Hannover oder Salzgitter.

Es war also – obwohl ein Widerspruch in sich – erforderlich, daß die britische Militärregierung Berlin Dr. Seifert, ebenfalls einmal Leiter der Rechtsabteilung des Konzerns, zum Custodian der Vermögensverwaltung Berlin des Montanblocks einsetzte. Dies ging bis zum 20. November 1946 gut, dann wurde Dr. Adolf von Carlowitz, ehemaliger Sekretär Paul Pleigers, Leiter der volkswirtschaftlichen Abteilung des Konzerns, noch früher engster Mitarbeiter Schleichers, als Custodian für den Montanblock eingesetzt, was auch ab dann bedeutete, daß Rechtsgeschäfte des Montanblocks seiner Zustimmung bedurften. Für den Bereich Salzgitter setzte der Custodian Dr. Strickrodt einen Beirat ein, der so gut wie möglich die Rechte und Pflichten eines Aufsichtsrates wahrnehmen sollte.

Dieser Beirat setzte sich ab Juni 1948 wie folgt zusammen:

Dr. Georg Strickrodt, (nieders. Minister d. Finanzen, Hannover; Vorsitz), Alfred Kubel, (nieders. Min. f. Wirtschaft u. Verkehr, Hannover), Dr. Hans Seebohm (nieders. Min. f. Arbeit, Aufbau u. Gesundheit, Hannover), Theodor Seitz (Oberfinanzpräsident a.D., Hannover), Hermann Beermann (DGB, Hannover).

Auf Beschluß dieses Beirates wurde Andreas Holst ab 13. März 48 wieder geschäftsführender Treuhänder für Vermögenswerte des Montanblocks in Niedersachsen. Dieses galt bis zum 16. Mai 1950, dann erhielt der Montanblock seinen Vorstand.

Aufsichtsräte und Vorstände der Reichswerke AG für Berg- und Hüttenbetriebe vorm. Hermann Göring
Rechtliche Verhältnisse für die Übergangszeit:
1. Die britische Militärregierung setzte am 3. Mai 1947 bzw. am 14. August 1947 (der Termin ist umstritten) den Ministerpräsidenten für Niedersachsen als Treuhänder der Reichswerke und deren Tochtergesellschaften, soweit

sie in Niedersachsen lagen, ein. Für die Unternehmen selbst innerhalb der britischen Besatzungszone gab es die unterschiedlichsten Regelungen.

Der Ministerpräsident beauftragte mit Schreiben vom 7. November 1947 den niedersächsischen Finanzminister Dr. Georg Strickrodt mit der Wahrnehmung der Geschäfte.

2. Property Control: Diese wurde allgemein durch Anordnung auf den Oberfinanzpräsidenten übertragen. Entsprechend setzte der Gebietsbeauftragte für Niedersachsen, Brigadier Lingham, ab 1. Dezember 1947 den Oberfinanzpräsidenten Seitz, Hannover, zum Treuhänder für die dem Reich zustehenden Beteiligungen ein. Dieser Auftrag umfaßte auch die Unterholding, die Reichswerke AG für Erzbergbau und Eisenhütten vorm. Hermann Göring, Watenstedt-Salzgitter.

3. Zur Durchführung der treuhänderischen Verwaltung wurde auf Vorschlag von Oberfinanzpräsident Seitz mit Genehmigung von Brigadier Lingham vom 16. Februar 1948 ein Hauptbeirat für die Reichswerke-Gesellschaften im Salzgittergebiet eingesetzt, der aus folgenden Personen bestand:

Oberfinanzpräsident Seitz

niedersächsischer Minister für Finanzen Dr. Strickrodt

niedersächsischer Minister für Wirtschaft und Verkehr Kubel

niedersächsischer Minister für Arbeit, Aufbau und Gesundheit Seebohm

Vertreter des gebietlich geschäftsführenden Ausschusses der deutschen Gewerkschaftsvereinigung Beermann

4. Der Hauptbeirat wählte Dr. Georg Strickrodt zum Vorsitzer.

3. Ausgewählte Kurzbiographien

FLICK, FRIEDRICH, 1883–1972, Hauptaktionär der verschiedensten Großunternehmen und entsprechend mehr spekulativ als produktiv orientiert.

Mitglied im Keppler-Kreis und Freundeskreis Himmler. 1915 übernahm er das Eisen- und Stahlwerk Charlottenhöhe, später den Kern des angeschlagenen Stinneskonzerns, nämlich die Rhein-Elbe-Union, die er mit der Gelsenkirchener Bergbau AG vereinigte. Über diese wurde er wiederum Mehrheitsaktionär der Vereinigten Stahlwerke.

1932 hatte er sich bei seinen Spekulationen finanziell übernommen. Er und sein Generaldirektor Vögler von den Vereinigten Stahlwerken setzten nunmehr die Regierung Brüning unter Druck, die Aktien der Gelsenkirchener Bergbau AG zum dreifachen Kurswert durch das Reich zu übernehmen – diese Gesellschaft hielt wiederum die Aktienmehrheit der Vereinigten Stahlwerke, die auf diese Weise vorübergehend verstaatlicht wurden.

Diese Geschäfte stimmte er direkt und über seinen Generalbevollmächtigten Steinbrinck ständig mit Hitler, Göring und Keppler ab – er setzte politisch auf die Machtergreifung der NSDAP und unterstützte insbesondere Keppler bei seinen Bestrebungen, den Machtantritt der NSDAP zu erreichen. Als Dank erfolgte ab 1934 die Reprivatisierung der Vereinigten Stahlwerke durch Finanz-Spritzen in Form von großen Rüstungsaufträgen. In diesem Zusammenhang wurde er auch Beherrscher von Linke-Hoffmann-Busch und den Junkerswerken. Seinen Profit machte er bei der Arisierung des Hochofenwerkes Lübeck und des Petschek-Konzerns. Seit diesen Jahren pflegte er eine enge Zusammenarbeit mit den Reichswerken, mit Keppler und Pleiger. Flick ist der erste Vertreter einer Unternehmergeneration, die die Kooperation der Schwerindustrie mit dem Staat pflegte.

Diese wirtschaftliche Machtform wurde später ausgebaut und ersetzt durch Keppler und Pleiger, durch den Vierjahresplan und die Reichswerke, die nicht zur Kooperation der Wirtschaft mit dem Staate geschaffen wurden, sondern zur engsten Zusammenarbeit zwischen NS-Staat und Wirtschaft.

1938 wurde Flick in den »engeren Beirat der Industrie« berufen, 1942 wurde er unter Pleiger Präsidiumsmitglied der Reichsvereinigung Kohle.

Flick wurde in seinem Nürnberger Prozeß zu 7 Jahren Haft verurteilt und vorzeitig entlassen. Danach begann sein erneuter Wiederaufstieg.

(siehe auch Steinbrinck und Kaletsch)

GÖRING, HERMANN, geb. 12.1.1893, †15.10.1946 (Selbstmord);

Jagdflieger, Träger des Pour-le-Mérite-Ordens;

1922 NSDAP-Beitritt, Führer der SA, 1923 beim Marsch auf die Feldherrnhalle verwundet, seitdem Morphinist.

1932 Reichstagspräsident, 1933 Preußischer Ministerpräsident, Reichsminister der Luftfahrt, Reichsforst- und Reichsjägermeister, 1935 Oberbefehlshaber der Luftwaffe, 1936 Leiter des Vierjahresplans, Leiter der Kriegswirtschaft, 1940 Reichsmarschall, Gründer der Gestapo und der ersten Konzentrationslager, 23.4.1945 Amtsenthebung durch Hitler.

Nach dem Ersten Weltkrieg war er kurzzeitig Privatflieger in Dänemark und Schweden und arbeitete auch für die Lufthansa. Er pflegte engsten Kontakt mit der Aristokratie, z.B. mit dem Kronprinzen, mit dem Prince of Wales, der Diplomatie, insbesondere mit Engländern und Schweden, ferner mit gewichtigen Industriellen, z.B. mit Thyssen und Pönsgen. Er wurde neben Keppler zum Verbindungsmann zwischen NSDAP und Großindustrie.

Er war Hitlers treuester Paladin, doch weder Spießer, wie sonst häufig andere in der Parteiführung, noch Revolutionär. Er kam aus gutbürgerlicher preußischer Familie und war von sich sehr überzeugt.

Er war von grenzenlosem, skrupellosem Ehrgeiz. Beim sogenannten Röhmputsch ließ er seinen Freund Röhm erschießen, da er für seine persönlichen Ziele hinderlich geworden war. Ebenso erging es Generaloberst von Fritsch, den er verleumdete und der trotz kriegsgerichtlichem Freispruch aus der Wehrmacht entlassen wurde. Der befreundete General Kurt von Schleicher, ehemaliger Reichswehrminister und Reichskanzler, und dessen Ehefrau ließ er in den Stunden des befürchteten Putsches ebenfalls erschießen.

Er lag ständig in Konflikt mit dem Reichsbankpräsidenten Schacht, den er verdrängte. Andererseits war er einer der wenigen, die Hitler entgegentraten, dies besonders als preußischer Ministerpräsident. Zur Judenfrage äußerte er sich: »Wer Jude ist, bestimme ich.« Durch seine Gestapo ließ er die arische Abstammung von Heinrich Himmler überprüfen. Zur Reichskristallnacht, von Goebbels über Hitler veranstaltet, gab es Görings Einspruch. So durfte die Polizei in Preußen einschreiten und Plünderer der SA und HJ verhaften.

Vieles war bei ihm Strohfeuer, er hatte kein Durchhaltevermögen. Er besaß weder Fleiß noch Gründlichkeit. Er wollte der »Eiserne« sein, doch Eitelkeit und Machttrieb waren ihm für die Erfolge wichtiger. Furcht und Untertänigkeit kannte er lediglich gegenüber dem von ihm verehrten Hitler, der ihn selbst zum möglichen Nachfolger bestimmte.

Selten widersprach er Hitler direkt, um seinen Machtanspruch nicht zu verlieren. Es war aber auch »Schülertreue« gegenüber dem »Lehrer«. Ernsthafte Spannungen bestanden zu Goebbels und Himmler, die gegen ihn Belastungsmaterial sammelten.

Prachtliebe und monströses Geltungsbedürfnis zeichneten ihn aus. Beim Vierjahresplan und als Rüstungsbeauftragter versagte er jedoch.

Göring war Kriegsgegner. 1939 sagte er zu Ribbentrop: »Nun haben Sie Ihren Krieg!«

Göring bemühte sich um Ausgleich in der Frage der Tschechoslowakei mit Chamberlain durch dessen Berater Wilson. Göring, Neurath und Weizsäcker schrieben an Mussolini, wodurch erst einmal der Krieg entgegen den Vorstellungen von Himmler und Ribbentrop aufgeschoben wurde.

Görings Freund Birger Dahlerus war am 24.8.1939 von Göring aus Stockholm nach Berlin gerufen worden, Er sollte vermitteln, Deutschland wünsche trotz des deutsch-sowjetischen Nichtangriffspakts eine Verständigung mit Großbritannien. Der britische Außenminister Halifax teilte Dahlerus mit, der Botschafter Henderson sei zur Vermittlung bereits in Berlin. Dahlerus teilte Göring mit, die Lage habe sich verschlechtert, der Krieg sei nur noch durch eine erfolgreiche Konferenz zu vermeiden. Man dachte an ein neues München, ein Gespräch von Halifax mit Göring werde gewünscht. Halifax schrieb an Göring: Wenige Tage Aufschub seien erforderlich, England wünsche eine friedliche Lösung.

Das alles war am 28.8.1939. Dahlerus und Göring suchten den bereits schlafenden Hitler auf, der von ihnen keine Notiz nahm. Er sagte vielmehr: »Falls ein Krieg kommen sollte, dann werde ich U-Boote bauen, U-Boote, U-Boote! Ich werde Flugzeuge bauen, Flugzeuge, Flugzeuge! und werde meinen Feind vernichten!« Hitlers Forderung war ein Abkommen mit England gegen Polen.

Um die Vermeidung eines Krieges mit Polen bemühten sich Botschafter Henderson, von Hassel und Göring. London und Rom wurden eingeschaltet. Der polnische Botschafter Lipski wird herangezogen und soll vermitteln, doch wegen zeitbegründeter noch fehlender offizieller Vollmachten dann von Hitler zurückgewiesen.

Göring und die NSDAP
Göring war für die NSDAP eine wertvolle Neuerwerbung, brachte er doch alles mit, um in den nationalen Kreisen des Bürgertums an Ansehen und Gewicht zu gewinnen. Sein Parteieintritt war nicht aus weltanschaulichen Gründen geschehen. Ihm genügte, daß die NSDAP nationalistisch und kontrarevolutionär war und ihm die Gelegenheit bot, eine führende Rolle zu spielen.

Wenn er sich den Nazis zuwandte, erwies er ihnen eine Gunst, nicht umgekehrt. Er spielte in der Partei immer eine Sonderrolle und bekleidete nie ein Amt in der eigentlichen Parteiführung. Er war die »Renaissance-Figur« der Partei.

Hanfstaengel sagt, Göring sei nie Nationalsozialist gewesen, sondern immer nur Darsteller eines solchen, Heldendarsteller von brutalen Tatmenschen und gutmütigen jovialen Volkshelden. Allerdings war er zu jedem Verbrechen selbst an Freunden fähig.

KEHRL, HANS, geboren am 8. September 1900, PG seit 1. Mai 1933, SS seit 13. September 1936, SS-Gruppenführer, Gauwirtschaftsberater, Mitglied des Freundeskreis Himmler; Tuchfabrikant, Präsident der Industrie- und Handelskammer Cottbus, seit 1934 gemeinsam mit Paul Pleiger ehrenamtlicher Mitarbeiter von Wilhelm Keppler, dem Wirtschaftsberater Hitlers.

Tätig im Amt für Deutsche Roh- und Werkstoffe, speziell auf dem Textilsektor. Er setzte die Massenfabrikation von Zellwolle durch. Auf dem gleichen Sektor war er bei der Nachfolgeorganisation unter Oberst Loeb tätig.

Seit 1936 Hauptreferent im Amt für den Vierjahresplan. Hier wurde er für die unterschiedlichsten Sonderaufgaben zusätzlich eingesetzt. Unter anderem war es seine Aufgabe, die Wirtschaft auf die nationalsozialistische Wirtschaftspolitik auszurichten. Als Göring seine wirtschaftliche Machtposition erhielt, bekam Kehrl Sonderaufgaben mit umfangreichen Vollmachten für außenpolitische Aufgaben im Zusammenhang mit zukünftigen Annexionen und Arisierungen sowie Kapitalverflechtungen ausländischer Unternehmen in zu besetzenden oder befreundeten Ländern. Unterstützung bei seiner Arbeit leistete ihm Dr. Rasche, Vorstandsmitglied der Dresdner Bank.

1938 bis 1943 war er Generalreferent im Reichswirtschaftsministerium und als Reichsbeauftragter vor allem in der Tschechei, Slowakei und dem Balkan weiterhin für die bereits erwähnten Aufgaben tätig.

1943–1945 war er unter Speer Leiter des Rohstoff- und Planungsamtes im Rüstungsministerium und damit praktisch Speers Vertreter. Besonders ab dem Zeitpunkt, wo formell in der Wirtschafts- und Rüstungspolitik der Wechsel von Göring zu Speer und Funk als Verwalter des Reichswirtschaftsministeriums erfolgte, Hitler sich selbst allerdings die letzten Direktiven vorbehielt, baute er als »graue Eminenz« das neue Rüstungsministerium und schuf dessen Organisation. Als enger Freund Paul Pleigers förderte er die Reichswerke sowohl bei der Gründung wie beim weiteren Ausbau. Direkt war er in den Aufsichtsräten der Reichswerke tätig.

Am 14. April 1949 wurde er im Nürnberger Wilhelmstraßenprozeß zu 15 Jahren Freiheitsstrafe verurteilt, allerdings vorzeitig begnadigt.

KEPPLER, WILHELM, 14. Dezember 1882 bis 13. Juni 1960, PG seit 27. Mai 1927, SS seit 31. März 1933, SS-

Obergruppenführer, Teilhaber der Chemischen Werke Odin (Kodak). Kurz nach der Aufnahme in die NSDAP Berater Hitlers in wirtschaftspolitischen Fragen, der sich dann von den linksorientierten Wirtschaftsideen der Brüder Strasser und Gottfried Feders absetzte und das Parteiprogramm änderte und für die Großindustrie akzeptabler gestaltete.

1931 hauptamtlich in der Reichsleitung der NSDAP tätig; seit diesem Zeitpunkt offiziell Wirtschaftsberater Hitlers. Im gleichen Jahr gründet er den »Keppler-Kreis«, dem maßgebliche Vertreter der deutschen Großindustrie und der Banken angehörten.

»Der Zweck des Freundeskreises war, über die Pläne der national-sozialistischen Führung für die deutsche Volkswirtschaft zu beraten« – eidesstattliche Erklärung Kepplers vom 24. September 1946 (siehe *Hörster*, a.a.O., S. 136).

Enge Verbindungen zu Bankier von Schröder bestanden allerdings bereits seit 1927/28, zu Schacht seit Juli 1932, der über diesen Freundeskreis und die NSDAP seinen eigenen Wiederaufstieg vorbereitete (siehe *Bracher*, a.a.O., S. 603, *Pätzold*, a.a.O., S. 99, 181). An der Machtübernahme der NSDAP war Keppler maßgeblich beteiligt. Bereits vor dem Hitler-Papen-Treffen hatten Keppler und Schröder das Verfahren für die Ernennung der Hitler-Regierung ausgearbeitet (*Pätzold*, a.a.O., S. 198). Hierfür hatte Keppler die eifrige Unterstützung Vöglers, dessen verstaatlichte Vereinigte Stahlwerke nach Hitlers Machtergreifung reprivatisiert werden sollten, im Falle der alternativen Machtergreifung durch Schleicher/Strasser mit der Sozialisierung, zumindest mit dem Zusammenschluß mit der Otto-Wolff-Gruppe zu rechnen hatten. (*Turner*, Faschismus, a.a.O., S. 148). Bei diesen entscheidenden Verhandlungen war Keppler der Vertrauensmann der Vereinigten Stahlwerke (*Hallgarten*, a.a.O., S. 215).

Seit 1933 Beauftragter des Führers und Reichskanzlers für Wirtschaftsfragen. Für die Gleichschaltung der Wirtschaftspolitik von Partei und Staat war die Ernennung Kepplers zum Leiter der wirtschaftspolitischen Abteilung in der Reichsleitung der NSDAP am 14. Juli 1933 (*Vogelsang*, a.a.O., S. 52) erforderlich. Im späteren Machtkampf mit Schacht, der für Hitler aus außenwirtschaftlichen Gründen unentbehrlich war, trat Keppler dann mehr in den Hintergrund. Auch beim Wechsel in der Wirtschaftsführung von Schacht auf Göring konnte er sich nur bedingt behaupten.

1935 wurden die Kompetenzen des Rohstoffkommissars Dr. Pupe auf Keppler übertragen (*Petzina*, a.a.O., S. 24).

1936 wurde er persönlicher Berater Görings innerhalb des Vierjahresplanes.

Wegen seiner eigenen wirtschaftspolitischen Vorstellungen gab es Spannungen zu Schacht und Göring. Trotzdem gehörte er dem engeren Ministerrat für Grundsatzentscheidungen im Vierjahresplan an (*Petzina*, a.a.O., S. 58).

Wegen seiner engen Bindungen zu Paul Pleiger und seiner speziellen »Autarkievorstellungen«, die von Hitler akzeptiert wurden, war er der besondere Förderer der »eigentlichen« Reichswerke. So verstand er unter »Autarkie« nicht die Beschränkung auf den Lebensraum innerhalb des Deutschen Reiches. Im *Völkischen Beobachter* vom 31. März 1936 äußerte er sich zu dieser Frage: »Die Welt wird sehen, daß ein gewaltiger Impuls … die viel zu vielen Autarkieräume zugunsten der europäischen Völkerfamilien umformt und die Autarkiekrankheit an der Wurzel tötet.« In einer Rede im Jahre 1938 äußerte er sich noch deutlicher: »Prag wurde benötigt für den Gewinn wichtiger Rohmaterialien, … Polen wird folgen für landwirtschaftliche Produkte und Kohle.« Gleichzeitig verwies er auf die notwendigen Bodenschätze Ungarns, Rumäniens, Jugoslawiens, Frankreichs usw.

1937 bereits wurde er Reichsbeauftragter für Wirtschaftsfragen in Österreich, 1938 Reichskommissar für Österreich, im gleichen Jahr Staatssekretär im Auswärtigen Amt für Sonderaufgaben. Als solcher war er als Reichsbeauftragter für Wirtschaftsaufgaben vor allem in der Tschechei, Slowakei und auf dem Balkan tätig. In allen diesen Ländern gab es in der Folge für die Reichswerke erhebliche Annexionen, Treuhänderschaften und Kapitalverflechtungen. Sein Einfluß auf die Wirtschaftspolitik blieb bis in die letzten Kriegsjahre weitgehend direkt erhalten, soweit zumindest, daß er beratend auf seine Nachfolger Pleiger und Kehrl einwirkte. Keppler pflegte eine enge Zusammenarbeit mit den Reichswerken, war dort Aufsichtsratsmitglied und nahm durch seine Aufgaben bei der Kontinentalen Öl AG und der Braunkohle-Benzin AG Einfluß auf den Ausbau des Chemie-Bereiches der Reichswerke.

Am 14. April 1949 wurde er im Nürnberger Wilhelmstraßenprozeß zu 10 Jahren Freiheitsstrafe verurteilt.

PLEIGER, PAUL, geboren 28. September 1899, Volksschule, Schlosserlehre, Maschinenbauschule in Elberfeld, Ingenieur bei der Harpener Bergbau AG, ab 1925 selbständig mit Maschinenfabrik für Bergbaumaschinen in Spreckhoevel. Mitglied Deutsche Volkspartei; 1932 NSDAP, 1932 Ortsgruppenleiter, 1933 SA-Sturmführer, bis 26. Oktober 1936 Untersturmführer der SS, dann wie auch sein Freund Hans Kehrl wahrscheinlich aus der SS entlassen, weil die Dienstranghöhe von beiden beanstandet wurde. Trotzdem enges Verhältnis zu Himmler. Seit 1933 Gauwirtschaftsberater beim Gau Westfalen-Süd. Ab 1934 ehrenamtlicher Mitarbeiter beim Wirtschaftsberater Hitlers, Wilhelm Keppler. Unter ihm, später unter Oberst Loeb und auch innerhalb des Vierjahresplanes ehrenamtliche Tätigkeit im Amt für Deutsche Roh- und Werkstoffe.

Ab 1937 Chef der Reichswerke über Aufsichtsrats- und Vorstandstätigkeit in zahlreichen Gesellschaften. Seit 30. Januar 1938 Wehrwirtschaftsführer, seit 1941 Mitglied des Reichsrüstungsrates, seit 1941 Vorsitzender der Reichsvereinigung Kohle mit Sondervollmachten für die Festlegung der Fördermengen und des erforderlichen Arbeitskräfteeinsatzes, also weitgehenden Betriebsführerfunktionen unter Beschränkung der Verantwortung, seit 1941 Reichsbeauftragter für Kohle, seit 1942 Aufsichtsratsvorsitzender der Kohlewertstoff-Verbände, seit 1942 Reichsbeauftragter für die Kohle in den besetzten Gebieten, seit 1941/42 Treuhänder Erzgebiet Lothringen/Luxemburg, seit 1941 Leiter der Berg- und Hüttenwerkgesellschaft Ost mbH (oftmals unter ähnlicher Firmierung aufgeführt), die als Treuhandgesellschaft die Patenschaften für russische Unternehmen, insbesondere Berg- und Hüttenbetriebe, an Unternehmen im Deutschen Reich, bevorzugt die Reichswerke, vergab, seit 1942 Reichsbeauftragter für die gesamte Wirtschaft des Ostens mit uneingeschränkten Vollmachten. Die entsprechenden Dienststellen des Reichswirtschaftsministeriums, des Reichsfinanzministeriums, die Hauptabteilung Wirtschaft des Ostministeriums, Abteilungen des Ministeriums Speer, die Dienststellen der Militärgouverneure und die verschiedenen Monopolgesellschaften werden ihm unterstellt. Verwaltung erfolgt über die Reichswerke. Seit 1942 Reichsbeauftragter für die Wirtschaft in Serbien.

1943 preußischer Staatsrat, Ritterkreuz mit Schwertern des Kriegsverdienstkreuzes, Goldenes Parteiabzeichen für besondere Verdienste für die Partei.

In dieser Zeit erfolgt auch der Aufbau des »Pleiger-Kreises«, in dem Konzern- und Wirtschaftspolitik beraten wird.

Nach Kriegsende kurze Zeit tätig als kommissarischer Leiter der Reichswerke im Salzgittergebiet.

In Nürnberg zu 15 Jahren Freiheitsstrafe verurteilt. Während dieser Zeit Einflußnahme auf die Besetzung des Vorstandsvorsitzenden der Nachfolgegesellschaft der Reichswerke, der AG für Bergbau- und Hüttenbetriebe, durch seinen ehemaligen Vorstandskollegen Dr. Konrad Ende.

Am 31. Januar 1951 begnadigt, danach Leiter einer Firma in Sprockhövel/Westfalen. Er starb am 22. Juli 1985 in Hattingen.

POHL, OSWALD, 1938 SS-Gruppenführer und Verwaltungschef, nach Beförderung zum SS-Obergruppenführer Leiter des SS-Hauptamtes für Verwaltung und Wirtschaft. Damit unterstand ihm auch die Verwaltung der Konzentrationslager. Seit 1938 unterstanden ihm die durch ihn entwickelten SS-Produktionsbetriebe, umbenannt ab Frühjahr 1939 in Deutsche Ausrüstungswerke, die ab 1940 ebenfalls für die Rüstung arbeiteten.

Seit 1943 wurde SS-Obergruppenführer Dr. Kammler für Rüstungsaufgaben, z.B. für das Jägerprogramm und das V-Waffenprogramm, eingesetzt und direkt Himmler unterstellt. Für den direkten Arbeitseinsatz der Häftlinge stellte Pohl als Leiter SS-Standartenführer Maurer zur Verfügung.

Die Zusammenarbeit mit den Reichswerken und dem Konzentrationslager-Häftlingseinsatz erfolgte in grundsätzlicher Abstimmung zwischen Pleiger und Himmler/Pohl. Für die Einzelregelungen nahm man vorwiegend, soweit es um vertragliche Regelungen ging, SS-Standartenführer Maurer und den Chefjuristen der Reichswerke, Dr. Strickrodt, und die betroffenen Betriebsführer. Pohl war weniger aktiv auf dem Gebiet der eigentlichen Vernichtungslager, die für die Juden-Endlösung vorgesehen waren – also Chelmno, Belzek, Sobibor, Majdanek, Treblinka –, während Auschwitz ein gemischtes Lager für Vernichtung und Arbeitseinsatz war. In bedingtem Umfang wurde für die Reichswerke auch Majdanek als Arbeitslager verwandt.

Pohl strebte insbesondere an, KZ-Häftlinge in eigenen SS-Betrieben und in der Rüstungsindustrie einzusetzen. Ab 1942/43 schaffte er Arbeitsanreize: Hafterleichterung, bessere Verpflegung u.ä. Er schuf auch ein Programm zur Ausbildung von Facharbeitern für die Zeit nach dem »Endsieg«, insbesondere für den Wiederaufbau im Osten. Für diese Fragen gab es eine engere Zusammenarbeit zwischen Himmler, Pohl und Pleiger, während der Arbeitseinsatz von KZ-Häftlingen bei den Reichswerken von untergeordneten Stellen geregelt wurde.

Durch ihn gab es auch die Einteilung der KZ in die verschiedenen Stufen: Stufe I für Besserungsbedürftige: Dachau, Sachsenhausen, ein Teil von Auschwitz; Stufe II für Besserungsfähige: Buchenwald, Flossenbürg, Neuengamme und Auschwitz II; für kaum erziehbare Häftlinge Stufe III: Mauthausen. Für die »Endlösung«, insbesondere für Juden, gab es die erwähnten Vernichtungslager. Entsprechend der jeweiligen Stufe war auch die Todesquote unterschiedlich hoch, eine besonders hohe Todesquote gab es bei den Häftlingen aus Mauthausen, die bei den Reichswerken im Raum Linz eingesetzt waren. Für alle im Arbeitseinsatz befindlichen KZler galt die Regel, diese nach mehr als 4 Wochen Arbeitsunfähigkeit im Stammlager zu vernichten.

Der vorhandene Arbeitskräftemangel veranlaßte Pohl allerdings, über Gruppenführer Glücks, dem Inspekteur der Konzentrationslager, durch Anweisung vom 20. Januar 43 die Todesquote insbesondere in den Außenlagern, z.B. denjenigen Mauthausens, zu verringern. Am 8. Juni 1951 als Kriegsverbrecher gehängt.

SAUCKEL, FRITZ, 1894–1946, Gründer des Deutsch-Völkischen Schutz- und Trutzbundes, seit 1921 NSDAP, ab 1927 Gauleiter in Thüringen, 1930–1933 Mitglied des Landtags und Fraktionsvorsitzender, 1932 Ministerpräsident und Innenminister in Thüringen, 1933 Reichsstatthalter, Obergruppenführer von SA und SS, ab 1936 Leiter der »Wilhelm-Gustloff-Stiftung« mit ihrer Rüstungsfertigung; tritt dadurch bei der »Arisierung« jüdischer Unternehmen in Konkurrenz zu den Reichswerken. Die »Wilhelm-Gustloff-Stiftung« bleibt jedoch auf wenige Rüstungsunternehmen im thüringischen Raum beschränkt.

Seine persönliche Macht bleibt beschränkt, unabhängig von seinen Stellungen. Bereits 1936 klagt er über die Ohnmacht der »Alt-PGs« gegenüber der Ministerialbürokratie und hat seit dem Anschluß Österreichs, das für seinen Machtbereich keinen Zuwachs brachte, ständig Ärger mit Keppler und Pleiger (*Radkau*, a.a.O., S. 275, 360).

Ab 1939 Mitglied im sogenannten »Reichsrüstungsrat«. Als »Alt-PG« und den daraus entstandenen »Verpflichtungen« wurde er 1942 als »Generalbevollmächtigter für den Arbeitseinsatz« eingesetzt und trug die »Verantwortung« für die durch Waffen-SS, Einsatztrupps und Wehrmacht durchgeführte »Zwangsrekrutierung«; und die freiwillige Rekrutierung von Arbeitskräften sowohl im Osten wie im Westen. Der eigentliche Arbeitseinsatz wie auch die Höhe der Anforderungen von Arbeitskräften wurden von ihm selbst nicht gesteuert. Unter anderem war hierfür das nach wie vor existierende Reichsarbeitsministerium tätig.

Nach der Gründung des Rüstungsministeriums unter Leitung von Speer wurde für die eigentliche Steuerung der Rüstungs- und sonstigen Wirtschaft von Göring hierfür die »Zentrale Planung« geschaffen bzw. vorgesehen, in der er als Generalbevollmächtigter Mitglied wurde. Er versuchte, die ihm dort aufgegebenen »Arbeitskräfteanforderungen« so gut wie möglich zu erfüllen. Seine Einstellung zur Zwangsarbeit überhaupt ähnelte derjenigen von Pleiger: Am 20. April '42 erklärt er: »Alle diese Menschen müssen so ernährt, untergebracht und gekleidet werden, daß sie

bei sparsamstem Einsatz die größtmögliche Leistung erbringen.« (Staatsarchiv Weimar, Nr. 491)

In der bewußten Führerbesprechung in Anwesenheit
Pleigers am 12. August '42 gibt er die Zusage für eine wei-
tere Million Ostarbeiter, die er nicht halten kann, was ihm
von Pleiger ständig als Versagen vorgehalten wird (IMG
Bd. XXXVIII, S. 359). Andererseits beklagt sich Sauckel
wie Rosenberg und das OKW über den »überhöhten
Verbrauch« an Zwangsarbeitern durch die Reichswerke
(SAG 06/1/9 und Protokolle »Zentrale Planung«).

Extreme Radikalisierung Sauckels ab 1943, als er die
hohen Arbeitskräfteanforderungen nicht mehr erfüllen kann
und deshalb von Pleiger angegriffen wird. Beispielsweise
hat er laut Befehl des OKH vom 21. September '43 ca.
900 000 Russen, von denen die Hälfte arbeitsfähig ist, zu
verschleppen. »Arbeitsfähig« sind laut Befehl z.B. auch
Kinder ab 10 Jahren. Mit diesen Kräften werden vorwiegend die größten »Löcher« bei den Reichswerken gestopft.
Sauckel wird im Nürnberger Kriegsverbrecherprozeß zum
Tode verurteilt und hingerichtet.

SCHACHT, HORACE GREELEY HJALMAR, 1877–1970,
Mitglied des Keppler-Kreises und des Freundeskreises
Himmler. 1923 Reichswährungskommissar, 1924–1929
Reichsbankpräsident, 1925 Vorstand der Darmstädter, der
Nationalbank und der Dresdner Bank, mit Unterstützung
seines Kollegen Goldschmidt und amerikanischer Banken-
kreise zum Reichsbankpräsidenten gemacht. 1932 Unter-
stützung des Papenflügels gegen Schleicher für Hitlers
Wahl als Reichskanzler.

1933–1939 wiederum Reichsbankpräsident, 1934–1937
Reichswirtschaftsminister, 1936 Kontaktaufnahme zum Iran
zur Verbesserung des Außenhandels. Seit 21. Mai '35 Generalbevollmächtigter für die Kriegswirtschaft, wo er die Prio-

rität der Rüstungswirtschaft vertrat. Durch seine Politik vertrat er bereits früher die Stärkung der Reichswehr gegenüber dem Machtstreben der SA. Schacht repräsentierte bis ca. 1936 die Mehrheit der Schwerindustrie, die sich dann von ihm abwandte:

NI Pönsgen, Großbanken, Klöckner und Mannesmann standen damals bereits hinter der Gründung der Reichswerke, die er selbst für überflüssig hielt.

Schachts sogenanntes »Rentabilitätsdenken« mußte die Opposition Kepplers und Görings herausfordern.

1937–1944 Minister ohne Geschäftsbereich. 1939 nach Ablösung als Reichsbankpräsident wird die Reichsbank der Reichsregierung unmittelbar unterstellt, insbesondere dem Reichswirtschaftsministerium, dem Reichsfinanzministerium und dem Amt Vierjahresplan. 1944–1945 »Ehrenhaft« im Konzentrationslager.

Hitlers Einstellung zu Schacht: Schacht habe erkannt, daß ohne Milliardenbeträge keine Aufrüstung möglich sei. Schacht sei ein unerhört intelligenter Mensch im »Bescheißen«. Er sei daher nicht zu entbehren gewesen. Von Schacht stamme der Plan, die als Reparationsleistungen im Ausland gehandelten Aktien zu entwerten und durch Mittelsmänner aufkaufen zu lassen. Das zeige, daß ein intelligenter Arier auch hier den Juden überlegen sei (*Picker*, a.a.O., S. 233)

Trotz mancher Differenzen behielt Hitler Schacht in der Rückhand. 1938 wurde er von Hitler beauftragt, die Judenumsiedlung nach Madagaskar zu ermöglichen. Er scheiterte an der mangelnden Finanzierung durch jüdische Großbanken und an Englands Weigerung für »freies Geleit der Auswandererschiffe« (*Picker*, a.a.O., S. 341).

1946 in Nürnberg freigesprochen, 1947 durch Entnazifizierungsgericht Stuttgart 8 Jahre Arbeitslager, 1950 entlassen. 1953 Gründung der Privatbank Schacht & Co., Düsseldorf.

SPEER, ALBERT, 1905–1981, 1931 NSDAP, Vertrauter Hitlers als Architekt.

1937 Generalbauinspektor für Berlin und Nürnberg, Entwürfe für Salzgitter (Hermann-Göring-Stadt) und Linz. 1941–1945 Mitglied des Reichstags. Mit dem Tode von Todt dessen offizieller Nachfolger als Reichsminister für Rüstung und Munition. (Ernennung am 9. Februar '42.)

Ab 22. April 1942 Mitglied der von Göring geschaffenen »Zentralen Planung«, in der er weniger zu Entscheidungen als zu Kompromissen neigte. Am 6. Mai 1942 schuf er den Reichsrüstungsrat, dessen Tätigkeit sich nach Pleiger in der Eröffnungssitzung erschöpft (Nürnberg, Dokument der Anklage 120, Gall VI). 1942 auf Veranlassung von Hitler zusammen mit Röchling »Stahlplan«, der wegen Nichterfüllung zu einer großen Schrottsammlung wird.

Hitler entschied sich für Speer als Nichtfachmann als Rüstungsminister, um selbst den unmittelbaren Kontakt zu den Wirtschaftsführern, hier in besonderem Maße zu Pleiger, halten zu können (*Picker*, S. 226).

Hitler hielt die Frage der Rüstung für besonders wichtig und nahm Speer als Organisator, behielt die wichtigen Entscheidungen allerdings sich selbst vor (*Picker*, S. 225).

Wegen Schwächen in der Munitionsfertigung muß Speer auf Vorschlag Pleigers dessen Mitarbeiter Edmund Geilenberg als Generalbevollmächtigten für Munition einsetzen; als durch Bombenangriffe die Hydrierwerke und Bahnlinien zerstört wurden, setzte Pleiger über Speer mit Deckung durch Hitler Geilenberg mit Generalvollmacht zur Lösung dieser Probleme erfolgreich ein.

Speer verfocht in der Kriegswirtschaft das System der Improvisation und erwartete das Heil von den Unternehmern (*Radkau*, S. 424). Die Forderung nach dem »Totalen Krieg« kam nicht von ihm, wie er fälschlich behauptet, sondern von Pleiger und Kehrl mit Unterstützung Vöglers (SAG 06/1/53).

Der Arbeitskräfteeinsatz wurde von Sauckel, der praktisch Speer unterstellt war, durch die Zentrale Planung, mehr durch Führerbefehle, die von Pleiger veranlaßt waren, gesteuert. (SAG 06/1/53). Die Leitung der Zentralen Planung nach außen hatte Speer, der sich selbst protokollierte, praktisch lag die Führung jedoch im Führerhauptquartier über Pleiger mit beantragten Führerbefehlen.

1946 wurde Speer wegen Kriegsverbrechen in Nürnberg zu 20 Jahren Haft verurteilt wegen Massenmorden, für die er weder die eigentliche Verantwortung trug und für die ihm der Einfluß auf Sauckel, Himmler und die Industrie einfach gefehlt hatte.

VÖGLER, ALBERT, 1877–1945, Wehrwirtschaftsführer, 1919, in der Zeit der Freikorps, engster Kontakt zu Stadtler, der bereits vor Hitler die Errichtung eines nationalsozialistischen Systems verlangt, der sich rühmt, die Ermordung von Rosa Luxemburg und Karl Liebknecht durch die Freikorps veranlaßt zu haben. Mitglied der Deutschen Volkspartei, 1920–1924 Reichstagsabgeordneter. Ab 1918 Annäherung und Anerkennung der Gewerkschaften, ab 1932 enger Förderer von Hitler und seiner wirtschaftspolitischen Vorstellungen. Mitglied des Keppler-Kreises, Vertrauter von Stinnes/Thyssen.

Opposition zu Brüningscher Politik, 1931 zusammen mit Hitler mit der Gründung der Harzburger Front hervorgetreten. Kampf gegen Schleicher, von dem er mit einem Zusammengehen der linken Strasser-Bewegung einen Militär-Sozialismus befürchtet. Unterstützt daher als Gegengewicht die Machtergreifung Hitlers, wobei er sich auf Keppler und Schacht stützt.

Der Sturz Brünings war bereits 1931 in Bad Harzburg ins

Auge gefaßt durch eine Wirtschaftsdiktatur mit Schacht, Vögler, Seeckt, wobei Vögler als Reichswirtschaftsminister vorgesehen war.

Politisch traten nach 1933 Differenzen zur Hitlerschen Wirtschaftspolitik auf, dem er für den Zeitraum der Kepplerschen Wirtschaftsberatung »Ständewirtschaft« und Hang zum »Keynesianismus« unterstellte und Einbüßung persönlicher Macht für die Schwerindustrie befürchtete. Ab 1933 Mitglied des Generalrats der deutschen Wirtschaft. 1926 Gründung der »Studiengesellschaft«, aus denen die Vereinigten Stahlwerke hervorgingen.

Ursprünglich Generaldirektor der Deutsch-Luxemburgischen Bergwerks-AG (Stinnes), ab 18. April 1923 im Interesse der Schwerindustrie Börsenspekulation, die zum Tiefststand der Inflation führte.

1926 bis 1935 Generaldirektor der Vereinigten Stahlwerke, danach deren Aufsichtsratsvorsitzer.

Ursprünglich gegenüber den Reichswerken ablehnend, in denen er unliebsame Konkurrenz und mißverstandenen »Staatskapitalismus« sah.

Er unterstützte die Schachtsche Politik und kam durch dessen Differenzen zu Keppler bei der Aufteilung annektierter Firmen zu kurz. Anteile der VStW an der Alpinen Montan gingen auf die Reichswerke über.

1945 beging er Selbstmord.

4. Dokumente

Eidesstattliche Erklärung   *(Zeuge der Verteidigung)*
Ich, Nicolaus von Below (…), erkläre: Seit Juni 1937 bis
zum Zusammenbruch war ich Adjutant der Wehrmacht
beim Führer. (…) 1941 … habe ich Herrn Pleiger im Führerhauptquartier kennengelernt. (…) In diesem Zusammenhang ist mir noch erinnerlich, daß der Kohlentransport an
die deutsche Ostfront nachschubmäßig zu großen Schwierigkeiten führte. (…) Wie ich später erfuhr, kam es zu einer
lebhaften Auseinandersetzung, bei der Herr Pleiger die
Vorwürfe zurückwies, die ihm (…) von Hitler gemacht wurden und bei welcher er seine inzwischen getroffenen, sinn-
vollen Anordnungen für den Kohlennachschub an die Ostfront vortrug. Auf Grund dieser Besprechung wurde dann
vom Führer an den Reichsmarschall die Weisung erteilt,
daß für die gesamte deutsche Kohlenwirtschaft ein Beauftragter eingesetzt werden soll. Die Wahl fiel auf Herrn Pleiger. Bis zu diesem Zeitpunkt unterstand dem Generaltrans-
portchef, General Gerke, die Verfügungsgewalt über die
Kohle in den besetzten Gebieten. (…) Bei einem späteren
Besuch von Hitler in Linz kam es zu einer weiteren Span-
nung zwischen Hitler und Pleiger, so daß Pleiger von der
Führung der Werkbesichtigung zurücktrat. (…) Zur Steigerung der Kohlenproduktion brachte Herr Pleiger zum Ausdruck, daß er für die Zuweisung von Arbeitskräften von Herrn
Sauckel abhängig sei, die aber nicht zu der gewünschten
Zeit, in der gewünschten Anzahl und mit der notwendigen
Eignung eintrafen. (…) Pleiger stand mit Sauckel auf sehr ge-
spanntem Fuße, und ich weiß des öfteren, daß Herr Pleiger
nach Besprechungen beim Führer auf Sauckel wegen seiner
leichtfertigen dem Führer gegenüber gemachten Versprechungen hinsichtlich der Arbeiterbeschaffung wütend war.«

384

Erklärung unter Eid:
Ich, Alfried Krupp von Bohlen und Halbach, ... stelle hiermit ... fest: Die Ereignisse, die im Jahre 1941 zur Gründung der RVK führten, habe ich in einer Erklärung unter Eid am 20. Juni 1947 niedergelegt. Die ersten Besprechungen über die Gründung der RVK bzw. über Maßnahmen, die gegen den Reichskommissar Walter gerichtet waren, wurden in einem kleinen Kreis, bestehend aus Mitgliedern des Rheinisch-Westfälischen Kohlensyndikats, abgehalten, nachdem wir von Herrn Pleiger über die Absichten Herrn Walters verständigt wurden. Es ist anzunehmen, daß Herr Pleiger gleichzeitig auch mit Vertretern anderer Syndikate der Stein- und Braunkohle ähnliche Besprechungen abgehalten hat. Das Ergebnis ... war ein Übereinkommen, 12 Vertreter der deutschen Steinkohlen- und Braunkohlenwirtschaft zu Göring zu senden um ... (...) ihm den Vorschlag zu machen, eine Vereinigung der Unternehmer des Kohlenbergbaues, die die Kohlenwirtschaft für die Zwecke des Krieges in die Hände nehmen wollten und die Verantwortung für die gesamte Kohlenwirtschaft Deutschlands zu übernehmen bereit seien, mit der Führung der Kohlenwirtschaft zu betrauen:
(...) Auf Grund dieser Konferenz erhielt Pleiger von Göring den Auftrag, eine diesem Vorschlag entsprechende Vereinigung ins Leben zu rufen: (...) Die formelle Ernennung der Mitglieder des Präsidiums erfolgte durch Göring auf Vorschlag Pleigers. Einer der 12 Mitglieder des Präsidiums war auch ich. (...)

Nürnberg, den 11. Juli 1948

Anordnung:
Betr.: Beauftragter für Kohle für die besetzten Gebiete
Der Reichsbeauftragte hat die Aufgabe, alle Maßnahmen zu treffen, um die Kohlenförderung auf einen Höchststand

zu bringen. Entscheidungen von grundsätzlicher Bedeutung
nach Fühlungnahme mit den Leitern der Gebietsverwaltun-
gen, d.h.:
Militärbefehlshaber für Belgien und Nordfrankreich
Militärbefehlshaber für Frankreich
Reichskommissar für die niederländischen Gebiete
Chef der Zivilverwaltung Elsaß
Chef der Zivilverwaltung Lothringen
Chef der Zivilverwaltung Luxemburg
Chef der Zivilverwaltung Südsteiermark
Chef der Zivilverwaltung befreite Gebiete Kärntens und der
Krain
Chef der Zivilverwaltung Bialystok
Reichsprotektor für Böhmen und Mähren
Generalgouverneur in Krakau
Reichskommissar Ostland
Reichskommissar Ukraine
Generalbevollmächtigter für Wirtschaft in Serbien
10. Januar 1942   gez. Göring

Der Reichsmarschall des Großdeutschen Reiches
Beauftragter für den Vierjahresplan
V. P. 2455/6/2
                                    Berlin, den 11. Februar 1942
                                        W 8, Leipziger Str. 3

Vorstehende Abschrift übersende ich zur gefälligen Kenntnis mit der Bitte, mich über die im Rahmen des jeweiligen
Zuständigkeitsbereichs getroffenen Maßnahmen zu unterrichten.
In Vertretung
                                                gez. Neumann.
                                                  Beglaubigt:
                                            Ministerialregistrator

An

das Oberkommando der Wehrmacht
Wi Rü Amt

z. Hd. v. Herrn General der Inf. Thomas mit Nebenabdruck für Oberstleutnant Tietze,

den Wirtschaftsstab Ost

z. Hd. v. Herrn Generalleutnant Schubert,

den Wirtschaftsstab Ost – Chefgruppe Fü –

z. Hd. v. Herrn Oberstleutnant Musset,

den Wirtschaftsstab Ost – Chefgruppe W –

z. Hd. v. Herrn Ministerialdirektor Dr. Schlotterer mit je
einem Nebenabdruck für Oberstleutnant Almendinger u.
Kriegsverwaltungsrat Dr. Keller,

den Wirtschaftsstab Ost – Chefgruppe La -

z. Hd. von Herrn Ministerialdirektor Riecke mit je einem
Nebenabdruck für Kriegsverwaltungsvizechef Küper und
Oberkriegsverwaltungsrat Dr. Bath,

das Oberkommando der Wehrmacht Chef des Wehrmachttransportwesens

z. Hd. von Herrn General Gerke,

das Oberkommando der Wehrmacht Chef der Heimat-
transportabteilung

z. Hd. v. Herrn Oberst d. Gen. Stabes Wagner,

das Oberkommando der Wehrmacht Stab Wa A,

z. Hd. v. Herrn Major Trutz,

das Oberkommando des Heeres Gen Qu

z. Hd. von Herrn General Wagner

das Oberkommando des Heeres AHA V 2

z. Hd. von Herrn General Osterkamp mit Nebenabdruck
für MR. Krüger,

das Reichswirtschaftsministerium

z. Hd. v. Herrn General von Hanneken mit je einem
Nebenabdruck für Oberberghauptmann Gabel, MR. Ter
Nedden und Oberbergrat Johow,

das Reichsverkehrsministerium
  z. Hd. von Herrn Staatssekretär Kleinmann mit einem
  Nebenabdruck für Herrn MR. von Hamm,
das Reichsministerium für die besetzten Ostgebiete
  z. Hd. von Herrn Ministerialdirektor Dr. Schlotterer mit
  Nebenabdruck für Oberkriegsverwaltungsrat Weidmann,
die Berg- und Hüttenwerksgesellschaft Ost
  z. Hd. v. H. Min. Dir. Pleiger mit einem Nebenabdruck
  für Dr. Scheer-Hennings.

Berlin, den 11. Februar 1942

Betrifft: Kohlenversorgung der Ukraine

Über die Kohlenversorgung der Ukraine hat am
29.1.1942 unter Vorsitz von Staatssekretär Neumann eine
Besprechung stattgefunden, bei der die aus der anliegenden
Teilnehmerliste ersichtlichen Dienststellen vertreten waren.
Anlaß zu der Besprechung waren die beim Wi Stab Ost –
Chefgruppe W – eingegangenen Berichte über die derzei-
tige Kohlenversorgung der Ukraine und über die Aussichten für die Wiederaufnahme der Kohlenförderung im
Donezbecken. Nach diesen Berichten muß damit gerechnet
werden, daß die vorhandenen Vorräte im April 1942 aufge-
braucht sein werden, daß von Mai bis Herbst 1942 mangels
ausreichender Kohlenförderung nach Deckung des Kohlen-
bedarfs der für die Wiederingangsetzung der Kohlenförderung erforderlichen Anlagen überhaupt keine Kohle für den
sonstigen Bedarf vorhanden sein wird und daß selbst bei
günstigem Verlauf der zur Wiederaufnahme der Kohlenförderung eingeleiteten Arbeiten im Winter 1942/43 nur ein
Teil des dringendsten Bedarfs der Ukraine einschließlich
des Bedarfs der Truppe und der Bahn aus dem Donezbecken wird gedeckt werden können. Dabei wird davon ausgegangen, daß der noch nicht besetzte Teil des Donez-
beckens mindestens so stark zerstört sein wird, wie die

bisher besetzten Reviere und daß nennenswerte Vorräte in den vorläufig noch in der Hand der Sowjets befindlichen Revieren nicht erbeutet werden. (...)

Die Erörterung der aus dieser Lage zu ziehenden Konsequenzen führte zu folgenden Ergebnissen:

1. Die Wiederaufnahme der Kohlenförderung im Donezbecken ist mit allen Mitteln vorwärtszutreiben. Generaldirektor Pleiger wird sich sobald wie möglich in das Donezbecken begeben, um im Benehmen mit der Wi Jn Süd an Ort und Stelle zu prüfen, was geschehen kann, um die bereits in Angriff genommenen Arbeiten zur Wiederaufnahme der Kohlenförderung zu intensivieren. (...)

2. Die Kohlenversorgung der für die Wiederaufnahme der Kohleförderung im Donezbecken arbeitenden industriellen Anlagen insbesondere der Energiebetriebe und der Eisenwerke in Mariupol und Stalino hat den unbedingten Vorrang vor allen übrigen Kohleverbrauchern mit Ausnahme der Truppe. Dies gilt auch für den Transport von Kohle. (...)

3. Die bisher ergangenen Dringlichkeitsbefehle für die Stromerzeugung und die Verteilung sind vom Wi Stab Ost im Benehmen mit OKH Gen Qu mit dem Ziele zu überprüfen, die Stromanforderungen des Bergbaus an oberste Stelle zu rücken.

4. Kohlennachschub aus dem Reich ist zur Zeit nur eine Transportfrage. In Oberschlesien werden von Generaldirektor Pleiger ausreichende Kohlenmengen für Nachschubzwecke zur Verfügung gehalten. Es kommt darauf an, einen möglichst großen Teil dieser Mengen abzutransportieren. Das ist zur Zeit jedenfalls auf weitere Strecken unmöglich. Das Reichsverkehrsministerium wird daher im Benehmen mit dem Chef des Wehrmachttransportwesens prüfen, ob nicht wenigstens die Mög-

lichkeit gegeben ist, ab sofort kriegswichtigste Betriebe in der westlichen Ukraine zu versorgen. (…)

5. Es muß unter allen Umständen dafür gesorgt werden, daß der Bedarf an Bahnkohle auch für die Sommermonate gedeckt wird, damit die militärischen Nachschubtransporte nach Beginn der Frühjahrsoffensive nicht durch Kohlenmangel gefährdet werden. (…) Dabei ist es notwendig, die der Bahn im Donezgebiet zugeteilten Kohlenvorräte nach Möglichkeit zu schonen, damit nicht vom Frühjahr ab sämtliche Bahnkohle aus dem Reich bis über den Dnjepr hinaus nachgeschoben zu werden braucht. (…)

gez. Bergmann.

Herrn   11. März 1942
Reichsminister für Bewaffnung und
Munition Speer
Berlin W 8
Pariser Platz 3

Sehr geehrter Parteigenosse Speer!

Mit Interesse habe ich die mir übersandte Notiz des Herrn Kommerzienrat Dr. Röchling gelesen. Sie bringt mir zwar keine besonderen Neuigkeiten, da ich über die Lage der saarländischen und lothringischen Eisenindustrie unterrichtet bin. Es ist mir bekannt daß die dortigen Hochofen- und Stahlerzeugungs-Kapazitäten nicht voll ausgenutzt sind; in erster Linie aus Mangel an Kokskohle, der allein auf das Fehlen von geeigneten bergmännischen Arbeitskräften zurückzuführen ist. Es ist seit langem mein Bestreben, diesen Engpaß in der europäischen Kohlenproduktion zu beseitigen. Sofort nach der Eroberung der russischen Bergwerksindustriezentren habe ich die Überführung bergmännisch geschulter Arbeitskräfte aus diesem

Raum beantragt, und zwar habe ich 50 000 Mann angefordert. Bisher ist nur ein geringer Bruchteil dieser Leute
eingetroffen.

Seit Oktober v. J. verlange ich für die Erfüllung unserer
Kohlenlieferungen an Italien die Zuweisung von 40 000
oberitalienischen Arbeitskräften und habe den italienischen
Abnehmern klar zu verstehen gegeben, daß ich ohne
Erfüllung dieser Forderung die Lieferung von Kohle nach
Italien einstellen würde. Die zu dem oben angegebenen
Zeitpunkt geführten Verhandlungen haben erst jetzt Er-
folg.

Sie werden verstehen, sehr geehrter Parteigenosse Speer,
daß ich den Vorschlägen des Herrn Dr. Röchling keine
kriegswichtige Bedeutung beimessen kann, sie vielmehr als
ein Schreiben betrachten muß mit dem Zweck, sich bei den
höchsten Reichsstellen wieder einmal in angenehme Erinnerung zu bringen.

(…) Die Herren sollten eigentlich mit solchen belang-
losen Vorschlägen die höchsten Reichsstellen nicht belästigen.
(…)

Bei dieser Gelegenheit teile ich Ihnen, sehr geehrter Parteigenosse Speer, mit, daß ich beabsichtige, in Kürze Untersuchungen darüber anzustellen, ob es aus Transportgründen
nicht zweckmäßiger ist, einige veraltete Hochofenanlagen
an der Ruhr stillzulegen und dafür in Lothringen und
Luxemburg vorhandene Hochöfen in stärkerem Umfange
auszunutzen. (Es würden über 50% Transportraum einge-
spart. d. Verf.)

Sobald ich etwas mehr freie Hand in der Kohlenbewirt-
schaftung habe, werde ich dieserhalb mit Ihnen Fühlung
aufnehmen, um die skizzierten Vorschläge festzulegen.
Mit freundlichen Grüßen und

Heil Hitler!
Ihr sehr ergebener Pleiger

Berlin, den 29. Juni 1942
Der Reichsmarschall des Großdeutschen Reiches
Beauftragter für den Vierjahresplan.

Zur Sicherung des Brennstoffbedarfs für den Nachschub und der Brennstoffversorgung in den besetzten Ostgebieten sind im Donezgebiet die Brikettfabriken, Kokereien, Zementfabriken und die dazugehörigen Hilfsbetriebe mit der gleichen Dringlichkeit in Betrieb zu setzen, mit der durch besonderen Führerbefehl die Kohlenförderung aufzunehmen ist.

Ich bevollmächtige deshalb den Reichsbeauftragten für die Kohle in den besetzten Gebieten, Paul Pleiger, alle hierzu erforderlichen Maßnahmen im Reich und im Donezgebiet zu treffen. Insbesondere ermächtigte ich den Reichsbeauftragten, die Spezialfirmen des Reiches bevorzugt einzusetzen, um den Aufbau der Anlagen im Donezgebiet so zu fördern, daß die Maßnahmen noch im Winter 1942/43 wirksam werden.

gez. Göring

Zu V. P. 11819/6/1

Der Führer   F. H. Qu, den 1. Juli 42
OKW/WEST/Qu./Wi Amt. Nr. 01840/42 geh.
Betr./Wiederaufbau der Kohlenförderung in Donezgebiet.

Der schnelle Wiederaufbau der Kohlenförderung im Donezgebiet ist eine der wesentlichsten Voraussetzungen für die Weiterführung der Operationen im Osten und die Ausnutzung des russischen Raumes für die deutsche Kriegswirtschaft. (…)

Ich ordne daher folgende Sondermaßnahmen für den Donezbergbau an:

1) Die Heeresgruppe Süd hat die für den Wiederaufbau der Kohlenförderung eingesetzten Stellen mit allen Mitteln zu unterstützen …

2) Dem Kohlenbergbau im Donezgebiet sind im Juli 30 000, im August und September je 15 000 Kriegsgefangene und die erforderlichen Bewachungsmannschaften zur Verfügung zu stellen.

3) Die im Donezbergbau unter Tage eingesetzten Bergarbeiter (Kriegsgefangene und sowjet. zivile Arbeitskräfte) werden nach den Sätzen verpflegt, die die sowjet. Kriegsgefangenen und Zivilarbeiter im Bergbau unter Tage im Reich erhalten. Verpflegung kann in Notfällen aus Heeresbeständen zur Verfügung gestellt werden.

4) Lieferungen aus dem Reich für den Donezbergbau sind in die oberste Dringlichkeitsstufe einzureihen.

5) Die Materialtransporte für die Instandsetzung und den Aufbau des Kohlenbergbaues aus dem Reich sind als Wehrmachttransporte durchzuführen.

6) Die Anschlüsse der Gruben an das Eisenbahnnetz sind bevorzugt fertigzustellen, um die dort lagernden Vorräte und die frische Förderung beschleunigt dem Verbrauch zuführen zu können.

i. A. der Chef des Oberkommandos
der Wehrmacht gez. Keitel

Abschrift
Erlaß des Führers über den Einsatz der
Technik in den neu besetzten Ostgebieten.
Vom 9. Juni 1942.

Um alle verfügbaren Kräfte auf dem Gebiete der Technik für die Erfordernisse des Krieges und den Wiederaufbau in den neu besetzten Ostgebieten einheitlich zum Einsatz zu bringen, ordne ich für die Dauer des Krieges in Ergänzung meines Erlasses über die Verwaltung der neu besetzten Ostgebiete vom 17. Juli 1941 folgendes an:

I.

Dem Reichsminister Speer werden in den besetzten Ostgebieten folgende Aufgaben übertragen:
der Rüstungsbau, der Hochbau, die Energiewirtschaft, der
Straßenbau, die Wasserstraßen und Häfen sowie die Was-
serwirtschaft.
Die Aufgaben umfassen die Durchführung aller erforderlichen Maßnahmen einschließlich der Planung, auch soweit
sie sich auf die Nachkriegszeit bezieht.
Die Durchführung dieser Aufgaben erfolgt ausschließlich
durch Dienststellen des Reichsministers Speer.

II.

Im Rahmen des Reichsministeriums für die besetzten
Ostgebiete hat Reichsminister Speer bereits Dienststellen
beim Reichsminister für die besetzten Ostgebiete gebildet. Diese werden in ihrer derzeitigen persönlichen und
sächlichen Ausstattung in seinen Geschäftsbereich zurück-
geführt. (…)

III.

Die Dienststellen des Reichsministers für die besetzten
Ostgebiete und die des Reichsministers Speer haben sich
wechselseitig über alle wesentlichen Vorkommnisse und
Aufgaben zu unterrichten. (…)

(Großes Reichssiegel)
Führer-Hauptquartier, den 9. Juni 1942
Der Führer
gez. Adolf Hitler
Der Reichsminister und Chef der
Reichskanzlei
gez. Dr. Lammers.

Aktennotiz Kehrl

Berlin, den 1. Dezember 1942

In der am 30. November 1942 zwischen Herrn Reichsminister Speer und Herrn Pleiger stattgefundenen Besprechung hat Herr Pleiger den vorgelegten Entwurf über die Organisation der Ostwirtschaft vorgetragen und darauf hingewiesen, daß dieser Entwurf – wie auch aus der Zeichnung ersichtlich – viel zu komplizierte Verhältnisse schafft. Der Reichsminister hat diesem Bedenken zugestimmt und den Ministerialdirektor Professor Dr. Hettlage beauftragt, einen Organisationsplan auszuarbeiten, der der zweiten Zeichnung (HGW) entspricht.

Der Reichsminister für   Berlin W8
Bewaffnung und Munition   2. Dezember 1942

Herrn
Generaldirektor Paul Pleiger
Reichsvereinigung Kohle
Berlin-Halensee
Albrecht-Achilles-Str. 63/65

Lieber Herr Pleiger,
in der Anlage übersende ich Ihnen den neuen Entwurf zu einem Erlaß des Reichsmarschalls »über den Aufbau der deutschen Kriegswirtschaft in den besetzten Ostgebieten« mit den dazugehörigen Durchführungsbestimmungen. – Dieser Entwurf sieht die Einrichtung eines »Generalbevollmächtigten für die Ostwirtschaft« vor, so wie es vorgestern bei Reichsminister Speer besprochen wurde. (...)
Unter diesen Umständen wird von Landfried/Kehrl vorgeschlagen.
1. doch eine »Zentrale Planung Ost« als Unterorgan der

Zentralen Planung zu bilden und Ihnen den Vorsitz in dieser Zentralen Planung Ost zu übertragen;

2. die organisatorische Zusammenfassung der Ostwirtschaft in erster Linie in einer »Vereinigung Ostwirtschaft« vorzunehmen, deren Leiter Sie werden sollen.

Ich nehme an, daß Herr Reichsminister Speer die Angelegenheit nach seiner Rückkehr mit Ihnen besprechen wird.

Heil Hitler!
Ihr
gez. Hettlage

Berlin, den 17. Dezember 1942
Notiz für Herrn Staatsrat Gritzbach.

Betrifft: Aufbau der Kriegswirtschaft in den besetzten Ostgebieten

Als Ergänzung zu dem Brief Pleigers an Speer vom 12. Dezember d. J. ist zur Unterrichtung beigefügt:

a) Der Entwurf eines Erlasses des Reichsmarschalls, der auf Grund einer Besprechung Pleiger/Speer über die Notwendigkeit ohne Durchführungserlaß der Schaffung einer Befehlsstelle aufgestellt worden ist.

b) Ein Begleitschreiben von Dr. Hettlage, aus dem hervorgeht, weshalb dieser Erlaß abgelehnt wird.

Die Gründe, weshalb Pleiger eine »Zentrale Planung Ost«, also ein Gremium, in dem verhandelt wird, ablehnt, sind Ihnen bekannt. Herr Pleiger bittet Sie, den Herrn Reichsmarschall zu unterrichten:

1. daß Reichsminister Speer die Absicht hat, Pleiger für die Lenkung der Ostwirtschaft vorzuschlagen,

2. daß Pleiger nur das Amt übernehmen kann, wenn

   a) der Reichsmarschall es für notwendig hält, ihn für diese Aufgabe zur Verfügung zu stellen,

b) die Schaffung klarer Befehlsverhältnisse zur Vorbedingung gemacht wird, weil sonst die Durchführung der Aufgabe nicht möglich ist.

Das zweckmäßigste wäre, wenn der Herr Reichsmarschall vor seiner Entscheidung Speer und Pleiger zum gemeinsamen Vortrag bittet.

(ohne Unterschrift)
Ministerialdirektor Dr. Flottmann

Herrn Professor Dr. Hettlage
Berlin W 8
Pariser Platz 7

Dr. F/N. 8. Januar 1943.

Sehr geehrter Herr Hettlage!

Herr Pleiger hat von dem letzten Entwurf über den Aufbau der deutschen Kriegswirtschaft in den besetzten Ostgebieten Kenntnis genommen und nunmehr keine Einwendungen mehr zu erheben. Er bittet aber zu überlegen, ob die Bestimmung zu Ziffer 4, nach der dem Beauftragten für die Ostwirtschaft zur Durchführung seiner Aufgaben die Abteilung Wirtschaft im Reichsministerium für die besetzten Ostgebiete sowie deren nachgeordnete Stellen zur Verfügung stehen und nach der diese Stellen ihm insoweit unterstellt sind, nicht zu Bedenken Anlaß geben muß insofern, als der Reichsmarschall durch eine solche Regelung über seine Kompetenzen hinaus über Teile des Ostministeriums verfügt. Da auf eine derartige Bestimmung nicht verzichtet werden kann, bittet Herr Pleiger zu prüfen, ob es nicht richtiger ist, den Erlaß dem Führer zur Zeichnung vorzulegen.

Ich benutze diese Gelegenheit, um Ihnen durch die in der Anlage beigefügte Abschrift eines Schreibens der Hütte Kriwoj-Rog vom 30. v. Mts. einen weiteren Beleg dafür zu geben, mit welchen Schwierigkeiten die Betriebe der BHO unter den jetzigen Umständen zu kämpfen haben.

Heil Hitler!
Ihr
gez. Flottmann

Der ständige Vertreter
des Reichsministers
für die besetzten Ostgebiete
Berlin W 8, den 3. Sep. 1943
Unter den Linden 83

Gauleiter und Reichsminister
B-StV 537 A/43/Be.

Herrn Staatssekretär Körner
Staatsministerium
Berlin W 8
Leipziger Str. 3

Betrifft: Aufbau der deutschen Kriegswirtschaft in den besetzten Ostgebieten.

Sehr geehrter Herr Staatssekretär!
Sehr geehrter Parteigenosse Körner!
Unter Bezugnahme auf die gestern getroffene Verabredung übersende ich Ihnen in der Anlage den neu formulierten Entwurf eines Erlasses über den Aufbau der deutschen Kriegswirtschaft in den besetzten Ostgebieten, in dem unter weitgehender Ablehnung an den von Ihnen übergebenen Entwurf die Wünsche des Ostministeriums eingebaut sind.
Nach Vortrag bei Herrn Reichsminister Rosenberg halte

ich es für zweckmäßig, mit Rücksicht auf die Bedeutung der Gesamtwirtschaft in den besetzten Ostgebieten und ihre Unterstützung durch die dem Minister nachgeordneten Behörden die Berufung des Reichsministers für die besetzten Ostgebiete in die Leitung der Zentralen Planung vorzuschlagen. Ich glaube, daß auf diese Weise die Möglichkeiten der besetzten Ostgebiete am besten in die einheitliche Planung einbezogen werden können. Dies um so mehr, als seine Zuständigkeit in dem Entwurf des Führererlasses über die Konzentration der Kriegswirtschaft als durch diesen unberührt anerkannt worden ist, und da andererseits die Förderung der Rohstoffe und der Produktion in den besetzten Ostgebieten stärkstens von der Bereitstellung der notwendigen Arbeitskräfte, ihrer Unterbringung und Verpflegung, der wirtschaftlichen Transportplanung und anderen Umständen abhängig ist, die sämtlich in die Zuständigkeit des Ostministeriums und seiner nachgeordneten Behörden fallen. Selbstverständlich würde die Mitwirkung von Herrn Reichsminister Rosenberg in der Zentralen Planung auf die in den besetzten Ostgebieten zu lösenden Aufgaben beschränkt und die Zuständigkeit von Reichsminister Speer unberührt bleiben. Diesen Wünschen entspricht die neue Formulierung in Ziffer 2 des anliegenden Entwurfs.

Mit Rücksicht auf den in Aussicht stehenden Führererlaß über die Konzentration der Kriegswirtschaft wird es nach meiner Ansicht richtig sein, wenn die Beauftragung des Generaldirektors Pleiger auch in einer äußerlich erkennbaren Form unter Beteiligung des neuen Reichsministers für Rüstung und Kriegsproduktion und im Hinblick auf die oben angegebenen Gründe auch des Reichsministers für die besetzten Ostgebiete entsprechend auch dem Führererlaß vom 17. Juli 41 erfolgt. Ich glaube, daß in der Ziffer 3 des anliegenden Entwurfs die richtige Formulierung gefunden ist. Herr Reichsminister Rosenberg legt hierauf besonderen

Wert, weil dadurch die amtlichen Beziehungen zwischen ihm und Generaldirektor Pleiger einen gewissen Ausdruck finden. Herr Reichsminister Speer hat Herrn Reichsminister Rosenberg gegenüber bereits mündlich erklärt, daß er ihn an einer etwaigen Beauftragung Pleigers beteiligen werde. (…)

Mit Rücksicht auf die früher zwischen dem Beauftragten für den Vierjahresplan und dem Reichsminister für die besetzten Ostgebiete getroffenen Vereinbarungen und mit Rücksicht auf die in dem Entwurf des Führererlasses niedergelegte Bestimmung, daß die Zuständigkeit des Ostministers unberührt bleibt, halte ich es für richtig, wenn der Beauftragte für die gewerbliche Ostwirtschaft vom Reichsminister für die besetzten Ostgebiete ausdrücklich ermächtigt wird, sich der Hauptabteilung Wirtschaft des Ostministeriums und der ihm nachgeordneten Behörden zu bedienen sowie diese mit Weisungen zu versehen, wobei eine enge Zusammenarbeit mit dem Ostministerium notwendig ist. Die hierfür erforderlich gehaltene Form der Ermächtigung und der Zusammenarbeit bitte ich aus Ziff. 4 Absatz 2 des anliegenden Entwurfs zu ersehen. Überhaupt wird in allen Fragen eine enge Zusammenarbeit zwischen Generaldirektor Pleiger, dem Reichsministerium Speer und dem Ostministerium notwendig sein.

Ich glaube, daß es auch für Sie selbstverständlich ist, daß der Beauftragte für die gewerbliche Ostwirtschaft der Zentralen Planung Vorschläge über eine Vereinfachung und Zusammenfassung der wirtschaftlichen Erschließung und wirtschaftlichen Verwaltung der besetzten Ostgebiete nur gemeinsam mit Reichsminister Speer und dem Reichsminister für die besetzten Ostgebiete machen kann. (…)

Der Begriff der gewerblichen Wirtschaft ist kein fest umrissener. Ich möchte annehmen, daß Ihnen bei Bearbeitung des Erlaßentwurfes ein Aufgabenbereich vorgeschwebt hat, der hinsichtlich der Rohstoffe und der Produktion in dem Entwurf eines Führererlasses über die Konzentration der Kriegswirtschaft näher umschrieben ist. Auf den übrigen Sachgebieten der gewerblichen Wirtschaft würde eine enge Zusammenarbeit mit dem Beauftragten zwangsläufig sein.

Reichsminister Rosenberg und ich sind mit Ihnen einig darüber, daß die in Aussicht genommene Regelung zweckmäßig gemeinsam mit Reichsminister Speer erörtert wird. Ich möchte daher vorschlagen, daß Sie die Herren Reichsminister Rosenberg und Speer sowie mich zu einer zwanglosen Besprechung dieser Probleme bitten, und darf als Termin Dienstag, den 7. d. M., 20.00 Uhr, anregen. ...

Heil Hitler!
Ihr sehr ergebener
gez. Meyer
Gauleiter und Reichsstatthalter

Der Reichsminister für die besetzten Ostgebiete

Herrn
Generaldirektor Paul Pleiger
Berlin

Auf Grund von Ziffer 4 des Erlasses des Reichsmarschalls des Großdeutschen Reiches über die Ausnutzung der Gewerblichen Wirtschaft in den besetzten Ostgebieten für die deutsche Kriegswirtschaft vom 1943 ermächtige ich Sie, sich zur Durchführung der Ihnen durch diesen Erlaß übertragenen Aufgaben meiner Hauptabteilung Wirtschaft und der mir nachgeordneten Dienststellen zu bedienen. ...

gez. Rosenberg

Abschrift!
Der Generalbevollmächtigte
für den Arbeitseinsatz

Weimar, den 11.9.1943

Herrn
Staatssekretär Körner
Berlin W 8
Leipziger Str. 3

kriegswichtiges Fernschreiben!
- sofort vorlegen! -

Lieber Parteigenosse Körner!

Wie mir Reichsminister Speer mitteilt, soll Parteigenosse Pleiger die Führung der gewerblichen Wirtschaft für das Ostgebiet übertragen bekommen. Es ist selbstverständlich, daß ich vom Arbeitseinsatz mit Parteigenossen Pleiger bestens und vorbehaltlos zusammenarbeiten werde. Ich habe den Führer und den Reichsmarschall gebeten, daß dessenungeachtet meine Zuständigkeiten und Vollmachten für den Arbeitseinsatz nicht berührt werden, da sonst eine Gesamtplanung für mein Arbeitsgebiet für die Zukunft unmöglich gemacht werden wird. Ich bitte auch Sie herzlich um Ihre Unterstützung.

Heil Hitler!
Ihr
gez. Fritz Sauckel

Durchgegeben: Kuhn, Gauleitung Thüringen, Weimar.

Ministerialdirektor Dr. Flottmann
Herrn
Ministerialdirektor Gramsch
Staatsministerium
Berlin W 8
Leipziger Str. 3

Herrn Dr. v. Carlowitz zur Kenntnisnahme
Wi   17. Sept. 1943

Sehr geehrter Herr Gramsch!

Ich habe inzwischen Gelegenheit gehabt, Herrn Pleiger von der Formulierung Kenntnis zu geben, die Herr Hettlage gestern der Ziffer 5 des Erlasses über die Ausnutzung der gewerblichen Wirtschaft in den besetzten Ostgebieten für die deutsche Kriegswirtschaft gegeben hat. Herr Pleiger ist mit dieser Fassung einverstanden und auch damit, daß in Ziffer 3 die Worte gestrichen werden, durch die die Übertragung der Befugnis des Reichsministers Speer auf Grund des Führer-Erlasses vom 9.6.42 ausgesprochen werden sollte. Die Ermächtigung aus dem Erlaß vom 2.9.43 bleibt bestehen.

Herr Pleiger ist mit Herrn Hettlage der Meinung, daß es unerwünscht ist, die Bestellung eines BGO durch Berufung auf die Kriegslage zu rechtfertigen. Den Wünschen des Reichsministers Rosenberg ist doch wohl Genüge getan dadurch, daß in dem Erlaß zum Ausdruck kommt, daß die Bestellung eines BGO auf seinen Vorschlag erfolgt. Es erscheint Herrn Pleiger zweckmäßig, ... den Erlaß beginnen zu lassen: »Auf Vorschlag des Reichsministers für Rüstung und Kriegsproduktion und des Reichsministers für die besetzten Ostgebiete bestimme ich:«

Ich möchte annehmen, daß Sie diesen Wünschen Rechnung tragen können. Geschieht das, so könnte der Erlaß unter Sperrung für die Presse im Reichsgesetzblatt veröffentlicht werden, was Herr Pleiger wohl mit Recht für mindestens erwünscht erachtet. ...

Heil Hitler!
Ihr sehr ergebener
Ministerialdirektor Dr. Flottmann

Berlin W, den 15. September 1943

1. Vermerk:
Den letzten Entwurf des Vierjahresplans (Gramsch-Bergmann) über die Ausnutzung der gewerblichen Wirtschaft in den besetzten Ostgebieten für die deutsche Kriegswirtschaft habe ich heute mit Prof. Hettlage besprochen. Dabei habe ich insbesondere darauf hingewiesen, daß Herr Staatsrat Pleiger diesen Auftrag nur übernehmen könne, wenn seiner Forderung auf maßgebliche Mitbestimmung bei der Entscheidung von Arbeitseinsatzfragen stattgegeben würde.

Prof. Hettlage erklärte, er sei Ohrenzeuge der gestrigen fernmündlichen Unterhaltung Pleiger/Speer gewesen und deshalb über die Forderungen des Herrn Staatsrats Pleiger hinsichtlich des Arbeitseinsatzes unterrichtet; sein Minister sei mit ihm der Auffassung, daß diese Forderungen berechtigt seien; sein Minister wolle sich in dem Sinne mit Sauckel in Verbindung setzen.

Ich habe Prof. Hettlage dann noch einmal anhand einer größeren Zahl konkreter Fälle die Schwierigkeiten geschildert, die sich in der Vergangenheit bis auf den heutigen Tag bei dem Aufbau und Betrieb der gewerblichen Wirtschaft in den besetzten Ostgebieten durch Maßnahmen der Arbeitseinsatzbehörden ergeben haben, und dabei hervorgehoben, daß nicht nur der Arbeitseinsatz als solcher, d.h. die Verteilung der zur Verfügung stehenden russischen Arbeitskräfte, vielfach oder sogar durchweg ohne Rücksichtnahme auf die für die einzelnen Zweige der Wirtschaft und für die einzelnen Betriebe gegebenen Notwendigkeiten erfolgt sei (Einsatz gelernter Bergleute in der Landwirtschaft oder bei dem Ostwallbau, infolgedessen 25% Frauen und 7% Krüppel im Steinkohlenbergbau), sondern daß auch bei dem Abzug von Arbeitskräften allgemein auf die Bedürfnisse der Betriebe in den besetzten Ostgebieten keine Rücksicht genommen worden sei; ... Hervorgehoben habe ich weiter, daß fortgesetzt hat beobachtet werden müssen, daß die dem GBA nachgeordneten Dienststellen in der Ukraine sich an Abmachungen, die in Berlin mit dem GBA getroffen worden sind, nicht gehalten haben.

Prof. Hettlage erklärte, auch sein Minister sei der Auffassung, daß die für die Kriegs- und Rüstungswirtschaft verantwortlichen Stellen ohne bestimmenden Einfluß auf den Arbeitseinsatz nicht arbeiten könnten ...

Die Durchsicht des vom Vierjahresplan vorgelegten letzten Entwurfs ergab, daß dieser bislang mit Speer/Hettlage nicht abgestimmt worden ist. Prof. Hettlage bezeichnete die einleitende Präambel nicht als glücklich ... und beanstandete, daß in Ziffer 3 des Entwurfs auch die Befugnisse des Reichsministers für Rüstungs- und Kriegsproduktion aus dem Führererlaß vom 9.6.1942 über den Einsatz der Technik in den besetzten Ostgebieten übertragen werden solle. Er erklärte, das liege nicht in der Absicht seines Ministers, weil es sich dabei um Aufgaben der OT handele, die dem BGO nicht unterstellt werden solle. Dieser Passus wurde daraufhin im Einvernehmen mit Min. Dir. Gramsch gestrichen. Bezüglich der Präambel erklärte Min. Dir. Gramsch, ... sie sei hineingekommen auf Veranlassung des Ministers Rosenberg, der auf die Art motiviert sehen möchte, warum seine Kompetenzen auf dem Gebiet der gewerblichen Wirtschaft beschnitten würden. Die Bedenken des Herrn Prof. Hettlage … zerstreute Min. Dir. Gramsch dadurch, daß er erklärte, der Erlaß solle nicht veröffentlicht werden.

Von dem Telegramm Sauckels an den Führer, den Reichsmarschall und Staatssekretär Körner hatte Prof. Hettlage lediglich gehört.

Ich habe ihm von seinem Inhalt Kenntnis gegeben und dabei hervorgehoben, daß Sauckel die vorgenannten Stellen antelegrafiert hat, bevor er den Erlaßentwurf des Vierjahresplans kannte, und daß er auf die Frage, ob er seinen Widerspruch auch bei dieser Formulierung aufrechterhalte, geantwortet hat, dazu wolle er sich erst erklären, wenn er festgestellt habe, welche Reaktion sein Telegramm auslöse.

2. Herrn Staatsrat Pleiger
   mit der Bitte um Kenntnisnahme.
Nachdem Reichsminister Speer sich dahin erklärt hat, daß er im Grundsatz völlig einiggehe mit Ihnen und daß er als Zentrale Planung die letzte Entscheidung im Falle mangelnden Einvernehmens habe, glaube ich, daß man sich mit der Formulierung Hettlages einverstanden erklären kann, zumal ich nicht annehmen möchte, daß man unter den gegebenen Umständen mehr erreichen wird.

Den Entwurf in neuester Fassung füge ich als Anlage bei:

(Abschrift einer beglaubigten Abschrift.)

Der Reichsmarschall des Großdeutschen Reiches
Beauftragter für den Vierjahresplan

Erlaß über die Ausnutzung der gewerblichen Wirtschaft in den besetzten Ostgebieten für die deutsche Kriegswirtschaft.

Um die Produktion der gewerblichen Wirtschaft im Gesamtbereich der besetzten Ostgebiete einheitlich auf die Bedürfnisse der Kriegswirtschaft auszurichten, bestimme ich auf Vorschlag des Reichsministers für Rüstungs- und Kriegsproduktion und des Reichsministers für die besetzten Ostgebiete:

1. Die Zentrale Planung ist nach den Grundsätzen meines Erlasses vom 22. April 1942 auch für die Wirtschaft der besetzten Ostgebiete zuständig.

2. Zum Beauftragten der Zentralen Planung für die gewerbliche Ostwirtschaft bestelle ich den Generaldirektor Staatsrat Paul Pleiger. Er ist ermächtigt, ... alle Maßnahmen zum vollen Einsatz der gewerblichen Wirtschaft der besetzten Ostgebiete für die deutsche Kriegswirtschaft zu treffen.

3. Der Reichsminister für Rüstungs- und Kriegsproduktion überträgt dem Beauftragten für die gewerbliche Ostwirtschaft die ihm durch den Erlaß des Führers über die Konzentration der Kriegswirtschaft vom 2. September 1943 hinsichtlich der besetzten Ostgebiete einschließlich des Operationsgebietes zugewiesenen Aufgaben, soweit er nicht selbst Aufgaben im Einzelfall durchführt.

4. Dem Beauftragten für die gewerbliche Ostwirtschaft stehen zur Durchführung seiner Aufgaben der Wirtschaftsstab Ost und – auf Grund besonderer Ermächtigung des Reichsministers für die besetzten Ostgebiete – die Hauptabteilung Wirtschaft des Reichsministers für die besetzten Ostgebiete sowie deren nachgeordnete Dienststellen zur Verfügung. Diese Dienststellen und die in den besetzten Ostgebieten eingesetzten Unternehmungen der gewerblichen Wirtschaft sind an seine Weisungen gebunden.

5. In Fragen des Arbeitseinsatzes, die die gewerbliche Wirtschaft in den besetzten Ostgebieten berühren, wird der

Generalbevollmächtigte für den Arbeitseinsatz in engem Einvernehmen mit dem Beauftragten für die gewerbliche Ostwirtschaft handeln. Bei Meinungsverschiedenheiten entscheidet die Zentrale Planung ...

Berlin, den 2. Oktober 1943   gez. Göring
Für richtige Abschrift:
gez. Döhrr
Kanzleiangestellte
Stempel:
Der Reichsmarschall des Großdeutschen Reiches
Beauftragter für den Vierjahresplan
Kanzlei

Ministerialdirektor Dr. Flottmann
                    Berlin W., den 7. November 1943
Herrn Staatsrat Pleiger
Den gestrigen Besuch des Generals Stapf bei mir habe ich dazu benutzt, auch die Frage zu erörtern, ob es notwendig ist, daß der Bevollmächtigte für die gewerbliche Wirtschaft in den besetzten Ostgebieten nunmehr aktiv in Erscheinung tritt. Herr General Stapf war mit mir der Meinung, daß eine solche Notwendigkeit nicht gegeben ist, daß es vielmehr ratsam erscheint, zunächst die weitere Entwicklung abzuwarten. Bei der engen Zusammenarbeit zwischen Ihnen und General Stapf können Pannen nicht passieren. Zu überlegen wäre lediglich, ob Sie von der Tatsache Ihrer Bestellung und der Übertragung der Vollmachten des Ministers Speer auf Sie den Stellen, die darüber unterrichtet sein müssen (Wirtschaftsminister, Ernährungsminister, Preiskommissar, den Reichskommissaren in den besetzten Ostgebieten usw.), offiziell Nachricht geben, und ob Sie sich von den leitenden Männern der wichtigsten Ostgesellschaf-

ten (Ostöl, Baltenöl, Ostfaser usw.) über den Stand ihrer Arbeiten Vortrag halten lassen wollen, falls das Ihre Zeit überhaupt erlauben sollte. Ich bitte um Weisung. Das Erforderliche wird dann sofort veranlaßt.

Da hier in Berlin Klarheit darüber nicht zu bekommen war, habe ich Dr. Haenlein in das Ostland entsandt mit dem Auftrag, dort gemeinsam mit den in Frage kommenden Stellen des Reichskommissars alle Möglichkeiten für die Fertigung des Gen.Qu.- bzw. Front-Programms einwandfrei mit exakten Daten zu klären.

Im übrigen bin ich nach wie vor der Meinung, daß es an der Zeit ist, die gewerbliche Wirtschaft in allen besetzten Gebieten von einer Stelle aus einheitlich auszurichten und zu steuern. Auch diese Frage habe ich mit General Stapf besprochen, der mir auch in dem Punkte voll beigetreten ist.

Berlin-Halensee, den 13. Juni 1944
Albrecht-Achilles-Str. 62–64
Einschreiben!
An den
Vorsitzer der Reichsvereinigung Eisen
Herrn Kommerzienrat Röchling
Völklingen/Saar

Am 9. April d. J. haben Sie sich beim Herrn Reichsmarschall über die Hermann-Göring-Werke beschwert und aus unzutreffenden und irreführenden Behauptungen beleidigende Schlußfolgerungen gezogen. Ich ersuche Sie daher, mir bis zum 22. Juni 1944 zu erklären:

Ich erkläre, daß die Hermann-Göring-Werke in der Ostmark sich in keinem Falle der Zusammenarbeit der Eisenhüttenleute um die kriegswirtschaftlich zweckmäßigsten Methoden der Mangan-ersparnis entzogen haben.

Es hat daher zu meiner an den Herrn Reichsmarschall aus-gesprochenen Bitte, mir die Führung der Hochöfen in Linz zu übertragen, keinerlei Veranlassung vorgelegen.

Soweit aus meinem Schreiben an den Herrn Reichsmarschall eine andere Auffassung entnommen werden kann, muß ich diese, als nicht den Tatsachen entsprechend, zurückziehen.

Nach Abgabe dieser Erklärung bin ich bereit, den durch Sie vom Zaun gebrochenen Streit als erledigt zu betrachten. Denn ich habe nicht die Absicht, mich mit Ihnen – ins-besondere nach Ihren in der Angelegenheit Gichtstaub Hagendingen zutage getretenen Auffassungen – über die Unterordnung von Werksinteressen unter die Notwendig-keit der Kriegswirtschaft zu unterhalten.

Abschrift dieses Schreibens habe ich an Herrn Reichs-minister Speer gesandt.

Heil Hitler!
gez. Pleiger

(Zum Problem der Arbeitskräfte)
Hütte Linz
Abt. L 60 / Gefolgschaft

An
Herrn Direktor Sprick   Streng vertraulich!

Betr. Leistungssteigerung und Arbeitseinsatz in Steyr

Bei der heute in Steyr stattgefundenen Besprechung zwi-schen Herrn Meid, Herrn Senator Hohlfelder und dem Unterzeichneten wurde folgendes besprochen:

1. Da in Steyr der Prozentsatz der Prager die sonstigen tschechischen Arbeitskräfte überwiegt, ist eine besonders niedrige Leistung feststellbar. 20 der arbeitsunwilligsten Tschechen werden Ende dieser Woche nach Linz überführt, wo sie unter besondere Aufsicht gestellt werden. Falls notwendig, wird mit geeigneten Mitteln ihre Arbeitsunlust gebrochen. Für die in Steyr übrigbleibenden Tschechen muß über die Gestapo ebenfalls eine brutalere Methode eingeführt werden, notfalls mit Festnahme und empfindlichen körperlichen Strafen. (…)

gez. Krutschinna

Nürnberger Wilhelmstraßenprozeß, 06/1/17
Betr. Reichswerke »Hermann Göring«, Linz
Aktenvermerk
Berlin-Lichterfelde, 12. Dezember 41
1.) Hauptsturmführer Dr. May
2.) Deutsche Ausrüstungswerke
Betr. Holzbearbeitungsbetriebe Mauthausen
Anwesend:
    1. Gruppenführer Pohl
    2. Gruppenführer Kaltenbrunner
    3. Direktor Sprick, HGW
    4. Hauptsturmführer Dr. May
    5. Dr. Hohberg

Gruppenführer Kaltenbrunner trug den Vorschlag der HGW vor, in dem Konzentrationslager Mauthausen ein Holzbearbeitungswerk zu errichten.
    Es werden 60 Facharbeiter und etwa 30 Häftlinge benötigt. Die HGW bieten die Finanzierung, die technische Einrichtung und die Betriebsleitung an.

Gruppenführer Pohl entschied, daß das Werk als Betrieb der Deutschen Ausrüstungswerke entstehen soll.

Hauptsturmführer Dr. May soll sich umgehend mit Brigadeführer Gluecks in Verbindung setzen, um zu klären, ob aus den Häftlingslagern 60 Facharbeiter herausgezogen werden können. Hauptsturmführer Dr. May ergänzte die Darlegungen Gruppenführer Kaltenbrunners und Direktor Spricks dahin, daß mindestens 500 Häftlinge notwendig seien.

Nach Klärung der Facharbeiterfrage will Gruppenführer Pohl den Entwurf eines Vertrages zwischen den Deutschen Ausrüstungswerken und HGW vorgelegt haben.

gez. Hohberg
SAG 06/1/17

PP 06/1/18
Fernschreiben Reichsführer SS – Hauptamt Haushalt und Bauten
vom 28. Juli 42
An Chef des SS-Wirtschafts-Verwaltungshauptamtes
SS-Obergruppenführer Pohl

Lieber Oswald,

Generaldirektor Pleiger von den Hermann-Göring-Werken Berlin will den gesamten Schlackenanfall der HGW Linz gemeinsam mit uns zum Gießen von Formsteinen etc. durch Häftlinge verwerten und uns an diesem angeblich sehr lohnenden Unternehmen mit 50% beteiligen, auf Zusage Pleigers an mich vom 19. Juli 42. Der Reichsführer SS läßt Dich bitten, doch sofort mit Generaldirektor Pleiger Verbindung aufzunehmen und mit ihm selbst alles Erforderliche vorzubesprechen. Pleiger wird voraussichtlich Ende dieser Woche zum Reichsführer SS herauskommen. Es wäre gut, wenn Du bis dahin alles Erforderliche mit Pleiger selbst, notfalls mit SS-Gruppenführer Meinberg, vorbesprochen und geklärt hättest.

Heil Hitler
Dein Karl Wolff
Führerhauptquartier

3.10.42 Fernschreiben Himmler
Nürnberg: 06/1/18

Lieber PG Pleiger!
    Die Schlackensache geht in Ordnung und hat bereits angefangen.
    Ich bedanke mich sehr. Über das Kohlenbergwerk und LFH-18-Munition haben wir bisher weiter nichts gehört. Geben Sie doch baldigst Anweisung, es ist schade um jeden Arbeitstag.

Heil Hitler!
Herzlichst
Ihr H. Himmler

6.10.42 Fernschreiben Pleiger

Lieber Reichsführer!
    Ihr Fernschreiben vom 3.10. wurde mir heute nach meiner Rückkehr vorgelegt. Betr. Munitionsfertigung wurde nach unserer persönlichen Rücksprache von mir alles Weitere veranlaßt, und die ersten Besprechungen haben am 28.9. bei Brigadeführer Glücks und Obersturmbannführer Maurer in Oranienburg stattgefunden.

413

Obersturmbannführer Maurer wird am Montag, den 12.10., auf der Hütte Braunschweig an Ort und Stelle mit meinen Herren den Einsatz der Häftlinge besprechen, um sofort mit der praktischen Durchführung zu beginnen.

Das 50:50-Problem werde ich mit Obergruppenführer Pohl, der allerdings erst am 17. oder 18.10. in Berlin zurückerwartet wird, besprechen, desgleichen die Frage des Einsatzes der Häftlinge im Bergbau.

Mit freundlichen Grüßen und
Heil Hitler!
Ihr Paul Pleiger

Brief Reichsführer SS Himmler vom 31.1.1942

Lieber Pohl!

Ich habe Ihren Brief über das vorläufige Programm des Hauptamtes Haushalt und Bauten gelesen. Danach wird das Bauprogramm, das SS- und Polizeigebäude umfaßt, für 5 Jahre rund 13 Milliarden umfassen. ...

Über die Sicherung der Baukontingente haben wir mündlich schon gesprochen ... Das Kontingent Eisen glaube ich durch ein sehr enges Zusammenarbeiten mit den Hermann-Göring-Werken-PG Pleiger sichern zu können. ...

gez. Himmler

Sitzungsprotokoll RWAG für Erzbergbau und Eisenhütten v. 13.3.41
Rheinländer eröffnet die Sitzung.
Anwesend u.a. Lönitz/MRG, Meyer/Erzbergbau, Geilenberg/Stahlwerke Braunschweig, Rockoll/Gefolgschaftsführung:

Zu erwartende Arbeitskräfte:
4 000 Italiener
   800 Holländer
   100 Franzosen
2 000 Militärstrafgefangene
2 000 Juden
Zusätzlich müssen 16 000 Mann beschafft werden, davon
4 800 Stahlwerke Braunschweig
6 000 Hütte Braunschweig
5 000 Wohnungs AG
Dr. Rheinländer will sich bemühen, daß die Behörden diese
Arbeitskräfte zur Verfügung stellen.
Es wird damit gerechnet, daß der Bedarf nur zu 50% gedeckt wird.

gez. Rheinländer

Meldungen von Sogemeier, dem Geschäftsführer der
Reichsvereinigung Kohle, an den Vorsitzenden Paul
Pleiger:
   Einsatz ausländischer Arbeiter im Ruhrbergbau durch
besondere Werbemaßnahmen:

Stand: März 1942

	zugewiesen:	abgekehrt in %
Polen aus Litzmannstadt und Kattowitz	5 310	61,79
Belgier und Nordfranzosen	18 488	66,80
Italiener	14 040	70,14
Kroaten	14 434	52,97
Galizier	11 299	16,60
Holländer (Jugendliche)	171	88,89
Dänen	1 535	61,95
Sowjetische Zivilarbeiter	4 595	5,48

Einsatz und Abkehr ausländischer Arbeitskräfte im Bergbau vom 15.4. bis 27.11.1942:
Angemeldeter Bedarf: Davon gestellt: Davon abgekehrt:
       191 150   139 741   45 223
lt. SAG 06/1/9 Nürnberg

Der Beauftragte für den Vierjahresplan.
Berlin, den 30. Oktober 1942
Zentrale Planung   Geheim
Z. P. 6.

Ergebnisse der 17. Sitzung der Zentralen Planung am 28.10.42, 9.30 Uhr.
Steigerung der Kohlenförderung
1. Arbeitseinsatz
Die Kohlenförderung im Ruhrgebiet ist auf 390 000 tato gestiegen, die weitere Steigerung ist entscheidend abhängig von einer Befriedigung des Arbeiterbedarfes. Dieser beträgt rd. 104 000 Mann. Außerdem sind 7800 Mann (ursprünglich 16 000–17 000, die Anforderung ist durch Rationalisierung herabgedrückt) für die Zubringerindustrie erforderlich (davon 6800 für die Maschinenindustrie). Hinzu kommt ein Bedarf von 5000 ungelernten Arbeitern zur Sicherstellung des Grubenholztransportes, dessen Befriedigung aus Sortimentsgründen unbedingt erforderlich ist.
Die Aufnahmefähigkeit des Bergbaues beträgt für November 44 000 Kriegsgefangene, davon 25 000 für die Ruhr, und 12 600 Ostarbeiter, davon 7500 für die Ruhr. Die bisherige Gesamtforderung beläuft sich auf 191 000 Arbeiter, davon 90 700 für die Ruhr. Gestellt worden sind bis zum 24. Oktober insgesamt 123 000. Zwischen RVK und Sauckel sind diese Zahlen noch abzustimmen.

416

Lt. GBA stehen z.Zt. an Kriegsgefangenen zur Verfügung:
im Reich (rollend und im Lager)   30 000
restl. Kriegsgefangene (von insg. 150 000 stehen
noch aus und sind bis Anfang Dezember zugesagt)   60 000
in Lagern im Generalgouvernement   15 000
Von diesen können bis zum 1. Dezember als
verfügbar angesehen werden:
im Reich   15 000
von den restl. Kriegsgefangenen   10 000
aus dem Generalgouvernement   7 500
insgesamt rd.   32 000

Auszug aus:
Stenographische Niederschrift der 16. Besprechung der
Zentralen Planung betreffend Kohle am 23. Oktober 1942,
16 Uhr, im Reichsministerium für Bewaffnung und Muni-
tion:
                                      Berlin, Pariser Platz 3
                                                      Geheim
Speer: Meine Herren! Es war notwendig, auf Grund eines
Schreibens von Parteigenossen Pleiger, hier eine Sitzung
der Zentralen Planung über die Kohlenlage herbeizuführen.
In diesem Schreiben wurde an mich praktisch die Pleite der
Kohlenversorgung für den Winter 1942 auf 43 offiziell
angekündigt. Sie schreiben: daß die Gesamtlage eine emp-
findliche Einschränkung im laufenden Bedarf auch wichtigster Industriebetriebe zur Voraussetzung hätte.
     Zurückliegend möchte ich noch einmal feststellen, daß in
einer Sitzung der Zentralen Planung, die ich aus dem Ste-
nogramm entnommen habe, Pleiger im Frühjahr dieses Jahres gesagt hat, daß er der Kohlenmenge Herr werden
würde, wenn der Verkehr ihn entsprechend bedienen

417

könne. Ich möchte diese Tatsache noch einmal ins Gedächtnis zurückrufen, denn sie wurde damals auch in entsprechender Weise, wie mir der Führer sagte, an ihn vom Reichsmarschall weitergemeldet.

Heute ist der Vorschlag der Verteilung so, daß der sog. Eisenplan mit 560 000 t überhaupt nicht berücksichtigt wird, d.h., daß sogar 340 000 Mio t unter dem Oktober für die Eisenerzeugung zugeteilt werden. Das würde gleichzeitig bedeuten, daß die Eisenerzeugung im November etwa auf die Höhe der bisherigen Monate, also etwa auf 2,1 Mio t zurücksinken würde. (…) Es ist uns allen klar, und ich weiß auch, daß es PG Pleiger klar ist, daß diese Auswirkungen so unmöglich sind, daß sie hier nicht entschieden werden können, sondern nur vom Reichsmarschall und vom Führer selbst. (…)

Da die Kohlenlage eine so wesentliche Besserung nach der Ansicht von Pleiger bis dahin unter Umständen nicht zuläßt …, würde das gleichzeitig bedeuten, daß wir sämtliche Eisenkontingente etwa um 40% zu kürzen hätten. (…) Ich kann dem Vorschlag zur Verteilung auf keinen Fall von mir aus zustimmen.

Ich kann deswegen nicht zustimmen, weil mit der geringeren Eisenerzeugung ein Minderausstoß an Waffen, Flugzeugen, Munition und Panzern unumgänglich verbunden wäre. Das geht schon deswegen nicht, weil der Hauptvertreter, die Munition, heute etwa 80 bis 90% der Monatserzeugung als Verbrauch an der Front hat. Auch hier kann eine 40prozentige an Eisen auf keinen Fall in Frage kommen. (…)

Pleiger: Herr Minister, es war nicht meine Absicht, hier, wie Sie ausführten, praktisch die Pleite zu erklären. (…) In der Aufstellung vom Oberschlesischen Syndikat z.B. sind die Anforderungen auf die besetzten Ostgebiete einschließlich Ukraine und Wehrmacht 300 000, die sind nachher auf

260 000, 250 000, 225 000 gekürzt worden. Ich bin z.B. in Kriwoi Rog gewesen und habe festgestellt, daß das Anfordern eine sehr leichte Sache ist und daß in Kriwoi Rog große Mengen von Kohle ankommen, die gestapelt werden und dann da auf Halden liegen. Ich habe festgestellt, daß in Nikolajewsk 25 000 t Kohlen lagern, die vom Oberschlesischen Revier heruntergefahren sind per Schiff. Es wird erklärt, es wäre leichter, die Kohle von Nikolajewsk nach Stalingrad zu bringen als aus dem Donezbecken nach Stalingrad. Da liegen 1,2 Millionen t im Donezbecken auf Halde und im Charkower Gebiet bis zu 250 000 t bester Anthrazit. Bisher habe ich es nicht fertiggebracht, die Herrschaften zu veranlassen, daß die Kohle, wie sie unten benötigt wird, von den Halden abgefahren wird. Aber das Nachschieben vom Reich scheint interessanter und bequemer zu sein. (...) Aber das ist nicht das Entscheidende. Das Entscheidende ist der Arbeitseinsatz. Ich hatte in der damaligen Sitzung (...) darum gebeten: gebt mir die Arbeiter. Es war mir in der Sitzung vom Generalbeauftragten für den Arbeitseinsatz zugesagt worden, es sollten angedient werden ca. 120 000 Mann bis zum 1. September, glaube ich.

Ich muß feststellen, daß ich in der Zwischenzeit schon nicht einmal, sondern x-mal dahintergesessen habe und gebettelt habe: Bitte, mal die Arbeiter heran! Dann werden die Arbeiter angedient, und in den meisten Fällen erschienen sie dann im Stalag da an der Grenze, hatten glücklicherweise mal wieder Flecktyphus und mußten in die Quarantäne. Am Schluß habe ich praktisch im Ruhrbergbau die Situation heute so, daß ich nur noch mit den notwendigsten Hilfsmaßnahmen die Förderung überhaupt herausbringen kann. Denn wenn im Ruhrbergbau allein 68 400 Mann fehlen, und wenn mir von Ihrer O. T. aus dem holländischen und belgischen Bergbau einfach Leute herausgeholt werden ...

Speer: Wer hat sie abgezogen?

Pleiger: Sauckel!

Speer: Ich habe heute Sauckel mehrere andere derartige Fälle gegeben ... und das wird auch von uns bei Sauckel befohlen werden ...

Pleiger: Das ist nicht allein in Oberschlesien so ... Da ist ein Transport von Nikolajewsk in Marsch gesetzt worden nach Rumänien. Man hat uns einfach erklärt, man könne sich einem militärischen Befehl nicht widersetzen.

Landfried: Der Fall war folgendermaßen. Der Arbeitseinsatz hatte den Rumänen russische Bergarbeiter versprochen. Ein rumänischer Oberst hat sie dann abgeholt aufgrund der Zusagen des Reichsaußenministers an mich. Antonescu.

Pleiger: Ich wäre dankbar, wenn wir einmal die Dinge einzeln durchgehen könnten ... In der Praxis spielt sich alles folgendermaßen ab: da ist z.B. in den Pyrenäen kein Wasser, der Erfolg ist: wir pumpen von Belgien und Frankreich das Kohlenkontingent mit ungefähr 200 000 t nach Paris hinein. Also, weil die Pyrenäen kein Wasser haben, rauf auf die Kohle! Oder im Reich die Energieseite: hier ist z.B. die Meldung aus Wien, daß dort im Augenblick auf sämtlichen Kraftwerken das Höchstwinterprogramm geführt wird. Die Kohle aus Hindenburg nachzuschieben ist schon ein Kunststück, aber Wien fährt das Höchstprogramm an Steinkohle, weil kein Wasser da ist! ...

Milch: Was können Sie als Maximum verdauen an russischen Arbeitern?

Pleiger: In einem Monat 20 000 bis 25 000 Mann. (...) Wenn alle abgesprochenen Maßnahmen anziehen, kann ich vielleicht im November auf 400 000 t Kohle kommen.

Speer: Wie wollen Sie denn die Verteilung hier im November machen?

Pleiger: Das muß ich noch überlegen. Normalerweise muß überlegt werden, auf wessen Lasten und was wir abziehen.

Speer: Es ist doch eine Gleichung, die nicht aufgeht. (...) Nach dieser Bilanz müßte doch irgendwo eine Pleite eintreten.

Pleiger: Eine solche Bilanz kriegen Sie jeden Monat vorgelegt. (...)

Speer: Wieviel fehlen überhaupt an Arbeitskräften, um die Förderung herauszubringen.

Pleiger: 107 147 Mann. Im Ruhrgebiet fehlen 67 000 Mann.

Milch: Da ist eine Abkehr von Ausländern drin?

Pleiger: Das sind Kroaten und Italiener.

Speer: Die Italiener hatten doch einmal einen festen Stand zugesagt.

Pleiger: 36 000 (40 000) hatten sie zugesagt. Davon sind 5000 gekommen. 4000 sind jetzt noch da. Ich habe seinerzeit im November vorvorigen Jahres mit den Italienern ein Abkommen getroffen, wonach sie sich ihre Kohlen im Ruhrgebiet und im oberschlesischen Raum selbst fördern sollen und dafür einen geschlossenen Arbeitseinsatz vornehmen sollten, militärisch diszipliniert sollten die Leute geführt werden. So war es mündlich und schriftlich verabredet. Nobile hatte es zugesagt. Und ich habe mich bereiterklärt, selbst mit dem Duce zu verhandeln. Das Ergebnis war, daß sie 5000 Mann angedient haben.

Landfried: Der Führer verlangt mindestens 1 Million t Kohle für Italien.

Speer: Unter der Voraussetzung, daß die die Arbeiter liefern.

Landfried: Nein. Außerdem wird Herr Pleiger bestätigen, daß ihn diese Arbeiter mehr stören als nützen.

Pleiger: Wir müssen gediegene und gesunde russische Kräfte einsetzen.

Speer: Trotzdem geben Sie mir doch den Vertrag mal in Abschrift her.

Pleiger: Ja, es kommt aber nichts dabei heraus. Ich bin jetzt gerade vom Hauptquartier gebeten worden, Finnland aufgrund eines Führerbefehls mehr zu beliefern, dann Ungarn usw.

Speer: Ich möchte bitten, daß solche Führerbefehle uns immer hier vorgetragen werden. (...) Der Führer kennt nicht immer die Konsequenzen. (...) Wenn beim Führer über Kohle vorgetragen wird, ... müssen Sie zumindest dabei vertreten sein.

Pleiger: Die Sache wird heute verhandelt mit dem finnischen Minister. Wir wollen sehen, was wir dabei herauskriegen.

Landfried: Darf ich noch einmal hinsichtlich der Italiener darauf aufmerksam machen: Ihre Abmachung mit Nobile war ..., daß zusätzlich geliefert werden sollte?

Pleiger: Nein. 36 000 Mann à 1 t sind 36 000 t Tagesförderung. Das war das Minimum. Wir sollten nur die Schachtanlagen zur Verfügung stellen. (...)

Fischer: Wir wissen im Augenblick nicht, wohin die Sache überhaupt läuft. (...)

Milch (zum Fraueneinsatz): Was wir im vorigen Krieg den Frauen der Eingezogenen zu wenig gegeben haben, wird in diesem Krieg zuviel gegeben, und deshalb ist vielfach keine Lust zum Arbeiten da.

Sauckel: Ich will bestrebt sein, noch möglichst viele Russinnen hereinzubekommen, weil die noch wirklich arbeiten. Der Leistungsstand der deutschen Frau übersteigt nicht mehr 37 Stunden in der Woche. (...)

Speer: Aus den Steinbrüchen sind doch Arbeitskräfte herauszuholen.

(Zuruf: Da sind nur noch alte Männer!) Ich habe vor zwei Vierteljahren die meisten Steinbrucharbeiter freigegeben zur beliebigen Verwendung für den Arbeitseinsatz. In dem KZ-Lager Mauthausen von Himmler wird noch gearbeitet. Pleiger, vielleicht können wir einmal feststellen lassen, wieviel im Steinbruch Mauthausen sind?

Pleiger: Die habe ich mir schon selbst angesehen, die kann ich nicht gebrauchen für den Steinkohlenbergbau, die kann ich da nicht einsetzen. Mit Himmler habe ich verabredet, daß er eine Grube übernimmt ... (Es folgt eine Erörterung über die Beschäftigung von Straf- und Zivilgefangenen.)

Steinbrinck (zu Speer): Bei gewissen Anlässen hatten wir mehr Unterstützung durch Feldmarschall Rundstedt als durch Ihre O. T.!

Speer: Von der O. T. kann ich keine große Hilfe zusagen, weil der Atlantikwall anlaufen muß.

Pleiger: Dann ist eine sehr wichtige Frage die Krankenziffer an der Ruhr. Wir haben bei 360 000 Mann Belegschaft bis zu 80% Feierschichten gehabt, und wir hatten auf den verschiedensten Gruben durch Vertrauensärzte eine Kontrolle durchführen lassen mit dem Ergebnis, daß 30 bis 40% nach der ärztlichen Untersuchung wieder einfahren konnten.

Speer: Ein Arzt bringt Ihnen also ein paar tausend Mann pro Tag. Sind die Ärzte, die Sie haben möchten, namentlich benannt?

Pleiger: Es ist eine Liste hereingegeben.

Speer: Geben Sie sie noch einmal. Wir machen dann ein Schreiben an Fromm. (...)

Speer: (zum Schluß der Sitzung an Pleiger): In der Arbeitseinsatzfrage werden Sie, wenn nächste Woche die Besprechung mit Sauckel sein wird, so gestellt werden, daß Sie die Arbeiter in dem Maße, wie Sie sie verdauen können, bekommen. Sie müssen uns nur sagen, wieviel Sie verdauen können.

Auszug aus:

Stenographische Niederschrift 17. Besprechung der **Zentralen Planung** betreffend Voraussetzungen für die Förderungssteigerung der Kohle am 28. Oktober 1942, 9 Uhr 30 Minuten, im Reichsministerium für Bewaffnung und Munition, Berlin, Pariser Platz 3.

(…)

Pleiger: Ich glaube, das Beste wäre, erst einmal mit dem Arbeitseinsatz anzufangen … Zum Arbeitseinsatz möchte ich sagen, daß ich seinerzeit Gauleiter Sauckel gebeten habe, er möge uns nicht nur bergfremde Russen bringen. Aber fest steht, daß mehrere Hunderttausend Bergleute aus dem Donezbecken abgezogen sind ins Reich Das größte Kontingent hatte das Gebiet um Stalino gestellt. Es ist aber festzustellen, daß dem Bergbau bisher kein bergbautauglicher Mann angedient ist, sondern nur bergfremde Kräfte (…) Dieser Zustand muß unter allen Umständen kurzfristig behoben werden …

Fischer: (…)insgesamt wird nach Zusage Gauleiter Sauckels an Pleiger eine Summe von rund 115 000 Mann kurzfristig angedient – wobei ein bestimmter Prozentsatz als Ausfall je nach physischer Qualität nicht zu vermeiden ist. (…)

Pleiger: (…) Davon habe ich mich selbst überzeugt. Es kann uns ja nicht dienlich sein, wenn wir da erst ein Sanatorium vorschalten müssen, bevor wir die Leute auch nur über Tage einsetzen können. (…)Von uns wird ja die Kohle verlangt. Und wenn man uns solches Kroppzeug anbietet, können wir praktisch damit nichts anfangen. (…) Ich möchte noch einmal feststellen: der Gesamtzahl von 123 172 Mann, die bisher gestellt worden sind, stehen gegenüber an Abgekehrten 38 642. Diese Fehlmengen führen dazu, daß praktisch keinerlei Befriedigung im Ruhrbergbau eingetreten ist.

Milch: Wie ist die Abkehr der Kriegsgefangenen zu erklären?

Pleiger: Durch Krankheit, Unbrauchbarkeit, z.T. auch durch Selbstverstümmelung.

Milch: Was machen Sie damit?

Pleiger: Sie werden an die Stalags zurückgegeben. Ich möchte ausdrücklich darauf aufmerksam machen, daß ein großer Teil der eingesetzten Kriegsgefangenen heute bei einer Leistung steht, die nur bei 25 % liegt.

Speer (über Sauckel): Ich bin langsam etwas mißtrauisch geworden. Generell wird über die Arbeitseinsatzleitung sehr geklagt.

Auszug aus:

Stenographische Niederschrift der 21. Besprechung der **Zentralen Planung** betreffend Arbeitseinsatz am 30. Oktober 1942 nachmittags im Reichsministerium für Bewaffnung und Munition, Berlin, Pariser Platz 3   GEHEIM

Minister Speer geht zunächst den Zuweisungsplan für November 1942 durch. Eine stenographische Niederschrift ist über diesen Teil der Verhandlungen nicht gefertigt worden.

Abschließend wird festgestellt, daß sich insgesamt 169 000 Mann Zuweisungen und 149 000 Zusatzbedarf ergeben. (…) Unter Berücksichtigung von Einberufungen, Sonderposten u.ä. ergeben sich rund 400 000 Mann. Eher würden es allerdings 500 000 Mann sein.

Sauckel: Ich möchte von vornherein sagen: Alles, was überhaupt technisch zu schaffen ist, ist, daß wir 400 000 Mann im November hineinbringen. Die Spitze von 400 000 auf 500 000 kann in bestem Falle mit Ersatz aus der Landwirtschaft geschafft werden. Nun will die Luftwaffe schon 100 000 Mann aus der Landwirtschaft für sich holen.

Speer: Alle Anforderungen könnte man nur erfüllen, wenn man, wie es der Russe macht, beim Arbeitseinsatz, was nicht wichtig ist, rücksichtslos drosselt. (…) Hier würde ich z.B. vorschlagen, daß man aus den kinderarmen Haushalten die Dienstmädchen herausholt. Ich habe z.B. neulich gehört, daß der Generaldirektor von Skoda, kinderlos verheiratet, in seinen beiden Haushaltungen in Prag und Berlin noch 6 Dienstmädchen hat. (…) Ich habe mich neulich mit Goebbels über die generelle Frage unterhalten. Er ist der Meinung, daß das Volk darauf wartet, zu diesem letzten Einsatz aufgefordert zu werden. Das Volk hat ja einen viel besseren Sinn für die Realitäten als manchmal die Leute, die sich in der Mittelinstanz dauernd selbst etwas vormachen. Das Volk spürt auch, daß der letzte Schlag noch fehlt.

Sauckel: Wenn wir im November 400 000 Kräfte neu stellen, dann ist das wie ein Märchen, es spricht gegen jede Vernunft. (…) Wir können 400 000 Menschen hereinbringen und können aus der Landwirtschaft 200 000 umsetzen, das ist alles, was möglich ist. (…)

Milch: Endgültig stimmen wird hier keine Zahl. (…) Jedenfalls ist unser Bedarf in jedem Monat nicht so gedeckt worden, wie wir es haben wollten, und dadurch kommt die katastrophale Fehlsumme heraus. Daher unser Wunsch, endlich reinen Tisch zu machen.

Speer (zur Ukraine-Forderung Pleigers): (…) Sie haben ja auch 50 000 Kriegsgefangene drüben zugesagt, die sind bis jetzt noch nicht da.

Sauckel: Es handelt sich nach meiner Kenntnis um das Arbeitsgebiet Ukraine, aus dem OKW Leute für den Bergbaubedarf herausgezogen hat.

Speer: Nein, wir dürfen nicht rabalistisch werden. Das alles hat mit einem Arbeitsüberschuß in der Ukraine nichts zu tun. (…) In der Ukraine habe ich zu bauen: 1. einen verstärkten Ausbau der Bahnen. (…) 2. Energieausbau im

Donezgebiet (Hüttenwerke), 3. Herstellung der Eisen-
bahnanschlüsse für die Donezkohle. Wir haben nach Pleiger 1,2 Millionen t Donezkohle da unten und müssen zur
Zeit noch die oberschlesische Kohle herunterschaffen.
Welch ein Wahnsinn. (...) Als nächstes müssen die Gruben
in Ordnung gebracht werden, dann der Rüstungsausbau,
weil wir bis zum nächsten Frühjahr unbedingt Munition
draußen machen müssen. Das sind jetzt die Aufgaben, zu
denen wir die Leute vorziehen. (...)

Sauckel: Es gibt noch eine andere Möglichkeit, nämlich daß
uns die Wehrmacht in dem Augenblick, wo sie Gefangene
(...) macht, uns die sofort übergibt.

Milch: Der richtige Weg wäre, daß Ihnen auf Befehl des
Führers sämtliche Stalags übertragen werden. (...)

Sauckel: Müßte es nicht möglich sein, die ungeheure Fluktuation einzudämmen? ...

Speer: Ley hat festgestellt, ... daß durch Betriebsärzte der
Krankenstand auf ein Viertel bis ein Fünftel sinkt. SS und
Polizei könnten hier ruhig hart zufassen und die Leute ins
KZ stecken. Anders geht es nicht!

Befehl des Kommandeurs der Sicherheitspolizei und des
SD in Tschernigow vom 19.3.1943:

Aufgabe von Sicherheitspolizei und SD ist die Erkun-
dung und Bekämpfung von Reichsfeinden im Interesse der
Sicherheit. (...) Neben der Vernichtung aktiver vorgetrete-
ner Gegner sind durch vorbeugende Maßnahmen solche
Elemente auszumerzen, die auf Grund ihrer Gesinnung
oder Vergangenheit bei dazu günstigen Gelegenheiten als
Feinde aktiv auftreten können. (...)

Mit Rücksicht auf die augenblickliche politische Lage,
vor allen Dingen in der Rüstungsindustrie in der Heimat,
sind die sicherheitspolizeilichen Maßnahmen weitgehendst
dem Arbeitseinsatz für Deutschland unterzuordnen. Die
Ukraine hat in kürzester Frist 1 Million Arbeiter für die

Rüstungsindustrie freizustellen, wovon aus unserem Gebiet täglich 500 Mann zu stellen sind.

Die Arbeit der Außenkommandos ist daher ab sofort umzustellen. Hierzu wird folgendes angeordnet:

1. Sonderbehandlungen sind auf ein Mindestmaß zu beschränken.
2. Die Erfassung der KP-Funktionäre … hat zunächst nur listenmäßig zu erfolgen. (…)
3. Die Tätigkeit der Arbeitsbehörden bzw. der Werbekommissionen ist weitgehendst zu unterstützen. Dabei wird es nicht immer ohne Zwangsmittel abgehen. (…) Bei der notwendig werdenden Niederbrennung eines Dorfes wird die gesamte Bevölkerung dem Beauftragten zwangsweise zur Verfügung gestellt.
4. Grundsätzlich werden keine Kinder mehr erschossen.
5. (…)
6. Die Gefängnisse sind grundsätzlich leer zu halten. (…) Das Wichtigste ist die Arbeiterbeschaffung. Eine Überprüfung der ins Reich zu verschickenden Personen erfolgt nicht. (…)

Kommandeur der Sicherheitspolizei und des SD
gez. Christensen

PP 06/1/17
An RW AG Alpine, Hütte Linz 22.3.43
Rundschreiben Nr. 23
Betr. Arbeitsvertragsbruch ausländischer Arbeiter

Die hohe Zahl der von ausländischen Arbeitskräften begangenen Arbeitsvertragsbrüche hat ihre Ursache in der gegnerischen Einstellung dieser Arbeiter zum Reich.

Arbeitsvertragsbrüche sind somit nicht als solche, sondern in der Mehrzahl als bewußte Sabotageakte zu werten und demgemäß zu bekämpfen.

Um nun der Geheimen Staatspolizei die Möglichkeit zu geben, die Gefahrenabwehr schlagkräftiger zu gestalten und dem gegnerischen Wirken tatkräftiger entgegentreten zu können, hat der Reichsführer SS und Chef der Deutschen Polizei im Einvernehmen mit dem Generalbevollmächtigten für den Arbeitseinsatz, Gauleiter Sauckel, angeordnet, daß die Verfolgung der Arbeitsvertragsbrüche ausländischer Arbeiter einschließlich der Polen und Tschechen nunmehr von der Geheimen Staatspolizei durchgeführt wird.

Zum Zwecke der Gewährleistung obiger Bestimmungen wird verfügt:

(...) Regelung der Anzeigen (...)

gez. Kehrl   Michel

Aktenvermerk Reichsfinanzministerium April 1943 zu Pleigers Bericht über 4. Quartal 42 der Bergwerksverwaltung O/5:

Berlin, April 1943

Referent: Regierungsdirektor Dr. Baier

Bergwerksverwaltung 0/5 der RW Hermann Göring

I. Vermerk

A) Sachverhalt

1. Generaldirektor Pleiger übersendet den Bericht IV/42 der BOS.

...

Gefolgschaft insgesamt	52 230
dazu kommen	
kriegsgefangene Russen, Engländer und Belgier	4 821
Häftlinge (vor allem Juden)	584

RW AG für Berg- und Hüttenbetriebe
Berlin-Halensee   8.12.44
An Ministerialdirigent Arthur Nasse
Reichsfinanzministerium
Bericht BOS über 1. Halbjahr 1944
Gefolgschaft Ende Juni insg.   70 298 Personen
Hiervon waren   13 151 russ. Kriegsgefangene
                                1 007 ital. Militärinternierte
                                  873 engl. Kriegsgefangene
                                  160 bel. Kriegsgefangene
                                2 431 KZ-Häftlinge
Außerdem beschäftigen wir   4 059 Ostarbeiter
                                2 077 Polen
                                  694 Ukrainer

Die Abgänge in den Lägern durch schlechte Ernährung und
dadurch verursachte Erkrankungen, namentlich Tuberku-
lose, nahmen einen erschreckenden Umfang an
                           Kattowitz, 6.12.44
                           Bergwerksverwaltung O/S GmbH.
                           gez. von Dewall   Knott

AHA Ag/E 316/43g   29. Mai 1943
Aktennotiz
über die am 25.5.43 bei Chef AHA stattgefundenen Besprechung betr. Einberufung aus dem Bergbau (Restgestellung
von 14 200 Mann für den 800 000 Mann Plan.)
1. Anwesende:
AHA   Gen. d. Inf. Olbricht
                           Oberst d. G. Reinhardt
                           Gen. Maj. Edelmann
                           Oberst Weidemann
                           Obstlt. v. Scheliha

Sonderbeauftragter des	Gen. d. Inf. von Unruh
Führers	Oberst Dr. Krull
	Min. Rat Schnell
W F ST	Kapitän z. S. Huchzermeier
Chef Kriegsgef.	Oberst Diemer-Willroda
GRA	Min. Rat Dr. Letzsch u.
	1 Begleiter
RwiMin	Oberberghauptmann Gabel
	Ob.Reg.Rat Agt
Reichsvereinigung Kohle	Staatsrat Pleiger
	Dr. Sögemeier

2. Verlauf:

Chef AHA führt aus, daß nach einem Schreiben des GBA vom 25.5.43 hervorginge, daß die Einziehungen aus der SE-Aktion (rund 30 000 Mann) durch den GBA mit 40 000 Mann in der Zeit 1.1.–30.4. abgedeckt worden seien,

ferner daß nach den Mitteilungen des GBA und den Anordnungen des Chef OKW sich die Lage so darstelle, daß die von der Wehrmacht geforderten Restgestellungen aus dem Bergbau (14 200 Mann) abgedeckt würden

1. durch 24 000 Kriegsgefangene
2. durch Anwerbungen von Arbeitskräften im Gen. Gouv.
3. durch Umsetzung von 50 000 Kräften aus der übrigen Wirtschaft im Reichsgebiet

Deshalb muß die Wehrmacht an der von Chef OKW gestellten Forderung festhalten:

Gestellung von 7100 Mann am 15.6.

und 7100 Mann zum 15.7.

Oberberghauptmann Gabel schildert die Arbeitseinsatzlage im Bergbau seit 1. Januar 43. Danach ist die Beschäftigtenzahl trotz aller Zuweisungen um insgesamt 10 000 Mann abgesunken.

Staatsrat Pleiger … führt aus, daß er den Brief von Gauleiter Sauckel für unverantwortlich halte. Die Leute, die ihm zugesagt worden wären, wären nicht gestellt worden. Die Produktion läge so tief wie noch nie, die Leistung wäre nicht mehr aufrechtzuerhalten. Die Lieferungen nach Italien müßten heruntergedrückt werden (politische Konsequenzen!). 10 000 Kriegsgefangene sollen in der Sonne liegen, bei den Zechen seien aber noch keine angekommen. Von der Polen-Aktion wisse man noch nicht, was sie bringe. (…)

Der GBA hätte nichts getan, als den normalen Ausgleich zu finden. Der Abfall in der Produktion fehle in der Rüstung und könne nicht nachgeholt werden. Er erkenne zwar die Forderungen der Wehrmacht an und danke dem Chef OKW für die Zuweisung von Kriegsgefangenen. Es wäre dies der erste aktive Versuch, den Bergbau zu unterstützen. Vor Lieferung ausreichender Ersatzkräfte und 6wöchiger Einarbeitungszeit könne er aber keine Bergleute zur Einziehung hergeben.

Min.Rat Dr. Letzsch bedauert, daß dem Gauleiter Sauckel Vorwürfe gemacht würden. Es wären nur alle möglichen Anstrengungen gemacht worden. (…)

General von Unruh stellt fest, daß schon neulich bei der Sitzung beim Reichsmarschall die Frage aufgeworfen worden sei, wo denn die vom GBA gelieferten 750 000 Kräfte geblieben seien. Soldaten wären dadurch nicht herausgekommen. Für den Bergbau sei zu wenig geschehen.

(…)

Staatsrat Pleiger: Wenn Gauleiter Sauckel genügend Leute in den Bergbau pumpe, dann könne er verstehen, daß die Wehrmacht rücksichtslos zupacke. Er wäre aber noch nicht für die erste von ihm gegebene Rate befriedigt. Er hätte wie die Wehrmacht einen Befehl des Führers. Wenn ihm Menschen genommen werden sollten, müsse er auf die

Konsequenzen aufmerksam machen, daß er die geforderten Höchstprogramme nicht halten könne.

Chef AHA faßt das Ergebnis der Besprechung zusammen:

Er werde den Chef OKW über folgenden Standpunkt des Staatsrats Pleiger unterrichten: Er habe in der SE-Aktion 30 000 Mann hergegeben in der Erwartung, daß sie ausreichend abgedeckt würden. Das sei trotz aller Angaben des GBA nicht geschehen. Die Ersatzlieferungen von Gauleiter Sauckel und die Lieferungen von Kriegsgefangenen seien nicht ein ausreichender Ersatz für das, was er geliefert habe. Wenn er 14 000 Bergleute hergeben solle, müßten die Kriegsgefangenen erst einmal da sein und von Gauleiter Sauckel alle Restlieferungen im Verhältnis 1:2 abgedeckt sein, da die Arbeitsleistung der Ausländer nur einen Bruchteil der Leistung deutscher Kräfte darstelle. Wenn er früher liefern müßte, dann wäre er gezwungen, dem Führer sofort Vortrag zu halten.

Abdruck an:
Chef OKW
Gauleiter Sauckel
Staatsrat Pleiger
Sonderbeauftragter des Führers Gen. d. Inf. von Unruh

18. Juni 1943
316/43g
Geheim!

Herrn Gauleiter Sauckel
Generalbevollmächtigter
für den Arbeitseinsatz
Berlin SW 11
Saarlandstr. 96

Sehr geehrter Parteigenosse Sauckel!

Trotz der äußerst angespannten und sich leider immer schärfer zuspitzenden Kohlenlage verlangt das OKW von mir die weitere Freigabe von Bergleuten. (...) Nach den Verhandlungen in der Zentralen Planung am 22.4. und den Besprechungen auf dem Obersalzberg, bei denen der Plan über den stufenweisen Einsatz von insgesamt zur Fördersteigerung erforderlichen 241 000 ausländischen Arbeitskräften bis zum Herbst des Jahres vorgelegt, und davon entsprechend den vorhandenen Unterkünften baldmöglichst die Zuweisung von 70 000 Mann gefordert wurde, sollte für mich die Diskussion über die Zuweisung von Arbeitskräften in den vergangenen Monaten abgeschlossen sein. (...)

Leider muß ich nun doch noch einmal auf die zurückliegenden Vorgänge zurückkommen, weil General Olbricht in einer Besprechung am 28.5. seine erneute Forderung nach der Freigabe von 14 200 Bergleuten auf ein Schreiben Ihres Amtes stütze, das mir erst durch Verlesung bei dieser Gelegenheit inhaltlich bekannt wurde. Meiner nach sofortigem scharfen Einspruch gegen eine solche Darstellung der Verhältnisse geäußerten Bitte um Übermittlung einer Abschrift entsprach nicht, wie ich es erwarten konnte, Ihr Amt, sondern das OKW. (...)

Daß Ihr Amt einen derartigen Bericht an das OKW herausgeben konnte, ist schon deshalb völlig unfaßlich, weil die

434

Folgerungen, die die Wehrmacht aus solchen Darlegungen ohne meine Richtigstellung gezogen hätte, die Schwierigkeiten, die Sie mit der Ihnen gemachten Auflage für den Arbeitseinsatz im Kohlenbergbau zu überwinden haben, sehr erheblich verschärfen müßten. (Handschriftlich: Wie Sie es leider immer machen!)

Aus dem Schreiben vom 25.5. mußte die Wehrmacht den Schluß ziehen, auf dem Gebiete des Kohlenbergbaues sei beim Arbeitseinsatz alles in Ordnung. Daß dem keineswegs so ist, wissen Sie genau so gut wie ich. (Handschriftlich: Solche Erklärungen gaben Sie auch immer beim Führer ab, die ich richtigstellen mußte!)

Die tatsächliche Lage sieht doch so aus: Statt der mir für die Zeit vom 10. bis 30. IV. zugesagten 50 000 Polen ... konnten im April nur 10 171 Mann in die deutschen Aufnahmelager abtransportiert werden. In der Zeit vom 1. bis 27. 5. sind aus Polen nur Transporte in Höhe von 501 Mann abgegangen. Diese Aktion war also ein Fehlschlag! (...) Von den 30 000 Kriegsgefangenen sind die ersten Transporte in den ersten Tagen des Juni in den Sammellagern angekommen. Die bereits von Generalfeldmarschall Keitel gemachten Vorbehalte wegen der Bergbautauglichkeit bestanden sehr zu Recht. Durchschnittlich sind nur ein Drittel einsatzfähig. (...)

Dem OKW habe ich Abschrift dieses Briefes übersandt.

Heil Hitler!
Pleiger

Hüttenverwaltung Westmark GmbH der Reichswerke
»Hermann Göring«
Büro Paris, 120, av. des Champs Elysees, Tel. Bal. 3426

Herrn
Direktor Jörs
Abt. Hauptgefolgschaftsführung
des Montanblocks der Hermann-Göring-Werke,
Berlin Halensee
Albrecht-Achilles-Str. 62
Unsere Zeichen
Dr. R/Br.
Paris, den 22.6.1943

Bericht Nr. 5

Nachdem in Nantes 360 Mann, zum großen Teil Facharbeiter, angeworben waren, sind zum Abtransport nur 60 Mann erschienen, da alle von der Präfektur zu stellenden Leute nicht gekommen waren. Herr Deyber erschien daher heute morgen mit der vorgenannten Zahl. S. E. ist damit zu rechnen, daß die restlichen 300 Mann noch im Laufe dieser Woche gestellt werden, er gibt an, diese Zusage von Nantes erhalten zu haben, da alle Leute, die sich zur Abfahrt nach Deutschland melden, für uns zur Verfügung gestellt werden.

Ich habe heute Gelegenheit genommen, mit Herrn Regierungsrat Bach mich des längeren zu unterhalten und über die Lage auf dem Arbeitseinsatzmarkt zu informieren. Hiernach ist es so, daß tatsächlich von den Arbeitern, die von französischer Seite zu stellen sind, knapp 10–15 Prozent zu den Transportzügen kommen, und allgemein von 8 angeforderten Wagen 6 leer zurückbleiben. Speziell die Jugendlichen versuchen, als Touristen verkleidet in den Wäldern Unterschlupf zu finden, so daß man heute schon

dazu übergegangen ist, riesige Wälder abzusperren und mit
französischer Polizei und deutschem Militär auszukämmen.
Überall dort, wo die Präfekten Anhänger von Laval sind,
und dies trifft leider in den seltensten Fällen zu, wickeln
sich die Rekrutierungen planmäßig ab. Zum Beispiel haben
in Gebieten von Nordost-Frankreich 12 Feldkommandatu-
ren, die dasselbe Gestellungssoll hatten, 2 Kommandantu-
ren das Soll bereits erfüllt, die 10 anderen z.T. nichts, z.T. 5
bis 20 Prozent ihres Soll erfüllt. Aufgrund dieser Situation
ist gar nicht damit zu rechnen, daß das April/Mai/Juni-
Programm vor Ende Juli erfüllt werden kann, da bis zum
heutigen Tage noch nicht die Hälfte gestellt worden ist.
Manchmal kommt es bei den Rekrutierungen zu offenen
Revolten, die leider von den deutschen Militärbehörden
weder unterdrückt noch bestraft werden.

Unsere Aufträge über 1200 Mann sind nicht so plaziert,
wie ich es gerne gewünscht hätte, jedoch ließ sich, nachdem
der Auftrag etwa 3 Wochen verspätet hier eingegangen ist,
nichts mehr ändern. Ich bin daher gezwungen, unsere
Arbeiter aus den Feldkommandanturen St. Cloud und
Rouen zu beschaffen. Bei meiner gestrigen Besprechung in
St. Cloud wurde mir gesagt, daß mit der Gestellung in etwa
14 Tagen bis 3 Wochen zu rechnen sei (600 Mann), nachdem die Franzosen bis zum heutigen Tage alles sabotiert
haben, was von uns vorgeschlagen und gefordert wurde. So
sind z.B. gestern von 6000 Mann, die die Präfekturen der
Feldkommandantur St. Cloud zu stellen sich verpflichtet
hatten, keine 50 Mann erschienen. Heute früh soll der Präfekt verhaftet worden sein und seinen Mithelfern dasselbe
angedroht, falls sich die Verhältnisse nicht grundlegend
ändern. Ich glaube aber, daß auch diese Maßnahmen keinen
nennenswerten Erfolg haben werden, denn es hat den
Anschein, als ob das französische Volk nun tatsächlich
geeint gegen Deutschland steht. Das ihrige tut die englische

Propaganda, die massenweise Flugblätter abwirft und verteilen läßt, in denen die französische Landbevölkerung aufgefordert wird, die nach Deutschland rekrutierten Arbeiter unentgeltlich aufzunehmen und zu verstecken, da jede Stunde, die der französische Arbeiter gewinne, um nicht in Deutschland zu arbeiten, zum Endsiege beitrage. Soweit bekannt, soll der englische Rundfunk sich in ähnlicher Weise auslassen, was naturgemäß dazu beiträgt, die Stimmung gegen Deutschland auf den Siedepunkt zu bringen. Unter den geschilderten Verhältnissen erscheint es mir außerordentlich fraglich, Transporte von 200 bis 300 Mann zur Abfahrt zusammenzubringen. Ich werde mich deshalb auch mit kleineren Transporten zufriedengeben, und bitte nochmals umgehend, falls nicht bereits geschehen, Herrn Bachler als Transportbegleiter hierher zu schicken, da ich mit den mir zur Verfügung stehenden Herren eine Transportbegleitung kleinerer Einheiten nicht durchführen kann.

Morgen, Mittwoch, den 23.6., werde ich mit Herrn Deyber nach Rouen fahren, um zu hören, wie die Verhältnisse dort sind, und Herrn Deyber einführen. Ich habe heute Herrn Reg.-Rat Bach gebeten, nochmals mit den Werbestellenleitern von St. Cloud und Rouen zu telefonieren und von sich aus die Erfüllung unserer Aufträge zu befürworten.

Ich werde auf jeden Fall am Montag, dem 28.6., morgens in Watenstedt sein, und bitte um telegraphische Gegenorder, falls der Termin dort nicht paßt.

Heil Hitler!
gez. Dr. Rotter

Betr. KZ Drütte der Reichswerke »Hermann Göring«

4.7.1944

Zentralstelle Salzgittergebiet
An Herrn Cornelius
Drütte

Hiermit übersende ich Ihnen ein Stück des Vertrags-
entwurfs des Konzentrationslagers Neuengamme. Herr Dr.
Wesseling, der im Auftrage von Herrn Pleiger die Verhandlungen führte, hält die Regelung für tragbar. Die Häftlinge
arbeiten bereits für uns. Sie werden dringend gebraucht.
Die tatsächlich bereits bestehende Regelung hat bisher zu
Beanstandungen nicht geführt. Unter diesen Verhältnissen
könnte man auf eine wohlabgewogene rechtsgeschäftliche
Regelung verzichten.

Eine vergleichsweise Gegenüberstellung dieses Entwurfs
mit dem Vertrag Arbeitserziehungslager 21 füge ich bei.
Der Vertrag L 21 ist der Form nach exakter. Ob er für uns
vorteilhafter ist, steht dahin. (…)

Ich schlage vor, den Entwurf zu unterzeichnen und im
Begleitbrief auszuführen: … »Wenn wir davon absehen,
Ihnen einen Vertrag wie den über das Lager 21 vorzuschlagen, so gehen wir davon aus, daß die einzelnen Bestimmungen Ihres Vorschlages jeweils im Hinblick auf höchstmögli-
che Arbeitsleistung der Häftlinge und ihm Rahmen der uns
gegebenen wirtschaftlichen Möglichkeiten ausgelegt werden sollen. Grundsätzliche Änderungen bleiben einer Ver-
handlung zwischen SS-Obergruppenführer Pohl und
Staatsrat Pleiger vorbehalten.«

Heil Hitler
gez. Strickrodt

Reichsführer SS – SS-Wirtschafts- und Verwaltungsamt
Oranienburg 29.9.44

An Reichswerke Erzbergbau und Eisenhütten
Ich bestätige hiermit die am 27. d. M. mit Herrn Dr.
Wesseling und Herrn Obering. Wurm in Drütte gehabte
Besprechung wie folgt:
1. Die Zahl der Häftlinge wird von 2700 auf 3000 erhöht.
   Die Gesamtbelegungsstärke unter Berücksichtigung der
   jeweils nicht einsatzfähigen Häftlinge erhöht sich auf
   3150 Mann.
2. Die zur Zeit im Arbeitslager fehlenden 600 Betten werden kurzfristig gestellt, nachdem es nicht zu verantworten ist, daß weiterhin noch teilweise 2 Häftlinge in einem
   Bett schlafen. Ich muß nochmals darauf hinweisen, daß
   Ihnen bereits seit Oktober 42 die benötigte Bettenzahl
   bekannt ist.
3. In der Fertigbearbeitung der Aktion 88 erfolgt der Einsatz der Häftlinge zukünftig in 2 Schichten à 12 Stunden.
4. Die Häftlinge können von Ihnen durch Eignungsprüfung
   selbst ausgewählt werden.
N.S. Herr Hogreve wird morgen in Oranienburg die Aus-
musterung treffen.

Der Chef des Oberkommandos
F. H. Qu., 8. Juli 1943
der Wehrmacht WFST/Org (II) Nr. 02958/43 geh.
GEHEIM
Betr. Kräfte für Kohlenbergbau
Der Führer hat am 7.7. für die Durchführung des erwei-
terten Eisen- und Stahlprogramms die unbedingte Sicher-
stellung der nötigen Kohleförderung und hierzu die
Deckung des Kräftebedarfs aus Kriegsgefangenen befohlen.

Der Führer fordert, daß nachstehende Maßnahmen mit aller Beschleunigung getroffen werden, um im Endziel dem Kohlenbergbau 300 000 zusätzliche Arbeitskräfte zuzuführen.

1. Aus den in unserer Hand befindlichen sowjetischen Kriegsgefangenen – mit Ausnahme Finnlands und Norwegens sowie der in Planstellen der Truppe befindlichen Kriegsgefangenen – sind durch den Generalbevollmächtigten für den Arbeitseinsatz (GBA) im Einvernehmen mit Chef OKW (AWA Chef Kriegsgef.) bis 1.9.1943 als erste Rate, sofort beginnend Zug um Zug, 200 000 bergbautaugliche Kriegsgefangene in den Bergbau umzusetzen. Soweit erforderlich, ist durch GBA Ersatz zu stellen.

2. Bei Neuanfall von sowjetischen Kriegsgefangenen hat bis auf weiteres die Bedarfsdeckung des Kohlenbergbaus vor allen anderen Anforderungen den uneingeschränkten Vorrang.

   Alle im Osten seit 5.7.43 anfallenden Kriegsgefangenen sind den Lagern des OKW zuzuführen und von dort unmittelbar oder im Ringtausch über andere Bedarfsträger dem GBA zum Einsatz im Kohlenbergbau zur Verfügung zu stellen; der Vorsitzende der Reichsvereinigung Kohle hat das sofortige Auswahlrecht mit Hilfe seiner Organe schon in den Kriegsgefangenenlagern des OKW-Bereiches.

3. Sowjetische Berufsbergleute sind ausnahmslos aus allen Kriegsgefangenen-Einsatzstellen, die ihrer beruflichen Vorbildung entsprechen, gegen Ersatz dem GBA für Einsatz im Bergbau zuzuführen.

4. Die in den Bandenkämpfen des Operationsgebietes, der Heeresgebiete, der Ostkommissariate, des Generalgouvernements und des Balkans gemachten männlichen Gefangenen im Alter von 16 bis 55 Jahren gelten künftig als Kriegsgefangene. Das gleiche gilt für diese Männer in

den neu eroberten Gebieten des Ostens. Sie sind den Kriegsgefangenenlagern zuzuführen und von dort zum Arbeitseinsatz im Reich zu bringen.

Über Erfassung und weitere Behandlung der Familienangehörigen geben Chef d. Gestb. d. H. und Reichsführer SS für ihren Bereich die nötigen Anweisungen im gegenseitigen Einvernehmen. Zum Vortrag beim Führer meldet Chef Kriegsgefangenenwesen mit 10-täglich den Ablauf der Aktion, erstmalig zum 25.7.43 mit Stichtag 20.7.43.

Keitel

Generalbevollm. f. d. Vierjahrespl.

n. z. Hd. Körner

Reichsminister für R w. u. Munition

Vors. der RV Kohle

Staatsrat Pleiger

06/1/9

Herrn Reichsminister Speer   30.8.43

Reichsministerium für   349/43 g Geheim!
Bewaffnung und Munition
Berlin-Charlottenburg
vorl. Jobensstraße-Chefbaracke

Sehr geehrter Herr Parteigenosse Speer!

Der mir durch Sie mitgeteilten Absicht des OKW, die 50 000 sowj. Kriegsgefangenen, die aus dem zivilen Sektor im Juli gestellt werden sollten, auf die 200 000 sowj. Kgef., die laut **Führerbefehl** dem Koblenbergbau zugewiesen werden sollen, anzurechnen, muß ich schärfstens widersprechen. Ich muß vielmehr auf der vollen Gestellung der 50 000 aus der sogenannten Juli-Umlage und der

200 000 sowj. Kgef. gemäß Führerbefehl in voller Höhe bestehen.

Einmal ist der Anteil der Bergbaufähigen aus den Reihen der gestellten Kgef. weiterhin gering. Zum anderen ging ich bei der Anforderung der 250 000 Arbeitskräfte davon aus, daß die laufenden Abkehrungen sich um etwa 30% bewegen wurden. Die Ihnen mitgeteilten Arbeitseinsatzzahlen für die Zeit vom 1. Juli bis 20. August d. J. zeigen demgegenüber, daß die Abgänge zur Zeit wesentlich höher liegen.

Schließlich muß gerade im Hinblick auf die steigende Abkehrzahl (handschriftlich: also der nicht Flüchtenden) der Ostarbeiter und sonstigen Ausländer an der ursprünglichen Absicht festgehalten werden, dem Kohlenbergbau ausschließlich Kriegsgefangene zuzuführen, die disziplinarisch weitaus besser zusammengehalten werden können. (Handschriftlich: Wir wollten auf die freien Arbeiter verzichten und nur noch Kriegsgefangene haben, die ja doch nun einmal gefügiger sind).

Ich bitte Sie daher dringend, auch Ihrerseits darauf zu achten, daß der **Führerbefehl** im ursprünglichen Sinne durchgeführt wird.

Heil Hitler!
Pleiger

Reichswerke Alpine, Linz   22.6.44

Geheimes Rundschreiben:
Betr. KZ-Einsatz

Den für uns so ungeheuer wichtigen Einsatz von KZ-Häftlingen steuere ich persönlich. Sämtliche Verhandlungen mit dem Kommandanten des Lager Mauthausen, SS-Standartenführer Ziereis, werden von mir persönlich geführt.

Wenn möglich, ist auf die Wünsche des KZs in bezug auf Hilfestellung irgendwelcher Art durch die HGW einzugehen. Es muß jedem klar sein, daß dies für uns eine einmalige Gelegenheit ist, die Produktion in kürzester Zeit zu steigern.

Heil Hitler
gez. Schitken

Oberkommando der Wehrmacht   Torgau/Elbe, 4.9.1944
AZ. 2 f 24.17a Kriegsgef. Org. (IIIb)

An die
Reichsvereinigung Kohle
Der Vorsitzer
Herrn Staatsrat Paul Pleiger
Berlin W 15
Olivaer Platz 56

Bezug: Dort. Schr. v. 26.7.1944
Betr.: Zunahme der Erkrankungen und Todesfälle der sowj. Kr. Gef. im Bergbau.

OKW/Chef Kriegsgef. beobachtet seit längerer Zeit den außerordentlich hohen Verbrauch an kr. gef. sowj. Arbeitskräften innerhalb des Bergbaus. Aus den eigenen statistischen Angaben der Reichsvereinigung Kohle ergibt sich folgendes Gesamtbild:

Einsatzzahlen v. 31.12.43	151 023 sowj. Kgf.
Neuzuführungen v. 1.1.–27.6.44	30 741 sowj. Kgf.
	181 764 sowj. Kgf.
Bestandszahlen am 27.6.44	149 528 sowj. Kgf.
Abgänge im gleichen Zeitraum also	32 236 sowj. Kgf.

(…)

444

Aus diesen Zahlen heben sich die für den oberschlesischen Steinkohlenbergbau geltenden Zahlen (...), besonders heraus.

(...) Hier betrugen die Abgänge im ersten Halbjahr 1944 bei den sowj. Kgf. monatlich durchschnittl. über 4%. (...) Bei der Häufigkeit und der Regelmäßigkeit derartiger Klagen muß der Eindruck entstehen, daß es sich hier um symptomatische Erscheinungen (...) handelt. (...) Es ist erstaunlich, daß es erst derartiger gewaltiger Anstrengungen von dritter Seite bedarf, um den Bergbau zu einer im Interesse der Erhaltung der Arbeitskräfte der Kr. Gef. liegenden Haltung zu veranlassen, obwohl auch der GBA, Gauleiter Sauckel, bereits wiederholt auf die Notwendigkeit der Erhaltung der kr. gef. Arbeitskraft hingewiesen hat, ... da wir aber die fremden Arbeitskräfte jahrelang brauchen und auch deren Ersatz sehr begrenzt ist, kann ich sie nicht kurzfristig ausbeuten und ihr Arbeitsvermögen nicht verwirtschaften. (...)

I.A.
gez. Diemer-Willroda

Ich, Bernard Goldstein, geb. 18.9.20 in Krakau, schwöre, sage aus und erkläre:

Nach meiner Festnahme im Jahre 1942 gelangte ich über den Weg der verschiedensten Arbeits- und Konzentrationslager etwa August 1944 in das KZ Mauthausen. Dort verblieb ich etwa 3–4 Wochen und kam dann mit 700–800 weiteren Häftlingen in das KZ Linz III, wo sich insgesamt etwa 6000 Insassen befanden, die ausschließlich für die HGW arbeiteten.

Den folgenden Vorgang hatte ich im Winter 1944/45 erlebt:

Die Mittagspause war von 12 bis 13 Uhr. Ein Häftling

kam um 13.05 Uhr zur Arbeit. Er hatte einen Teller, in dem sich ein Rest kalter Suppe befand, in den Händen und wollte diesen auf der Schmiede wärmen. Als der Obermeister Zuleger das sah, trat er ihm den Teller aus den Händen und schlug den Mann so, daß er umfiel. Aus Angst vor dem Obermeister bin ich dann fortgelaufen. Am Abend sah ich, wie sie den Mann in das Lager zurück und in das Revier gebracht haben. Zwei Tage später hatte ich eine Fingerverletzung und mußte selbst ins Revier. Dort fragte ich einen Sanitäter nach diesem Mann. Er sagte mir, er sei gestern in die »Totenkammer« gekommen. Er ist seit der Zeit von keinem mehr gesehen worden.

Eidesstattliche Erklärung

Ich, Waldemar Kraft, wohnhaft Berlin-Schöneberg, Kalckreuthstr. 10, geb. 18.4.1912 in Hulkiwitsch/Rußland, erkläre unter Eid:

1. Mein Vater war Auslandsdeutscher. Ich kam 1917/1918 nach Deutschland zurück. 1940 wurde ich in Straßburg für die HGW in Watenstedt angeworben.

2. Ich arbeitete ab Anfang August 1940 als Vorarbeiter in Watenstedt. Ende August 1940 wurde ich wegen staatsfeindlicher Tätigkeit von der Gestapo verhaftet und in das Straflager in Hallendorf eingeliefert. Gleich am ersten Tag erhielt ich ohne Grund 25 Schläge zugeteilt, das war vom Werkschutz veranlaßt worden. In diesem Lager befanden sich etwa 400 Häftlinge.,

3. Wir wurden um 3 Uhr morgens geweckt und hatten das Lager im Eiltempo zu reinigen. War einer nicht schnell genug, wurde er am Abend auf den Bock geschnallt und erhielt vom Lagerkommandanten persönlich mit einem Holzknüppel 25–30 Schläge.
Um 5 Uhr wurde in großer Eile gefrühstückt, zum

446

Appell angetreten und zur Arbeit gefahren. Ich war in der Schlackenverwertung beschäftigt, wo wir von 6 Uhr morgens bis 6 Uhr abends mit 10–15 Minuten Mittagspause arbeiteten. In das Lager zurückgekehrt, mußten wir zum »Sport« antreten – wir hatten in Holzschuhen stundenlang im Kreis zu laufen. Die Schlafenszeit bestand höchstens 4–5 Stunden.

4. Die Arbeit in der Schlackenverwertung war ungesund und schwer. Je zwei Mann mußten mindestens 2 Waggons Schlacke laden, diese 15–20 Tonnen mußten hochgeworfen werden.

5. Wer das Programm nicht einhalten konnte, wurde auf Weisung von den Vorarbeitern mit Knüppeln geschlagen. Körperliche Mißhandlungen waren an der Tagesordnung.

6. Ich war nur 3–4 Wochen in diesem Straflager und wurde dann nach Auschwitz und Sachsenhausen eingebracht. Die Behandlung in dem Straflager der HGW war viel schlimmer als diejenige in den Konzentrationslagern.

(Text wurde unwesentlich gekürzt)
Nürnberger Wilhelmstraßenprozeß, 06/1/18

gez. Waldemar Kraft

Eidesstattliche Erklärung:

Ich, Isaak Rosenbaum, geboren am 28.12.1921 in Rozvadov, erkläre: Im Oktober 1942, als durch Umsiedlung alle Juden ausgesiedelt wurden, wurden meine Eltern nach Auschwitz und ich nach »Reichshof« gebracht. Im Juli 1944 kam ich nach Mauthausen. Da ich von Beruf Metallarbeiter war, kam ich im August 1944 in das KZ Linz III. Alle Insassen, ich schätze 5000, mußten für Betriebe der HGW arbeiten. Ich kam mit einem Kommando von etwa 80 Mann in die Hauptwerkstatt als Metalldreher.

Unser Tag lief folgendermaßen ab:

Aufstehen 4 Uhr, Appell 5 Uhr. Vor dem Appell Frühstück ½ Liter Wassersuppe. Dann Abmarsch zur Arbeitsstelle. Hier erhielten wir unsere ersten Schläge. Anfang der Arbeit 7 Uhr. Gearbeitet wurde 12 Stunden mit Mittagspause von 12–13 Uhr. Es gab 1 Liter Wasser-Suppe, manchmal mit Kraut und Kartoffelschalen. Nach der Rückkehr erhielten wir Abendessen, 250 g Brot, etwas Käse oder Marmelade und Kaffee. Die Ernährung war so schlecht, daß von den 500 jungen Leuten, die gleichzeitig mit mir kamen, nach 9 Monaten bei der Befreiung nur noch 120 am Leben waren.

Sobald wir das Werk betreten hatten, unterstanden wir nicht mehr den SS-Wachmannschaften, sondern lediglich den Meistern und Vorarbeitern. Wenige der Meister waren ein wenig anständig, die größte Zahl hat uns geschlagen oder riefen den Kommandoführer der SS und beauftragten diesen.

Wenn eine Arbeit nicht richtig ausgeführt war, so hieß es gleich, das sei Sabotage. Ein Brief ging an das Lager Mauthausen, von dort aus kam man sehr schnell in das Krematorium. Deshalb versuchten wir, die Arbeit so gut wie möglich zu machen, denn jeder wollte am Leben bleiben.

SAG 06/18/Nürnberg

Eidesstattliche Erklärungen:

Ich, Franz Schloss, wohnhaft Berlin-Wilmersdorf, Am Volkspark 87a, stelle unter Eid freiwillig fest:

1. Ich wurde am 2.9.1905 in Mor, Ungarn, geboren. Im September 1943 wurde ich in Berlin von der Gestapo verhaftet und nach Auschwitz transportiert.

2. Ich kam Anfang März 1944 in das KZ Jawischowitz, das von der SS für die Bergwerksverwaltung Oberschlesien

der Reichswerke »Hermann Göring« errichtet worden war.

3. Im KZ Jawischowitz waren ca. 2500 KZ-Häftlinge, welche in der Bergwerksverwaltung zu arbeiten hatten. Unter diesen Häftlingen befanden sich auch 150–200 Kinder, meist ungarisch-jüdischer Herkunft, im Alter zwischen 6–12 Jahren. Diese Kinder waren in der Sortierung der Kohle beschäftigt.

4. Die Arbeitsverhältnisse in der Grube Brzeszcze waren besonders schlecht, da die Grube zum Teil unter Wasser stand und wir daher gezwungen waren, im Wasser zu arbeiten.

Die Behandlung während der Arbeit bei den HGW-Werken war schlecht. Die Hauer und Steiger schlugen uns Häftlinge mit jeglichem Gerät, das ihnen zu Händen war. Diese Mißhandlungen besserten sich etwas nach Ende Oktober 1944, da unsere Arbeit zu sehr benötigt wurde.

5. Obwohl der Gesundheitszustand der Häftlinge infolge der großen Arbeitsleistung und der unzureichenden Verpflegung zusammen mit der unmenschlichen Behandlung ein sehr schlechter war, scheute sich jeder Häftling, in das Revier zu gehen. Diese wurden als arbeitsschwach zum Transport nach Auschwitz bestimmt, von wo sie nicht mehr zurückkamen.

6. Um das mit den HGW-Werken akkordierte Arbeitspensum einzuhalten, siebte die SS die arbeitsschwachen Häftlinge zum Transport nach Auschwitz aus.

(HGW-Werke = Reichswerke »Hermann Göring«; SAG 06/1/1/8 Nürnberg)

I.

Es erscheinen unvorgeladen

1. der Kraftfahrer Karl Tucht, geboren am 7.9.1919 zu Duisburg,

2. der Schlosser Siegfried Sondram, geboren am 17.4.1915 zu Krefeld,

beide wohnhaft in Oberhausen, Goethestraße 59,

und erklären:

Ich, Karl Tucht, war ausweislich des hiermit vorgelegten Personalausweises Nr. 17 der Hilfsstelle für entlassene Konzentrationslagerhäftlinge, Oberhausen, ausgestellt dortselbst am 26.7.1945, in der Zeit vom 7.6.1938 bis 2.5.1945 politischer Häftling der Konzentrationslager Dachau, Mauthausen (»Mordhausen«), Hamburg-Neuengamme, Drütte und Belsen. In der Zeit von März 1942 bis 7. April 1945 gehörte ich dem Konzentrationslager Drütte als Nebenstelle des Konzentrationslagers Hamburg-Neuengamme an.

Ich, Siegfried Sondram, war ausweislich des hiermit vorgelegten Personalausweises Nr. 16 der Hilfsstelle für entlassene Konzentrationslagerhäftlinge Oberhausen, ausgestellt am 26.7.1945, in der Zeit vom 20.3.33 bis 2.5.45 politischer Häftlinge der Konzentrationslager Oranienburg, Dachau, Buchenwald, Hamburg-Neuengamme, Drütte und Belsen. Ich war gleichfalls mit dem KZ-Häftling Tucht von März 1942 bis 7.4.1945 im Konzentrationslager Drütte als Nebenstelle des Konzentrationslagers Hamburg-Neuengamme.

Die Erschienenen erklärten sodann gemeinsam:

Wir führen hiermit Klage gegen

a) den Abteilungsleiter des Walzwerkes der Reichswerke, Herrn Koch

b) den stellvertretenden Abteilungsleiter Dühr

c) den Versandleiter, Herrn Zähres

d) den Chef der Maßkontrolle der Aktion 88,
   Herrn Cramer
e) den Betriebsleiter der Aktion 88, Herrn Mehnert
f) den Direktor der Hauptwerkstätten, Herrn Wurm,
über deren Verhalten gegenüber den Häftlingen.
Im einzelnen führen wir an:
1. Ich, **Karl Tucht**:
   a) Der Abteilungsleiter **Koch** hat sich in beschämender
   Weise an Gütern bereichert, die für die Verpflegung
   der KZ-Häftlinge bestimmt waren. Er hatte ständigen
   Umgang mit dem Lagerkommandanten, SS-Obersturmführer Strippel, mit dem Küchenführer des Konzentrationslagers, dem Unterscharführer der SS Halledin, sowie dem Oberscharführer der SS Götsche, dem
   Chef der Bekleidungskammer des Konzentrationslager. Ich war in Drütte Verpflegungshäftling und hatte
   in dieser Eigenschaft die Verpflegungsausgabe unter
   mir. Ich mußte täglich besondere Pakete von Lebens-
   mitteln, wie Fleisch, Butter, Zucker, Puddingpulver,
   Brot, Weißbrot usw., herrichten, die ich dem Küchenführer Halledin zu übergeben hatte. Ich habe dann
   genau beobachtet, was mit diesen Paketen geschah,
   und einwandfrei festgestellt, daß u.a. Herr Koch Tag
   für Tag sich ein solches Paket von dem Küchenführer
   aushändigen ließ.
   Der Vorgang hat sich regelmäßig so abgespielt, daß
   Herr Koch um die Mittagsstunde im Lager erschien,
   mit dem Küchenführer in dessen Zimmer zu Mittag aß
   und sich dann das von mir zubereitete Paket, das ich
   auf der Schreibstube zu hinterlegen hatte, aushändigen
   ließ. Es besteht kein Zweifel darüber, daß, es sich bei
   den Paketen, die Herr Koch aus dem Lager heraus-
   trug, um solche gehandelt hat, die ich zubereitet hatte,
   weil Herr Koch die Pakete beim Weggehen nicht ver-

borgen hielt, d.h. sie nicht etwa in einer Aktentasche davontrug.

Nachdem ich einmal mit meiner Entrüstung über ein derartiges Treiben nicht zurückhalten konnte und Herrn Koch rundheraus erklärte, daß diese ständigen Schiebereien nun endlich einmal aufzuhören hätten, drehte er sich herum und schlug mich mit der Faust heftig ins Gesicht, erstattete dem Küchenführer über diesen Vorfall Meldung und erreichte mit den Worten, es sei angebracht, daß man mich nicht so sehr »in die Karten gucken« lassen möge, meine Versetzung. Darüber hinaus hat mich Koch in der Folgezeit wiederholt mit der Faust und mit einem Stock oder einer Latte oder einem Gummiknüppel am ganzen Körper mißhandelt, obschon er nicht den geringsten Grund dazu gehabt hätte. Wenn er im Augenblick kein geeignetes Instrument zur Hand hatte, ließ er sich von dem Oberscharführer der SS Götsch einen Stock oder einen Gummiknüppel aushändigen, um alsdann die Mißhandlung vorzunehmen. Meistensteils geschah dies noch unter dem Schutze des Götsch, der unmittelbarer Zeuge der Mißhandlung war.

Ich weiß aus meiner Tätigkeit als Verpflegungshäftling noch zu berichten, daß Herr Koch bei seinen Küchenbesuchen dem Küchenführer Halledin und insbesondere dem Oberscharführer SS Götsch laufend mündlich Meldungen in der Hinsicht unterbreitete, welche der Häftlinge einmal ganz besonders »vorgenommen« werden müßten. So weiß ich noch ganz genau, daß Koch über den KZ-Häftling Strenger bei dem Küchenführer Halledin und dem Obersturmführer Strippel eine Meldung darüber erstattete, daß Strenger, der von Essen stammte, einem KZ-Mädel (Lager 21) ein Brot zugeschoben habe. Dies war Ende

März 1945. Strenger sollte deswegen erhängt oder erschossen werden, und zwar auf ausdrücklichem Wunsch des Koch. Strenger bekam zunächst wegen dieser Tat 25 Schläge mit einem Ochsenziemer. Daneben wurde Meldung nach Berlin erstattet, da der Lagerkommandant die Todesstrafe nicht selbst verhängen konnte. Die Antwort von Berlin war bei unserem Abtransport am 7. April 1945 von Drütte nach dem Konzentrationslager Belsen noch nicht eingegangen. Strenger wurde dann auf diesem Transport erschossen.

Ich bemerke zu diesem Vorgang noch, daß das KZ-Mädel, dem Strenger das Brot zukommen ließ, vorher bei den Reichswerken beschäftigt war und während dieser Zeit dem KZ-Häftling Strenger mehrmals ein Frühstück mitgebracht hatte. Zeugen dieses vollständigen Vorganges waren die KZ-Häftlinge Jan Schalke, Holländer, und ein weiterer ebenfalls in der Küche beschäftigter Holländer mit Vornamen Jan. Schalke wird die genaue Anschrift dieses zweiten Holländers, die mir im Augenblick nicht bekannt ist, angeben können.

Ich weiß ferner, daß Koch von dem Kammerchef Götsch einmal einen gut erhaltenen, zum Lagerbestand des Konzentrationslagers gehörigen Zivilanzug bekommen hatte, nachdem Götsch das auf dem Rücken des Rockes befindliche rote Farbkreuz durch einen KZ-Häftling mit einem Reinigungsmittel hatte entfernen lassen. Den Anzug ließ Götsch durch einen KZ-Häftling übergeben. Es war das einer derjenigen Anzüge, die jüdischen KZ-Häftlingen abgenommen worden waren.

b) Der stellvertr. Abteilungsleiter **Dühr**, der ebenfalls mit dem Küchenführer Halledin und dem Chef der Bekleidungskammer Götsch in enger Verbindung stand, hat in der gleichen Weise wie Koch Lebensmittelpakete aus dem Konzentrationslager Drütte erhalten und in Gemeinschaft mit Koch sich dafür eingesetzt, daß bestimmte Häftlinge des Konzentrationslagers mißhandelt werden sollten.

So hat Dühr neben den regelmäßigen Lebensmittelpaketen, die ich ihm persönlich in seine Wohnung habe bringen müssen, von der Kammer Schuhwaren, darunter italienische Arbeitsschuhe, Taschenlampen und für ihn im Konzentrationslager besonders gefärbte Arbeitsanzüge erhalten. Auf seine Veranlassung wurde der auf dem Transport nach Belsen in Celle erschossene KZ-Häftling Willi Saarländer aus Saarbrücken, der in Drütte die Küchenbuchführung zu erledigen und später in ganz entschiedener Weise Dühr gegenüber wegen der Schiebereien sich aufgelehnt hatte, aus der Küche in die Arbeitskolonne versetzt. Auch Dühr hat regelmäßig in der KZ-Küche zu Mittag gegessen.

c) Der Versandleiter **Zähres** war ebenfalls ständiger Gast bei Halledin und Götsch, mit denen er sehr gut befreundet war und sich duzte. Zähres erhielt ebenfalls regelmäßig Lebensmittelpakete, wie Butter, Wurst, Zucker und Puddingpulver. Er aß regelmäßig zu Mittag und kam außerdem abends zwei Mal in der Woche zum Essen.

Von der Bekleidungskammer ließ er sich Schuhcreme, Schnürriemen und mehrere Bündel (je Bündel 10 Paar) Herrensocken aushändigen.

2. Ich, **Siegfried Sondram**, bestätige die vorstehenden Erklärungen des Karl Tucht zum Teil aus eigener Wissenschaft, zum anderen vom Hörensagen. Ich habe mit Herrn Tucht eine ganz besonders enge kameradschaftliche Verbindung während unserer gemeinsamen Haft unterhalten. Herr Tucht hat mich von den Vorgängen in

der Küche laufend unterrichtet. Im übrigen bemerke ich bezüglich der nachstehend benannten Personen aus eigener Wissenschaft folgendes:

d) Der Chef der Maßkontrolle der Aktion 88 (Hauptwerkstätten), **Herr Cramer**, hat veranlaßt, daß Anfang dieses Jahres meiner Erinnerung nach 22 weibliche Personen, die durchweg im Alter von etwa 20 Jahren standen, in das Straflager 21 in Hallendorf eingeliefert wurden, lediglich weil sie entgegen einer allgemeinen Betriebsanordnung in der Weise Verbindung mit den politischen KZ-Häftlingen aufgenommen hatten, indem sie sich, soweit dies überhaupt möglich war, mit den Häftlingen unterhielten, diesen wegen ihres unterernährten Zustandes hin und wieder ein Frühstück ausfolgten und auch Briefe von KZ-Häftlingen, die an Verwandte oder Freunde gerichtet waren, zur Beförderung durch die Post angenommen hatten. Von den weiblichen Personen sind mir dem Namen nach bekannt:
Frl. Branderhorst, Lebenstedt III, Schlackenweg 16
Lilo Palm, Lebenstedt III, Hinteres Ostertal
Frl. Gebert, Lebenstedt V
Grete Ottens, Hallendorf
und Frl. Lucie Arnts, Hallendorf.
Frl. Arnts ist im Straflager gestorben.

Ich selbst wurde beschuldigt, mit diesen Personen Verbindung unterhalten zu haben, und wurde deswegen vom Lagerkommandanten vernommen und in der Weise bestraft, daß mir von der Mitte der Stirn bis zum Nacken in Zweifingerbreite die Haare abrasiert wurden, daß ich einen besonderen Strafanzug erhielt, dessen Rockärmel mir bis zu den Ellbogen reichten und dessen Hosen bis zu den Knien. Außerdem wurden mir die Rauchwaren im Werte von wöchentlich 0,50 RM entzogen. Bei der Vernehmung hat der

Lagerkommandant klar und deutlich zum Ausdruck gebracht, daß Cramer die Meldung über das Verhalten der Frauen seinem Betriebsführer unterbreitet und auf Bestrafung bestanden habe. Da bereits vorher wegen des gleichen Verhaltens mehrere Frauen dem Straflager zugeführt waren, mußte er damit rechnen, daß auch diese Frauen das gleiche Schicksal erleiden würden. Cramer hat aber auch ausdrücklich diesen Frauen erklärt, daß er sie in das Straflager 21 bringen werde. Er ist daher voll verantwortlich.

e) Der Betriebsleiter der Aktion 88, Herr **Mehnert**, hat die KZ-Häftlinge sehr oft mit Latten am ganzen Körper und insbesondere am Kopf schwer mißhandelt, weil sie nach seiner Auffassung nicht schnell genug arbeiteten. Besonders mißhandelte er diese, wenn er sie nachts vor Ermüdung und Erschöpfung einmal schlafend oder rauchend vorfand. In vielen Fällen hat Mehnert auch über angebliche Sabotage seinem Vorgesetzten, dem Direktor der Hauptwerkstätten Wurm, Meldung erstattet. Es können in der Zeit, in der wir uns in Drütte befanden, etwa 100 Fälle gewesen sein.

f) Der Direktor der Hauptwerkstätten, **Herr Wurm**, hat die vorstehend beschriebenen Meldungen des Mehnert regelmäßig dem Lagerkommandanten zugeleitet und Bestrafung gefordert. Der Lagerkommandant hat die Meldungen des Wurm, in denen er mit Vorliebe natürlichen Verschleiß von Maschinenteilen unrichtigerweise als Sabotage darstellte und die auf Sabotage für politische KZ-Häftlinge stehende Todesstrafe forderte, jeweils der SS-Führung in Berlin übersandt, die auf Todesstrafe erkannte. Ich weiß dies daher, daß der Lagerschreiber des Konzentrationslagers, Alfred Zabel, wohnhaft in Hamburg-Blankenese, mir dies erzählte und mir in vielen Fällen die Meldung zur Einsicht gab. Ich habe die Meldungen dann auch gelesen. Außerdem hat Zabel die Meldungen Wurms auch dem KZ-Häftling Karl Tucht zur Einsicht vorgelegt.

Ich weiß genau, daß Wurm mehrfach Zeuge der Vollstreckung eines Todesurteils war, zu dessen Verhängung er nach dem Vorstehenden wesentlich beigetragen hat.

In diesem Zusammenhang sei bemerkt, daß auch Mehnert sich über die Tragweite seiner Meldungen nicht im unklaren befunden haben kann. Er hätte mindestens im Laufe der Zeit erkennen müssen oder wird erkannt haben, daß die von ihm an Wurm verfaßten und von Wurm dem Lagerkommandanten zugeleiteten Meldungen über angebliche Sabotage durchwegs mit dem Tode des betroffenen Häftlings enden würde und endete. Das Verhalten dieser Leute ist daher um so unverantwortlicher, als es zweifelsfrei feststehen dürfte, daß die eingetretenen Störungen meistens absolut geringfügig und in keinem Falle aber im Hinblick auf die zu erwartende harte Strafe vorsätzlich oder auch nur fahrlässig herbeigeführt worden wären.

V.g.u.

Ich, Karl Tucht, bestätige die von Herrn Sondram vorstehend unter e) und f) enthaltenen Erklärungen aus eigener Wissenschaft und den unter d) geschilderten Vorfall dem Hörensagen nach. Die in Frage kommenden KZ-Häftlinge haben mir in den abendlichen Unterhaltungen die Richtigkeit auch dieses Vorfalls bestätigt.

v.g.u.

Lebenstedt, den 19. September 1945
Beglaubigt:
Verwaltungsangestellter

Wurm noch im Amt
Durch seine Mitschuld wurden 30 Menschen erhängt

Braunschweig, 16. Dezember
In unserer Ausgabe vom 5. Dezember berichteten wir über den Protest der Belegschaft der Firma Braunschweiger Stahlwerke gegen den Direktor Wurm. Die Militär-Regierung gab damals die Anweisung, daß Wurm so lange auf seinem Posten verbleibt, bis weiteres belastendes Material gegen ihn vorliegt. Wir geben nun die protokollierte Aussage des früheren KZ-Häftlings Karl Tucht aus Lebenstedt im Auszug wieder.

»Ich wurde wegen illegaler antifaschistischer Tätigkeit verhaftet und kam ins KZ Dachau. Im Februar 1943 wurde ich nach dem KZ Neuengamme bei Hamburg überwiesen. Von dort aus erhielt ich am 28. Februar den Befehl zur Überweisung in das Arbeitslager Drütte. Ich habe in der Aktion 88 gearbeitet. Der verantwortliche Abteilungsleiter war der Abteilungsdirektor Wurm.

Er hat sich dort in der unmenschlichsten Weise an den Häftlingen vergangen, und ich war selber Augenzeuge, wie er aus nichtigen Gründen die Häftlinge geschlagen und getreten hat. Bei geringfügigen Anlässen wurde von Wurm Anzeige gemacht, worauf die Häftlinge durch Prügel oder am Pfahl bestraft wurden. Ich kann bezeugen, daß er die Anzeigen, die er wegen Sabotage bei der Kommandantur des KZ-Lagers Neuengamme machte, persönlich mit der Bemerkung versah, den betreffenden Häftling mit dem Tode zu bestrafen. Auf diese Art sind ungefähr 30 Häftlinge durch die Mitschuld von Wurm in der Aktion 88 gehängt worden.

In einem Falle haben zwei Häftlinge eine alte Lederscheibe gefunden und sich damit ihre Schuhe besohlt. Auch hier wurde von Wurm Anzeige erstattet und die beiden Häftlinge nach drei Tagen erhängt.

Junge Mädchen und Frauen, die aus Mitgefühl den Häftlingen Lebensmittel zusteckten, wurden von Wurm zur Anzeige gebracht und auf seine Veranlassung hin in das Frauenlager 21 eingeliefert.

Das, was sich Wurm an Grausamkeiten zuschulden kommen lassen hat, ist so viel, daß es sich in dem Rahmen dieses Protokolls nicht schildern läßt. Ich bin bereit, bei einer Vernehmung über diese Angelegenheit weitere Aussagen zu machen.

Ich bestätige durch meine Unterschrift, daß die von mir gemachten Angaben auf Wahrheit beruhen, und bin auch bereit, meine Erlebnisse in der Aktion 88 vor einem Untersuchungsausschuß oder vor dem Staatsanwalt zu wiederholen.«

Hannoversche Volksstimme Nr. 31 vom Freitag, dem 29. November 1946
Verbrechen gegen die Menschlichkeit
Watenstedt-Salzgitter, 28. November

Wir haben an dieser Stelle schon öfter über die Personalverhältnisse in den Reichswerken berichtet. Wir erhielten jetzt wieder den Brief eines Lesers, der sich ebenfalls mit diesen Dingen befaßt und in dem es heißt:

»In den Reichswerken sitzt als Abteilungsdirektor ein Herr Wurm. Dieser Herr ist ein übler Aktivist der Nazipartei gewesen, er hat während des Krieges in unmenschlicher Weise die Gefangenen mißhandelt.

Auf seine Veranlassung hin wurden 18 Gefangene mit dem Tode bestraft und gehängt. Als beim Einmarsch der Amerikaner Wurm für seine Unmenschlichkeiten büßen sollte, haben Häftlinge, die mit Geld bestochen wurden, dieses verhindert. Wir Opfer des Faschismus verlangen, daß diese Sorte von Menschen hinter Schloß und Riegel gesetzt wird und unter die Anklage ›Verbrechen gegen die Menschlichkeit‹ gestellt wird.

Wurm ist nur einer der vielen Kriegsverbrecher und Reaktionäre, die in den Reichswerken gutbezahlte Positionen bekleiden. Wann wird endlich einmal hier reiner Tisch gemacht? Diese Herren benehmen sich heute schon wieder, als habe sich in Deutschland nichts geändert, und sie wittern schon wieder Morgenluft und erwarten mit Sehnsucht den Tag, an dem sie ihren Terror an den Arbeitern wieder ausüben können.«

Abschrift.

Lebenstedt, den 9. Dez. 1946

Betrifft: Gemachte Vorwürfe über den ehemaligen Betriebsleiter der Aktion 88, Direktor Wurm.

Ich bin ehemaliger Hauptwachmann des während des Krieges bestandenen Werkschutzes der H. G. W. und habe den Bericht vom 6.12.1946 der »Hannoverschen Volksstimme« gelesen und zur Kenntnis genommen.

(…) Seinerzeit war ich beauftragt, in der Aktion 88 eine Wache mit höherer Verantwortung aufzuziehen, da in der Aktion 88 ausschließlich nur KZ-Angehörige und Kriegsgefangene beschäftigt waren. Obwohl mir Wurm sehr viel Schwierigkeiten entgegensetzte, führte ich den Auftrag durch. Die Wachmänner hatten den Auftrag, hauptsächlich genaue Beobachtungen über alle Vorgänge innerhalb des gesamten Betriebes einschl. auch der dort beschäftigten Zivilisten genauestens zu berichten. (…)

Zu den Vorgängen in der Aktion 88 selbst habe ich folgendes zu berichten:

Seinerzeit, bei einem Schichtwechsel, kurz nach 10 Uhr

abends (Datum entfallen), wurde ein KZ-Angehöriger mit Unkenntnissen von einem Vorarbeiter und dem Abteilungs-Kapo an einem neuaufgebauten Transportband für Granaten, das von Halle 7 zur nächstliegenden Halle zur Weiterleitung führte, an die elektr. Schaltung in den Transportschacht, ohne die nötigen Anweisungen zu geben, gestellt. Unglücklicherweise gleitete, da das Transportband abwärts führte, eine Granate ab und schob sich in das sich in Bewegung befindliche Band. Da der KZ-Angehörige keine Kenntnis von der Schaltung hatte, und durch den unglücklichen Vorgang nervös geworden, nicht wußte, ob er den roten oder den schwarzen Knopf eindrücken sollte, bekam das Band einen solchen Riß, daß es wochenlang nicht gebrauchsfähig war. Der Kapo der Arbeitskolonne stellte dann, leider zu spät, das Band ab. Nun geschah folgendes:

Der SS-Posten schrieb sofort die Gefangenennummer auf, hörte den KZ-Angehörigen erst gar nicht an. Vorarbeiter und Meister stritten eine Anweisung völlig ab. Der stellvertretende Betriebsleiter verlangte einen sofortigen schriftlichen Bericht. Dem KZ-Angehörigen, ein Pole, wurde einfach Sabotage vorgeworfen.

Er wurde von einem polnischsprechenden Kapo abgehört, der auf deutsch dem SS-Mann alles übertrug. Über die weitere Veranlassung fragte ich später unauffällig den SS-Mann. Er erklärte mir, da es eine innerlich betriebliche Angelegenheit ist, haben wir unseren Bericht an den Betriebsleiter Wurm weiterzugeben, und dann berichten wir gleichzeitig auch dem Lagerkommandanten.

Dieser KZ-Angehörige wird wohl, weil ihm Sabotage vorgeworfen wird, mit dem Bericht von Wurm nach Neuengamme abgehen. Er wird dann dort abgeurteilt. Später habe ich den KZ-Angehörigen nie wiedergesehen.

Mein Bericht, der nach eingehender Feststellung anders lautete, ging an die Werkschutzverwaltung. Die Werkschutzleitung machte mir darüber Vorwürfe, aber ich habe meinen Bericht nicht zurückgezogen. Ob der Bericht zur Abwehr weitergeleitet wurde, entfällt meiner Kenntnis.

Nach einer Anordnung Dr. Rheinländers (der Vertreter des Generaldirektors Pleigers) waren sämtliche Betriebsführer des Werkes für alle Vorgänge verantwortlich. Somit war auch der Direktor Wurm für alle Vorgänge verantwortlich. Von jeder Flucht eines Gefangenen erhielt er Kenntnis, und wie das in Verwaltungsangelegenheiten so üblich war, sich den Rücken freizuhalten, die eine höhere Verantwortung verlangten, so hat Wurm seine Berichte auch weitergeben müssen, z.B. bekamen wieder eingeholte flüchtige Gefangene beim ersten Fluchtversuch einen oelfarbgelben Kreis auf den Rücken. Beim zweiten Fluchtversuch zwei Kreise. Beim dritten Mal sah man die Gefangenen nie wieder. Wenn auch die Durchführungen und Veranlassungen hauptsächlich durch den SS-Lagerkommandanten ausgeführt wurden, so erhielt P. Wurm immerhin einen Bericht davon. Wir hatten überall Zutritt und konnten das aus den damaligen vorhandenen Akten ersehen.

Ich war bis zu meiner Ablösung zur Hauptwache – Werkschutzlager fast 1 Jahr auf der Aktion 88. Während dieser Zeit waren 14 KZ-Angehörige geflüchtet.

Später einmal, als ich von der Hauptwache aus die einzelnen Nebenwachen kontrollierte, traf ich auf Wache A. 88 Direktor Wurm, den SS-Lagerkommandanten, den Wachhabenden und einen Wachmann des Werkschutzes, 2 SS-Leute und 10 Frauen und Mädchen von der Meßabteilung auf der Wache an. Ich fragte den Wachhabenden, was hier vorgeht. Er erklärte mir, diesen Frauen und Mädchen wird der Vorwurf gemacht, sich mit den Gefangenen abgegeben zu haben. (Es war allen Zivilisten strengstens verboten, sich mit Gefangenen abzugeben). P. Wurm schnauzte mich an. Ich verlor aber meine allbewährte Ruhe nicht und erklärte ihm, daß der Weg der Beschwerde ihm ja offenstände. Seine Beschwerde fiel aber hinten runter mit dem Bemerken, daß der Werkschutz über das ganze Werk die Aufsicht habe. Außerhalb der Wache standen auch noch Frauen und Mädchen, die alle beschuldigt waren. Ich zählte wohl an 25 Frauen und Mädels.

Die KZ-Angehörigen wurden bestraft, wie weiß ich nicht. Alle Frauen und Mädels kamen auf Veranlassung Direktor Wurms zum Arbeitserziehungslager Hallendorf.

gez. Arthur Seyfarth
ehem. Hauptwachmann des Werkschutzes der H.G.W.

Die von Ihnen gewünschte Sitzung, die sich mit den in der Hannoverschen Volksstimme Nr. 31 enthaltenen Beschuldigungen gegen den Leiter der Stahlwerke Braunschweig, Herrn Wurm, befassen soll, kann ohne Verzug stattfinden, sobald das Material oder die Zeugen benannt sind, die zum Beweis der Beschuldigungen dienen können. (...)

Ich habe eine sofortige Beurlaubung des Herrn Wurm bis zur Klärung der gegen ihn erhobenen Beschuldigungen erwogen. Da jedoch die Stahlwerke Braunschweig im besonderen Auftrag der Militärregierung an dringenden Lokomotiv- und Waggonreparaturen für die Reichsbahn arbeiten, kann ich eine solche Beurlaubung nicht ohne Zustimmung des beauftragten Offiziers der Militärregierung durchführen.

Ich werde jedoch ein dringendes Ersuchen, einer solchen Beurlaubung zuzustimmen, an die Militärregierung richten, wenn der verantwortliche Schriftleiter der Volksstimme sich die Behauptungen des Lesers, dessen Zuschrift in der Nr. 31 dieses Blattes wiedergegeben ist, zu eigen macht. Ich stelle anheim, mir eine solche Erklärung einzureichen, da darin der Nachweis liegen würde, daß die Behauptungen des Einsenders dieser Zuschrift der Sache nach überprüft sind.

gez. Strickrodt

Beglaubigte Abschrift.
Oberlandesgericht
1. Strafsenat   Braunschweig, den 31. Jan. 1946
Geschäftsnummer: <u>Ws 2/46</u>
24

Beschluß
In der Strafsache gegen
den Grubenbetriebsführer Franz Fleckner in Engerode, geb. 9.3.1902 in Bochum,
  wegen Beihilfe zum Mord
  wird die weitere Beschwerde des Oberstaatsanwalts in Braunschweig vom 16.1.1946 gegen den Beschluß des Landgerichts Braunschweig vom 7.1.1946 als unbegründet zurückgewiesen.

Gründe:
I. Die weitere Beschwerde ist nach § 310 StPO in der von der Militärregierung als Anlage zu der allgemeinen Anweisung für Richter Nr. 2 herausgegebenen Fassung zulässig. Denn sie richtet sich gegen einen Beschluß des Landgerichts, der die Frage einer Verhaftung betrifft.
II. Die weitere Beschwerde ist sachlich jedoch nicht begründet.
a) Bei dem vorliegenden Ermittlungsergebnis muß davon ausgegangen werden, daß die Exekution vom 9.12.1944 auf dem Gebiet der Grube »Hannoversche Treue II« an den drei Ostarbeitern nicht eine eigenmächtige Handlung einer untergeordneten Stelle der Gestapo war, sondern auf Befehl des Reichsführers SS Himmler erfolgt ist.

464

Mindestens ist dem Beschuldigten nicht zu widerlegen, daß er dies angenommen hat. Wie sich aus den Vernehmungen der Zeugen und des Beschuldigten ferner ergibt, wurde den drei Russen zur Last gelegt, daß sie aus Treibriemen oder Gummitransportbändern Stücke herausgeschnitten und dadurch »Sabotage« (§ 143 a RStG bzw. § 2 der VO. vom 25.11.39 RGBl. I S. 2319) verübt hätten.

Es ist gerichtsbekannt, daß Himmler als der Oberste Leiter der Gestapo von Hitler ermächtigt war, in solchen und in anderen Fällen in Verwaltungswege durch die Gestapo oder den SD Strafen, auch Todesstrafen oder sonstige Maßnahmen, zu verhängen. Insbesondere in Strafsachen gegen Ostarbeiter war die ordentliche wie auch die Sondergerichtsbarkeit in der Regel ausgeschlossen. Die entsprechenden »Führererlasse« und Verfügungen von Hitler und Himmler sind zwar zum großen Teil nicht im Reichsgesetzblatt veröffentlicht. Nach dem Staatsrecht des 3. Reiches waren sie aber gleichwohl Gesetz, da sie auf den Willen Hitlers, der als allein maßgeblicher Reichsgesetzgeber und Oberster Richter galt, zurückgingen. (Vgl. auch den Beschluß des Reichstags vom 26.4.1942 RGBl. I S. 247).

b) Es bedarf in vorliegendem Falle keiner Entscheidung, in welchem Umfange die Rechtsordnung solchen ehemaligen »Führererlassen« oder sonstigen Gesetzen und Verordnungen des 3. Reiches, die mit dem von allen Kulturvölkern anerkannten Recht und der Gerechtigkeit im Widerspruch stehen, rückwirkend die Anerkennung versagen muß und wie weit die Gerichte zur Prüfung solcher Gesetze auf ihre Rechtmäßigkeit berufen sind (vgl. auch Art II. des Ges. Nr. 1 der Mil. Reg. betr. Aufhebung nationalsoz. Gesetz.)

Der Beschuldigte gibt nämlich an, er habe z.Zt. (Dezember 1944) **geglaubt**, daß die von den Gestapo-

465

Beamten geplante und durchgeführte Exekution gesetz-
mäßig und damit auch rechtmäßig gewesen sei, zumal
ihm ausdrücklich gesagt wäre, die Sache »käme von oben
herunter« und auch ein »Urteil« von Himmler verlesen
war. Diese Angabe, er habe die Exekution für eine recht-
mäßige Amtshandlung gehalten, kann dem Beschuldigten
nicht widerlegt werden. Der rechtsstaatliche Grundsatz,
daß Strafen, insbesondere Todesstrafen, auch im Kriege
nur durch unabhängige Gerichte verhängt werden können, war keineswegs selbstverständliches Allgemeingut
aller Volksgenossen geworden. Der Glaube des Beschuldigten an die Gesetzmäßigkeit der Tat schließt nach § 59
RStGB. seine Schuld aus, da er nicht nur die Frage der
Strafbarkeit, sondern einen Rechtfertigungsgrund
betrifft, der nach ständiger Rechtsprechung den Tat-
umständen im Sinne des § 59 RStGB. gleichsteht
(außerstrafrechtlicher Irrtum). Die Mitwirkung des
Beschuldigten bei der Vorbereitung der Tat durch Zur-
verfügungstellung des Platzes und Beschaffung der angeforderten Gegenstände wie Stricke, Tisch und Bretter
war daher nicht schuldhaft. Es fehlt somit am dringenden
Verdacht einer strafbaren Handlung, so daß die Voraussetzungen eines Haftbefehls vom Landgericht mit Recht
verneint worden sind. (§ 112 StPO).

gez. Wanstrat   v. Schmidt-Phiseldeck Dr. Meier-Brand

Beglaubigt: (L. S.) (gez.: Unterschrift)   Justizangestellter.
Hiermit beglaubige ich: Fritz Davids, Notar in Hamburg,

die Übereinstimmung der vorstehenden Abschrift mit der
mir vorgelegten Urschrift.
Hamburg, den 10. (zehnten) Mai 1948 (neunzehnhundert-
undachtundvierzig).

An den Betriebsrat der
Reichswerke Watenstedt-Salzgitter

30.7.47

Gegen den früheren SS-Obersturmführer und Angehörigen des SD, Hermann Matzat, führe ich ein Verfahren wegen seiner Zugehörigkeit zu einer für verbrecherisch erklärten Organisation. Seit 1941 war er Hilfsreferent bei dem SD-Abschnitt Braunschweig und wurde im Herbst 1943 Leiter der Dienststelle des SD bei den Reichswerken Watenstedt-Salzgitter. Hat er sich an der Verfolgung von Juden und politischen Gegnern betätigt oder an den Mißhandlungen von Kriegsgefangenen, Fremdarbeitern und alliierten Fliegern oder doch wenigstens Kenntnis von diesen Verbrechen gehabt? Da er ständig Umgang mit den SD-Männern hatte und auch die Außenstelle bei den Reichswerken leitete, ist mit Sicherheit anzunehmen, daß er von den erwähnten Verbrechen Kenntnis gehabt haben muß. Ich bitte Sie um Ihre Stellungnahme zu diesen Fragen, möglichst unter Angabe von Zeugen.

Der Beschuldigte wohnte zuletzt in Braunschweig-Lehndorf, Saarstr. 135.

i.A.
gez. Dr. Noelle
(Staatsanwalt)
Beglaubigt:

Der öffentliche Ankläger
vor dem Spruchgericht
Hiddessen

21a Hiddesen bei Detmold, 7.8.47
– 3 Sp. Js. 733/47
Betr.: Internierten Hermann Matzat,
geb. 23.1.01 Boppard/Rhein

An den
Herrn Betriebsrat
der Reichswerke
in Watenstedt-Salzgitter.

In dem Ermittlungsverfahren handelt es sich in meinem
Schreiben vom 2.8.47 um den Hermann Matzat, geb. am
23.1.01.

Im Auftrag:
gez. Derschhoff, Staatsanwalt.
Beglaubigt: Justizangestellter.

21a Hiddesen bei Detmold, den 15.9.1947
An
den Betriebsrat der Reichswerke
Watenstedt-Salzgitter

In dem Ermittlungsverfahren gegen den Internierten Hermann Matzat, geb. 23.1.1901 in Boppard, früher SS-Obersturmführer und SD-Angehöriger, bitte ich um gefl. baldige
Beantwortung meines Schreibens vom 30.7. und 11.8.1947.

Im Auftrage:
gez. Dr. Noelle, Staatsanwalt
Beglaubigt: Justiz-Angestellter.

An den
öffentlichen Ankläger
bei dem Spruchgericht
(21a) Hiddesen
bei Detmold
Betr.: SS-Obersturmführer Matzat   22. Okt. 1947

Auf Ihr Schreiben vom 30.7.1947 müssen wir Ihnen mitteilen, daß der SS-Obersturmführer nicht bei den Reichswerken, sondern hauptamtlich bei den SD beschäftigt war.
   Da wir aber nicht in Erfahrung bringen können, mit
welchen Leuten M. gearbeitet hat, können wir Ihnen somit
auch keine Auskunft über die Person Matzat geben.

5. Quellen und Literatur

Archive

BUNDESARCHIVE FREIBURG/KOBLENZ

R 3 Reichsministerium für Rüstung

R 2 Reichsfinanzministerium

Wi I F/5/ ... Wehrwirtschaft-Rüstung

R 26 Reichsbeauftragter für den Vierjahresplan

AA HaPol Auswärtiges Amt, Brasilien

AA Staatssekretär, ADAP

Kriegstagebuch der Deutschen Wehrmacht, betr. Reichswerke

Zentrale Planung, stenographische Aufzeichnungen der Sitzungen, dto. vereinzelte Sitzungsprotokolle

Deutsche Revisions- und Treuhand AG, Berlin, Wien und sonstige Außenstellen,

Prüfungsberichte, Sonderprüfungen, Dokumente

INSTITUT FÜR ZEITGESCHICHTE, MÜNCHEN

Ma 144/3 unvollständige Protokolle

Zentrale Planung

KONZERNARCHIV DER SALZGITTER AG

Vorakten: laufend numeriert

Reichswerke AG für Erzbergbau und Eisenhütten (Alt) 1937–1945, gez. 12/ ...

AG Reichswerke Hermann Göring 1939, gez. 13/ ...

Reichswerke AG für Berg- und Hüttenbetriebe (Mt) 1941–1945, gez. 14/ ...

Reichswerke AG für Erzbergbau und Eisenhütten (Neu) 1945–1953 (1966), gez. 12/ ...

AG für Berg- und Hüttenbetriebe (Neu)

Sonderakten: Rote Mappe (Göring), Grüne Mappe (Göring, Wirtschafts-führungsstab Ost)

KONZERNARCHIV DER SALZGITTER AG (KOPIEN DES PAUL-PLEIGER-ARCHIVS)

Nürnberger Wilhelmstraßenprozeß:

Fall Paul Pleiger, Akten der Anklage, Verteidigung, Kreuzverhör, Dokumente, gez. PP 06/ ...

Fall Flick, gez. 06/3
Fall Kehrl, gez. 06/4
Fall Keppler, gez. 06/5
Fall Körner, gez. 06/6
Fall Rasche, gez. 06/7
   mit handschriftlichen Anmerkungen Pleigers und seines Verteidi-
   gers Dr. Servatius
Landesfinanzamt Köln,
Akten Wolff
NIEDERSÄCHSISCHES STAATSARCHIV,
WOLFENBÜTTEL
Unterlagen über Zwangsarbeit in Salzgitter, gez. 12A neu 13–
POTSDAMER ZENTRALARCHIV
Dokumente
PUBLIC RECORD OFFICE, LONDON
Britische Militärgerichtsprozesse, gez. WO 235/., 252/., 562-568
STAATLICHES ARCHIVLAGER, GÖTTINGEN
Nürnberger Wilhelmstraßenprozeß, gez. NI, NG.
Dokumentenbücher, HAB.
International War Museum, London IWM
National Archive, Washington NA

Literatur
Arnau, Frank: *Der verchromte Urwald*, Gütersloh 1968
Bergemann, Günther: *Stadtgründung ohne Beispiel*, Salzgitter 1964
Birkenfeld, Wolfgang: *Der synthetische Treibstoff 1933–1945*, Göttin-
   gen 1964
Boelcke, Willy: *Deutschlands Rüstung im Zweiten Weltkrieg*, Frankfurt
   1969
   Die Waffengeschäfte des Dritten Reiches mit Brasilien, in: »Tradi-
   tion« 1971
Borkin, Joseph: *Die unheilige Allianz der IG Farben*, Frankfurt 1976

Botz, Gerhard: *Die Eingliederung Österreichs in das Deutsche Reich. Planung und Verwirklichung des politisch-administrativen Anschlusses (1938–1940)*

Bracher, Karl-Dietrich: Zusammenbruch des Versailler Systems und zweiter Weltkrieg, in: Propyläen Weltgeschichte, Frankfurt 1980

Die Auflösung der Weimarer Republik, Düsseldorf 1978

Zeitgeschichtliche Kontroversen, München 1976

Machtergreifung, Köln 1962

»*Braunbuch*«, Kriegs- und Naziverbrecher, Berlin 1968

Broichhausen, Klaus: *Kaufherren und Konzerne*, München 1974

Broszat, Martin: Anatomie des SS-Staates, München 1967

Der Staat Hitlers, München 1969

Das Dritte Reich, München 1983

Brüning, Heinrich: Ein Brief, in: Deutsche Rundschau, Berlin 7/47

Chêne, Evelyn de: *Mauthausen, The history of a Death Camp*, London 1947

Craig, Gordon: *Geschichte Europas*, München 1983

Czichon, Eberhard: *Wer verhalf Hitler zur Macht? Zum Anteil der deutschen Industrie an der Zerstörung der Weimarer Republik*, Köln 1967

Dallin, Alexander: *Deutsche Herrschaft in Rußland 1941–1945*, Düsseldorf 1958

»*Der Arbeitgeber*«, Dezember 1951

»*Der deutsche Volkswirt*«, Hesse, 2.10.1936

Der große Vaterländische Krieg der Sowjet-Union, Berlin-Ost, 1962f.

»*Der Volkswirt*«, Nr. 23, 1939

»*Die Tat*«, Boelke, Mai 1931

Domarus, Max: *Hitler. Reden*, Würzburg 1962/63

Dräger, Heinrich: *Arbeitsbeschaffung durch produktive Kreditschöpfung*, Düsseldorf 1955

Düsterberg, Theodor: *Der Stahlhelm und Hitler*, Wolfenbüttel 1949

Eichholtz, Dietrich: *Anatomie des Krieges*, 1969.

Die »Vorgeschichte« des Generalbevollmächtigten für den Arbeitseinsatz, in: Jahrbuch für Geschichte 9, 1973

Faschismus in Deutschland – Faschismus der Gegenwart, Köln 1981
Geschichte der deutschen Kriegswirtschaft 1939–1945, Bd. 1, Berlin 1969

Epstein, Klaus: *Matthias Erzberger*, Berlin 1982

Erhard, Ludwig: Herrn Schachts Grundsätze, in: *Das Tagebuch*, München 1932

Facius, Friedrich: *Wirtschaft und Macht*, Boppard 1959

Feder, Gottfried: *Das Programm der NSDAP und seine weltanschaulichen Grundlagen*, München 1932

Fest, Joachim: *Hitler*, Frankfurt 1973

Fiereder, Helmuth: *Die Hütte Linz und seine Nebenbetriebe*, Linz 1981
Die Reichswerke Hermann Göring in Österreich, Salzburg 1979

Ford, Brian: *Die deutschen Geheimwaffen*, München 1981

Forstmeier, Friedrich: *Kriegswirtschaft und Rüstung*, Düsseldorf 1977

Frank, Walter: *Franz Ritter von Epp. Der Weg eines deutschen Soldaten*, Hamburg 1939

Georg, Enno: *Die wirtschaftlichen Unternehmen der SS*, Stuttgart 1963

Gilbert, Martin: *Endlösung. Ein Atlas*, Reinbek 1982

Goebbels, Joseph: *Der Faschismus und seine praktischen Ergebnisse*, Berlin 1934
Das Tagebuch 1925/26, Stuttgart 1961

Goote, Thor: *Die Fahne hoch*, Berlin 1933

Grangesberg Konzern: *54 Jahre in Lappland*, Stockholm o. J.

Gossweiler, Kurt: Die Vereinigten Stahlwerke und die Großbanken, in: Jahrbuch für Wirtschaftsgeschichte, 1965

Grotkopp, Wilhelm: *Die große Krise*, Düsseldorf 1954

Hahn, Manfred: *Historiker und Klassen*, Frankfurt 1976

Hallgarten, George W. F./Radkau, Joachim: *Deutsche Industrie und Politik von Bismarck bis heute*, Reinbek/Köln 1974

Hallgarten, George W. F.: *Hitler, Reichswehr und Industrie, zur Geschichte der Jahre 1918–1933*, Frankfurt 1962

Henderson, Nevile: *Failure of a Mission*, London 1941

Hildebrand, Klaus: *Deutsche Außenpolitik*, Stuttgart 1971

Hillgruber, Andreas: *Staatsmänner und Diplomaten*, Frankfurt 1967/1970

Chronik des zweiten Weltkrieges, Königstein 1978

Hitler, König Carol und Marschall Antonescu. Die deutsch-rumänischen Beziehungen 1938–1944, Wiesbaden 1954

Hitlers Strategie, Politik und Kriegführung 1940/41, Frankfurt 1965

Hitler, Adolf: *Monologe 1941/44*, Hamburg 1980

Hoeck, Wilhelm: *120 Jahre Linke-Hofmann-Busch*, Salzgitter o.J.

Höhne, Heinz: *Der Orden unter dem Totenkopf*, Gütersloh 1967

Hörster-Philipps: *Großkapital und Faschismus*, Köln 1981

Hoess, Rudolf: *Kommandant in Auschwitz*, München 1963

Hofer, Walther: *Der Nationalsozialismus*, Frankfurt 1957

Hoffmann, Konrad/Peetz, Eugen: Die Hütte Braunschweig und ihre Betriebsergebnisse 1942/44, in: Stahl und Eisen 68, 1968

Hüttenberger, Peter: *Die Gauleiter, Wandel des Machtgefüges*, Stuttgart 1969

IG Farben, Volkswirtschaftliche Abteilung: Konzernaufbau und Entwicklung der Reichswerke AG für Erzbergbau und Eisenhütten »Hermann Göring«, vom 19.3.1939 (vertraulich – nicht veröffentlicht), SAG 12/000

Janssen, Gregor: *Das Ministerium Speer*, Berlin 1968

Jawin, Mathilde: *Zwischen den Klassen*, Wuppertal 84

Jong, Louis de: *Die deutsche fünfte Kolonne im Zweiten Weltkrieg*, Stuttgart 1959

Jung, Edgar: Neubelebung von Weimar?, in: Deutsche Rundschau, Juni 1932

Jung, Edgar: *Die Herrschaft der Minderwertigen*, Berlin 1927

Kannapin, Hans-E.: *Wirtschaft unter Zwang*, Köln 1966

Kehrl, Hans: *Krisenmanager des dritten Reiches*, Düsseldorf 1973

Kempner, Robert M. W.: *Das Urteil im Wilhelmstraßenprozeß*, Schwäbisch Gmünd 1950

Klass, von, Gert: Albert Vögler: *Einer der Großen des Ruhrreviers*, Tübingen 1957

Klein, Burton: *Germany's Economic Preparationes*, Cambridge 1959

Kohn, Hans: *Das zwanzigste Jahrhundert*, Zürich 1950

Kroll, H.: *Von der Weltwirtschaftskrise zur Staatskonjunktur*, Berlin 1958

Kühnl, Reinhard: *Der deutsche Faschismus in Quellen*, Köln 1980
Formen bürgerlicher Herrschaft, Hamburg 1981

Kühn, Axel: *Hitlers außenpolitisches Programm*, Stuttgart 1970

Laschitza H./Vietzge, Siegfried: *Deutschland und die deutsche Arbeiterbewegung*, Berlin 1964

Meinck, Gerhard: *Hitler und die Aufrüstung*, Wiesbaden 1959

de Man, Hendrik: *Sozialismus und Nationalsozialismus*, Potsdam 1931

Manchester, William: *Krupp, 12 Generationen*, München 1968

Mandel, Ernest: *Marxistische Wirtschaftstheorie*, Frankfurt 1970

Mann, Gob: Neunzehnhundertfünfundvierzig, Einleitung in: *Propyläen Weltgeschichte*, Frankfurt 1961
Zeiten und Figuren, Frankfurt 1979

Marbach, Fritz: *Kartelle, Trusts und Sozialwirtschaft*, Berlin 1932

Marcuse, Ludwig: *Kultur und Gesellschaft*, Frankfurt 1965

Marsalek, Hans: *Die Geschichte des Konzentrationslagers Mauthausen*, Wien 1974

Marszalek, Josef: *Majdanek*, Reinbek 1982

Mason, T. W.: Der Primat der Politik, in: »Das Argument« 41/1966
Primat der Industrie?, in: »Argument« 47/1968
Funktion des Angriffskrieges, Darmstadt 1945

Mierendorff, Carl: Was ist Nationalsozialismus?, in: Neue Blätter für den Sozialismus, April 1931

Milward, Alan S.: *Die deutsche Kriegswirtschaft*, Stuttgart 1966

Mühlen, von zur: Interview mit Dr. von Carlowitz zur Machtergreifung und des Einflusses Keppler/Flick, in: Conze, Zum Sturz Brünings, VfZ 1/1953

Müller, Norbert: *Deutsche Besatzungspolitik in der UdSSR*, Köln 1980

Neumann, Franz: *Behemoth*, Frankfurt 1984

Oertzen, F. W. von: *Die deutschen Freikorps 1918–1923*, München 1936

Ogger, Günter: *Friedrich Flick der Große*, Wien 1971

Osthold, Paul: Hitler und die Unternehmer, in: »Arbeitgeber«, Dezember 1951

Overy, R. J.: *Goering, the iron man*, London 1984

Pätzold/Weissbecker: *Geschichte der NSDAP*, Köln 1981

Papen, Franz von: *Der Wahrheit eine Gasse*, München 1952

Petzina, Dieter: *Autarkiepolitik im Dritten Reich*, Stuttgart 1965

Pfahlmann, Hans: *Fremdarbeiter und Kriegsgefangene in der deutschen Kriegswirtschaft*, Darmstadt 1968

Picker, Henry: *Hitlers Tischgespräche im Führerhauptquartier 1941/42*, Bonn 1951

Pleiger, Paul: Handakten mit persönlichen Aufzeichnungen, SAG 12/150

Die Hermann-Göring-Werke, in: »Der Vierjahresplan«, 1939

Handakten Rote Mappe, SAG 14/150/3

Sonstige Handakten, SAG 14/150, 13/14

Der wahre Feind des deutschen Exports, in: »Westfälische Landeszeitung« v. 22.2.1935

Bericht über die Verarbeitung deutscher Erze durch die deutsche Eisenindustrie im Rahmen des »Vierjahresplanes«, in: »Der Vierjahresplan«, 1937

Pötscher, Lieselotte: *Die österreichischen Stickstoffwerke*, Linz 1972

Pohl, Oswald: *Credo*, Landshut 1950

Poliakov, Leon: *Das Dritte Reich und seine Denker*, Berlin 1983

Predöhl, Andreas: Großraum, Autarkie und Weltwirtschaft, in: Nationale Wirtschaftsordnung und Großraumwirtschaft, Jahrbuch 1941

»Reichsverband der deutschen Industrie«, Heft Mai 1919, April 1926, September 1926

Rheinländer, Paul: *Probleme der Eisenindustrie und Siedlung in Salzgitter*, Hannover 1953

Die deutsche Eisen- und Stahlwirtschaft im Vierjahresplan, in: »Vierjahresplan 39«

Handakten Paul Pleiger und Paul Rheinländer, SAG 12/15/155, 14/150/13 + 14

Riedel, Mattias: *Eisen und Kohle für das dritte Reich*, Göttingen 1973

Vorgeschichte, Entstehung und Demontage der Reichswerke im Salzgittergebiet, Hannover 1966

Ritter, Gerhard: *Carl Goerdeler*, Stuttgart 1955

Röhm, Ernest: *Die Geschichte eines Hochverräters*, München 1934

Roßbach, Gerhardt: *Mein Weg durch die Zeit*, Weilburg 1950

Schacht, Hjalmar: *Abrechnung mit Hitler*, Hamburg 1949

    76 Jahre meines Lebens, Bad Wörishofen, 1953

    Die Führerpersönlichkeit, in: »Facius, Wirtschaft u. Staat«,
Boppard 1959

Schausberger, Norbert: *Rüstung in Österreich*, Wien 1970

Scheibe, Herbert: *Ziele und Inhalte der Interessenvertretung Braunschweiger Metallarbeiter*, Göttingen o.J.

Schildt, Gerhard: *Die Arbeitsgemeinschaft Nord-West*, Freiburg 1964

Schmidt, Matthias: *Albert Speer, das Ende eines Mythos*, Bern 1982

Schmitt, Carl: *Über die drei Arten rechtswissenschaftlichen Denkens*,
Hamburg 1938

    Der Leviathan in der Staatslehre Th. Hobbes, in: Positionen und
Begriffe, Hamburg 1940

Schmitt, Carl: *Das Reichsstatthaltergesetz*, Berlin 1933

Schreiner, Albert: Die Eingabe deutscher Finanzmagnaten, in: ZfG
4/1956

Schumpeter, Josef: *Kapitalismus, Sozialismus und Demokratie*, München
1950

    Theorie der wirtschaftlichen Entwicklung, Leipzig 1908

Schwerin von Krosigk, Johann Ludwig: *Die große Zeit des Feuers*,
Tübingen 1957

    Es geschah in Deutschland, Tübingen 1951

Seeber, Eva: *Zwangsarbeiter in der faschistischen Kriegswirtschaft. Die
Deportation und Ausbeutung polnischer Bürger unter besonderer Berücksichtigung der Lage der Arbeiter aus dem sogenannten Generalgouvernement (1939–1945)*, Berlin 1964

Simpson, S.: The struggle for Control 1936/37, in: Journal of Modern
History 31/59

Sombart, Werner: *Die drei Nationalökonomien*, München 1929

Speer, Albert: *Der Sklavenstaat*, München 1981

    Erinnerungen, Berlin 1969

Spandauer Tagebücher, Frankfurt 1975

Technik und Macht, Frankfurt 1981

Spengler, Oswald: *Der Mensch und die Technik*, München 1931

Stadtler, A.: *Als politischer Soldat*, Düsseldorf 1935

Stein, George: *Geschichte der Waffen-SS*, Königstein 1978

Steiner, Herbert: *Die Erhebung der österreichischen Nationalsozialisten im Juli 1934 (Dokumentation)*, Wien 1984

Steinweg, Günther: *Die deutsche Handelsflotte im 2. Weltkrieg, Aufgaben und Schicksal*, Göttingen 1974

Sternberg, Fritz: *Der Niedergang des deutschen Kapitalismus*, Berlin 1932

Streit, Christian: *Keine Kameraden. Die Wehrmacht und die sowjetischen Kriegsgefangenen 1941–1945*, Stuttgart 1978

Strickrodt, Georg: Identitätsbewahrung, in: Salzgitter-Jahrbuch 1980 Geschichte der Ermächtigungsverordnung, Reichswerke-Archiv

Struß, Dieter: *Das war 1942*, München 1981

Struve, Walter: *Elites against Democracy*, Princeton 1973

Studien zur Geschichte der KZ-Lager, Stuttgart 1970

Thalheimer, August: *Grundlinien und Grundbegriffe der Weltpolitik nach dem zweiten Weltkrieg*, o.O., 1946

Theweleit, Klaus: *Männerphantasien*, Frankfurt 1977, 1978

Thomas, Georg: *Wehrwirtschaftsgeschichte*, Boppard 1966

Thyssen, Fritz: *I paid Hitler*, New York 1942

Treue, Wilhelm: *Die Demontagepolitik der Westmächte nach dem zweiten Weltkrieg*, Hannover 1967

Geschichte der Ilseder Hütte, Peine 1960

Hitlers Denkschrift, in: Vierteljahresh. z. Zeitg., 1955, S. 184f.

Turner, Henry A.: *Faschismus und Kapitalismus in Deutschland*, Göttingen 1972

»Ursachen und Folgen«, 8, Nr. 1681, Berlin o. J.

Venohr, Wolfgang: *Dokumente deutschen Daseins*, Königstein 1980

Vespignani, Renzo: *Faschismus*, Berlin 1976

Viets, Karl: Salzgitter gestern, heute und morgen, Sonderdruck Continentaler Eisenhandel, 1955

»Völkischer Beobachter«, 14. Dezember 1942, Würdigung Kepplers

Vogelsang, Reinhard: *Der Freundeskreis Himmler*, Göttingen 1972

Vogelsang, Thilo: *Reichswehr, Staat und NSDAP*, Stuttgart 1962
Zur Politik Schleichers gegenüber der NSDAP, in: VfZ 6, Stuttgart 1958

Vondung, Klaus: *Magie und Manipulation, Ideologischer Kult und politische Religion des Nationalsozialismus*, Göttingen 1971

Wagenführ, Rolf: *Die deutsche Industrie im Kriege 1939–1945*, Berlin 1963

Walz, Manfred: *Wohnungsbau- und Industrieansiedlungspolitik in Deutschland 1933–1939*, Frankfurt 1979

Weber, Max: *Schriften*, Frankfurt 1947

Wickert, Erwin: *Dramatische Tage in Hitlers Reich*, Stuttgart 1952

Wiborg, Klaus: *Kaufherren und Konzerne im deutschen Norden*, München/Basel/Wien 1974

Winkelmann, Heinrich: *Die Geschichte der Salzgitter AG*, Salzgitter 1965 (unveröffentlicht)

Winkler, Heinrich August: *Unternehmerverbände zwischen Ständeideologie und Nationalsozialismus*, Stuttgart 1969

Winschuh, Josef: *Unternehmer im neuen Europa*, Berlin-Charlottenburg 1941

Wistrich, Robert: *Wer war wer*, München 1983

Wysocki, Gerd: *Zwangsarbeit im Stahlkonzern*, Braunschweig 1982

Zehrer, Hans: Revolution oder Reformation, in: »Die Tat«, August 1932

6. Anmerkungen:

Einführung

[1] *Hallgarten/Radkau*, Deutsche Industrie und Politik, Reinbek/Köln 1974.
Czichon, Wer verhalf Hitler zur Macht?, a.a.O.

[2] *Kühnl*, Der deutsche Faschismus in Quellen, Köln 1980 S. 160, Eingabe an Hindenburg v. 19.11.1932.

[3] *Goebbels*, Der Faschismus und seine praktischen Ergebnisse, Berlin 1934.

[4] *Riedel*, Eisen und Kohle für das dritte Reich, Göttingen 1973.
Speer, Technik und Macht, Frankfurt 1981.
Turner, Faschismus und Kapitalismus in Deutschland, Göttingen 1972.

[5] *Hillgruber*, Hitlers Strategie, Politik und Kriegsführung 1940/41, Frankfurt 1965.

[6] HAB 335, 6, Nr. 724, Max Ilgner.

Kapitel I. Die »Vorzeit«

[1] *Hallgarten/Radkau*, a.a.O., S. 156.

[2] *Feder*, Das Programm der NSDAP und seine weltanschaulichen Grundlagen, München 1932.
ders., Röhm, Die Geschichte eines Hochverräters, a.a.O.

[3] *de Man*, Sozialismus und Nationalsozialismus, Potsdam 1931.
Mierendorff, Was ist Nationalsozialismus, in: Neue Blätter für den Sozialismus April 1931.

[4] *Jung*, Die Herrschaft der Minderwertigen, Berlin 1927.
Spengler, Der Mensch und die Technik, München 1931.

[5] ebenda.

[6] *Vondung*, Magie und Manipulation, Göttingen 1971

[7] *Venohr*, Dokumente deutschen Daseins, Königstein, 1980, S. 291.

[8] ebenda, S. 291.

9 *Goebbels*, Das Tagebuch 1925/26, Stuttgart 1961, S. 36.

10 *Sternberg*, Der Niedergang des deutschen Kapitalismus, Berlin 1932.

11 DZA Potsdam, Reichskomm. f. Arbeitsbeschaffung, 41, Bd. 1.

12 *Erhard*, Herrn Schachts Grundsätze, in: Das Tagebuch, München 1932.

13 PP 06/1/56, Protokoll S. 19345
IMT XXVII, Dokument PS 1301

14 *Hallgarten/Radkau*, a.a.O., S. 291.
Petzina, Autarkiepolitik im Dritten Reich, Stuttgart 1965, S. 24f.
Picker, Hitlers Tischgespräche im Führerhauptquartier 1941/42, Bonn 1951, S. 233

15 *Weber*, Schriften, Frankfurt 1947

16 PP 06/1/16, Dokumentenbuch 118 C und D. B. III Pleiger, Dok. PP 32.

17 12/150, Handakte Pleiger.

18 *Janssen*, Das Ministerium Speer, Berlin 1968.

19 12/150/3a Handakte Pleiger.
12/7 Vorakte Reichswerke.

20 BA RW 19, Rü Insp. XI, 1737/39.

21 *Ogger*, Friedrich Flick der Große, Wien 1971, S. 100f.

22 *Bracher*, Auflösung der Weimarer Republik, Düsseldorf 1978, S. 669.
. *Winkler*, Unternehmerverbände zwischen Ständeideologie und Nationalsozialismus, Stuttgart 1969, S. 362f.

23 *Hallgarten/Radkau*, a.a.O., S. 102f.

24 HAB 335, 5., Eidesst. Erklärung Keppler, Nürnberg, v. 24.9.1946.

25 HAB 335, 5, Nr. 40, Steinbrinck.

26 ebenda.

27 DZA Potsdam, RWM Nr. 18797, Steuerhinterziehung Otto Wolff.

28 HAB 335, 5, Nr. 40 u. 44, Keppler u. Steinbrinck.

29 *Wickert*, Dramatische Tage in Hitlers Reich, Stuttgart 1952.

30 *Hallgarten*, Hitler, Reichswehr und Industrie, Frankfurt 1962, S. 131.

Pers. Rücksprache mit Dr. v. Carlowitz.

IMT Bd. XXXIII, S. 531f.

DZA Potsdam, BdR Nr. 47, Bl. 291.

[31] *Laschitza/Vietzge*, Deutschland und die deutsche Arbeiterbewegung, Berlin 1964.

Sitzungen vorl. Wirtschaftsrat vom 6.8.1931 und 21.12.1931; NI 406 Schacht; Archiv Deutsche Bank, Generalsekretariat, Nr. 5961, Bd. 63.

Kapitel II. Schacht, die »Ruhrlade« und die »Autarkie«

[1] *Domarus*, Hitler, Reden, Würzburg 1962/63.

[2] Akten ausw. Politik 1918–45, Archiv AA, Serie B, Bd. I/1, S. 343f.

[3] *Picker*, a.a.O., S. 233.

[4] BA R43 II/321, Bl 61.

NI 881 Benzinvertrag.

[5] *Schacht*, Die Führerpersönlichkeit in der Wirtschaft, in: *Facius*, Wirtschaft und Staat, Boppard 1959.

[6] NI 4955.

[7] *Journal of Modern History 31*, S. 37f.

[8] *Mason*, Der Primat der Politik, in: Das Argument 41, 1966.

[9] Archiv Gutehoffnungshütte, Nr. 400 101 290/31.

[10] »Deutsche Führerbriefe« vom 6.2.1931.

[11] IMG, Bd. XXXIII, Dok. 3901

[12] HAB 335, 10, Nr. 173; NI 904

[13] NIK – 6567, 28.6.1933, Telegrammentwurf Krupp.

Akt. z. ausw. Pol. 1918–45, Arch. AA, Serie B, Bd. I/1, S. 343f.

[14] *Petzina*, a.a.O., S. 106 u. 181f.

[15] Willuhn, DAZ v. 13.4.1941.

BA R 43 II/311, Bl. 43.

Kohn, Das zwanzigste Jahrhundert, Zürich 1950, S. 165.

Mierendorff, Neue Blätter für den Sozialismus, 2.4.1931.

[16] *Schmitt*, Das Reichsstatthaltergesetz, Berlin 1933, S. 8.

[17] *ders.*, Über die drei Arten des rechtsw. Denkens, a.a.O., S. 66f.
[18] *ders.*, Der Leviathan in der Staatslehre Th. Hobbes, a.a.O., S. 71, 94.
[19] *Domarus*, a.a.O., S. 75f.
[20] *Speer*, Technik und Macht, a.a.O.
Schacht, Abrechnung mit Hitler, Hamburg 1949.
[21] *Ursachen und Folgen 8*, Nr. 1681, Berlin o. J.
[22] RGBl. 1932 I S. 273f.
[23] *Brüning*, Deutsche Rundschau, 70, 1947.
[24] *Bracher*, Auflösung, a.a.O., S. 589f.
[25] ebenda, S. 558, Eidesst. Erkl. Oberstleutn. Ott.
[26] ebenda, S. 588, Interview Dr. v. Carlowitz.
[27] *Thomas*, Wehrwirtschaftsgeschichte, Boppard 1966, S. 111.
[28] *Treue*, Hitlers Denkschrift, in: Vierteljahresh. z. Zeitg., 1955, S. 184f.
[29] RGBl. 136 I S. 887.
[30] *Thomas*, Hitlers Denkschrift, a.a.O., S. 199f.
BA Wehrw. Rüstg. Wi I F 5/684.
Petzina, a.a.O., S. 198.
Richard Vogelsang, Der Freundeskreis Himmler, Göttingen 1972, S. 50.
[31] NI 9945, IG-Farben-Prozeß.
[32] *Völkischer Beobachter* v. 10.9.1936.
[33] *Treue*, Hitlers Denkschrift, a.a.O., S. 184f.
[34] *Schacht*, 76 Jahre meines Lebens, Bad Wörishofen 1953, S. 464f.
[35] *Hallgarten/Radkau*, a.a.O., S. 390.
[36] ebenda, S. 291.
Meinck, Hitler und die Aufrüstung, Wiesbaden 1959, S. 159.
Petrina, a.a.O., S. 24f.
[37] PP 06/1/52a Aussage Thomas.
PP 06/1/15; PP 06/5/4.
[38] *Milward*, Die deutsche Kriegswirtschaft, Stuttgart 1966.
[39] PF 06/1/17; *Völkischer Beobachter*. 31.3.1936 (Keppler).

[40] *Hallgarten/Radkau*, a.a.O., S. 299: Görings Vierjahresplan-Organisation war während des Krieges ohne Bedeutung.

[41] *Eichholtz*, Anatomie des Krieges, S. 130f.

[42] BAR 43/II/368a.

Kapitel III. Die wirtschaftliche Entwicklung der Reichswerke unter dem Einfluß Hermann Görings

[1] 12/04/1 u. 2; 12/150/17: Popitz am 5.12.1938.

[2] Vorakte RW 12-6

[3] *Wiborg*, Kaufherren und Konzerne im deutschen Norden, München/Basel/Wien 1974, S. 127; PF 06/1/3

[4] PP 06/1/3; 14/150/4

[5] BA R 13 I/1066; NI 090

[6] NI 090

[7] *Petzina*, a.a.O., S. 101f.; BA EAP 66c 12/62/61

[8] NI 12876; *Deutsche Wirtschaftszeitung* v. 4.2.1937

[9] PP 06/1/58

[10] RW-Vorakte 1, Gutachten 26.5.1936; NI 353, Görings Rede 24.7.1937, 12/150/1; NI 886; PP 06/1/51; *Fiereder*, Die Reichswerke Hermann Göring in Österreich, Salzburg 1979, S. 68f.; *Schausberger*, Der Griff nach Österreich, a.a.O.; Pleiger, in: »Der Vierjahresplan«, 1937, S. 53f.

[11] BA Wehrw.-Rüstung, Wi I F 5/2015; 14/710/-: Gutachten Kaiser-Wilhelm-Institut 5.12.1937; NI 1495; 12/021/1-4: Produktion nach Deutsche Revisions- u. Treuhand; NID 13 983; NI 1231, 1495; Dokumentenb. Anklage IV, PP 32, IV, PP 49; in: *Stahl und Eisen 68: Hoffmann/Peetz*, Die Hütte Braunschweig und ihre Betriebsergebnisse 1942/44, S. 214f.; 24/754/1, Planung Linz; 24/150/6 u. 7, Studien Brassert.

[12] IZG/MA, T 77, R 744, Rahmen 1 975 619, Nibelungenwerk.

[13] *Fiereder*, Die Hütte Linz und seine Nebenbetriebe, Wien 1981, S. 204; 24/150/7, Telegr. Malzacher.

NI 13990, Aussage Carlowitz; PP 06/6/6, Aussage Körner.

12/150/3a, Schacht an Wenzel; 12/150/1, Göring-Gespräche; 12/150/3a, Handakte Pleiger.

Treue, Geschichte der Ilseder Hütte, Peine 1960, S. 600.

12/150/3a

12/150/4, Gespräche Pleiger, Göring, Brassert.

12/150/4; Dokumenten-Beilage Anklage IV, Dok. PP 41; NI 12510; Vorakte RW 12-6; 06//1/51; 12/20/-, *Strickrodt*, Geschichte der Ermächtigungsverordnung.

12/20/-, Strickrodt, ebenda.

NI 14805; NI 1495, Vorlage Göring; 12/150/3, Handakte Pleiger.

PP 06/1/51.

RGBl. I, S. 883f.

Vorakte RW 12-6; 12/150/3.

Vorakte RW 12-6.

Schacht, Abrechnung, a.a.O., S. 15.

Vorakte RW 12-6.

28,28A 12/150/3a, Handakte Pleiger.

06/6/7; NI 22770. Marotzke: Göring ließ Konferenz platzen.

Riedel, Vorgeschichte, Entstehung und Demontage der Reichswerke im Salzgittergebiet, Hannover 1966.

BA Wi F 5/2015, S. 9f., Lagebericht vom 1.3.1939; Dok. Buch Ankl., IV, PP 49; 12/150/8.

Pertinenzsammlung zur Finanzierung d. Reichswerke 37–45, RFM., Nr. 2, Handakte Nasse; NI 14 805; NI 1495; 12/150/3 Rentabilitätsrechnung d. Reichswerke; 12/150/6 Kostenvoranschlag Brassert.

HRB 39 v. 2.6.38, Eintragung Amtsgericht Linz.

ebenda.

RGBl. 1938, II, S. 149; *Kehrl*, Krisenmanager des Dritten Reiches, Düsseldorf 1973.

12/521/10 u. 11, Finanzpläne und Kehrl-Gutachten.

PP 06/1/10–12 u. 16, Dok. Buch Anklage 112 I-IV u. 118c.

PP 06/53.

485

[39] NI 13474; 14/150/9, Reprivatisierung Waffenblock.

[40] *Eichholtz*, Geschichte der deutschen Kriegswirtschaft 1939–1945, Bd. 1, Berlin 1969.

[41] 12/551/1f.; *Speer*, Technik und Macht, a.a.O., S. 48; PP 06/1/58; PP 06/1/16 Dokumentenbuch Anklage 118c.

[42] PP 06/1/58; 14/150/4; 14/150/14; PP 06/1/13.

[43] PP 06/1/11 Dok. Buch Anklage III, PP 32.

[44] PP 06/1/51; 14/150/4, Oberst Oster teilt Dr. v. Carlowitz mit, Pleiger habe zusätzlich RM 1,3 Milliarden für Aufbau verbraucht und sei bei Göring in Ungnade gefallen.

[45] 14/150/6.

[46] ebenda

[47] PP 06/1/51.

[48] PP 06/1/58 Verhör Dr. Rheinländer.

[49] PP 06/1/51, Dok. Buch Anklage Va, PP 101: Aussprachen Göring/Pleiger.

[50] *Craig*, Geschichte Europas, München 1983, S. 513.

[51] ebenda, S. 514: »Amt Göring« nur noch ausführendes Organ!

[52] ALG NG 2934, Reichsleitung NSDAP, 26.10.1937: kein Einfluß Görings!

[53] *Hallgarten/Radkau*, a.a.O., S. 356f.

[54] 24/2114, Pleiger an Rasche.

[55] *Botz*, Die Eingliederung Österreichs in das Deutsche Reich, Wien 1972, eingehende Schilderung von Kepplers Einfluß.

[56] 24/211/1 Keppler und Pleiger tauschen die eiligen Nachrichten per Kurierflugzeug aus. Archiv Thyssen-Hütte P 7 Nc 172, Bd. 1: Aufkauf Alpine; 24/211/1: Keppler informiert am 18.3.1938 über eingeleitete Abwicklung.

[57] Zur Übernahme der österreichischen Unternehmen: PP 06/4/10 Verhör Kehrl; 12/150/11 u. 12. Handakte Pleiger; 13/51/4 Berichte Deutsche Revisions- und Treuhand; 12/150/27 Handakte Pleiger zur Alpinen; Vorakte RW 12/00 Vertrauliche Berichte IG Farben; *Hallgarten/Radkau*, a.a.O., S. 324f., S. 291. DZA Deutsche Bank 21078, Bl. 21; *Eichholtz*, Anatomie, a.a.O., S. 219.

[58] *Hillgruber*, Hitler, König Carol, a.a.O., S. 74; *Kehrl*, Krisenmanager, a.a.O., S. 43f.; AA Ha Pol Rumänien, Bd. 3; AA, Staatssekretär, Rumänien, Bd. 1; ADAP, D, Bd. XII 2; 14/040/7 Ausarbeitung Abt. Wirtschaft Reichswerke über Rumänien. *Pötscher*, Die österreichischen Stickstoffwerke, Linz 1972.
Marsalek, Die Geschichte des Konzentrationsl. Mauthausen, Wien 1974, S. 89.

[59] PP 06/1/7 Keitels Aussage zur Tschechei; ALG NID 9281: Overbeck am 27.5.1940: Dresdner Bank übernahm bereits vorm Einmarsch Filialen der Zivnostenska banka und der Escompte Bank.

[60] *Höhne*, Der Orden unter dem Totenkopf, Gütersloh 1967.
Interview Prof. Reinhard Höhne, Bad Harzburg.

[61] PP 06/1/52a; PP 06/1/51; 14/514/1 u. 2.

[62] AA, Staatssekretär, Rumänien, Bd. 1; AA, Ha Pol, Kriegsgerät, Bd. 1–3;
Hallgarten/Radkau, a.a.O., S. 299f.

[63] Vorakte RW 12/00, Berichte Ilgner.

[64] PP 06/4/10 Empfehlung Kehrls; PP 06/1/3 (Prot. I B2a) Vorschlag Flick; 12/712/12 Verhandlungen mit Flick.

[65] 13/51 Bericht Deutsche Revisions- und Treuhand.

[66] PP 06/1/3; PP 06/4/10; 12/712/12; BA R 43 II/323, Bk. 223.

[67] PP 06/1/80.

[68] 13/51.

[69] 12/150/17 Handakte Pleiger.

[70] 12/150/18 ebenda.

[71] 12/713/3; 12/281/1-4; 12/712/14 Bruch, Kohlendeckung Reichswerke.

[72] 12/150/11–16 Handakten Pleiger zu Flick/Petschek.

[73] 14/712/14.

[74] PP 06/1/17; PP 06/1/52a.

[75] Berichte Deutsche Revisions- und Treuhand.

[76] *Kempner*, Das Urteil im Wilhelmstraßenprozeß, Schwäbisch Gmünd 1950.

[77] 13/51/4 gefördert wird Erdöl und Erdgas.

[78] *Petzina*, a.a.O., S. 129f.

[79] BA EAP 66 c 12-02/14

[80] 12/155/4 Handakte Dr. Rheinländer.

[81] 14/150/3 »Rote Mappe« Göring; 14/514/3 Übernahme ARBED.

[82] ebenda.

[83] PP 06/1/35.

[84] BA AA Ha Pol Brasilien, Bd. 1; 14/514/1 u. 2 Rumänien; 12/713/3 Polen.

[85] *Milward*, a.a.O.; ADAP D Bd. XII/2; *Fiereder*, Die Hütte Linz, a.a.O., S. 208f.; *Boelcke*, Die Waffenge-schäfte des Dritten Reiches mit Brasilien, in: »Tradition« 1 P 71., S. 177f.; *de Jong*, Die deutsche fünfte Kolonne im Zweiten Welt-krieg, Stuttgart 1959; IZG/MA T 77, R 744, Rahmen 1975467, 1976289-293; 14/739/1-3, National Archive Washington, T 83, Roll 79, frame 3451540 BHO, Roll 81, frame 3453364-66 Lothringen; Imperial War Museum, London, Speer FD 264/46.

[86] 14/514/3; 12/155/4

[87] *Hillgruber*, Hitler, König Carol, a.a.O., S. 74.

[88] PP 06/1/5; NI 440 Kontinentale wurde bereits vor Einmarsch in Rußland gegründet; DZA, Deutsche Bk. 17 160/Bl. 17; Abs. Auf-kauf Ölaktien.

[89] *Petzina*, a.a.O., S. 125f.

[90] *Hillgruber*, Hitlers Strategie, a.a.O.

[91] PP 06/1/53; PP 06/1/8; Anlagen Speer und RVK.

[92] PP 06/1/52a Ankläger Kaufmann: Pleiger war später lediglich Hit-ler unterstellt; 58. Sitzg. Zentr. Planungs-Protokoll; IMG Bd. XXXVIII, S. 359, Dok. 12-214; *Speer*, Spandauer Tagebücher, Frankfurt 1975, S. 359; PP 06/1/52a Pleiger weist Sauckel am 29.5.43 im OKH zurecht.

[93] Anlage.

[94] MA W 61.40/7, Bl. 2242f.; BA Vierjahresplan 226/9 »Ergebnisse«; OKW/Wi Rü Amt Az 66 p 5020 Ost Is Nr. 331/42 geheim; MA W 61250/19, Bl. 4528f.; MA W 61.00/192, Bl. 5431f.; ZStA Potsdam, F. 12, Dok. NOKW 2924.

[95] Anlagen Rosenberg, Speer, Hettlage u.a.
[96] *Broszat*, Anatomie des SS Staates, Bd. 2, München 1967, S. 323.
Wagenführ, Die deutsche Industrie im Kriege 1939–1945, Berlin 1963, S. 42.
[97] *Hitler*, Monologe 1941/44, Hamburg 1980, S. 162.
[98] *Speer*, Spandauer Tagebücher, a.a.O., S. 220.
[99] Anlage Prot. 16. Sitzung Z. P., Pleiger übergibt »Fürstengrube« an Himmler zur Bewirtschaftung durch KZ Auschwitz.
[100] *Picker*, a.a.O., S. 350.
[101] *Kehrl*, Kriegswirtschaft und Rüstungswirtschaft, Oldenburg 1953, S. 272.
[102] DZA Potsdam, AA, Handel mit Kriegsgerät Südamerika, Bd. 1.
[103] BA R7 XII Nr. 12.
[104] *Boelecke*, Die Waffengeschäfte, a.a.O., S. 282, S. 286.
[105] *Arnau*, Der verchromte Urwald, Gütersloh 1968, S. 214f.

Kapitel IV. Das Problem der Arbeitskräfte

[1] *Petzina*, a.a.O., S. 104f., 145, 150; Wysocki, Zwangsarbeit im Stahlkonzern, Braunschweig 1982.
[2] NA T 83, Roll 79 u. 81; IWM Speer FD 264/46.
[3] BA RW 19, Rü.Insp. XI, 2371/37; 1621/38; 1737/39;
Mason, Funktion des Angriffskrieges, Darmstadt 1975, S. 388.
[4] NAG 5711.
[5] *Rheinländer*, Die deutsche Eisen- und Stahlwirtschaft im Vierjahresplan, In: »Vierjahresplan 39«, S. 38.
[6] Anlage Dr. Rotter.
[7] BA/MA-RH 19 VI/356; NI 12456: SS-Gruppenf. Otto Ohlendorf, Leiter der Einsatzgruppe D, war für die Reichswerke besonders im Bereich Nikolajew und Saporoshje tätig. Seine Verbindungen zu den Reichswerken kamen über den Freundeskreis. Pleiger wünschte ihn in den Aufsichtsrat, dem stand ein Führerbefehl grunds. Art entgegen.

[8] IMG Bd. XXXVIII, S. 359. Anlagen Dr. Flottmann Fernschreiben Sauckel.

[9] 12/312/6

[10] *Eichholtz*, Kriegswirtschaft, a.a.O.

[11] PP 06/1/9, Anlage.

[12] 12/715/19; 14/715/8 und Anlage.

[13] 12/312/6, Brief an Rheinländer 9.6.1942.

[14] 12/303, Rundschreiben v. 18.7.1943

[15] 12/350/1; Wysocki, a.a.O., S. 81.

[16] *Milward*, a.a.O.

[17] NOKW 2125; *Broszat*, Anatomie des SS-Staates, Bd. 2, a.a.O., S. 232.
Streit, Keine Kameraden, Stuttgart 1978.

[18] *Broszat*, Anatomie des SS-Staates, Bd. 2, a.a.O., siehe Jacobsen.

[19] *Kempner*, a.a.O.

[20] *Seeber*, Zwangsarbeiter in der faschistischen Kriegswirtschaft, Berlin 1964, S. 132.

[21] NTD 14803; 12/312/4, Schreiben Hüttenverwaltung Westmark.

[22] BA R 22/3357.

[23] OKW/WiRüAmt/Rü (Ivd) v. 20.9.1941.

[24] BA R 10 VIII/19 Pleiger an Göring v. 15.8.1941.

[25] BA R 10 VIII/19; NI 3746; WI IF 5.3434.

[26] BA R 10 VIII 20, Todt, 9.8.1941; Ba R 10 VIII 19, Göring 12.8.1941.

[27] *Picker*, a.a.O., 29.11.1941.

[28] *Speer*, Technik und Macht, a.a.O., S. 61.

[29] 16. Sitzg. Z. P. Sten-Aufz.06/1/82.

[30] 06/1/58.

[31] 06/1/53 u. 52a.

[32] Dokument.

[33] NI 034; 4434, Pohl-Prozeß.
Eichholtz, Anatomie, a.a.O., S. 477f.

[34] *Eichholtz*, Anatomie, S. 477f., Erklärung Sommer vom WVHA.
Struß, Das war 1942, München 1981, S. 48.

06/1/53, Aussage Pleiger.

RFSS/T-175 Keitel an Himmler; Eichmann-Protokoll NO5689.

[35] Ab August/September 1942 auf Speers Drängen verstärkter Einsatz von KZ-Häftlingen in der Industrie. Begriff »Konzentrationslager« ab diesem Zeitpunkt erweitert auch auf Lager außerhalb des Reichsgebiets. Allerdings versuchte das RSHA, die den Werken zugeteilten Juden vorzeitig abzuziehen und sofort zu vernichten. Ersatz für die KZ zur Auffüllung kam dann durch Ostarbeiter und russische Kriegsgefangene. Daher ist es schwierig, in diesem Zeitraum immer klar zwischen KZ-Häftlingen und sowjetischen Arbeitskräften zu unterscheiden.

[36] BA VIII/19, Notizen Pleigers auf großlettriger Führerschreibmaschine. *Broszat*, Anatomie, Bd. 2, a.a.O., Ab Herbst russische Kriegsgefangene auch in den KZ.

[37] 5689.

[38] NO 2113.

[39] 06/1/18, Himmler an Pohl zum Arbeitseinsatz 31.1.1942.

MA 414, Bl. 2755 869 Inst. f. Zeitgeschichte.

[40] NO 399.

[41] 06/1/4 Anklage v. 3.11.1947.

[42] 06/1/18 und Dokumente Dr. Maurer v. 12.10.1942, Curiohausprozeß, a.a.O.; BA A 11, Prozeß 8, NO 2101-50; 12/312/10; Public Record Office, London, The Drütte Case, WO 292/714; Dokumente KZ-Inspekteur Glücks v. 29.1.1944.

[43] Unterlagen über KZ Leinde wurden vernichtet. Rekonstruktion anhand Aussagen Überlebender; *Wysocki*, a.a.O., S. 108f.

[44] 06/1/18, Anzahl aufgrund vorliegender Anforderungen; Arbeitserziehungslager 21 unterstand der Gestapo. Vorbild für spätere Arbeitserziehungslager, z.B. bei IG Farben, Reichswerke Linz u.a. Hierfür gab es Seminare seitens des Personalwesens.

[45] 06/1/18; 06/1/17: Lagebericht Meyer v. 7.9.1944 an Bergamt Goslar.

[46] NID 14955; PP 06/1/82; Schlimmere Lebensbedingungen im Lager 21 als z.B. im KZ Buchenwald. Todeskandidaten wurden bei Einweisung kenntlich gemacht und erhielten vorher Sonderbehandlung.

Lager 24 »Todeslager«, 12/312/6; 06/1/4; BA 558/1027, RSHA, 2 A IIIf, S. 93.

[47] Angaben des früheren Vorstandsvorsitzenden der Borsig AG.

[48] Angaben Vorstand Ewald-König Ludwig und früherer Sud. Treibstoff.

[49] Information Geilenberg und Jubiläumsschrift Linke-Hoffmann-Busch.

[50] *Marsalek*, a.a.O.;
Georg, Die wirtschaftlichen Unternehmen der SS, Stuttgart 1963. S. 57;
Fiereder, Die Hütte Linz, a.a.O., S. 206: von 5500 Häftlingen wären Hunderte ums Leben gekommen. Dies betrifft Erhängungen und Erschießungen auf dem unmittelbaren Werksgelände. Der KZ-Inspekteur Glücks geht von erheblich anderen Todesraten aus (siehe Dokument).
Mauthausen war »Privat-KZ« der Reichswerke und belieferte lediglich dessen Unternehmen!

[51] BA NS 19/1829; 12/312/4: Häftlingseinsatz vorwiegend für Bau der Hydrierwerke.

[52] Mißverständnisse über die Bergwerksverwaltung Oberschlesien ergeben sich aus Unwissenheit über die Unternehmenszugehörigkeiten. So gibt es Angaben über einzelne Gruben, deren Zugehörigkeit zu einer bestimmten Zeche ist teils unbekannt. Auch wird die Fürstengrube teils zu Plesschem Besitz gerechnet oder wie das Hydrierwerk Blechhammer als Eigentum der IG Farben gesehen.
Höss, Kommandant in Auschwitz, München 1963, präzisiert: 1943 wurden in allen Zechen Oberschlesiens (Reichswerke) 11 000 Auschwitz-Häftlinge beschäftigt. Die Zahl erhöhte sich 1944 beträchtlich. Laut eidesstattlicher Erklärung Höss vom 20.5.1946 (06/1/17) 6000 Häftl. seit 1941 in Brescze, 5000 Häftlinge seit 1942 in Jacvorczne, 2000 Häftlinge Eintrachtshütte.
06/1/18; Hinzu kommen die Häftlinge der polnischen Rüstungsbetriebe und der Steine- und Erdebetriebe mit direkten Arbeitslagern:

Gilbert, Endlösung, Ein Atlas, Reinbek bei Hamburg 1982

[53] PP 06/1/17: Höss Aufzeichnungen; Auskünfte ehemaliger Vorstandsmitglieder;
Broszat, Anatomie des SS-Staates, Bd. 2, a.a.O., S. 100, 340; Häftlinge sowohl aus Flossenbürg, Auschwitz und vereinzelt auch vorübergehend aus Theresienstadt.

[54] Dokumente; *Gilbert*, a.a.O., Arbeitslager im Raum der Reichswerke-Unternehmen. Ursprünglich Arbeitslager, ab 1942 in Konzentrationslager umbenannt. Pleiger nannte in seinen Vernehmungen, die BHO habe mindestens 90 Prozent Zwangsarbeiter beschäftigt, verantwortlich seien Dr. Ende und Meinberg. Unterlagen wurden bewußt nicht angelegt – es gibt lediglich Arbeitskräfteanforderungen.

[55] Die Verhältnisse in Serbien, auch bezüglich der sogenannten Arbeitslager, waren ähnlich.
Dokumente: Stenogr. Aufzeichnungen Z. P.

[56] Aktenvermerk Pohl-Kaltenbrunner vom 12.12.1941.
Georg, a.a.O., S. 57;
Fiereder, Die Hütte Linz, a.a.O., S. 206; *Marszalek*, Majdanek, Reinbeck 1982, S. 61; Die Verlegung des Außenlagers Budzyn nach Sacharowice.

[57] *Kühnl*, Der deutsche Faschismus, a.a.O., S. 380, eidesst. Erklärung Sommer, stellv. Amtschef WVHA.
06/1/4; 06/1/7-9; 06/1/78.

[58] 06/1/406/1/17: Pleiger in Briefen v. 5.8.1943.

[59] Dok. 58. Sitzg. Z. P.

[60] 06/1/17; BAR 58/1027.

[61] 06/1/4.

[62] 06/1/82, Tuberkulosekranke kamen ausnahmslos in das Todeslager 24 und erhielten keine Pflege.

[63] BA R 58/1299; IMG XXXIV, S. 478f.; *Streit*, a.a.O., S. 187: Arbeitsunfähige Russen wurden an die Gestapo ausgeliefert. Nach Keitels Erlaß vom Sept. 1942 Einlieferung in KZ, z.B. Neuengamme, Mauthausen, Majdanek.

[64] Dokument; NOKW 2125.

[65] 06/1/53; 06/1/4; 06/1/17: Krankenstand Erzbergbau 8/44 = 1,77 Prozent.

[66] NI 3007 – Oberfeldarzt Prof. Dr. Fromme.

[67] NI 2809; NI 3132 – Rü. Kdo. Dortmund im Bericht 1/44: Krankenstand bei sowj. Kriegsgef. und IMIS ca. 50 Prozent (KTB Rü. K. Dortm., RW 21-14/17).

[68] 06/1/17; 06/1/53.

[69] Dokument.

[70] 06/1/53: Ständige Differenzen mit Generalen Fromm u. Olbricht. IMG XXXIX, S. 478; 06/1/9 Dokument; 06/1/17 Dokument.

[71] 06/1/8.

[72] *Marsalek*, a.a.O., S. 58, 76f.

[73] *Fiereder*, Die Hütte Linz, a.a.O., S. 206.

[74] *Streit*, a.a.O., S. 287f.; *de Chêne*, Mauthausen. The history of a Death Camp, London 1977, S. 49f: Irrtum, da die gemeinsamen SS-Reichswerke-Betriebe unberücksichtigt blieben.

[75] NI 2812: lt. OKW monatl. Verbrauch an russ. Kgf. im Bergbau 3,3 Prozent 5000 Mann für 1944. NI 1968, Bestätigung durch Sogemeier, RVK; HA RVK R 10 VIII/54; NO 399. BA R 41/284 v. 19.11.1943.

[76] Dok. Führererlasse v. 1.7.42 bzw. 9.6.42, Ergänzg. zu 17.7.1941.

[77] Studien zur Geschichte der KZ-Lager, Stuttgart 70.

[78] NI 1968: RVK an Pleiger 8.12.1944.

[79] Nürnberger Prozesse, XIV, S. 287, Aussage SS. Obergru. Führer Berger.

[80] *Höss*, a.a.O.

Kapitel V. Die Entmachtung Hermann Görings und der politische und wirtschaftliche Machtzuwachs der Reichswerke.

[1] *Thomas*, a.a.O., S. 94f.

[2] BA Wehrw. Rü. Wi F 5 684.

[3] Der Vierjahresplan 1942, S. 198.

[4] *Milward*, a.a.O., S. 63f.
OKW/Nr. 003378/42 gKdos. WFSt/Qu. II v. 22.9.42;
BA R 41/173.

[5] CSSD/IVA 1c – BNr. 430/42 grs. v. 3.12.42, R 58/1298: IV A 1c war Referat für Exekutionsbefehle für sowj. Kriegsgefangene.

[6] PS 2542 v. 30.9.45
OKW/Kgf., Nr. 4411/41 geh. v. 29.12.41, RW 5 v. 542: Befehl Reinecke, Exekutionen durch Kriegsgefangene für Sonderzuwendungen. Vollstreckg. durch Wehrmacht lehne er ab.
OKW/WFSt/WPr. Nr. 8644/41 geh. Bericht v. 15.11.1941, RW 4v. 253.

[7] »Grüne Mappe« Göring, S. 16f., Erlaß 27.7.1941.
Dallin, Deutsche Herrschaft in Rußland 1941–45, Düsseldorf 1958.

[8] *Petzina*, a.a.O., S. 143.

[9] NA T 83 Roll 79 frame 3451540 BHO, Roll 81 frame 3453364-66 Lothringen IWM Speer, FD 264/46.

[10] *Janssen*, a.a.O.
Petzina, a.a.O., S. 143; »Grüne Mappe« Göring: Wirtschaftsstab Ost: »Völlig abwegig wäre die Auffassung, ... daß die (Produktionskapazitäten) in Ordnung gebracht und ... wieder aufgebaut werden müßten.«
06/1/80.

[11] OKW Wi-Rü. Amt, Wi/IF 5 3434 Pleiger an Thomas 20.9.1941 und 30.6.1941.

[12] 06/1/7

[13] 06/1/50: Manstein, Wagner und Zeidler.

[14] 06/54; 06/1/53; 06/1/42 u. 42a: Dok. Buch Verteidigung XX; *Janssen*, a.a.O., Am 19.3.1945 kam Befehl »Verbrannte Erde«.

Hiergegen opponierten am 22.3.45 Pleiger, Steinbrinck, Speer, Guderian, Vögler u.a.

[15] *Broszat*, Das Dritte Reich, München 1983, S. 141.

[16] ebenda, S. 140.

[17] ebenda, S. 64.

[18] ebenda, S. 66.

Kapitel VI. Ein Syndikat ergreift die Macht

[1] *Petzina*, a.a.O., S. 149.

[2] *Schacht*, Abrechnung, a.a.O., S. 15, *Wagenführ*, a.a.O., S. 124f.;
Neumann, Behemoth, Frankfurt 1984, S. 354f.: Der Parteisektor
des Göring-Konzerns, S. 660: Praktiker der Gewalt werden Unternehmer und umgekehrt.

[3] *Picker*, a.a.O., S. 350.

[4] *Janssen*, a.a.O., S. 237f: Besprechung auf dem Plattenhof, Hitler
zu Pleiger: Speer sei krank und könne seine Aufgabe nicht mehr
erfüllen.

[5] 06/1/52a; NI 3498.

[6] *Kempner*, a.a.O.

[7] NI 15 990; 06/1/15; 06/5/4.

[8] *Milward*, a.a.O.

[9] ALG NID 10 228 Aussage Dr. Rasche.
Kehrl, Krisenmanager, a.a.O., S. 111.

[10] *Petzina*, a.a.O., S. 124.

[11] *Neumann*, a.a.O., S. 278, 358, 519.

[12] *Hallgarten/Radkau*, a.a.O., S. 405.

[13] 06/1/50.

[14] Flick-Trial, S. 9126f.

[15] *Steno-Aufz.* ZP v. 3.11.1942: Für »Eisenplan« offiziell verantwortlich Röchling, Krupp, Sohl. Trotzdem wurde Pleiger von Hitler
vorrangig in die Verantwortung gezogen. Milch äußerte sich, die
Verantwortlichen hätten versagt und Pleiger die Lage gerettet.

»Pleiger hat seine Zusage voll eingelöst, die er dem Führer gab. Zu Speer »Bringen Sie mir mal die verantwortlichen Leute her, ich werde ihnen schon was erzählen!« Speer lenkte ab und verwies darauf, wie lobend sich der Führer wieder über Pleiger geäußert habe.

[16] *Janssen*, a.a.O.: Kehrl und Pleiger waren leidenschaftliche Vertreter des totalen Krieges – so kam es zu Speers und Pleigers Eingaben an Hitler!

[17] 06/1/53: Kehrl und Pleiger in ihren Aussagen.
Kehrl, Krisenmanager, a.a.O., S. 334, 397: Kritik an Speer, der den Einfluß der Industrie und der Industriellen weit überschätzte.

[18] 06/1/53; *Steno. Aufz.* 58. Sitzg. Z. P.: Pleiger droht Speer mit dem Führer.
IMG Bd. XXXVIII, S. 359, Dok. 12–124; 06/1/52a: Pleiger weist Sauckel zurecht.
06/1/9: Geheimbrief Pleiger an Speer: Ich bitte, dringend darauf zu achten, daß Ihrerseits der Führerbefehl im ursprünglichen Sinne eingehalten wird.

[19] 06/1/53

[20] ebenda; *Kehrl*, Krisenmanager, a.a.O., S. 278.

[21] BA R 10 VIII/19

[22] 06/4/10, Fall Kehrl, Verhör.

[23] *Picker*, a.a.O., 29.12.1941.

[24] BA Wi/If, Wi/IF 5.3434: Pleiger an Thomas.

[25] 06/1/53: Nachweis, daß nach Pleiger die Z. P.-Protokolle gefälscht wurden.

[26] Dokumente.

[27] dto.

[28] Dokumente.
06/1/35.

[29] Dokumente.

[30] 06/1/56 u. 58, Dokument.

[31] Dokument.

[32] NID 14 602; 14/514/1 u. 2

[33] *Fiereder*, Die Hütte Linz, a.a.O., S. 208f.

[34] *Janssen*, a.a.O.
Ford, Die deutschen Geheimwaffen, München 1981.
[35] Hitler, a.a.O., S. 162.
[36] ebenda, S. 255.
[37] ebenda, S. 162.
[38] Dok. 16. Sitzg. Z. P.
[39] ebenda
[40] ebenda, Dokument.
[41] 05/1/53; 06/1/53.
[42] Dok. 16. Sitzg. Z. P.
[43] Dokument
[44] Dok. Z. P. v. 3.11.1942.
[45] Dok. Z. P. v. 22.10.1942.
[46] Dok. Z. P. 18. Sitzg.
[47] 14/150/13–15 Handakten Pleiger; 14/715/3.
[48] *Janssen*, a.a.O.; 14/150/13 u. 14.
[49] 06/1/12.
[50] 06/1/8.
[51] BA RW 19, 21-8.
[52] Berichte Deutsche Revisions- und Treuhand AG.
[53] Dokumente.
[54] Milward, a.a.O., S. 63f.
[55] ebenda.
[56] *Wagenführ*, a.a.O., S. 123.
Klein, a.a.O., S. 136f., Allerdings ist seine Begründung für ausreichende Arbeitskräfte irreführend, da er sich auf den überwiegenden Einschichten-Betrieb bezieht.
[57] Die Unternehmen bezifferten ihren Bedarf oft zu hoch. Nach Göring herrschte eine regelrechte »Hamsterpsychose«.
[58] BA EAP 66-c-12-62/120.
[59] stenogr. Aufzeichnung 16. Sitzg. Z. P. und v. 3.12.1942.
[60] Forstmeier, a.a.O., S. 134f.
[61] Dokumente.
[62] *Fiereder*, Die Hütte Linz, a.a.O., S. 210f.

Schausberger, Rüstung in Österreich, Wien 1970, S. 196f.

Wagenführ, a.a.O., S. 53f.

IGZ Rahmen 1976 294-295.

IGZ/Ma Rahmen 370, Hitlers Besuch in St. Valentin und Linz 24/1507

[63] *Fiereder*, Die Hütte Linz, a.a.O., S. 210f.

[64] *Milward*, a.a.O., S. 53f.; Thomas, a.a.O., S. 199f.; BA Wehrw. Rüstg. WI F5/2151.

[65] *Janssen*, a.a.O., S. 237f.; BA Reichs. RW/21/8

[66] *Ford*, a.a.O.

[67] stenogr. Aufz. Z. P. v. 30.10.1942.

[68] BA R 10 VIII/54, Bl. 17 (RVK 408/42 geheim v. 23.6.1942).

[69] BA R 10 VIII/52, Bl. 78f.

[70] 06/1/53.

[71] 14/150/9.

[72] Dokument Z. P. 30.10.1942.

[73] dto. 3.11.1942.

[74] BA R 10 VIII/52 Bl. 78-80.

[75] Dokumente.

[76] 06/1/17; BA Ost 27/29.

[77] 06/1/17

[78] ebenda.

[79] NI 7110.

[80] BA OKW/Chef Kgf. Nr. 2770 geheim, R. 41/172, Bl 399; Dokumente.

[81] *Georg*, a.a.O., S. 57; Dokumente

[82] 06/1/18, Schreiben Himmler, Pleiger, Wolff.

[83] 06/1/4.

[84] RF SS/T-175, 104/2626477, 2626456f., 2626453 Keitel an Himmler 26.3.1940.

[85] *Stein*, a.a.O., S. 46f.

[86] 06/1/15u.17.

[87] NO 5689.

[88] *Broszat*, Anatomie des SS-Staates, a.a.O., Bd. 2, S. 86.

Julibäumsschrift 120 Jahre Linke-Hoffmann-Busch; Bericht Geilenberg.

[89] Dokument Führererlasse 9.6.1942, 1.7.1942.
[90] Dokument Aktenvermerk 1.12.1942.
[91] Dokument Organisationsplan Z. P. Ost Speer.
[92] Dokument A. V. 1.12.1942.
[93] Dokument Dr. Gritzbach 17.12.1942.
[94] Dokument Flottmann an Hettlage 8.1.1943.
[95] Dokument Reichsstatth. Meyer an Körner.
[96] Dokument Rosenberg an Pleiger.
[97] kriegswichtige Fernschreiben Sauckels, Dokument.
[98] Dokument Flottmann für Pleiger 15.9.1943.
[99] Dokument Flottmann an Gramsch 17.9.1943.
[100] Dokument Erlaß Göring 2.10 1943
[101] Dokument Flottmann. Absprachen mit General Stapf.

Kapitel VII. Das »vorläufige« Ende

[1] 06/1/17 Pleiger empfiehlt Speer Sonderarbeitslager zur Disziplinierung.
06/1/53 und *Janssen:* Pleiger und Kehrl waren leidenschaftliche Vertreter des totalen Krieges, über sie kam es zu Eingaben an Hitler.
[2] *Ritter*, Carl Goerdeler, Stuttgart 1955, S. 558.
[3] *Janssen*, a.a.O., S. 237.
[4] ebenda.
[5] 06/1/53.
[6] Stadtarchiv Salzgitter.

Kapitel VIII. 1944 – Die Nachkriegszeit wird vorbereitet

[1] Niederschrift Ressortbesprechung BMF, BMI, BMJ u.a. vom 2.6.1950.

Kapitel IX. Identitätsbewahrung – anstelle eines Nachworts

[1] *Strickrodt*, Identitätsbewahrung, Salzgitter-Jahrbuch 1980.

7. Personen- und Ortsregister

576 Seiten, geb./SU
DM 58,– / öS 423,– / sFr 52,50
ISBN 3-203-79004-1

»Ein gewichtiger und verstörender Beitrag … Das beruhigende Klischee von den Nazis als Musikbanausen gerät in Gefahr.«
Frankfurter Allgemeine Zeitung

Klassische Musik im Dritten Reich: Historiker Michael H. Kater dokumentiert Freiräume und Verstrickung der Künstler im offiziellen Musikbetrieb. Seine Grundlagenstudie ersetzt Legenden durch neue Dokumente – von Carl Orff bis Richard Strauss.

EUROPA VERLAG